일제강점기 백성들의 함성

적목리 공동체 이야기

일제강점기 백성들의 함성 - 적목리 공동체 이야기

발행일   2024년 5월 30일

지은이   이종근
펴낸이   손형국
펴낸곳   (주)북랩
출판등록   2004. 12. 1(제2012-000051호)
주소   서울특별시 금천구 가산디지털 1로 168, 우림라이온스밸리 B동 B113~115호, C동 B101호
홈페이지   www.book.co.kr
전화번호   (02)2026-5777   팩스   (02)3159-9637

ISBN   979-11-7224-130-8 03910 (종이책)   979-11-7224-131-5 05910 (전자책)

일제강점기 백성들의 함성

적목리 공동체 이야기

이종근

지음

북랩

Outcry of Grass Roots
in the Period of Japanese Occupation:
Stories of Jeokmokri Community of Faith

Lee Jong Keun, Th.D.

2024

Book Lab

전쟁 광풍에 태어난 운명

1993년 미국 하버드 대학교(Harvard University)와 보스턴 대학교(Boston University)에서 처음엔 셈 언어학(Semitic languages)과 고대근동학을 연구하다가 구약학 전공으로 박사학위를 받고 귀국한 뒤였다. 이듬해 경기도 가평군 북면 적목리 산 1-28번지의 적목리 공동체/ 적목리 신앙공동체 유적지를 방문하고 당시 노령의 신태복 장로로부터 적목리 이야기를 듣게 되었다. 그전 미국 학위과정의 어떤 세미나에서 일제의 정신대 관련 발표를 듣고 깊이 감동한 적은 있었지만, 신 장로의 이야기를 듣고 무언가 나의 무의식에 잠재되어 있던 일제의 잔영이 새롭게 스쳐 지나갔다.

어린 시절, 어머니에게서 들은 무서운 사연이었다. 태평양전쟁의 패색이 짙어가던 때, 나의 외가 동네에는 처녀 공출(供出, 일제가 강제로 민간의 물자나 인력을 바치게 하는 일)이라는 무시무시한 광풍이 지나갔다. 마을의 총각이나 처녀가 보이면 무조건 총알받이나 정신대로 잡아가던 시절, 그래도 유복한 외가댁의 딸이 위안부 끌려가는 것보다는 빨리 결혼시키는 것이 좋다는 인식 아래 신랑이 어떤 사람인지 만나 선을 보거나 따질 겨를도 없이 황급히 결혼시켰다.

그 신랑이 바로 나의 아버님이셨다. 어머니는 일생 그 성급한 결혼에 대해 늘 못마땅하게 이야기하시곤 했다. 더 가슴 아픈 것은 신혼인 어머니가 목화솜을 뒷산에 숨겨 놓았다가, 밀고로 발각되어 일경에 끌려갔던 것이다. 된서리가 내렸던 추운 초겨울 아침, 10여 리길 파출소에 끌려가 조사를 받고 왔다. 바른대로 말하지 않으면 죽인다는 위협 앞에 버선 신발이 벗겨진 것도 잊은 채 떨며 수사받았다. 그 후유증으로 첫 남아를 유산했는데, 태어났더라면 바로 나의 형이 될 태아였다.

일제강점기의 천인공노할 만행과 인권 유린은 바로 내 삶의 한 부분으로 다가왔다. 이렇게 해서 일제의 압제에 대한 적목리 긴 여정은 시작되고, 적목리 이야기는 곧 나의 이야기 일부가 되었다.

적목리 공동체란?

일제강점기 말엽 당시 하늘 아래 첫 동네로 불렸던 경기도 가평군 북면 적목리 심산계곡에 피신해서 만 2년(1943-1945) 동안 공동생활로 폭압적인 일제의 제국정책을 목숨을 걸고 거부했던 한국 재림교회(제칠일안식일예수재림교)의 70여 명 신앙인들의 일부 이야기이다.

일제강점기 교회가 해산되고 공적 교회 예배가 금지되고, 신사참배와 천황숭배가 강요되었다. 이를 거부하고 저항하는 많은 목회자와 신자들을 일제는 위협하고, 체포, 투옥하고 고문했다. 개인적으로 일제의 감시와 탄압을 피해 이때 숨어서 집이나 산속 등에서 비밀리에 예배를 드린 지하교회 또는 광야교회가 전국에 많이 존재했다.[1] 또 많은 기독교 신자가 체포되거나 고문을 당했다. 이런 배경에서 소수의 신자가 모여 적목리 공동체가 일어나게 되었다.

이 공동체는 어떤 기관이나 조직의 도움 없이 풍찬노숙(風餐露宿)하고 초근목피(草根木皮)로 기아선상에서 연명했다. 그러면서도 신사참배, 강제 징병과 징용, 정신대, 창씨개명, 황국신민서사, 궁성요배, 종교탄압, 일본 말과 교육을 피해 전국에서 찾아오는 청년들과 가족들을 무조건 뜨겁게 환영했다. 그리고 자급자족의 삶을 훈련하고 조국의 광복을 위해 기도했다.

지도자들은 일제의 패망을 확신하고, 경향 각지로 다니면서 민족 계몽과 전도 활동을 펼쳤다. 적목리 공동체는 1943년 9월부터 1945년 해방되기까지 만 2년 동안 일제의 만행과 제국정책을 죽을 각오로 결연히 거부한 비폭력, 불보복, 평화주의 운동의 증거이다.

이 공동체는 만난(萬難)을 극복하고 신앙 양심과 민족정기를 지킨 한반도 내의 특이한 공동체 생활유적지이다.[2] 마치 로마제국 시대 초

1 　재림교회의 광야교회는 일례로 다음과 같다. 당시 대표적 지도자였던 김명길 목사가 지도했던 곳은 평양, 진남포, 사리원, 해주, 원산, 함흥, 대구, 안동, 부산, 진주, 마산, 김천, 삼천포, 광주, 목포, 나주, 전주, 군산, 이리, 대전, 청주, 조치원, 천안, 강릉, 원주, 춘천 등 큰 도시에서는 핸드백을 각 백화점에 팔았다. 밤이면 비밀리에 교인들을 찾아가서 집회를 개최했는데 그곳들은 개성, 왕십리(을지로 7가), 가평, 지리산, 광천, 화강리, 홍성, 횡성, 강릉, 묵호, 삼척, 안동, 신양동, 나주, 목포, 태안, 목감, 해주, 운북리, 입석리, 구룡리, 평양, 순안, 개천, 성천, 장매리, 석대산 등 지역의 신자들을 방문하여 비밀집회를 열고 신앙을 지도했다. 이영린, **한국 재림교회사 연구** (서울: 선명문화사, 1968), 82-83; 이종근 편, **어둠을 밝히는 빛의 증언들** (이하 빛의 증언들) (삼육대학교 출판부, 2023), 92,130.

2 　적목리 공동체는 "무저항 불복종 민족운동으로서 그 의미가 매우 크"고(서굉일 한신대 전 한국사학과 교수), "한국기독교 역사나 한국 민족주의 운동사의 한 장을 새로 써야 하게 만든" 장거로 평가받았다(허동현 경희대 사학과 교수). 서굉일, "총론: 일제하 경기도 지역 종교계의 민족문화운동," **일제하 경기도 지역 종교계의 민족문화운동**, 기전문화예술총서 9 (수원: 경기문화재단, 1991), 19; 허동현, "이종근, 한국 재림교회(안식일교회)의 가평 적목리

기 그리스도인들이 생명을 걸고 신앙을 지키기 위해 피신했던 로마의 지하동굴 카타콤(Catacomb)이나 중세 시대 이탈리아 북부 알프스의 험준한 피에몽(Piedmonte) 계곡에서 진리와 자유의 횃불을 지켜왔던 왈덴스(Waldenses) 유적지와 유사하다.[1]

이곳에는 전국 방방곡곡에서 일제의 삼엄한 감시와 수색으로 체포되면 총알받이나 위안부, 또는 철도나 탄광 등 강제 징용에 꽃다운 젊음이 희생되고 산화될 운명의 평범한 보통 사람들의 고뇌와 절망, 긴 한숨과 울분이 생생하게 녹아 있다. 또한 옥고와 사망에 이르는 고문 등 살벌한 분위기에서 몸서리치고 절망하면서도 신앙심과 애국심으로 참혹한 제국정책들을 거부했던 믿음을 가진 사람들의 눈물과 찢어지는 심장의 함성이 메아리치는 듯하다.

오늘날 애국가의 "하나님이 보우하사 우리나라 만세" 가사처럼, 거의 죽음과 같은 고난의 강을 건넌 이들의 함성이 자유 대한민국 선진화의 초석이 되었음은 자명한 일이다. 우리가 누리는 일상의 자유와 평화는 이런 선구자들 희생 없이는 불가능한 일이었다. 그들의 헌신과 용기는 오늘에 이르기까지 우리나라의 독립, 건국, 산업화, 민주화 그리고 정보화를 거쳐 글로벌 중추 국가로 도약하는데 일부 토대가 되었음을 잊어서는 안된다.

공동체 이야기에 대한 논평," **한국민족운동사학회** (수원 경기문화예술회관, 2001. 3. 23); 가평군 적목리 신앙유적지 안내표지판 (1999. 12)

1 이영린, **한국 재림교회사 연구,** 82. cf. 정미현, ""제1의 종교개혁" 운동~이탈리아 왈도파의 발전 과정과 그 의의," **유럽사회문화** 17 (2016), 235-265; 김영종, "발도파와 16세기 종교개혁," **대학과 선교** 39 (2019.1), 65-94; 김일목, "적목리 신앙유적지에 울려 퍼진 '대한독립 만세,'"**재림신문** 2019. 3. 4.

한반도라는 불운의 그림자

적목리 공동체 이야기는 일제강점기 민족 고난의 교과서로서, 잊히고 사라져 가는 역사의 기억을 되살리고 생생한 증거로 남기는 데 중요한 역할을 할 것으로 기대한다. 특히 인생 성취의 8할이 운(運)에 좌우된다는 주장도 있지만, 불우한 운명은 또한 축복과 기회의 인연이 되기도 한다.[1]

어느 시대를 막론하고 지도자들과 백성들이 무지하여 우리 자신과 외세의 형편을 전혀 읽지 못하고 분열과 나태의 늪에서 헤어나지 못할 때, 우리나라는 영락없이 주변 패권 세력에 짓밟히는 처지가 되어 왔다. 적목리 공동체 이야기는 이러한 불행한 처지에서도 우리에게 희망과 구원의 메시지를 전달하는 중요한 증거물이다.

일제강점기라는 인류 역사의 참혹한 암흑기에서 우리의 선배들은 신앙과 믿음으로 일어나 힘을 합쳐 불의의 세력을 저항하고 살아남았다. 이 운명의 증거 위에서 우리는 과거의 기억을 바탕으로 역사의 교훈을 되새기며 더 발전된 앞날을 바라볼 수 있게 된다.

---

1 홍콩과학기술대의 김현철 교수는 인생 성취의 8할은 운(運)이라고 했다. 태어난 나라, 부모, 사회 환경 등 선택의 여지가 없는 요소들이 성취의 8할에 해당할 정도로 영향을 미친다는 것이다. 소득 수준의 결정 요인은 국가 50%, 부모의 DNA가 30%, 자라난 환경이 10%이며 나머지는 미미한 것이라고 했다. 과학적 연구나 통계 등 완전히 검증된 것은 아니지만, 성취가 어떻든 운이 좋지 않은 약자들에 대한 배려와 겸손, 능력주의의 한계, 불평등 및 사회안전망 구축에 대한 논의 촉발 등 주요 화두를 전하는 것으로 보인다.
또한 운명을 피할 수 없는 숙명으로 받아들이기보다는, 개인 성장과 발전의 기회로 삼을 수도 있고, 불굴의 노력과 긍정적 사고방식, 및 주위의 도움으로 상황을 극복하고 축복의 인연으로 변화시킬 수도 있다. 김현철, "인생 성취의 8할은 운," **경제학이 필요한 순간** (김영사, 2023), 24-37; "의사 출신 경제학자, "내 능력으로 성공? 인생 8할은 운이 결정," **조선일보** 2024. 2. 10; 헤르만 라우텐자흐, 코레아: **일제 강점기의 한국 지리**, 김종규·강경원·손명철 역 (푸른길, 2014), 653-663.

이 공동체는 우리 민족의 긍지와 자랑이며, 후대에 전해야 할 귀중한 역사 유산으로 보인다. 비록 짧은 기간의 제한된 여구이지만, 이 공동체는 새날을 향한 신앙의 도전이자 희망과 승리의 상징이다. 이러한 공동체의 정신을 계승하고 발전시켜 나가는 것은 시대적 과제이다.

차 례

적목리 공동체의 함성

다른 지역의 함성

적목리 공동체 사진

※ 참고: 본문의 진하게 표시된 것은 서명, ( ) 혹은 /은 설명이나 보완을 나타냄.

선구자들의 함성

민족 계몽과 재림신앙의 선구자 임기반

— 머리말

모든 사람에게는 기회가 주어진다. 하나님은 언제나 우리에게 선택의 문을 열어 주신다. 우리가 그 기회를 어떻게 활용하느냐에 따라 선한 길로 인도되기도 하고 그렇지 못하기도 한다. 주어진 기회를 지배하는 사람도 있지만, 오히려 기회에 지배받는 사람도 있다. 이러한 인연들이 서로 연결되어 합심하면 국난을 타개하고 민족을 개조할 수도 있고, 역사를 창조하는 길이기도 하다. 사람을 영생의 길로 인도하고 거듭나게 하기 위해서는 남을 사랑하는 정신, 즉 종교적 신앙을 믿고 의지하는 길밖에 없다고 확신한다.

한국 재림교회/ 제칠일안식일예수재림교회(안식일교회)[2]의 기별을 한

---

[1] 이 글(本稿)은 임기반 선생의 장남이신 임춘식 장로께서 부친에 관해 쓰신 유고(遺稿)이다. 또한 임춘식 장로의 아들 임창윤 박사(전 서울치대 교수)께서 보관하고 있던 원고를 김재신 목사가 입수하여 발표하게 되었고, 내용은 임춘식 장로 중심의 글이다.

[2] 제칠일안식일예수재림교회는 "제칠일 안식일(현 토요일)을 성경 상의 주일로 지키고, 예수의 재림을 기다리는 교회"라는 의미이다. 개신교(Protestant) 종교개혁(Reformation)의 총화(總和)로서 1844년 미국에서 시작된 교회이다. 영어명은 Seventh-Day Adventists로 직역하며 제칠일재림교회(SDA)인데, 한국에서는 여기다 의미를 추가하여 제칠일안식일예수재림교회라 불러왔다. 재림교회 또는 안식일교회로 불린다. 현 UN이 인정한 세계

국에 처음 전파한 사람 중의 한 분이 바로 근당 임기반(林基盤, 본명 임형주[林衡柱]) 선생이다. 이분을 통해 우리는 성실하고 남을 사랑하는 정신, 민족 개조의 숭고한 사상, 그리고 예수 재림의 기별을 전하는 모습을 볼 수 있다. 그런 점에서 임기반 선생은 참으로 위대한 지도자요, 민족 계몽의 스승이며, 사람을 영생의 길로 인도하신 선구자이다. 그는 "멀지 않은 장래에 우리 주 예수님께서 오실 것을 깨닫고, 우리는 과거의 모든 잘못을 뉘우치고 개과천선(改過遷善)하여 예수님 앞으로 나오기를 간절히 기도해야 할 것이다. 이것이 바로 나 개인이 사는 길이요, 가문이 홍하는 길이요, 민족이 개조되는 길이요, 국가가 번영하는 길이요, 모든 인류가 천국으로 가는 첩경"이라고 주장하였다.

우리는 이 글에서 임기반 선생의 순교정신(殉敎情神) 즉 자기 생명뿐만 아니라 잘못하면 삼족(三族, 부계, 모계, 처계)을 통틀어 멸(滅)한다는 위험한 상황에서도 진리를 위해 죽음을 불사하는 정신, 즉 예수 재림의 기별을 전하기 위해 선두에 나선 위대한 선각자의 면모를 발견할 수 있다. 그는 과연 한국 재림교회 선교의 바탕을 만들어 준 뛰어난 스승이었다. 나는 우리가 모두 이 글을 한 번 읽어보기를 간절히 권하는 바이다.

235개국 중 212개국에서 복음을 선포하고 있다. 세계 기독교 중 가장 많은 나라에서 복음을 전하는 교회이다. "Seventh-Day Adventist," *Seventh-day Adventist Encyclopedia* (이하 *SDA Encyclopedia*), sec. ed. (MD: Review and Herald Pub. Association, 1996), 2(M-Z), 574-575; https://www.adventist.org/statistics/

– 과거 응시

　근당 임기반은 1867년 5월 5일 평안남도 용강군 양곡면 정화리(龍岡郡 陽谷面 亭花里)의 울진 임씨 집안의 둘째 아들로 태어났다.[1] 본명은 형주(衡柱), 호는 근당(槿堂, 무궁화가 피어 있는 집, 근본을 튼튼히 하는 집에 사는 사람이라는 뜻)[2]이라 하고, 우리나라에 한국 재림교회를 창설하고 이름을 기반(基礬)으로 개명하였다. 그 의미는 반석(磐石)인 예수 그리스도 위에 교회를 세웠으니, 기초(基礎)가 튼튼하다는 뜻이다.[3] 4살 때 천자문(千字文)을 전부 외우고 할머니에게 이야기책을 읽어준 조숙한 근당 임기반은 14세 때에 벌써 한학(漢學)의 사서삼경(四書三經)[4]과 십팔

---

[1]　용강군은 평양의 서해 관문인 남포 윗지방으로, 인접에는 도산 안창호의 고향인 강서군이 있다. 근당 임기반은 도산 안창호의 결혼을 중매했고, 일생 도산을 도와 독립운동에 헌신했다. 용강은 한국 재림교회가 한반도에서 처음 시작된 곳이다. 김재신, **북한교회사** (시조사: 1993), 31-32; 이종근, "민족 계몽과 재림운동의 선구자 근당 임기반 장로 재조명," **도산 사상 연구** 7 (2001), 237,

[2]　근당(槿堂)이란 "무궁화가 많은 지역 한국"이란 근역(槿域)과 유사한 말이다. 무궁화는 척박한 환경에서도 잘 자라는 식물로 한국인의 강인한 정신과 불굴의 의지를 상징한다. 무궁화의 꽃말(꽃의 의미)인 영원한 사랑, 번영, 평화 등을 상징하는 의미를 담고 있다. 조선시대에는 향청의 현판에 사용되고 현대에는 학교, 도서관, 공원 등의 장소나 건물에 사용되고 있다. 이종근, "임기반 장로 재조명," **삼육신학포럼** 5 (1999), 392; **동아 새 국어사전** (두산동아, 2011), 291.

[3]　임기반 장로 내면의 자세에 대한 고찰: 그는 상해의 남감리교 선교사였던 알렌(Y. J. Allen, 林樂知)의 루터(M. Luther) 전기인 중국어 번역본인 **로득개교기략**(路得改敎紀略), 玄采譯 (京城, 1875[隆熙 2년])을 읽고, 조선의 루터(Martin Luther)로서 재림교회의 초석이 될 것을 결심했다. 마치 사도 바울처럼 세상 욕망을 십자가에 못 박고 오직 예수 그리스도의 의에 기초하여 자신의 삶을 튼튼히 세우겠다는 뜻으로 형주(衡柱)에서 기반(基盤)으로 개명했다. 유영순, "우리 교회의 조선 전래," 교회지남 (1924. 6), 8; 오만규, (제칠일안식일예수재림교) **한국선교 백년사** (이하 **백년사**), 제1권 1904~1945 (시조사, 2010), 62.

[4]　사서(四書)는 유교(儒敎)를 배우거나 가르침에 핵심이 되는 경전으로 "논어(論語)," "맹자(孟子)," "대학(大學)," "중용(中庸)"을 말하고, 삼경(三經)은 유교의 가르침인 "시경(時經)," "서경(書經)," "역경(易經)"을 말한다. 삼경에 "춘추(春秋)"와 "예기(禮記)"를 합해 오경(五經)이라 부르고, 합해서 사서오경(四書五經)이라 부른다.

사략(十八史略)[1]을 전부 통독한 신동(神童, 뛰어난 아이)이었다.

근당 임기반은 17세 때 과거에 응시하고자 형과 같이 서울에 갔다. 동생 기반은 첫 응시였으나 형은 세 번째 지원이었다. 형은 그래도 자신이 없었던지 동생 임기반에게 이름을 바꿔치기하자고 권하였다. 동생 임기반은 이에 응하였다. 과거의 결과는 과연 형의 뜻대로 되었다. 그러나 형은 동생 보기가 미안했던지 실의에 차서 집에 돌아오지 않으려 하자 동생 임기반은 형에게 위안을 주고 같이 집으로 돌아왔다.

며칠 후의 일이었다. 서울에서 30여 명의 관속(관청의 하인)이 홍패(紅牌, 붉은색의 과거시험 대과 합격증)니 백패(白牌, 과거의 첫 단계인 흰색의 소과 과거 합격증)니 하면서 달려와서는 군의 지도자들과 유지들을 불러놓고 1개월 이상 잔치를 계속하는 것이었다. 그 잔치의 모습은 소년 임기반에게는 피가 끓는 큰 분노를 안겨 주었다. 그래서 한때는 명문 임 진사댁(과거에 합격한 사람의 집)이란 칭호를 받기도 하고 관청 출입도 빈번하였으나 임기반은 더 이상 출입하는 것을 좋아하지 않게 되었다.

그 이유는 말라붙은 나라의 재정 형편에 방백은 얼마에 팔고 수령은 얼마에 사고하는 식의 매관매직(賣官賣職, 돈이나 재물을 받고 벼슬을 팔고 시키는 행위)으로 비싼 값으로 공직을 산 사람들이 적어도 본전의 몇 배를 벌지 않으면 아니 되었기 때문에 그 피해는 백성들이 당하게 마련이었다. 이것을 지켜본 임기반은 비분강개(悲憤慷慨, 슬프고 분해서 마음이 북받친다는 뜻)해서, 문벌(대대로 내려오는 신분이나 지위)이 무슨 필요가 있으며 과거 급제가 무슨 소용이냐고 특권 타파를 주장했다. 또

---

1 십팔사략(十八史略)은 원(元)의 한족 학자 증선지가 지은 중국 고대사를 담은 역사서로, 태고(太古) 때부터 송나라 말까지의 사실을 뽑아 초학자를 위한 일종의 초급 역사 교과서로 편찬한 책이다.

임기반은 말하기를 이 세상에 사람이 나올 때 조물주께서는 자유와 평등을 주셨는데 어떤 사람은 양반이고 어떤 사람은 천민이라니 그것은 있을 수 없는 모순이라고 하면서 양반의 신분적 우월성을 적극적으로 배격하였다.

─ 민족 개화와 그의 시대

당시 근당 임기반은 19세의 소년이었다. 민족 개화를 부르짖고 서양의 새로운 문화와 사상을 받아들이고 전통적 가치관을 벗어난 것을 의미하는 것으로 색의(色衣, 색깔 있는 의복)를 장려해서 생활 개선을 시도했다. 자력갱생(스스로 일어나 새로운 삶을 살아감)하여 국난을 타개하기 위해서는 자신이 솔선수범하여 백색 의복을 실용적인 현대 의복으로 갈아입고 상투를 자른 후 계급을 타파해야 한다고 외치는 무리의 선두에 나섰다.

이것은 근당 임기반 자신의 혁명이었을 뿐 아니라 민족 개조의 선구자로 나서는 출발점이었다. 그러나 그는 가문의 명예를 더럽힌다는 조부의 견책으로 집을 떠나지 않을 수 없게 되었고, 결국은 용강읍에서 배고지로 이주하게 되었다. 이것이 바로, 당시 19세 소년으로서의 임기반이 문벌 타파를 외치던 시대적 배경이었다.

소년 시절부터 중국 고서에 정통하고 투철한 국가관, 민족관을 소유했던 홍안(紅顔, 붉은 얼굴)의 근당 임기반은 당시의 부패하고 빈약한 정치 풍토에서 민족 계몽운동을 전개하는 데 철두철미한 모습을 보여

주었다. 외세의 침공이 심하던 1894년 청일전쟁(淸日戰爭)[1]이 발발하여 청일(淸日) 양군이 평양에서 교전하는 것을 목격한 임기반 선생은 비분을 금할 수 없었다.[2]

임기반 선생은 우리 민족이 미개하고 국력이 미약해서 삼천리금수 강산을 싸움터로써 남의 나라에 내어주는 수모와 희생을 감수할 수밖에 없었다고 결론을 내리고, 나라를 살리는 길은 오직 민족의 힘을 키우고 국력을 배양하는 길뿐이며, 이러한 역사적 사명에 앞장서기로 굳게 결심하게 되었다.

---

1   조선에 대한 지배권을 둘러싼 청일전쟁(淸日戰爭/ 갑오전쟁(甲午戰爭, 중국식)은 동아시아의 패권을 두고 청과 일본 사이의 결전이다. 임오군란 때부터 조선 정부의 요청으로 일방적으로 조선의 종주를 주장하는 청나라에 대해 일본제국이 일으킨 1894년 7월 25일부터 1895년 4월 17일까지의 전쟁이다. 전쟁의 결과는 청나라의 요청으로 1895년 4월 17일 청나라와 일본 사이에 시모노세키조약이 체결되었다. 청나라는 조선이 완전한 자주독립국임을 확인하여 조선에서의 일본의 국제적 위치를 확립시켜 주었다. 청은 배상금 2억 냥(兩)을 일본에 지급하고, 랴오둥반도·타이완, 펑후 제도 등을 할양하며, 통상 상의 특권을 부여하였다.
평양 전투는 1894년 8월 1일 공식적으로 청일전쟁이 선포된 후 청나라의 병력이 아산만에서 평양으로 철수하고 추가 병력이 합류하여 13,000~15,000명의 수비군이 일본군과의 전투에 대비했다. 그러나 일본군은 여러 경로로 평양에 모여들어 청나라 군대를 항복시켰다. 청나라 군대는 사망자 1,000명에 부상자가 4,000명에 달했으나 일본군은 500명의 사상자만 발생했다. 이후 황해 해전, 압록강 전투, 여순 함락, 우금치 전투, 동중국해 점령을 거쳐 전쟁을 종결지었다. 청나라는 조선이 완전한 자주독립국임을 확인하고, 조선은 일본의 수중에 넘어가게 되었다. "청일전쟁" **위키백과**(wikipedia.org 이하 표기 생략); 차경애, "청일전쟁(淸日戰爭) 당시 조선 전쟁터의 실상(實相)," **한국문화연구** 14 (2008), 63-103.

2   청일전쟁 당시 평양 전투에서 청군의 일부 패악질은 말로 표현할 수 없는 참상이었다. 가는 곳마다 백성들의 재물을 빼앗고 약탈하며, 부녀자들을 학살하거나 능욕했다. 개와 닭, 소와 말은 있는 대로 잡아먹거나 끌어갔다. 백성들은 징발되어 짐을 짊어지고 가마를 메도록 강요당했으며, 현지에서 모은 잡다한 군대로 조직되어 유괴당한 자들처럼 비참한 행군을 했다.**퇴각하면서 평양 이북을 무차별 약탈하고 가옥을 불태웠다… 간장·된장에 분뇨를 투입해 먹을 수 없도록 만들었다… 전투에 패한 청인과 조선인의 시체, 소, 말, 돼지, 개의 수천수백이 핏속에 쌓여 악취가 코를 찔러 수리까지 이르렀다** 김용삼, **조선을 침몰시킨 청일전쟁**: 세계사와 포개 읽는 한국 100년 동안의 역사 6 (백년동안, 2014), 253.272-273; 서영희, "청일전쟁·러일전쟁-한반도에서 벌어진 국제전을 바라보는 한국학계의 시각," **군사** 100 (2016), 119-145.

청일전쟁에서 청국(淸國)이 일본에 패하고 시모노세키조약(下關條約, 1895. 4.17. 체결)으로 청국은 조선에 대한 종주권을 포기하면서, 겉으로는 조선이 두 나라로부터 독립국이 된 것 같았으나 관료들은 매관매직을 여전히 일삼고, 나라의 재정은 고갈되어 민생은 도탄(곤궁한 처지)에 빠지고 부패와 나태한 생활이 만연하였다. 그러므로 정치, 경제, 사회, 문화 모든 면에서 혼란과 쇠퇴는 더해만 가고 있었다.

임기반 선생은 국가와 민족의 장래를 생각하였다. 이 민족에게는 과거의 잘못을 뉘우치고 새로운 삶을 시작하는 개과천선(改過遷善)의 노력이 필요하다고 생각했다. 노력함으로써 개화가 되고, 교육이 되고, 단합되는 것이다. 우선 나 자신부터 그렇게 노력하는 사람이 되어야 한다. 이 나라의 정권은 당쟁을 일삼고, 부패(腐敗)와 불화(不和) 및 불목(不睦)으로 안타까운 처지에 놓여 있으니 그 고랑이 너무 깊어지기 전에 온 국민이 총화와 총력을 형성하는 데 노력해야 한다고 역설했다.

– 재림기별의 한국 전파 배경

특히 유교와 샤머니즘이 생활 구석구석에 횡행하여 정신을 후퇴시키고 있을 때였으므로 이것을 보고 있던 근당 임기반 선생은 민족의 장래를 탄식하지 않을 수 없었다. 민족 계몽과 민족 개조를 역설하고, 나부터 인격 혁명과 자기 개조를 시작하여 민족성의 부정적인 측면들이 개조되지 않고서는 민족의 역량은 배양될 수 없고, 또 민족의 역량이 충분히 배양되지 않고서는 국력 배양은 불가능하다고 생각했다.

그 목적을 달성하기 위해서 서구 문화를 수입해서 민족성을 근본적으로 개조하는 동시에 국민을 하나님의 길로 인도해서 거듭나게 하는데 역점을 두고 자기 고향에 예배당을 자비로 설립하고 전도 사업에 전력하는 한편 국민 계몽 사업에 중점을 두었다. 독립투사 오산(吾山) 이강(李剛, 독립유공자 애국장 추서) 선생의 회고담에 이런 말이 있다. "나(이강)는 근자로 안도산(安島山)을 위하여 공헌이 지대한 분이오, 임기반, 안도산, 이강은 독립협회의 동지들이었다"(**안도산전서**, 제19편 하단 및 제20편 상단).

안도산과의 회견담에 이런 말이 있다. "임 선생은 남을 사랑하는 마음이 강한 분"이라고 하였다. 임 선생은 애타심(愛他心)으로 민족을 지도하고 힘을 꾸준히 심어 나가야 국민을 거듭나게 할 수 있다고 역설했다. 이것이 자력갱생의 근본이요, 민족이 번영하는 길이라고 강조했다. 또 그는 우리가 민족사관으로 고찰할 때 2백수십 년을 청국의 지배를 받아 내려오면서 아부에 젖고 부패에 시달리면서 살았다. 따라서 이 민족을 하루아침에 올바른 길로 인도한다는 것은 불가능한 일이므로, 지도층이 일치단결해서 확고부동한 자세로 백년대계를 세워야 한다고 말했다.

1904년 5월의 일이다. 제물포를 떠나 하와이로 이민 가던 한국 사람들이 일본 고베(神戸, Kobe)에 내렸다. 이것은 그들을 싣고 태평양을 건널 배를 기다리는 동안 하와이 상륙에 필요한 제반 수속 절차를 밟기 위함이었다. 이보다 앞서 한국 정부는 미국과 통상조약[1]을 체결한바

---

[1] 조미수호통상조약(朝美修好通商條約, Treaty of Peace, Amity, Commerce and Navigation, United States-Korea Treaty of 1882)은 1882년(고종 19년) 조선과 미국 간에 조인된 조약으로, 1882년 5월 22일(음력 4월 6일) 조선의 전권위원 신헌(申櫶), 김홍집(金弘集)과 미국의 전권위원 로버트 윌슨 슈펠트(Robert Wilson Shufeldt) 간에 제물포에서 체결되었다. 이 조약은 조선이 서양 국가와 맺은 최초의 수호 통상조약이다. "조미수호통상조약," **위키백**

(1882), 이때부터 한·미 간의 미국 이민은 1903년부터 1905년까지의 3년 간에 7,220명에 달했는데 위에 기록된 사람들도 물론 이들 이민군(移民群)에 섞였던 사람들이었다.

1905년 2월 하와이 사탕농사경주동맹회(砂糖耕主同盟會)[1]는 한국의 노동자들을 수입하기 위하여 제물포 거주의 미국인 데쉴러(D. W. Deshler, 주한 미국공사)[2]로 하여금 한국 정부의 양해 아래, 서울, 인천, 부산, 원산 등지에 이민 모집을 위한 개발회사(East-West Development Company)를 조직하게 하니 한국 정부는 이에 호응하여 척식사업(국외 미개지 개척 및 자국민 이주 사업)과 신문화 수입을 장려할 목적으로 수민원(綏民院, 관광 부서)이라는 정부 부처를 설립하고 개발회사의 편의를 도모하여 주었다. 이와 같이하여 개발회사는 각 지방에 대대적으로 선전하여 이민 희망자에게 선금까지 주면서 다수의 노동자를 모집해 갔던 것이다.

1904년으로 말하면 한국은 만주와 한국의 지배권을 두고 러시아와 일본이 벌인 제국주의 전쟁인 러일전쟁(露日戰爭)[3]의 틈바구니에서 불

과: 김정호, "조미수호통상조약의 정치외교사적 의의에 대한 재조명," **한국동양정치사상 사연구** 18.2 (2019), 101-136.

[1] 하와이 사탕농사경주동맹회 참고: 김원용, **재미 한인 50년사** (2004), 5-9; 최창희, "한국인의 하와이 이민," 國史館論叢 9 (1989), 147-187; "사탕수수 농장(하와이)," **한국민족문화대백과사전** (이하 표기 생략).

[2] 데쉴러는 이민 모집 회사인 동서개발회사(East-West Development Company)의 책임자였다. 오인철. "하와이 한인 이민과 독립운동 연구," **비평문학** 12 (1998), 341-376; 이만열, "하와이 이민과 한국교회," **한국기독교와 역사** 16 (2002), 35-46.

[3] 러일전쟁(露日戰爭, 1904-1905)은 러시아와 일본이 조선과 남만주의 지배를 둘러싸고 벌인 전쟁이다. **1905년 9월 5일, 미국의 주선으로 포츠머스에서 강화조약이 체결되고, 일본의 승리를 확정지었으며, 동아시아의 국제 질서에 큰 영향을 미쳤다.** 이로써 조선에 대한 일본의 우위가 국제적으로 인정받고, 한국의 외교권은 박탈되고 일본의 보호국이 되었다. 당시 강자가 약자를 억압하고 지배하는 후안무치한 세태 앞에 조정이나 백성 모

안과 궁핍의 와중에 있던 때라 뜻있는 사람들 가운데는 답답한 심정의 타개책 하나로 해외 진출의 꿈을 품었던 사람이 많았다. 동시에 미국은 1898년 6월에 '하와이 공화국(Republic of Hawaii)'을 합병한 지 불과 5, 6년밖에 안 되던 때였으므로 섬 개발에 막대한 노동력이 요구되었던 것이니, 이것이 바로 한국에 재림기별이 전파되었던 1904년 당시의 모습이었다.[1]

— 일본 고베에서 일어난 일

하루는 위에 말한 이민군(移民群)의 한 사람이 심심풀이로 일본의 대표적 항만 도시인 고베(神戸, Kobe, 오사카 맞은편 도시) 거리를 거닐고 있다가 야마모도 도오리 이정목(神戸山本通二町目, 현 일본의 역사적, 문화적 가치가 높은 장소)이란 곳에 왔을 때 어떤 집에 걸린 약 1미터 길이의 간판이 그의 시선을 끌었다. 그 간판은 다름이 아니라 '제칠일재강림

두 고뇌했다. "러일전쟁," "러일전쟁과 한국," **국사편찬위원회 한국사데이터베이스** (이하 표기 생략); 이성환, "러일전쟁과 대한제국의 중립화 정책에 대한 비판적 검토," **국제정치연구** 8.2 (2005), 165-186.

1 이덕희는 하와이 1903년 1월 13일부터 1905년 8월 6일까지 7,415명의 한인 입항자 명단을 작성했다(자료에 따라 조금씩 차이가 있음). 이 중 임기반은 34세 때인 1904년 1월 9일 아메리카 마루(America Maru)호로 하와이 호놀룰루에 이주했다. 동포 계몽 활동을 펼치고, 신민회를 조직했다. 1905년 4월 한국 정부는 일본의 압력으로 이민금지령을 내렸다. 이종근. "민족 계몽과 독립운동의 선구자 근당 임기반 재조명." **도산학연구** 7 (2001), 234-235; 김원용, **재미 한인 50년사**, 3~4; 이덕희, **하와이 대한인국민회 100년사**, 이 승만연구원학술총서 4 (연세대학교 대학출판문화원, 2013), 1-2; 하와이한인이민90주년기념사업위원회, **그들의 발자취(Their Footsteps) (1994)**, 1-16; 오만규, **백년사**, 1:60; Deuk Hee Lee Murabayashi, "Korean Passengers Arriving at Honolulu, 1903~1905," University of Hawaii, http://scholarspace.manoa.hawaiiedu>download.

교회(第七日再降臨教會)'라고 한문으로 쓴 교회명이었다. 원래 그는 감리
교인으로 이것이 기독교의 분파인 것을 알 수 있었다. 그러므로 그 교
회의 성질을 좀 알아보려는 목적으로 그 간판을 유심히 읽고 있을 무
렵, 안에서 일본인 전도사가 손짓하며 들어오라고 청하는 것이 아닌
가? 그래서 그는 주저하지 않고 안으로 들어갔다.

그러나 일본 사람도 한국말을 모르고 한국 사람도 일본말을 몰랐으
므로 피차 의사가 통하지 않아 퍽 답답했다. 그러나 손짓발짓과 한문
으로 필담(筆談, 글로 써서 교제함)을 해가면서 약간의 교리를 배운 이
한국 사람은 자기보다 젊은 동료 한 사람인 성공회 신자를 데리고 날
마다 일본인의 집회소를 방문했다. 진지하게 성경의 진리를 배우며 강
론하였으니, 이들이 바로 이응현(李應顯, 서울 출신)과 손흥조(孫興祚, 대
구 출신)였다. 그 일본인 전도사는 한국 재림운동의 은인(恩人)인 구니
야 히데 전도사였다.

ㅡ 구니야 히데(國谷秀) 전도사

그러면 여기서 잠깐 구니야 전도사를 소개하고자 한다. 구니야 히데
의 본명은 구니야 기노스께며 이바라기현 출신으로, 1872년 10월 10
일(명치[明治] 5년)에 출생하였다. 16세 때에 한나라 사적(史籍, 고전) 십
팔사략(十八史略)을 읽고, 후한의 유수(劉秀)의 호기(豪氣, 씩씩한 기상)에
감격하여 이름을 수(秀)로 고치고 국곡수(國谷秀)라는 이름을 취한 것
은, 장차 대륙으로 건너가 중국에 귀화하고 서방으로 통하려는 마음
이 있었기 때문이었다. 그가 기독교에 접하게 된 것은 청일전쟁 후 일

본이 청국에 산둥반도의 도시 위해위(威海衛, 웨이하이, 북양함대 기지)를 점령하고 있을 때, 진주군(타국의 영토에 머무르고 있는 군대)의 경리 사병으로 파견되어 영국 침례교 선교사 프라이스(Dr. Earnest W. Price)라 하는 사람에게 기독교 교리를 듣고 믿게 되어 귀국하면서 일본 기독교의 신자가 되었다.

구니야 전도사가 재림기별을 듣게 된 것은 19세기 말엽이었는데, 이때 일본에는 미국 힐스버그 대학(Healdsburg College. 현 Pacific Union College, CA 전신)[1]의 학장이었던 그레인저(W. C. Grainger)[2] 선생이 최초의 제칠일안식일예수재림교회의 선교사로서 주재하고 있었다. 그레인저 교수의 제자인 오꼬히라(大河平)는 1887년에 미국에 건너가 캘리포니아에서 진리를 깨닫고 재림신자가 된 최초의 일본인으로서, 그 대학에서 공부한 후 그레인저 교수와 동행하여 일본으로 들어온 사람이다. 구니야는 오꼬히라가 세운 성경학교(Shiba Bible School, Tokyo)에 입학하여 영어를 배우고 있었다.[3]

그러던 중 1899년 3월 24일 성경의 진리를 깨닫고 군에서 제대한 후 동경 '메구로가와(目黑川)'에서 침례(세례)를 받고 재림교회에 입교하게 되었다. 그리하여 구니야는 일본에서는 최초의 재림신자요, 교회지도자로서 오꼬히라와 같이 1907년 1월 대총회 파견으로 일본 미션(연합회) 제1회 총회에 참석하였던 프레스콧(William W. Prescott)[4] 교수에게

---

1 "Pacific Union College," *SDA Encyclopedia*, 2:280-281.

2 "W. C. Grainger," *SDA Encyclopedia*, 1:623.

3 "Seventh-day Adventist Work," ibid, 1:821-822.

4 Gary Land, "William Warren Prescott," *Historical Dictionary of Seventh-Day Adventists* (Lanham, Maryland · Toronto · Oxford: The Scarecrow Press, Inc, 2005), 236-237; "William W. Prescott," *SDA Encyclopedia*, 2:380-381.

서 목사 안수를 받았다. 그는 본래 군인 출신으로 고결한 인품의 사람이었으므로 한결같이 환난을 극복하고 성업에 전력했다. 그는 엘리야가 하나님의 음성을 들은 것 같이, 갈라디아서 2:20의 말씀을 대하면서 십자가의 군사로서, 자신은 예수께서 십자가에 못 박히신 대로 죽을 각오가 아닌, 이미 죽은 자의 각오로 하나님의 음성을 듣고 전도에 투신하겠다는 열정으로 전설적인 삶을 살았다.[1] 그는 향년 90세에 주안에서 잠들기 직전까지도(1962년 여름) 두 교회를 개척하고 일본 동경의 지도세 후나바시(千歳船橋) 교회를 맡아 돌보면서 안식일(토요일)마다 설교했다. 또한 히데 전도사가 최초 한국인 손흥조, 이응현, 임기반에게 재림기별을 가르치면서 사용했던 성경이 현 동경 오오카야마(大岡山)교회에 보관 중이다.[2]

– 두 한국인의 최초 침례와 개발회사

1904년 6월 초순, 구니야 전도사에게 진리를 배우던 두 한국 사람, 이응현과 손흥조가 얼마 동안 교회에서 교리를 공부한 후에 안식일과 재림교회를 깨닫고 고베의 누노비끼(布引) 폭포에서 침례를 받았다. 이

---

1 김홍주, **임기반 선생에 대한 인물 조명** (댑스, 2022), 233; 야마모토 나오이치, **황야를 개척하는 사람: 복음 전도자 구니야 히데의 생애**, 민병진 역 (삼육대학교 출판부, 2006); 이종근, "뜨거운 감동의 불길 이야기, 추천사,"**황야를 개척하는 사람**, 27-28; 오만규, **백년사**, 1:57-58; 남형우, "광야에서 외치는 자의 소리," **예수바라기** (2024. 6), 74-75; "Kuniya, Hiizu (Hide) (1872~1962)." https://encyclopedia.adventist.org/article?id=78GW. 2023. 1. 30.

2 가지야마, **일본 제칠일안식일예수재림교단 교회사-사명에 불타** (요코하마시: 복음사, 1982), 693(자료출처: 일본에서 평생 선교사로 재직하다 은퇴하신 성선제 박사 제공).

튿날 예정대로 이응현은 하와이로 떠나고 손홍조는 한국으로 돌아왔다. 이응현은 하와이에 가서 소식이 없고,[1] 손홍조는 귀국하여 구니야 전도사를 한국에 초청하고 부산에서 선교활동을 펼쳤지만, 항구적인 재림교회 집단을 형성하지 못했다.[2]

임기반 선생은 미국 개발회사에서 요청하는 한국인 노동력 수출에 종사하였다. 형식은 노동력 수출이지만, 그 내용을 분류하면 네 가지 종류였다. 첫째는 해외 유학을 희망하는 학생, 둘째는 해외 진출을 꿈꾸는 사업가, 셋째는 정치 개혁을 도모하던 망명객들이고, 마지막이 노동 이민자들이었다. 이들 중 65%는 문맹자들이었다. 이렇게 해서 당시 정부에서 요구하는 척식사업(국외 영토의 자국민 이주와 정착 사업)과 신문화 수입에 기여하고 있었다.

미국 이민 수출이 처음에는 널리 광고가 되지 않아서 희망자가 적어 한동안은 한산했는데 수개월이 지난 후에는 지원자가 폭주하여 처리가 곤란할 정도였다. 대부분이 경기도 이북 황해도와 평안도에서 가장 많은 지원자가 몰렸으니, 그 까닭은 그때 신(新)사상이 기독교와 함께 경기 이북에서 발달하고 경기 이남에는 아직 깜깜하였기 때문이다. 황해도와 평안도에서는 외국인 접촉이 많았고 또 외국 문화에 많이 개방되었다. 서도(西道, 평양의 옛 이름) 사람들은 대부분 학업을 위해 지망하고 장래의 원대한 포부와 희망을 품고 있었다. 그들의 용감

---

1 이응현은 1904년 6월 12일 Gaelic호를 타고 고베항을 떠나 호놀룰루에 6월 25일 도착했다. 이후 행적은 알려지지 않았다. 이영린, **미주한인재림교회사**(1904-2006) (LA: 나성삼육대학, 2008), 15-16.

2 F. W. Field, "The Japan Mission," *Review and Herald*, 82:4-6, June 1, 1905; 김재신, **북한교회사** (시조사, 1993), 23-24: "Development of Seventh-day Adventist Work," *SDA Encyclopedia*, 1:878; 오만규, **백년사**, 1:81.

무쌍한 투지력과 그 위대한 기백에는 정말 감탄하였다.

　이때 근당 임기반 선생은 독립협회에 관계하여 서정쇄신(庶政刷新) 운동에 적극적으로 협력했다가 독립협회가 정부의 탄압을 받아 해산 당하고 관계했던 인사들이 해외로 망명할 때, 잠시 중국으로 피신했다 가 사태가 완화됨에 따라 다시 돌아왔던 때였다. 그러한 관계에 있었 기 때문에 유무형으로 정부의 주목을 받아 피신한 인사들과, 또는 정 권을 잡아 정치를 혁신하려다 지목받고 피신하는 우국지사들의 하와 이 진출을 우선적으로 협력해 주었다. 형식은 노력 수출이지만 실은 망명 투사들이 많았다. 인력 수출에 종사하던 근당 임기반 선생도 아 래와 같은 관계로 하와이로 떠나게 되었다.

― 도산 안창호와의 인연

　임기반 선생은 대한제국의 독립운동가들인 도산(島山) 안창호(安昌 浩)[1], 오산(吾山) 이강(李剛)[2], 임준기(林俊基)[3] 등 3인의 간곡한 요청으로 하와이로 가게 되었다. 근당 임기반 선생은 안도산과는 같은 고향이 고, 안도산보다 10년이 연상이며, 안도산은 근당 집에서 오랫동안 숙

1　독립유공자(대한민국장, 1962, 관리번호 3154); 박민규, "도산 안창호의 개혁사상과 민족개 조론," **호남사학회** 61 (2016. 2), 227-253; 김도훈, "안창호와 이강," **도산 탄신 126주년 기념 학술회의(주제: 도산 안창호와 민족수난기의 지도자)에서 발표된 논문**, 도산학회 (2004); 이은숙, "도산과 사람들 이야기, 그 첫 번째_ 근당 임기반," **흥사단 광장** (2016. 4).

2　독립유공자(독립장, 1962, 관리번호 3871); 이기순, "오산 이강의 생애와 독립운동," **역사와 실학** 66 (2018.8), 355-395; 이명화, "이강의 독립운동과 안중근 의거," **한국인물사 연구** 11 (2009.3), 91-331.

3　독립유공자(애족장, 2016, 관리번호 954439); "신민회 (新民會)," **한국민족문화대백과사전**

식도 같이하였다. 또 도산의 장인 이석관 장로와 근당과는 막역한 사이여서 이씨의 장녀 이혜란과 도산 안창호를 결혼으로 맺어 주었다. 도산이 미국에 갈 때 여러 가지로 숨은 일화도 많았다.

오산 이강도 근당보다 연세가 10년 연상이며 근처에서 살면서 우정이 두터울 뿐 아니라 끊을 수 없는 동지였다. 미국에 갈 때도(1902년) 근당의 알선으로 이민군에 섞여서 갔던 것이다. 임준기와는 집안 손자뻘 되는 친척이었다. 또 도산 안창호의 장인 이석관 장로는 안식일교회 창설 시에 창립 교인 36명 중 한 명이었다(이석관 장로의 첫째 사위가 도산 안창호이고, 둘째 사위는 독립유공자 김창세 박사이다. 김 박사는 의명학교(義明學校, 삼육대학교 전신) 초기 교수이며 일본 유학 및 세브란스연합의학교(현 연세대학교 의과대학 전신)를 졸업 후 미국 존스홉킨스 대학교[Johns Hopkins University]에서 한국인 최초로 박사학위를 받은 뒤, 세브란스연합의학전문학교 (현 연세대학교 의과대학 전신) 교수를 역임한 공중보건학의 선구자였다).[1]

— 하와이 동포들의 실태

인력을 팔려고 하와이로 이민 간 한국 동포들은 지도기관이나 관리 기관이 있는 것이 아니고 어디까지나 자유의 나라에서 자유로운 생활을 했다. 물 좋고 산 좋고 사철 춥지도 않고 덥지도 않은 그야말로 좋은 낙원이었지만, 언어와 풍속이 다르고 인종이나 정치 풍토가 다른

---

1   이종근, "한국 공중보건학의 선구자 김창세의 삶과 죽음 - 80여 년 만에 빛을 본 회고록을 중심으로," **한국기독교신학논총** 120 (2021.04), 69-110.

먼 나라인 외국에서 노동 품팔이를 간 신세를 생각하면 정말 딱한 형편이었다. 고국에 두고 온 부모님 생각도 간절하고 고향 산천이 그리워지기도 하였다. 그래도 부부와 같이 정답게 가서 서로 위로하고 산다면 몰라도 대부분이 독신자였다. 다행히 인력이 부족한 나라였기 때문에 아침을 먹고 나가면 사탕 밭이나 어디를 가든지 일할 수 있는 것만이 낙원이었다. 일만 하면 먹고사는 것은 걱정이 없었다.

그러나 이민 중에는 별의별 인사가 많이 섞여서 근검절약해서 고국에 있는 가족을 살리려고 노력하는 사람이 있는가 하면, 술만 마시고 허랑방탕을 일삼는 불순한 사람도 없지 않았다. 이 불순한 사람들은 소수이기는 하였지만, 이들의 추태로 당당한 독립 국민의 자격을 훼손했다.[1] 미국 본토에서 이 소식을 들은 오산 이강은 들고 일어났다. 이것은 민족의 수치요 국가의 수치였기 때문이다.

오산 이강이 생각한 끝에 안도산, 임준기와 함께 하와이 이민 동포의 지도 계몽에 대해 상의했다. 그 결과 3인이 이구동성으로 임기반 선생을 하와이로 초청하자고 뜻을 모았다. 그 이유는 임기반 선생은 남을 사랑하는 정신이 강한 기독교인이고, 위대한 지도력의 소유자로 지식이 풍부하고 웅변에 뛰어나며 외국인을 대할 때 지극히 좋은 인상을 주는 사람이었기 때문이었다. 이와 같은 조건을 갖춘 분이라서 지극히 적임자이고 그들 삼 인이 초청하면 적극적으로 협력해 주리라고 믿고 추천키로 한 것이었다.

---

[1] 한인 교포들의 이런 모습은 고종황제가 하와이 한인들의 생활실태를 돌아보기 위해 파송한 윤치호가 올린 보고서에 "서너 명의 못된 놈들이 여러 농장을 다니며 카드놀이로 사람을 현혹하고" 문제를 일으키고 있다고 했다. 이덕희, **이승만의 하와이 30년** (북앤피플, 2015), 35.

– 도산 안창호의 요청과 하와이 체류

근당 임기반이 하와이에 상륙하였을 때는 1903년 33세의 청년 때였다. 하와이에 간 목적은 도산 안창호, 오산 이강, 임준기 등이 하와이 이민 동포의 지도 계몽을 위하여 간곡히 요청하였기 때문이었다. 미국 정부에서는 하와이 개척에 인력이 부족하여 한국에서 인력을 수입해 갔고, 그 수가 당시에 줄잡아 사 오천 명을 헤아리고 있었다. 이민 동포들의 생활상태는 각양각색이나 그들 대부분이 자유노동에 종사하는 자들이었다.

임기반 선생이 하와이에 도착해서 불과 며칠이 지난 어느 날이었다. 한국 사람 세 사람이 서로 마주 잡고 코피를 흘리면서 싸우다가 두 사람은 기진맥진해서 달아나다가 너무 급해서 어떤 미국 사람의 집 마루 아래로 뛰어 들어갔다. 그 미국 사람 주인은 빨리 나오라고 야단이었다. 임기반 선생은 그것을 발견하고 뛰어가서 치고받던 힘센 청년을 붙잡고 싸우는 이유를 물었다.

그 이유는 간단했는데, 다른 사람에게는 술을 사주고 자기에게는 술을 안 사준다는 불평이었다. 말하자면 일은 아니 하고 무위도식하는 불순한 청년이었다. 이 청년을 붙잡고 자기 집으로 데리고 가서 설교하고 그다음 날도 그 청년의 집으로 찾아가서 설교했다. 화목한 가정에 행복이 있고 부지런히 일하는 자에게 하나님께서 양식을 주신다고 열심히 설교했다. 이 불순한 청년도 마음이 돌아서서 개과천선하여 예수를 진실이 믿고 술도 끊고 노동을 열심히 하였다.

이것이 인연이 되어 불순한 청년을 회개시켰다고 소문이 나서 임기반 선생에게 하와이 교포들이 찾아왔다. 그때부터 임기반 선생은 체류

동포들의 집을 방문하기도 하고 생활 상태도 조사해 보았다. 그 결과
는 정말 실망스러웠다. 불결할 뿐만 아니라 불합리한 생활상태였다. 이
래서 미국 사람들이 우리 민족을 가리켜 미개한 민족이고, 독립 국민
의 자격이 없다고 말하는 것이었다. 같은 민족끼리도 실망할 정도였다.

– 동포 계몽

임기반 선생은 여러 날을 두고 생각해 보았지만, 결론은 교육이었
다. 교육이 없으므로, 다시 말해서 미개한 민족이기 때문에 그렇다는
것을 절실히 느꼈다. 그러나 하와이 체류 동포가 이제부터 학교 교육
받아서 문명인이 된다는 것은 불가능한 일이고, 단시일에 훈련을 시켜
서라도 미국인에게 반감을 주지 않도록 노력해야겠다고 단정했다. 한
국 민족은 문화 민족이다. 넉넉히 독립국을 건설할 수 있는 민족인 것
을 인식하고, 한국 민족의 의식 수준을 높이는데 헌신하기로 근당 임
기반은 결심했다.

임기반 선생은 "나도 이제부터 솔선해서 노동하는 장소에 나가 노동
하겠다"라고 결심하고, 한국 사람이 집단으로 노동하는 장소를 찾아
서 그곳에서 열심히 일했다. 미국인 농장 주인이 찾아와서 당신도 한
국 사람이냐고 물었다. 노동생산성이 배 이상 향상되었다는 것이다.
내일도 이렇게 일이 진척된다면 임금을 올려 주겠다는 것이다. 휴식
시간에는 임기반 선생이 일장 강연을 하였다.

"여러분이 아시다시피 여기는 미국입니다. 동포 여러분! 우리는 상
투를 자르고 의복을 세탁해서 갈아입고 침과 코를 마구 뱉지 맙시다.

대소변을 일정한 장소에서 하고 변소 사용도 깨끗이 합시다. 미국 사람이 보는 앞에서 싸우지 맙시다. 집을 깨끗이 청소하고 특별히 유리창을 깨끗이 닦고 삽시다. 구두를 닦아서 신읍시다. 돈을 저축했다가 집을 사고 후손들을 교육합시다. 그리고 꼭 예수를 믿고 남을 사랑할 줄 아는 사람이 됩시다"라고 주장하였다.[1] 이렇게 한 달 두 달 계속하는 동안에 하와이 교포 중에는 상당수가 개선되었다.

또 미국인에게도 소문이 나서 '한국 신사' 다시 말해서 '코리안 젠틀맨(Korean Gentleman)'이라는 별명이 붙었다. 일할 때는 코리안 젠틀맨과 같이 와달라는 요청도 있었다. 코리안 젠틀맨이라는 칭호를 들을 때에는 더욱 용기가 백배했다. 이제부터는 동포의 계몽을 위하여 분골쇄신(粉骨碎身)하겠다는 용기가 생겼다. 이것이야말로 민족운동이요, 하나님 앞으로 나아가는 길이라고 단정했다. 하와이에 이민해 온 동포들은 대부분이 독신자였다. 이 독신자들은 한 집에서 여러 명씩 모여서 살고 있었다. 이 집 앞을 지날 때는 냄새가 코를 찌르고, 그 집 주위가 불결해서 지나가는 사람에게 불쾌감을 주었다.

특별히 시선을 끄는 것은 쉬는 날에는 낮에도 술을 마시는 나쁜 습관이 있었다. 술을 마셔도 좋지만, 근처에 사는 사람들에게 시끄럽게 소리를 내고 심하면 또 동포들끼리 싸움을 벌여 주변 사람들에게 불쾌감을 주었다. 근당 임기반은 동포들의 모든 악습을 고쳐 주기 위하여 교포가 집단으로 모이는 농장에는 반드시 찾아가서 같이 일했다. 다행히 그는 인천에서 이민 수출 사업에 종사했기 때문에 상대방들은 근당 임기반 선생을 잘 알고 있었다. 코리안 젠틀맨이 왔다고 미국인도 반가

---

1   윤치호도 이와 유사한 당부와 충고를 남겼다. 이덕희, **이승만의 하와이 30년**, 35.

이 맞이해 주었다. 임기반 선생은 노동 품을 파는 것이 목적이 아니고, 동포들의 나쁜 습성을 고쳐 주기 위하여 또 노동생산성을 올려서 상대방에게 호감을 주어 한국인의 인식을 높이는 데 목적이 있었다.

임기반 선생은 동포들의 신뢰를 받게 되어, 어려운 일이 있으면 의논하러 오는 동포가 있는가 하면 서로 오가며 친목을 도모하였다. 외국 생활에서는 외롭고 서로 의지하는 것 같이 좋은 일은 없는 것이다. 비록 외국에 와서 노동 품팔이를 하지만 장래 우리 후손들에게 좋은 역사를 남겨줄 것을 생각하면 만족스러웠다. 이제는 미국 사람들에게 어느 정도의 신임도 얻게 되었으니, 구원의 길을 열어 주시는 하나님께 감사했다.

코리안 젠틀맨이 참석했던 농장에는 임금이 올랐다는 소식을 들을 때에는 더욱 하나님께 감사했다. 미국인 농장주들은 임기반 선생이라면 몰라도 코리안 젠틀맨이라면 통하였다. 이만하면 우리 동포들의 근로정신, 협동 정신이 많이 훈련되었으니, 이제부터는 노동력을 공급하고 친목을 도모하는 한 단체가 필요한 것을 절실히 느꼈다. 이 운동이 시작된 지 약 1년이 넘었다. 이 운동이 유무형으로 효과가 있어 미국인에게도 반영이 되었으니, 결과는 좋았다.

또한 동포들도, 혼자는 못살고 여러 사람이 합심하고 협력하면 힘이 강해진다는 것을 인식하게 되었다. 이제부터는 동포들끼리 상부상조하는 기관을 만들어서 노동력의 수요와 공급을 원활히 하면 동포의 생계가 향상될 것이라고 역설했다. 그는 동포들을 지도 계몽하였으며 나아가서는 하나님의 길로 인도하는 것이 목적이라 생각하고, 인력 수출 등의 일에는 직접 관계하지 아니하였다.

이때 한국에서 과거 독립협회에 관계했던 모 친지로부터 빨리 귀국해 달라는 편지를 받았다. 그 편지의 내용은 최근 국내에는 친일 세력이 극대화되고 한국의 국제적 지위가 여지없이 떨어져 간다며 한탄했다. 또정부 당국자들은 여지없이 부패하고 쇠퇴하였으며, 국민은 너무도 무기력하고 무능력해서 나라의 운명이 목전에 달렸으니, 이 무능력하고 부패한 정권을 하루속히 척결하기 위해, 하와이 교포의 지도 계몽은 후일로 미루고 속히 귀국해서 협력해 달라는 간곡한 요청이었다. 이 친구는 죽마고우(竹馬故友, 서로 거슬릴 것이 없는 가까운 친구)라고 할 수 있는 절친한 사이이기 때문에 믿을 수 있었다. 다시 말해서 과거의 독립협회 사건 때도 이 동지만은, 동지를 위해서라면 목이 잘리는 한이 있어도 아무런 후회됨이 없다고 할 만큼 가까운 사이였기 때문에 믿을 수 있었다.

— 구니야 전도사와의 만남

하와이에서 돌아올 때 배가 일본 고베에 도착했다. 때마침 한국에서 하와이로 가는 이민선도 고베에 도착했던 때였다. 한국 이민자들이 임시 상륙해서 시내 구경을 하고 있을 때, 우연히 성명불상의 한국 사람들을 만나서 편지를 받았다. 그 편지는 임기반 선생의 이모 사촌 처남인 양제환(楊濟桓)으로부터였다. 그 내용은 과거 독립협회 때에 관계했던 불순분자들과 최근에 직접 간접으로 정부에 대해 불신 행동을 하다가 도피해 있던 자들을 임기반 선생이 해외로 도피시켰다는 혐의를 받고 있다고 했다.

그러므로 임기반 선생을 구속하면 시국에 대한 중대한 정보를 얻을 것이라고 단정하고 구속령이 내렸다는 것이다. 그러한 관계로 신변이

대단히 위험하니 당분간 통지가 있을 때까지 귀국을 중지하라는 내용이었다. 그러나 또 다른 친지의 얘기는 "아무 염려 없으니 안심하고 속히 돌아오라"라는 내용이었다. 정말 진퇴양난이었다. 그래서 이민 동포와 헤어져서 걷다가 잠시 가던 길을 멈추고 노상에 서서 하나님께 기도를 올렸다.

언어와 풍속이 다른 이국에서 기도를 마치고 눈을 뜨니 그 옆에 이상한 간판이 있는 것을 보았다. 한문으로 '제칠일재강림교회'라고 크게 쓴 간판이었다. 감리교 전도사이면서도 처음 보는 간판이었기 때문에 내용을 알고 싶어서 찾아 들어갔더니 구니야 히데라는 일본인 전도사가 반가이 맞아 주었다. 말이 잘 통하지 않았기 때문에 한문으로 나는 한국 사람이라고 써서 주고 성명 교환도 했다. 이 교회는 처음 보는 교회라고 하며, 교회에 관해 물었더니 구니야 전도사는 일본말과 한문을 섞어서 열심히 설명해 주는 것이었다.

그는 성경 전체의 기본교리[1] 중의 중요한 세 가지가 있다고 했다. 첫째는 세 천사 기별,[2] 둘째는 십계명,[3] 그리고 셋째는 예수의 임박한

---

[1] 재림교회는 신앙생활에서 믿고 실천하는 오직 성경(Sola Scriptura)과 전체 성경(Tota Scriptura)의 중요 기본교리를 28개로 정리한다. 제1편 신론(神論, 1-5장), 제2편 인간론(人間論, 6-7장), 제3편 구원론(12-18장), 제4편 교회론(19-23장), 제5편 그리스도인 생활론(19-23장), 제6편 종말론(24-28장) 등 모두 28장으로 구성되어 있다. **제칠일안식일예수재림교 기본교리** (시조사, 2007), 15-16.

[2] 세 천사 기별(three angels messages, 계 14:6~12)은 기본교리 제13장의 일부이다. 첫째 천사의 기별은 하나님의 심판이 이르렀으므로 창조주 하나님을 경외하고 그분께 영광을 돌리라는 것이며(계 14:6-7); 둘째 천사의 기별은 거짓 가르침과 교리로 무장한 바벨론이 무너졌다(계 14:8); 그리고 셋째 천사의 기별은 바벨론에서 나오라는 것이다(14:9-12). 장병호 편, **제칠일안식일예수재림교 기본교리 요약** (시조사, 2023), 86-87; "Three Angels' Messages," *SDA Encyclopedia*, 2:772-774; Hans K. LaRondelle, "The Remnant and the Three Angels' Message," *Handbook of Seventh-Day Adventist Theology*, eds. Raoul Dederen et al (Review and Herald Publishing Association, 2000), 883-891.

[3] 십계명(출 20:1-17)의 핵심은 하나님과 인간을 사랑하라는 기별이다. "Law," *SDA Ency-*

재림이라고 설명했다.[1] 또 말하기를 예수님께서는 길 잃은 사람에게 길을 찾아주시고 구원하기 위하여 오셨고, 이 세상의 모든 사람은 길을 잃고 어디로 갈지 몰라서 허덕이고 있다는 것을 설명했다. 임기반은 세 천사의 기별은 처음 듣는 말이고, 십계명은 성경과 일언일구(一言一句)도 틀림이 없고, 일요일 휴업령은 과연 있을 것이라고 확신했다. 임기반 선생은 이때 감동을 받고 한문으로 요한복음 14장 3절과 6절을 구니야 전도사에게 제시하고 "이것이 길이요 진리요 생명이니"를 써서 보이니 구니야 전도사는 환영을 표시하면서 악수를 청하더라는 것이다.

이렇게 하고 구니야 전도사와는 감사의 뜻을 표하고 작별했다. 이때의 임기반 선생의 형편은 길 잃은 사람처럼 갈팡질팡하고 우왕좌왕하던 상황이어서, 울적한 심정으로 한국행을 중지하고 중국으로 가려는 생각도 해보았다. 그러다가 예수님의 "나 있는 곳에 너희도 있게 하리라"는 구절을 생각하고 백절불굴의 용기와 기백을 가지고 한국으로 가서 세 천사의 기별을 전파하기로 결심했다. 이것이 그가 절망 속에서 소망의 길을 찾았던 정황이고, 일본에서 재림기별과의 첫 만남이다. 이것이 제칠일 안식일 예수재림교(한국 재림교회)가 한국에서 시작된 계기가 되었다.[2]

---

clopedia, 1:909-911; Mario Veloso, "The Law of God," *Handbook of Seventh-Day Adventist Theology*, 459-460,466-468.

1 예수의 임박한 재림(계 22:20)은 초기 교회부터 현재까지 그리스도인 신앙의 근본 요소로 희망과 용기의 기별이다. "그리스도의 재림," **제칠일안식일예수재림교 기본교리** (시조사, 2007), 453-471; Raoul Dederen, "Christ: His Person and Work," *Handbook of Seventh-Day Adventist Theology*, 187-189,894-917.

2 한국 재림교회는 한국 개신교회(Protestant)의 군소 교단이지만, 미국 워싱턴 D.C.에 소재한 세계 대총회(General Conference) 아래, 세계를 13대륙/ 지역으로 나눈 북아태지회

− 한국 귀국

러일전쟁이 극(極)에 달했던 1904년 5월 초순이었다. 해상운항이 여의치 못해 일본 고베에서 출발해서 10여 일이 걸려서 인천에 겨우 도착했다. 배 안에서 손홍조라는 사람을 알게 되었는데 한국 사람으로서는 며칠 전에 이응현과 같이 구니야 전도사에게서 처음으로 침례를 받은 사람이었다. 이응현은 하와이로 가고 손홍조는 무슨 사연인지 한국으로 돌아가는 길이었다.

임기반은 하와이에서 귀국 길에 정부에서 구속령이 내렸다는 소식을 듣고 심히 울적한 순간이었다. 이때 우연히도 손홍조라는 사람을 만나 안식일교회의 교리를 토론하게 되니 기쁜 마음과 위로의 뜻을 감출 수 없었다. 러일전쟁 때문에 밤에만 운항하던 배가 10여 일이 걸려 밤중에 인천항에 도착했다.

임기반 선생은 관원(官員, 관리)의 눈을 피해서 인천서 서울까지 80리 길을 걸어서 서울 정동교회(아펜젤러[Henry G. Appenzeller, 1858~1902]가 세움)에 도착하여 일시 행장을 풀었다. 그 교회 목사님의 친절한 환영에 참으로 감사했다. 10여 일간 목사님이 임기반 선생에 대한 정보를 수집한 결과 독립협회 문제로 구속령이 내려 지극히 위험하니 속히 피신하라는 권고였다. 당시 임기반 선생은 부친상을 당해서 상중(喪中)이었다.

(Northern Asia-Pacific Division, 한국, 일본, 대만, 몽골, 방글라데시, 파키스탄, 스리랑카, 네팔 국가들 교회 포함)에 소속된 한국연합회(Korean Union Conference)의 교회명이다. 세계 재림교회는 현재 UN이 인정하는 235개 국가/ 지역 중 세계 기독교회에서 가장 많은 국가, 즉 212 국가에서 복음을 전파하고 있다. 한국의 신자 수는 대략 270,000명(북한 포함)이다. 삼육대학교 등 교육 사업, 삼육서울병원 등 의료 사업, SDA 교육 등 외국어학원 사업, 삼육식품, 시조사 출판 사업 등 다양한 영역에서 재림기별을 전하고 있다.

양복을 벗고 상복 차림으로 걸어서 평안남도 용강 땅 고향을 향해 떠났다. 서울에서 용강까지 600리 길을 도보로 가서 배고지 산중에 일시 몸을 감추었다. 이때부터 은둔생활을 시작했다. 비밀리에 양제환을 불러서 구속령에 대한 진의를 확인하고 그에게 차후 사업에 대한 포부를 설명했다. 일본 고베에서 구니야 전도사를 만나서 제칠일안식일예수재림교회를 알게 되었다고 설명하고, 세 천사의 기별과 일요일 휴업령 및 십계명을 소개했다. 예수 재림이 멀지 않았으니 진리를 이 땅에 알려서 국민을 영생의 길로 인도하고, 학교를 설립해서 국민을 교화시켜 독립 국가를 경영할 수 있는 우국지사(나랏일을 근심하고 걱정하는 사람)를 양성하자고 제안했다.

양제환도 감리교 신자였지만 임기반 선생의 설명을 듣고 개종하기로 결심하고 재림기별을 전하는 데 앞장섰다. 또 임기반 선생은 평안남도 진남포에서 미곡상을 경영하던 부유한 가정의 자제인 강창오(康昌梧)와 용강군 주홍리에 있는 정원걸(鄭元杰)을 초청해서 재림기별을 설명하고 찬반 여부를 물었더니 뜻을 같이하기로 하였다.

– 양제환, 강창오, 정원걸의 합의

양제환은 평양 외성 양씨라는 존칭 받는 명문 가문의 자제요, 가산도 풍부한 한학자이며 당시 민족 개화론의 제창자였다. 숨어 있는 임기반 선생의 신변을 철두철미하게 보호하고, 재림기별의 전도에 적극적으로 헌신한 큰 공로자 중 한 사람이었다.

강창오는 고향이 황해도 황주 출신의 23세 청년으로 일찍 신학문을 배워서 일본말에도 능통하고 진남포에서 곡물계의 거상이었다. 그는 개화론을 주장하던 투사로서 안식일교회를 창설한 후에는 당시 근대식 의학 교육 기관인 경성 의학 전수학교(현 서울대학교 의과대학 전신)를 졸업하고 의사로 일생을 헌신한 지사(志士)이다.

정원걸은 당시 20세의 청년으로 활동력이 풍부하고 개화사상의 선구자였다. 청렴결백하고 진취적인 사람이었기 때문에 임기반 선생이 뒤에서 지도하는 대로 진리 전파에 적극적으로 활약하였으며, 안식일교회 창설에 공헌이 지대한 분으로 일생을 주님께 헌신하였고 숨은 일화가 많은 지사(志士)이다.

구니야 전도사를 조속한 시일 내에 초청하기 위하여 근당 임기반 선생과 3인은 각각 임무를 분담하고 초청 계획을 수행하고자 노력했다. 양제환은 임기반 선생의 신변 보호와 정보 수집에 노력하고, 정원걸은 각 지방을 순회하면서 재림기별을 전파하고 신자를 얻는 데 전력했다. 정원걸의 노력으로 70여 명의 신자를 구하였다. 강창오는 일본어에 능하므로 임기반 선생이 한문으로 원문을 쓰면 강창오가 일본어로 번역하는 역할을 했다. 3인이 혼연일치되어서 구니야 전도사 초청을 위해 만반의 준비를 했다.

가족에게도 말하지 않고 극비리에 진행하고 있었다. 이것이 미래를 개척하는 하나님의 진리라고 생각했기 때문이었다. 산중에서 은둔생활 3개월을 지내면서 구니야 전도사에게 속히 와서 복음을 전파해 주고 교회를 설립하는 데 협력해 달라고 요청하였다. 구니야 전도사에게서 제일 차 회답이 오기를 "말이 통하지 않고, 돈이 없고, 건강이 쇠약해서 갈 수 없다"라는 거절의 말이었다.

그러나 임기반 선생은 그것에 개의치 않고 다시 편지를 보내며 "형님의 편지 가운데, 말이 통하지 않는다고 하였습니다만 하나님께서 같이 계시면 두려워할 것이 없습니다. 사도행전 2장 4절과 에베소서 6장 19절을 읽어보시오"라고 한 후 일본에서 출발할 때는 전보를 치고 속히 오라고 요청하였다. 이때 구니야 전도사는 일본 연합회장 필드(F. W. Field)[1] 목사와 상의한 후 글씨나 그림을 그리는 석판과 필기구를 가지고 그해 8월 10일에 진남포에 도착했다.

임기반 선생은 모험을 무릅쓰고 선두에 나서기로 결심했는데, 선두에 나서면 구속될 것은 명약관화한 것이다. 가족과 같이 3인 간부들과 산중에서 회의를 열었다. 그날은 임기반 선생의 친형님도 참석했다. 이 자리에서 임기반 선생은 말하기를 "제가 이번에 가면 다시 돌아오지 못하는 길이 될지도 모르겠으니, 형님이 동생의 가족을 맡아 주시오"라고 부탁하고 양(楊) 씨, 강(康) 씨, 정(鄭) 씨 동지에게는 안식일교회가 전국 각처에 교회를 세워서 민족을 영생의 길로 인도하고 학교를 세워서 국민교육을 담당하고 나아가서는 독립 국가를 경영할 수 있는 실력을 배양해 달라고 부탁했다.

이 말을 듣고 있던 임기반 선생의 부인은 대성통곡을 하면서 반대 의사를 표시했다. 그 이유는 아래와 같다. "첫째, 현재 믿고 있는 감리교도 예수교요; 둘째, 장로교도 예수교요; 셋째 천주교도 예수교요; 넷째, 안식일교회도 예수교라면 다 같은 예수교인데 무엇 때문에 당신의 몸을 희생당하고 나아가서는 철모르는 자식과 처자에 그 부친까지

---

1 필드(Frank W. Field, 1863-1944)는 일본의 초기 교회지도자이다. 19세에 재림교회에 입교하고 1890년대 Mt. Vernon Academy 교사를 하다가 1901년 목사 안수를 받고 일본에 파견되어 출판소와 신학교를 세웠다. 1910년 미국으로 귀국하여 퍼시픽 유니온 대학((Pacific Union College) 등에서 교수를 했다. 김재신, **북한교회사**, 25-27; "Field, Frank W. Field," **SDA Encyclopedia**, 1:545.

괴롭게 할 이유가 무엇입니까?"하고 반대 의사를 표시했다.

그러고 나서 "좀 더 시기를 보아서 자유의 몸으로 활동할 기회가 왔을 때 하는 것이 어떻소"하고 일시적 보류를 호소했다. 이때 친형님도 제수의 의사에 동의를 표시하면서 좀 더 시기를 기다려서 하는 것이 좋겠다고 말하고 양, 강, 정 씨 삼 인도 임기반 선생을 만류해 보았으나 실패했다. 임기반 선생은 사람에게는 기회가 여러 번 있는 것이 아니고, 그 기회를 포착하는 데서 인류의 역사가 창조되는 것이라고 역설했다. "임기반이란 인간이 세상을 떠날지라도 이 세상에 왔었다는 업적은 꼭 남기고 가야겠다"라고 강조했다.

이 참된 진리를 이 기회에 전파하지 않으면 다시는 기회가 오지 않을 것이라고 역설하고 청년 임기반은 조국의 제단(祭壇) 앞에 희생정신, 봉사 정신, 애국애족 정신, 신앙 정신을 바치겠다고 힘 있게 설명했다. 이 것이 우리 민족에게 귀중한 유산이 되었다. 안식일교회를 창설해서 길 잃은 사람에게 길을 찾아주고, 학교를 세워서 민족혼을 양성하고, 부패한 관리들을 하루속히 척결하는 애국적 본보기를 보여주겠다고 말하고, 이것이 민족 역사의 진로라고 말했다. 이로써 형님의 양해도 구하고 부인도 남편의 뜨거운 신앙심과 높은 순교 정신과 열렬한 지도 정신에 따르기로 결심하고 양, 강, 정 3인들도 따르기로 결의했다.

− 순교 정신

양제환, 강창오, 정원걸 외 수십 명이 매일 같이 진남포 부둣가에 나가 기다렸다. 여러 날을 기다려도 배가 입항하지 않으니 러일전쟁 때문에 배의 운항이 곤란할 줄 알았지만, 무기한 기다릴 수가 없어 일단 해산하고 각자 집으로 돌아갔다. 그날이 8월 10일이었다. 양제환은 배고지 산중으로 임기반 선생을 찾아가니 산중에서 지루한 나날을 보내면서 인간은 땅 위에서 방랑하는 길손에 지나지 않는다는 것을 절실히 깨달았다고 말했다.

8월 10일에 강창오로부터 구니야 전도사가 전날 도착했다고 통지가 오자, 최후를 각오하고 가족들이나 한번 만나보려고 양제환과 같이 산중에서 집으로 내려왔다. 가족은 장녀 임신덕(6세), 차녀 임신일(5세), 장남 임춘식(3세) 이렇게 1남 2녀 네 가족을 남겨놓고 마지막으로 돌아오지 않는 길을 떠나려는 순간이었다. 3세의 장남이 돌아오지 않는 길을 떠나는 아버지의 심정도 모르고 "아빠, 어디가?"하는 순간에는 순교 정신에 피가 끓던 임기반 선생도 천진난만한 어린 자식의 물음에는 눈물을 적셨다.

집을 떠나 정원걸의 집에 모여서 일행을 인솔하고 진남포로 향했다. 그곳에서 구니야 전도사를 만났다. 너무 반가워서 그 순간은 뭐라고 형언할 수 없었다. 구니야 전도사는 임기반 선생을 와락 안고 눈물을 흘렸다. 임기반 선생은 순교 정신에 불타는 순간이었고, 구니야 전도사는 산 설고 물설고 언어가 통하지 않는 외국에 왔지만, 일본에서 잘 알고 있던 임기반 선생을 만나 참으로 감개무량한 순간이었다.

일본에서는 임기반 선생과 서로 통성명을 나누었지만, 편지를 보낸 이가 전혀 모르는 사람인 줄 알았는데 막상 만나보니 잘 알던 분이라 주님께 감사를 드렸다. 임기반 선생도 주님께 충성을 맹세하고 주의 사업을 위하여 최후를 맹세하는 마음으로 그를 영접했다. 일본인 선교사가 왔다고 수백 명의 사람들이 설교를 듣고자 모여들어 문전성시를 이루었다. 문전에는 '제칠일 안식일 예수재림교(第七日 安息日 예수再臨敎) 일본 구니야 전도사 한국 전도회'라고 크게 써 붙였다.

— 임기반 선생의 구속

수백 명이 운집(雲集)한 가운데서 구니야 전도사가 설교하면 임기반 선생은 한국말로 통역을 하였다. 군중은 자리를 뜨지 않고 열심히 듣고 있었다. 바로 이때였다. 의외로 수색 중이던 임기반 선생이 나타났다는 정보를 들은 관원 수십 명이 일시에 들이닥쳐 설교 장소를 포위하고 임기반 선생을 구속하려 했다. 그러나 외국 사람의 설교 장소라 관서(官署)에서도 급습은 삼갔다. 일본 정부에서는 구니야 전도사가 전도 사업을 목적으로 한국에 가는 것을 한국 정부에 예고했기 때문이다.

일본 정부로부터 교섭받은 한국 정부에서는 구니야 전도사가 도착하니 관(官)에서도 보호 조치하라는 명령을 내렸다. 그러나 제칠일안식일예수재림교회인 것은 알지 못했다. 양(楊) 씨에게 안식일교회의 내용을 묻고 임기반 선생과 안식일교회와의 관계를 물었다.

양(楊)씨는 아래와 같이 설명했다. 세계 안식일교회의 총본부인 대총회(General Conference)는 미국 워싱턴, D.C.에 있다. 대총회는 세계 대륙별 지회(Division)로 구성된다. 지회는 각 나라별 연합회(Union Conference)로 조직되어 있다. 연합회는 지역별 합회(Conference)로 구성되고, 합회는 각 교회로 이루어져 있다(현재 교회 조직).[1] 재림교회는

---

1 재림교회 조직에서 행정이나 재정 면에서 자립하는 조직을 자양(自養), 그렇지 않은 미자

세계 각국에서 전도 사업을 해서 인류(人類)를 천국의 길로 인도하며, 각국에 병원이나 학교 등을 설립해서 국민 계몽에 이바지한다고 설명했다. 임기반 선생은 미국에 갔다가 돌아오는 길에 일본 안식일교회를 시찰하고 한국에도 안식일교회를 설립하고자 일본교회와 교섭한 결과, 미국에 있는 대총회의 양해를 얻어 구니야 전도사가 파견되었다고 했다. 후에는 미국인 지도자들이 한국에 오게 될 것이며, 임기반 선생은 초기 한국의 대표라고 했다.

그러나 설교가 끝나자, 관원들은 임기반 선생을 연행하여 구속했다. 수백 명의 설교를 듣고자 참여했던 자들은 원망과 분노(憤怒)에 못 이겨 우왕좌왕 어찌할 바를 몰랐다. 구속 관서에서는 국제적으로 정치성이 크게 배려(配慮)되었는지 임기반 선생을 그다음 날 석방하였다. 정말 하나님의 은혜에 감사했다. 이것이 믿음의 선물이요, 성령의 선물이요, 영생의 선물이요, 또한 만고(萬古)의 기적(奇蹟)인데, 이 말씀을 누가 막으리오. 삼족을 멸한다는 모험 속에서 산(山)속에서 지루한 나날을 보내던 지난날의 기억이 새로워지며 감회가 깊어졌다. 임기반 선생은 감개무량했다.

─ 산중 은둔생활

독좌유황리(獨坐幽惶裏) 깊은 산중에 홀로 앉았으니

양 연합회/합회로 구분된다. 자양 연합회/ 합회는 영어로 conference라 하고, 미자양 조직은 mission이라 구분된다. 현 한국연합회의 경우는 모두 자양 연합회 및 합회이기 때문에 conference라 부른다.

운심부지처(雲深不知處) 구름이 짙어서 어딘지 분간을 못하겠구나

임기반 선생은 산중에 은둔하면서 회재(晦齋) 이언적(李彦迪, 1491~1553, 조선의 성리학자 및 정치가) 선생을 그려보았다.

공산야중의불금(空山夜中意不襟) 빈 산 한밤중 경황 중에 앉았으니
일점청등일편심(一點靑燈一片心) 한 점 등불 한 조각 마음일세
본체이종명처험(本體已從明處驗) 본체야 세상에서 이미 경험했지만
진원경향정중심(眞源更向靜中尋) 진리의 근원일랑 고요 속에 찾으리라

망명 생활 수년에 아버지 한번 모셔보지도 못하고 돌아가신 것을 생각할 때 임기반 선생은 비통을 금하지 못했다. 고국에 돌아와서도 유배(流配)와 같은 은둔(隱遁)생활을 하는 처지에 슬픔을 참지 못해 산중(山中)에서 잔촉(殘燭, 꺼져 가는 촛불)을 밝히고 아버지와 어머니 생각에 눈물을 적셨다.

충효구손성명여(忠孝俱損性命餘) 충효를 다 못하고 목숨만 남았으니
피창유막경하여(彼蒼悠漠竟何如) 저 하늘 그윽하고 적막하기만 해
궁변반야명잔촉(窮邊半夜明殘燭) 변방 땅 깊은 밤에 촛불을 밝히고서
억제사친루만거(憶弟思親淚滿裾) 부모 형제 생각에 눈물 가득 적시누나

독립협회(獨立協會)란 어떤 단체인가? 독립협회는 서재필(徐載弼)이 김옥균(金玉均), 박영효(朴泳孝), 박정양 등 개화파 지식인들을 중심으로

설립한 대한제국 최초의 근대적 사회 정치 단체이다. 갑신정변[1] 때 거사했다가 실패하여, 일본과 미국으로 망명했다가 다시 돌아와서 조국의 자주독립과 내정개혁을 표방하고 활동한 사회 정치 단체였다.[2] 이 단체에 뜻있는 우국지사들이 많이 가입하여 부패한 관원들을 계몽하고, 질책하며 사대사상을 고쳐 주고 이 나라의 앞날이 위기에 놓여 있다는 것을 알려 주었다. 그 후 독립협회는 정부의 탄압을 받아 해산되었다. 서재필은 미국, 윤치호는 중국으로 망명하고, 이승만은 구속되어 투옥되었다.[3] 이때 임기반 선생은 중국으로 망명했다.

---

1   갑신정변(甲申政變)은 1884년(고종 21) 급진개화파가 청나라로부터의 독립과 조선의 개화를 목표로 일으킨 정변이다. 1884년 12월 4일(양력) 김옥균, 박영효, 홍영식, 서광범, 서재필 등 급진개화파가 청나라로부터의 독립과 당시 동아시아의 병자(病者)란 소리를 들었던 조선의 개화를 목표로 일으킨 정변이었으나, 청나라의 군사 개입과 민중의 지지를 얻지 못함으로써 3일 만에 실패로 돌아갔다. 모두 특권층 자녀로 일신의 영달을 뒤로하고 대중의 기반을 소수 선각자의 외세에 의한 개혁을 시도하다, 청·일 및 조선의 희생제물로 사라졌다. "갑신정변," **위키백과**.

2   독립협회는 조선의 근대 민족운동의 시작으로 민권 운동을 통한 민주주의 사상을 확산하고 자주독립 의식을 고취했다. 또한 사회 전반의 개혁을 위해 노력함으로 당시 사회의 근대화에 기여했다. 지도층의 한계, 대중 기반의 부족, 독립운동 활동 방책의 한계, 정부의 탄압 등으로 비록 단명에 그쳤지만, 이후의 독립운동이나 항일운동을 전개하는 데 크게 이바지했다. 신용하, "서재필의 개화·민주·민권사상," 서재필기념회 편, **서재필과 그 시대** (서울: 서재필기념회, 2003),; 유영익, **건국 대통령 이승만**. 연세대 이승만연구원 학술총서 5 (일조각: 2013), 119-122; 최연식, "이승만의 열린 세계관 형성과 옥중 서역(書役): 서지적(書誌的) 검토," **동서연구** 35:3 (2023), 49-73; "서재필의 망명과 귀국," **국사편찬위원회**.

3   독립협회 관련 특이한 인물이 이승만이다. 그는 1899년 1월 박영효(朴泳孝)와 관련된 고종 황제 폐위 음모 사건에 연루되어 1904년 8월까지 5년 7개월간 한성감옥에 투옥되었다. 가혹한 심문과 고문 경험 중 그는 조선 왕조의 고위 양반 중 처음으로 기독교로 회심했다. 이는 마치 헬라(Greece) 학문과 히브리(Hebrew) 학문을 통달한 사도 바울이 시리아 다메섹(Damascus) 노상에서 예수 그리스도를 만난(행 9장) 회심의 경우와 유사하다. 이후 성경 공부반을 조직해 기독교 전도에 힘썼고 40여 명을 기독교로 개종시켰다. 그와 동료들은 생지옥 감옥을 하나님을 만나 예배하는 기쁨과 축복의 장소 복당(福堂)으로 불렀다. 복당 동지 가운데는 신흥우(이승만의 배재학당 동료, 박영호와 관련되어 투옥, 정치가로 활약), 이상재(YMCA 운동 주도), 이동녕(임정 요인, 독립운동가), 이준(헤이그 특사), 안국선(신소설 금수회의록 저자, 애국 계몽 운동가), 정순만(시베리아와 만주 지역 독립운동가), 박용만(미국과 하와이의 무장 투쟁 독립운동가), **이승인(이상재 아들), 이원긍(옥중 처형)** 등 훗날 사방으로 번져간

－ 구니야 초청을 위한 찬동자 모집

배고지 산중에서 임기반, 정원걸, 양제환, 강창오, 김승호 다섯 사람이 모여 우리나라에 안식일교회의 진리를 전하기 위해서는 저들 자신이 먼저 진리를 알아야 하겠는데, 저들이 아는 것만으로는 충분하지 못하니 일본에 있는 구니야 전도사를 초청하자는 결론에 도달했다. 그분을 우리나라에 초청하기 위해서는 지지하는 사람이 많아야 하므로, 정원걸이 찬성자를 모집하고 연서 하기로 하였다.

먼저 만수골(평안남도 용강군 만하리)에 가서 홍관일, 홍원일의 승인을 얻고, 현암동에서는 반대를 당하고, 선돌(입석리[立石里], 용강군 지운면 입석리/ 입성리)에서는 감리교인 이강(李剛)의 누이동생인 이신독 집에서 이봉승, 이명승, 이학승 삼 형제와 이성일, 또 그 시모(시어머니) 되는 이명심, 그 외에 수인(數人)을 얻고, 거기서 20리가량 되는 가동장에서는 실패하고, 구룡리에서는 김범준, 김두준 형제를, 황주 충점에서는

신앙과 애국의 불길이 되었고 독립운동에 공헌했다.
옥살이 중 그는 배재학당의 10명 선교사가 넣어 주는 500여 권의 책으로 옥중 도서관을 운영하며 하루 독서, 토의, 기도 등으로 10~15시간을 보냈다. 괴질(콜레라)이 번져, 감방이 악취와 시체 더미로 가득 차오를 때, 심할 때는 하루 열일곱 목숨이 쓰러질 때도 그는 환자들을 돌보며 그들의 손발을 만지며 도와주려고 애썼다. 옥중에서 그는 **청일전기(淸日戰紀)**를 편역하고, **독립 정신**을 저술했다. **신 영한사전**을 편찬하고, **제국신문**에 많은 무기명 논설을 투고했다. 독립 정신에서 그는 "민주주의", "교육의 중요성" 및 "기독교 입국론"을 주장했다. 그가 집필한 **독립 정신**은 출옥한 이후인 1910년 LA에서, **청일전기(淸日戰紀)**는 1917년 하와이에서 출간되었다. 한성감옥 경험은 그에게 "대학 이상의 대학"으로 나중 민주주의, 반공주의, 한미동맹, 자유시장경제 등의 정책으로 발전했다. 유영익, **건국 대통령 이승만**, 22-25; idem, **젊은 날의 이승만: 한성감옥 생활(1899-1904)과 옥중잡기 연구** (연세대학교 출판부, 2004), 33-67,160-162); 이택선, **우남 이승만 평전: 카리스마의 탄생** (도서출판 이조, 2021), 33-39; 이호, 하나님의 기적 대한민국 건국 1 (자유인의 숲: 2013), 38-88; "이승만(李承晩)," **한국민족문화대백과사전**; 최연식, "이승만의 열린 세계관 형성과 옥중 서역(書役)," **동서연구** 35.3 (2023), 49-73; **김일환**, 1899-1904년 한성감옥서 수감자들의 기독교 입교에 관한 연구 **(북랩, 2023), 290-294.**

지국현을 얻고, 요포에서는 김규혁의 찬동을 얻고 귀가하여 전원 36 명의 연명 날인으로 고베에 있는 구니야 전도사에게 편지를 보내기로 하였다(이영린, **한국 재림교회사** [시조사, 1965], 18).

– 필드 내한과 한국 선교

1904년 8월 구니야 전도사가 한국에 도착한 지 4일 후에 한국의 형편을 일본 선교구 감독 필드에게 보고하니 필드 장로도 친히 실정을 보고 싶은 마음이 있어 그해 9월 13일에 진남포에 도착하여 전도 사업의 발전상을 목격하니, 한국의 재림기별은 요원의 불꽃처럼 속히 온 한국에 전파되는 중이었다(상게서, 20).

구니야 전도사와 후에 온 필드 목사가 한국에 50일간 체류하면서 복음을 전파한 결과는 막대하였으니 우선 71명이 침례를 받았고 선돌(용강군 입성리), 강대모루(강대우[江臺隅], 강서군 보림면 남산리), 영동(용강군 오신면 구룡리)과 바매기(栗村, 중화군 해압면 간곡리) 등 네 곳에는 교회가 서게 되었다(상게서, 20).[1]

이후 9월 27일 대표자들 20여 명이 진남포에 모여서 성만찬 예식을 거행하고 장래 사업에 대한 방침을 장황히 토의하던 중 여기서 임기반 선생을 책임자로, 강창오를 서기 겸 회계로 택하고, 한국교회를 일본 미션의 선교지로 삼을 것을 결의했다.

---

1 김재신, **북한교회사**, 285.

당시 교회의 교인 수는 71명이었고, 안식일 준수자는 약 150명가량 이었다. 그리고 그달 30일에 구니야와 필드, 두 지도자는 일본으로 떠 났고 일본에서도 곧 대총회에 보고하기를 한국은 이처럼 유망한 선교 지이니 속히 선교사를 보내 줄 것을 요청하였다(상게서, 22).

한국 선교사업의 실정을 일본 선교구 감독(연합회장) 필드 목사가 보고했다.[1] 이 긴급한 요구에 응하기 위하여 대총회의 파견으로 한국에 나온 첫 선교사인 스미스(W. R. Smith, 沈美思) 목사가 1905년 11월 17일에 서울에 도착해서 전도 사업에 전력했다.[2] 한국 재림교회가 발전함에 따라 미국 대총회에서는 한국교회를 일본으로부터 분리, 독립시키고 전시열(C. L. Butterfield) 목사가 한국미션장에 선임되었다.[3] 또한 순안이 한반도의 변방에 위치하여 장기적인 관점에서 볼 때 한반도의 거의 중앙에 위치하며 교통 등의 중심지인 서울이나 서울 근교에 선교 본부와 병원과 출판소를 세울만한 적합한 장소를 물색하기로 했다.[4]

---

1 당시 일본에서 미국 대총회에 보낸 보고서는 다음과 같다.
F. W. Field, "Korea, An Unentered Field," *Review and Herald*, 81:14, March 3, 1904; S. A. Lockwood, M. D., "The Message Entering Korea," *Review and Korea*, 81:14,15, August 25, 1904.

2 오만규, **백년사**, 1:89-92.

3 이때, 스미스 목사는 서기 겸 회계, 노설 의사가 의료부장, 사엄태 양이 교육부장, 스미스 부인이 안식일학교부장, 그리고 스미스 목사가 출판부장에 선임되었다. 김재신, **북한교회사**, 286-287.

4 이때 임기반 장로는 선교본부의 서울 이전 등에 선교사들과의 갈등으로 1910년 **교단 사역(事役)을** 사직(辭職)한 것으로 보인다. 그러나 그는 꿈과 경륜과 수완의 사람으로 재림교회 개척기에 독보적인 공헌을 했다. 이영린, **한국 재림교회사 연구**, 37; 김재신, **북한교회사**, 287; 오만규, **백년사**, 1:136-139; 임신성, **선구자와 순교자의 발자취**, 이여식 편 (시조사, 1988), 431-432.

— 1904년, 희망의 빛, 한국 재림교회의 시작

1905년 을사늑약 직전인 1904년, 미국 이민 귀국 길의 근당 임기반 선생이 전한 예수 재림의 기별은 이 나라에서 새날의 서광이었다. 국운이 가라앉고, 어둠이 짙어가던 이 땅에 재림교회의 시작은 희망의 상징이었다. 일제강점기에는 신사참배와 같은 탄압을 받으면서도 신앙을 지켰으며, 해방 공간의 혼란 그리고 6·25전쟁 등의 격동 속에서도 끊임없이 희망을 전하고 봉사와 복음 사명에 헌신해 왔다.

평양 근교의 순안(현 평양 순안비행장 터)에서 시작한 의명학교를 모태로, 현재 삼육대학교 등의 교육 사업을 통해 지·덕·체 전인교육, 일인 일기 기술교육, 남녀공학 및 기숙사 제도 등 교육 근대화에 효시(嚆矢)를 이루었다.[1] 또한 미국인 의사 노설(Dr. Riley Russel, 1908~1922)이 내한하여 진료소를 개원하고 순안병원(삼육서울병원 전신)으로 발전시켰다. 그는 우리나라 국민 보건에 지대한 공헌을 남겼으며, 특별히 일제강점기의 무서운 탄압에도 독립투사의 치료에 협력했다.[2] 뒤를 이어 유제한(柳濟漢, Dr. George H. Rue, 이승만 대통령 주치의, 국민훈장 무궁화장, 1929~1941, 1947~1967) 박사도 일생 한국인의 보건을 위하여 크게 이

---

1   김재신, **삼육대학교 90년사**(1906~1996) (이하 **삼육대학교 90년사**) (삼육대학교출판부, 1998), 134-136; Lee Jong Keun, "preface," Our Country Our College, James M. Lee (Sahmyook Univ. Press, 2006), 3.

2   3·1독립운동 이후 순안 인근에서 독립운동으로 인한 부상자들이 속출했다. 노설은 일제의 총탄에 맞아 상처를 입은 청년들의 탄환 제거와 치료를 도와주었다는 이유로 3개월 간 구속되어 평양 고등법원에서 재판받았다. 그는 당시 미국 대통령이었던 하딩의 편지를 제시하면서 그와의 친분을 내세워 석방되었다. 김재신, **삼육대학교 90년사**, 129-130; 이국헌, "한국 근현대사에서 재림교회 선교병원의 역할과 의미," **동아시아 역사 속의 선교병원**, 연세대학교 의학사연구소 편 (서울: 역사공간, 2015), 129-130.

바지했다.[1]

또 서울에 시조사를 설립하고 우리나라 최장수 월간지 **시조**[2]를 발간하는 등 출판물, 삼육서울병원 등의 의료 사업, SDA교육의 외국어 사업 그리고 삼육두유 등 식품 사업을 통해 복음 사명을 수행하고, 신앙 양심을 지키며 민족애를 실천하는 데 최선의 노력을 다하고 있다.[3]

후기: 임기반 선생의 후손은 다음과 같다.[4]

— 편집자의 Comments (이하 의의[意義]):

임기반 선생은 하늘이 제공하는 기회를 선용한 사람이다. 한국 재림교회 선교 시작에 관한 글은 격동의 시대에 피어난 희망의 씨앗처럼

---

1 이영린, **한국 재림교회사 연구**, 180-189; 최명기, "사선(死線)을 넘는 하나님의 은혜," **빛의 증언들**, 350-351; 이근화, **한국 재림교회 의료선교 회고: 나의 자전적 기록 중심으로** (LA: 미주시조사, 2003), 45-51; 유제한 박사의 회고록 참고; Penny Young Sook Kim, Richard A. Schaefer, Charles Mills, **Though Bombs May Fall: The Extraordinary Story of George Rue, Missionary Doctor to Korea** (Nampa, Idaho: Pacific Press Pub. Association, 2003).

2 **시조(時兆)**는 국내 정기 간행물 중 가장 오래된 월간지이다. 현재 국내 유일 서울미래유산 등재잡지(Seoul Future Heritage)이다. 일제강점기 네 번에 걸쳐 이름을 바꾸는 아픔을 겪었다. 김용선, "발간사," **時兆! 일제강점기 어둠을 밝히다. 1910. 10.~1944. 5.** (삼육대학교 박물관, 1914), 4.

3 구현서, "성서의 말씀대로 실천하는 신앙공동체," **월간중앙** (2000.2), 368-371; 이종근, "근당 임기반, 국민 계몽과 조국 독립에 헌신한 선각자의 삶," **월간중앙** (2000.2), 372-377.

4 장남 임춘식(3남: 창호, 창윤, 창선)
차남 임광식(3남 2녀: 창근, 창열, 창길, 창옥, 창복)
장녀 임신덕(夫: 전용렵, 2남 2녀: 은서, 명옥, 종서, 은옥)
차녀 임신일
삼녀 임신성(夫: 배훈덕, 3남 1녀: 원호, 원훈, 원철, 명숙)

보인다. 구한말(舊韓末) 국운이 기울던 약소국의 국난 타개를 위해 그는 사회의 설움과 냉대, 그리고 강대국의 횡포 등 온갖 어려움을 극복하며 끊임없이 도전했다. 그의 선교활동은 암흑이 짙게 드리운 시대에 희망의 빛을 밝힌 선각자의 면모를 보여준다.

독립협회 활동을 하면서, 청일전쟁과 러일전쟁에서 한반도가 외세에 유린당하는 것을 목격하고 비분강개했다. 이후 하와이 사탕수수 농장의 이민부터 교포 계몽, 신민회 조직, 귀국 길의 재림기별 수용, 한국 재림교회 선교 시작, 불타는 선교 경험, 의명학교(현 삼육대학교 전신) 개교 등 당대 개화 지식인의 선구자적 기상을 드러낸다. 시대의 대의를 따라 평생 하늘이 내려준 기회를 선용하고 도전한 인물이다.

일찍 민권사상을 보급하고, 용강군 선돌 감리교회 설립자의 한 사람으로, 초기 하와이 노동력 수출에 종사할 정도로 앞선 신분이었다. 독립운동가들인 도산 안창호, 이강, 임준기 3인의 추천과 요청으로 하와이 교포 계몽을 위해 도미(渡美)했고, 그곳에서는 동포 지도에 이바지했다. 하와이 귀국길의 대한해협(현해탄)에서 손흥조 씨가 구니야 히데 전도사로부터 재림기별을 받아들이고 임기반에게 전도했다.

그는 한국 재림교회의 재림기별을 한국에 최초로 전파하고 교회를 정착시킨 지도자이다. 특히 선교 역사상 선교사들에 의한 교회 조직이 아니라 한국 본방인들이 재림기별을 받아들이고 침례를 받고 선교사를 초청하여 주체적으로 교회 조직과 선교활동을 했다는 면에서 의미가 있다.[1]

그는 또한 국채보상운동, 독립운동 자금확보 및 조선독립청년단 활

---

1   김재신, **북한교회사**, 285; 오만규, 백년사, 1:71-73.

동 등 독립운동도 펼쳤다. 편자/ 저자는 임기반의 독립운동 행적을 연구하여, 학계(도산학회)에 발표하고 국가보훈처에 독립유공자 서훈을 신청하여, 임기반이 독립유공자로 추서(追敍)되었다(건국훈장 애국장, 2000. 관리번호 72564).[1] 임기반의 후손 중 그의 외손녀인 고령의 전은옥 여사(임 장로의 장녀 임신덕의 딸)를 통해 그에 대한 내력을 듣고 연구하게 되었다. 독립유공자 서훈에 대한 감사로 자신의 외조부 임 장로가 초기 교사로 있었던 의명학교(현 삼육대학교 전신)에 발전 기금 1억 원을 생애 마지막으로 기탁하고 돌아가셨다.[2]

1904년 임기반에 의해 시작된 한국 재림교회는 이 나라에서 민족 수난과 함께 조국 근대화에 기여하고 복음 기별을 전파하며 민족애를 실천하는데 온 힘을 기울여왔다. 교육, 의료, 출판, 구호, 외국어학원, 건강식품 사업 등 다양한 활동을 통해 국가와 사회에 기여했다.[3] 특히 우리나라의 독립을 위해 많은 재림교회의 애국지사들이 헌신했다.[4]

일제강점기 일제의 종교탄압 정책에 반대하여 한국 기독교계의 많

---

1 이종근, "민족 계몽과 독립운동의 선구자 근당 임기반 재조명," **도산학연구** 7(2001), 229-248; 국가보훈처 공훈전자사료관 참고.

2 이종근, "목숨을 거두면서 드린 1억 원," **교회지남** (2006. 4), 73-74.

3 이종근, "민족 계몽과 독립운동의 선구자 근당 임기반 장로 재조명," **도산학연구** 7(2001), 229-248; idem, "한국 공중보건학의 선구자 김창세의 삶과 죽음~80여 년 만에 빛을 본 회고록을 중심으로," 69-110; 이국헌, "한국 근현대사에서 재림교회 선교병원의 역할과 의의," **신학논단** 68 (2012), 121-146; idem, "3·1운동에서 안식일교회의 역할," **韓國敎會史學會誌** 54 (2019), 205-231; 신규환, "상하이 대한민국 임시정부와 의사 독립운동: 의료활동 유적의 위치 고증," **연세의사학** 22/1(2019), 119-143; 민병진, "일제강점기 민족운동 고찰~안창호·이광수·김창세의 상해 활동을 중심으로," **춘원연구학보** 9 (2016), 319-386 외.

4 다수의 재림신자들의 애국 활동이 밝혀졌다. 남대극, "추천의 말씀, 교회 사랑과 나라 사랑의 결정체(結晶體)," 김홍주, **재림교회 믿음의 선열들의 민족정신의 맥을 찾아서** (서울: 세광기획문화사, 2013), 8-9; idem, **이 나라 국익에 기여한 재림교회 역사** (세광기획문화사, 2017); 오만규, **백년사**, 1:722-726.

은 신자가 투옥되거나 순교의 피를 흘렸다. 한국 재림교회에서는 최태현 목사가 혹독한 고문으로 순교한 뒤, 김례준, 이성의, 이명준, 배경수 목사들, 그리고 노봉진 장로가 고문이나 옥고의 후유증으로 순교했다.[1]

교회가 강제 해산되고 공적 예배가 금지되자 신앙인들은 숨 막히는 탄압을 받았다. 안식일교회도 예외는 아니었다. 신앙을 지키고자 하는 재림신자들이 깊고 험준한 산속으로 피신했다. 일제의 폭압에 절규하는 희망의 등불을 밝힌 하나의 대표적인 공동체가 가평군 북면 적목리에 형성되었다.

---

1 오만규, **백년사**, 1:705-707, 753-754; 안금영, "역사와 순교자," 반상순, **아! 순교자** (서울: 시조사, 2003), 302-303.

한국 재림교회의 시작: 구니야 전도사[1]

카지야마 쯔모르(梶山積)
임춘식 역

－ 구니야 전도사와 한국 선교

1904년 구니야 전도사는 군의 징집면제로 고베교회로 부임하였다. 그러던 어느 날 한국인 이응현이란 사람이 미국 하와이로 가는 배를 기다리다가 우연히도 고베 산본통(神戶山本通二町目)에 자리를 잡은 제칠일안식일예수재림교회를 발견하고 찾아왔다. 한학자인 이응현은 구니야 전도사로부터 필담으로 현대 진리를 듣고 그다음 안식일에는 동행하던 기독교 신자인 손흥조를 동반하고 교회에 출석했다.

---

1   카지야마 쯔모르(1892~1989)는 일본 안식일교회의 초기 대회장 및 일본연합회장을 역임하고, 연합회 각부 부장, 복음사 사장 및 편집국장 등의 사역을 통해 일본 재림교회 발전에 크게 기여한 분이다. 초기 지도자 오코히라(大河平輝彦, 1865~1939) 목사(최초의 안수목사, 그레인저 선교사를 일본에 초청한 분)와 두 번째 안수목사인 쿠니아 히데 목사와 더불어 일본교회를 위해 헌신했다.
본고는 일본 안식일교회의 카지야마 쯔모르 목사가 1972년 7월 25일 자신의 저술인 **일본 안식일교회사**(복음사 출판)에서 발췌한 구니야 전도사의 전기 부분을 임기반의 장남인 임춘식 장로에게 보낸 것이다. 임 장로가 번역하고 그의 자제인 임창윤 박사(서울치대 교수)가 보관하고 있던 것을 김재신 목사가 입수하여 게재하게 되었다.
임춘식 장로는 선친 임기반 장로에 대한 "민족 계몽과 재림신앙의 선구자 임기반" 글과 구니야 히데 전도사에 대한 "한국 재림교회의 시작: 구니야 전도사" 글을 제공함으로써 한국 재림교회사 시작에 대해 크게 이바지하신 분이다.

이것이 동기가 되어 이 두 사람은 세 천사의 기별을 받아 안식일을 믿게 되었다. 폭풍우가 심한 어느 날 밤 일본 고베에 있는 누노비끼(布引) 폭포에서 이 두 사람은 침례를 받았다. 곧이어 이응현은 하와이로 떠났다. 그러나 손홍조는 여권 수속이 준비되지 않아 한국으로 되돌아가게 되었다. 손홍조는 이 배 안에서 자기가 지금 막 받아들인 예수 재림의 사명과 현대 진리를 들은 대로 설교했으나 아무런 반응이 없었다.

그런데 선객 중에 하와이에서 귀국 중이었던 기독교인 임기반이란 사람이 가만히 듣고 있다가 크게 감동한 바가 있어 손홍조에게 동조했다. 또 임 장로는 크게 감동하여 일본 하관(下關, 시모노세키)에 잠시 상륙하여 고베교회의 구니야 전도사에게 편지를 보냈다. 임기반은 귀국 후 고향인 평남 용강에서 동분서주하면서 말세의 복음을 전하였더니 곳곳에서 회개하는 자들이 일어나 잠깐에 30여 명의 신자가 운집하고 각처에서 대성황을 이루었다.

임 장로는 일본 고베교회의 구니야 전도사에게 초청장을 보내고 한국에 와서 복음을 전해 달라고 조력을 요청하였다. 그러나 구니야 전도사는 이 간절한 요청에도 부득이한 사정으로 응하기가 어려웠다. 그 이유는 첫째, 언어가 통하지 않음; 둘째, 여비 조달의 어려움; 셋째, 병약한 건강 등이었다. 구니야 전도사는 재고하여 보았다. 때마침 구니야 전도사는 군의 소집 면제를 받은 때였다.

숙고한 끝에 온갖 고난을 극복하고 복음 사명을 위하여 한국에 가기로 결심했다. 하나님의 도우심으로 여비 준비도 되었으므로 곧 언어 독습서를 구하여 한국어 자습에 노력했다. 불행하게도 출발 전날 밤에 급한 병에 걸려 의사로부터 출발을 정지당했음에도 불구하고 하나님의 사업이라 무리해서라도 가기로 결심하고 배를 탔다. 때는 러일 전쟁이 최고 절정에 달했던 때라 항해는 극도로 위험했지만, 8월 4일에 무사히 부산에 도착할 수 있었다.

– 한국 선교의 시작

배는 부산에서 출발하여 수일을 경과 후 8월 10일 저녁에야 겨우 진남포에 도착했다. 이날이 바로 제칠일안식일예수재림교회가 한국 땅에 처음으로 씨를 뿌린 날이다. 그 당시 구니야 전도사가 처했던 상황이 그의 수기에 잘 드러나 있다.

낯설고 물선 생소한 외국 항구에 상륙했다. 마중 나와준 사람이 없나 하고 주위를 다 둘러보아도 나를 기다리는 사람은 한 사람도 보이지 않았다. 그런데 뜻밖에도 정체가 이상한 30여 명의 한국인이 갑자기 나타나서 나의 짐을 마음대로 운반해 가는 것이었다. 아무리 제지해도 들은 체 만 체함으로 부득이 따라갔다.

초행길이라 가는 곳도 모르고 그냥 그 사람들 가는 대로 따라갔다. 도착해 보니 주변에는 여관 간판을 붙인 괴상망측한 요릿집이 있었다. 너무 어이가 없어서 밤새도록 잠도 못 자고 날이 새기를 기다렸다가 다음 날 새벽에 그곳을 뛰쳐나왔다. 불행 중 다행이라 친절한 한국인을 만났다. 그 한국인으로부터 임기반의 사정을 자세히 알게 되었다.

당시 러일전쟁이 절정에 달하여 해상의 어떤 선박(船舶)도 정식 법적 절차를 밟을 수 없어 밀항(密航)하던 때였다. 정상적 정기 항해는 도저히 할 수 없고 밀항 때문에, 항구에 도착하는 배의 도착 시간은 전혀 예측할 수 없었다. 그래서 나의 영접도 여의치 못했다는 것을 알게 되었다. 임 장로가 나를 기다리고 있었다는 정보를 확실히 알게 되었기 때문에 어떤 농촌 신자 집에 일시 짐을 풀고 설교를 시작했다.

그러나 말이 전혀 통하지 않았다. 한국어 독습서를 암송하며 하는 회화는 전혀 통하지 않았다. 이로부터 이 집에서 유숙하게 되어 잠을 자게 되었는데 모기와 벼룩의 공격으로 도저히 잠을 이룰 수 없었다. 방바닥에 깐 갈대 자리에 누워 밤새도록 한잠도 못 자고 몸을 이리저리 뒤척였더니 허리뼈가 부서지는 듯 아팠다.

이틀 후 12일 아침에 임 장로는 내가 도착했다는 소식을 듣고 신자들을 데리고 숙소를 찾아왔다. 임 장로와는 초면인 줄 알았더니 일본에서 만나 대화는 하였으나 서로 이름과 성을 알려 주지 않고, 헤어진 구면의 인사(人士)임을 알게 되었다. 이 기적을 주님께 감사드리고 임 장로의 알선으로 여관의 방 한 칸을 빌려서 성서 강해(講解)를 시작했다.

이곳에 모인 많은 구도자들은 임 장로의 전도로 말미암아 제칠일 안식일은 인정하고 있었으나 그리스도의 재림과 세계의 심판에 대해서는 처음 듣는 말이기 때문에 의문을 가지는 사람도 있었다. 그러나 대다수 사람들이 열심히 성서를 연구한 결과 많은 회심자를 얻게 되었다. 이렇게 회개한 사람들은 각자 자기가 사는 마을에 돌아가서 열심히 전도했기 때문에 나는 각 촌마을에서 초대받았다.

하루는 용강군 주홍리를 처음으로 순방하기 시작했다. 여러 부락에서 초대받았는데 그중에서도 용강군 오신면 구룡리란 곳에서 환대받았다. 그 동리의 부잣집 김범준 댁에서 집회하여 설교를 시작했다. 이 댁에서 설교하는 순간에 나는 이상한 것을 느꼈다. 어떤 사람은 문틈으로 방 내부를 들여다보는 사람이 있는가 하면 어떤 사람은 나의 옆에 앉아서 시계와 돈지갑까지 만져보기도 하였다.

또 어떤 사람은 구두를 쓰다듬기도 하고 또 우산을 가지고 놀기도 하는 것을 보았다. 이 설교에 모인 사람들은 아침 일찍부터 밤늦게까지 설교장을 떠나지 않았다. 강사인 나는 계속되는 설교에 지칠 대로 지쳐서 나중에는 실신 상태였으나 많은 청년들은 열심히 설교를 듣고 회개를 고백하여 침례를 받았다. 이렇게 일 주일간 설교를 계속했더니 크게 감동하여 침례를 받은 자들이 교회당을 신축하기까지 되었다.

─ 풍성한 결실

신앙의 개척이 얼마 되지 않는 이 나라에 선교사업이 본궤도에 오르게 되려는 그 순간, 나는 발병하여 생명이 위독하게 되었으나 다행히 원기를 회복하고 임 장로의 고향인 이화동(배고지)으로 떠났다. 가는 도중에 여러 가지 고난과 위험에 부딪혔다. 그러나 강창오 청년의 친절한 부축을 받아 안식일 전날에 무사히 도착했다.

이곳에는 임 장로 개인이 설립한 교회당이 있었다. 그는 평강의 감리교회 목사로서 자기 고향의 계몽운동과 선교사업을 위하여 개인이 예배당을 설립했다. 이 교회는 처음에는 개신교였으나 임 장로의 지도로 이 교회에 속했던 개신교과 전원이 회개하고 침례를 받았다.

당시 한국의 풍습은 여자는 얼굴을 가리는 긴 옷(장옷, 長衣) 없는 남자 앞에 나설 수 없었으므로 나는 한국의 풍습을 존중해서 여자의 침례는 달밤에 주기로 했다. 이 침례를 끝내고 내가 물에서 육지로 나오려고 할 때 얼굴을 가린 여자 교우가 하천 둑에 서 있다가 내게 달려들면서 "저희에게도 침례를 주시오" 하였다. 이 여자들은 어떤 집에서 나의 설교 장면을 벽 밖에서 보고 안식일을 지키기로 결심했다는 것이다.

그래서 이날 밤에 침례식(개신교의 세례식)이 거행된다는 소식을 듣고 만사를 제쳐두고 달려왔다는 것이다. 그래서 침례에 주요 사항을 질문했더니 답변에 충실하였으므로 침례식을 거행했다. 이와 같은 경험이 세 번이나 있었다. 당시 한국의 풍속은 남녀 간의 구분이 심해 여자와 남자가 한방에서 집회하기가 곤란하여 예배당에서도 중간에 벽을 사이에 두고, 설교자는 방 중앙에 서서 설교하였다. 나는 교회에서만이라도 이런 부자연스러운 풍습을 고치는 것이 좋겠다고 극구 권고했더니 개선(改善)키로 했다.

─ 찬성과 반대

배고지에서도 용동과 같이 많은 사람이 참석해서 찬성도 하고 반대도 했다. 그러나 시골 농촌에서 30리, 50리 길을 멀다 않고 찾아와서 복음을 청해 열심히 듣고자 하는 사람들이 많았다. 이 복음 기별을 듣고 믿기로 결심한 사람들이 각자 자기의 마을로 돌아가서 열심히 그리스도의 재림과 심판의 날이 멀지 않았다고 설교해서 많은 사람들이 각성했다.

믿기로 결심한 사람들이 연일 늘어나자, 이것이 이미 세워진 교파들의 목사와 전도사들에게 큰 자극을 주었다. 그 결과 말세 복음에 대해 반대 운동이 급격히 일어나고, 일본 목사의 설교를 들어서는 안 된다며 외치고 일어났다. 그러나 선돌 감리교회의 신자 과반수는 제칠일 안식일이 더 타당하다고 인정하고, 더 깊이 연구하고 배우겠다고 지원을 요청해 오는 것이다.

따라서 나와 임기반 장로도 여러 신도와 같이 선돌을 방문했다. 이곳에서도 듣는 사람 중에 반대하는 사람도 많이 있었지만 여러 날 있으면서 설교한 결과 많은 신도가 생겨서 침례를 베풀었다. 이곳 농촌 사람들 중에 백인 선교사는 물질의 원조를 많이 줌으로 환영하는 사람이 많이 있지만, 물질의 원조가 적은 일본인 목사를 존경하는 사람은 적었다.

그러나 백인 목사는 한국인은 더럽다고 가까이하기를 싫어했지만, 같은 동양인인 일본인 목사는 보통 민가에서 한국 사람들과 같이 자고 먹고 즐기면서 설교를 계속 진행한 결과, 진리를 깨닫고 따르는 사람들이 많았다. 이렇게 진행하는 동안에 진리를 깨달은 사람들은 예배당과 학교를 건축하겠다고 열심히 서명운동까지 전개하고 있었다.

예배당을 짓고 학교까지 건축하겠다는 이때 타 교파와도 조화를 도모할 필요가 있다고 고려하여 그 대표 격인 선교사와 회견코자 나의 일행은 진남포로 갔다. 이 회견은 무어(John Z. Moore, 문요한, 미국 감리회 선교사, 교육자, 1903-1942)[1] 선교사의 극심한 반대와 편견으로 성공하지 못했다. 그러나 진리를 갈망하는 사람들은 나의 설교를 열심히 듣고 회개하는 사람들이 속출했다.

도시 사람들보다는 농촌 사람들이 더 소박하고 진지한 태도로 진리를 탐구했다. 그리고 진남포에서 임기반과 잠깐 헤어진 후 나는 강창

---

1   김재신, **북한교회사**, 274.

오 청년과 두 사람과 함께 대동강 연안의 강대모루를 찾아갔다. 여러 곳을 순회하고 다시 선돌로 돌아갔다. 이곳에서 진리를 받은 이성일이라는 여성과 함께 어느 일요일 사양시장(沙陽市場)에 갔다. 강창오 청년은 안식일교회에 입교하기 전에는 이곳 장로교회 소속이었으므로 이곳 친구들에게 일본인 목사의 순방을 전했더니, 이곳 장로교인들이 꼭 회견하겠다고 초청하였다. 회견 예배를 마친 후에 일동은 십계명을 암송했다.

한국어를 모르기 때문에 알아듣지는 못했으나 넷째 계명 즉 "안식일을 기억하여 거룩히 지키라"를 외울 뿐 안식일 규정에 대한 것은 외우지 않는 것을 짐작했다. 그 이유를 교회의 장로들에게 물었더니 선교사의 명령이라고 할 뿐 전혀 대답해 주지 않았다. 그래서 성경 절 마태복음 15장 9절을 찾아서 "사람의 계명으로 교훈을 삼아 가르치니 헛되이 경배하는 도다"를 설명했더니 어떤 사람은 깜짝 놀라고 어떤 사람은 비웃었다. 그러나 어떤 사람은 진심으로 안식일에 대한 설명을 듣고자 하므로 강 청년의 통역으로 성경을 설명하고 있을 무렵 약 20분이 지났을 때, 돌연 외부에서 투석이 날아들어 나의 신변을 위협했다.

그날 밤은 부득이 외출에 제약당해 예배당 내의 한 모퉁이에서 밤을 새우고 다음 날 아침에 이성일 누님 댁에 초대받아 극진한 대우를 받았다. 여기서 다시 험한 산을 넘어 대동강 변으로 나가 귀포라는 곳으로 가서 강창오 청년의 아버지 집에서 잠시 휴식을 취하고 저녁에 강대모루로 가서 전에 장로교회의 신자였다가 개종하고 침례를 받은 최대웅의 영접을 받았다.

이 마을 앞에는 대동강이 흐르고 북과 동서에는 산맥이 둘러싸여 경치가 맑고 아름다운 곳(경승지)으로 집들은 약 20호 정도였다. 이곳

최대웅의 엄부(嚴父, 엄격한 아버지)가 오랫동안 난치병으로 고생하고 있는 것을 발견하고, 내가 물로 치료를 해준 결과 70세의 노령이면서 수십 년 동안 습관화된 담배를 끊고 침례를 받았다. 그날 밤 그 집에서 설교를 한 결과 아홉 사람의 회심자를 얻고 3일간 머무르면서 침례를 준비시키고 대동강에서 침례식을 거행하였다. 때는 9월 초순이었으나 아직 더위는 계속되었다. 이곳에서 오후 늦게 구룡동으로 떠났다.

─ 벅찬 일정

오랫동안 풍속과 습관이 다른 외국에서 전도 사업에 열중한 나머지 몸은 극도로 쇠약해지고 말았다. 강대모루와 구룡동간 오십여 리 길을 물이 졸졸 흐르는 산골짜기 길과 꾸불꾸불한 못을 지나 풀밭과 논두렁 밭두렁 길을 돌며 병약과 기갈에 허덕이면서 야밤에야 겨우 구룡동에 도착하여 김범준 씨 댁을 방문하여 접대받고 아침을 맞이했다. 아침 식사를 마치고 매추수동에서 침례 희망자가 있다는 보고를 받았다. 몹시 심한 더위에 시달려 발병한 몸을 이끌고 육십 리를 걸어서 매추수동에 도착했다.

침례 희망자와 몇 시간 담화를 나눈 후에 네 사람에게 침례를 주었다. 이 사람들은 원래 감리교회 신자였으나 김범준의 전도로 주의 율법에 복종할 것과 주의 재림의 날이 가까웠다는 것을 깨닫고 진정한 마음으로 침례를 받겠다는 것이었다. 이날은 금요일이었다. 해가 지기 전에 구룡동으로 돌아가려고 했다. 길을 재촉하던 중 매동이라는 마을에서 잠시 휴식하고 있는 동안, 이 마을 어떤 부잣집의 간곡한 초대

를 받고 이 집에서 하루를 자면서 말세의 복음을 전하였더니 두 청년
이 감동하여 회개하고 침례받기를 희망했다. 그러나 이는 일시적 감정
에서 나온 것이 아니고 충분히 침례 준비를 했다는 것을 행동으로 알
게 되었다.

이튿날 아침 부락민이 바라보는 가운데 침례식을 거행했다. 이때 임
기반이 일본에서 필드 장로가 한국에 온다는 편지를 받아서 왔고 우
리 일행은 필드 장로를 환영하기 위하여 진남포로 직행했다. 사흘 후
에 필드 장로는 스탠다드(Standard)호로 진남포에 도착했다. 필드 장로
는 일본 혼슈(本州, 일본 열도 중 가장 큰 섬)의 동북지방 순회를 마치고
동경으로 돌아온 즉시 9월 5일에 한국으로 온 것이었다. 때는 러일전
쟁이 한창이라 해상으로 오는 것이 실로 위험하고 여의치 못했기 때문
에 시일이 걸렸다.

나와 한국의 형제들은 백인 선교사에게 적합한 숙소를 제공하고자
노력했다. 필드 장로는 교우들의 호의에는 감사했지만 이를 거절하였
다. 시골 온돌방에 모포(毛布)를 깔고 한국인 형제들과 숙식을 같이하
는 것을 조금도 어색하게 생각지 않았다. 그뿐만 아니라 그는 마을 사
람들과 더욱더 친교를 두껍게 하려고 하므로 모두가 감동하여 진심으
로 영접하는 인파들이 많았다.

- **최초의 교회 조직**

일본 미션의 감독인 필드 장로의 내한으로 이미 각지에서 침례받은
교인들로 교회를 구성하고자 제일 먼저 줄골(용강군 주홍리), 배고지(이

화동)를 거쳐서 선돌에 갔다. 이곳에서 교회 조직을 마치고 즉시 강대모루로 가려고 예정했으나 이날이 안식일이라 이곳에서 안식일을 지키고, 다음 날 아침에 예배당에서 임기반의 통역으로 설교를 시작할 무렵에 갑자기 무어(문요한) 선교사의 엄중한 항의에 부딪혀서 싸움을 피하고자 예배당을 떠나 근처의 산으로 가서 예배를 드리고 교회 조직도 완료했다.

임기반과 동지 몇몇 사람들이 모여서 건립했던 선돌 감리교회 예배당을 무어 선교사의 교파에게 양보하고 별도로 예배당을 신축하기로 예산을 세웠다. 이때 감리교 무어 선교사는 끝까지 강경한 태도로 증오심이 가득했으며 추호도 양보의 미덕은 보여주지 않았다. 필드 장로는 끝까지 온유하고 침착한 태도로 대했다. 이 모습을 옆에서 지켜보고 있던 감리교파에 속한 일곱 사람이 안식일교회로 개종할 것을 결심했다.

다음날 일요일 아침 선돌을 출발하려는 찰나에 어떤 노부인이 십년간 믿어 오던 감리교를 떠나 안식일교회로 개종해 왔다. 한국에서 안식일교회가 맨 처음 조직된 곳은 선돌, 강대모루, 용동, 바매기 등 대동강 건너편 네 곳의 교회이다. 섭섭한 이별을 하면서 다시 만나기를 약속하고 사양 이안포(沙陽耳安浦)를 거쳐 초저녁에 강대모루에 도착했다.

사랑하는 형제자매들에게 열렬한 환영을 받고 이곳에서 2일간 주재했다가 대동강에서 범선(帆船, 돛단배)을 타고 평양으로 향했다. 이곳에서는 여러 슬픈 일과 곤란한 일에 부딪혔다. 시골에서 느꼈던 처음 전도의 효과도 없어졌다. 2일간 머물다가 다시 강대모루로 돌아가기로 결심했다.

범선으로 출항했다가 갑자기 날씨가 급변하여 파도가 높아지고 배가 자유롭게 항해하기 어렵게 되었다. 설상가상으로 한 명밖에 없던 뱃사공이 익사하여 정말 당황하게 되었다. 배에 타고 있던 승객들은 모두 다 죽는 줄만 알았다. 다행히 해안에 서 있던 농부 한 사람이 위급한 광경을 보고 용감히 뛰어들어 위기를 모면하고 이안포(耳安浦)를 거쳐 강대모루에 무사히 도착했다. 이곳에서 2일간 주재하면서 교회를 조직하고 침례식을 거행했다. 다시 용동으로 가서 장로들과 집사들의 안수식을 거행한 후에 진남포로 직행했다.

어느 날 필드와 내가 진남포 시가지를 걸어가던 중, 어떤 노인이 추한 냄새를 피우면서 우리 두 사람 뒤를 따라오는 것이었다. 여관까지 따라와 우리 옆에 앉기에 그 이유를 물었더니 일전에 일본 목사의 설교를 듣고 회개하고 안식일교회를 믿기로 결심했으니, 침례를 원한다는 것이었다. 우리 일행은 깊이 감동해서 그날 밤 즉시 침례를 거행했다.

이튿날 모였던 우리 형제들과 성만찬 예식을 거행하고 우리는 기념 촬영을 했다. 그러자 대동강 건너편의 율촌(栗村)에서 두 명의 장로교회 신자가 찾아와서 자기 교회의 신도 30명 전원이 안식일교회로 개종하게 되었으니 속히 와서 침례를 베풀어 달라고 요청해 왔다. 그래서 급히 율촌으로 가서 밤이 새도록 설교를 한 후 날이 새는 것을 기다려 침례식을 거행했다. 그리고 교회를 조직한 후에 진남포로 돌아온 것은 9월 29일이었다. 우리는 9월 30일 친애하는 형제들의 전송을 받으며 눈물의 작별을 하고 10월 6일에 귀국했다.[1]

---

1 필드 목사의 한국 체류 활동은 국내 선교의 직접 지원, 교회 조직, 그리고 본방인 지도자들의 선임이 특징이다.

- 의의:

카지야마 쯔모르 목사는 일본 재림교회과 한국 재림교회의 출발에 기여한 구니야 히데 전도사의 한국 선교 일대기를 남겼다. 임기반이 귀국하여 고향 평남 용강에서 재림기별을 전한 뒤, 30여 명의 신자가 운집하고 각처에서 대성황을 이루었다. 그는 일본 고베교회의 구니야 전도사에게 초청장을 보냈지만, 구니야 전도사는 이 간절한 요청에 부득이한 사정으로 응하기가 어려웠다. 이유는 언어가 통하지 않고, 여비 조달에 어려우며, 건강도 좋지 않다는 것이었다. 심지어 출발 전날 급한 병에 걸려 의사로부터 출발이 정지당했었다.

여기에 더하여 당시는 러일전쟁의 절정기에 항해가 극히 위험한 시기였다. 그러나 그는 하나님의 선교 사역을 결단하고 실행했다.

구니야 히데 전도사는 그해 8월 10일부터 9월 30일까지 50일 동안 일본 선교구 감독 필드 목사와 함께 복음을 전하고, 71명에게 침례를 베풀고 150여 명의 구도자를 얻어 4곳의 교회를 조직하였다. 구니야 전도사와 필드 감독의 전도는 마치 빈 들의 마른 풀 위에 성령의 불길이 번지듯 빠르게 전파되었다. 한국 재림교회의 초기 선교의 단면을 보여주는 사례이다.

모기와 벼룩으로 밤잠을 설치는 열악한 환경에서도, 열화같은 복음기별을 기다리는 촌락을 다니며, 본방인들과 힘을 합하여 온갖 어려움을 극복하고 선교하며 단시일에 교회를 조직했다.[1] 이후 한국교회를

---

1   F. W. Field, "Korea, an Unentered Field," **Review and Herald,** 81:14, Mar. 3, 1,904, 기사를 필두로 한국에서의 초기 선교활동에 관한 많은 생생한 보고서(F. W. Field, "Korea Awaits the Message," **Review and Herald,** 81:13, Sept. 22, 1904 등)가 대총회(General Confer-

임기반과 서기 강창오 장로에게 위탁하고 일본으로 귀국하였다.

　구니야 히데 전도사의 뜨거운 한국 선교 사역은 세계 선교 역사에서 독특하고 획기적인 업적을 남겼다. 선교사가 먼저 현지에 도착하여 교회를 설립하고 신자를 확보하는 기존 선교 방식과는 달리, 내국인들이 먼저 침례를 받은 뒤 선교사를 초청하여 교회를 조직하였다.

---

ence of Seventh-Day Adventists) 아카이브(**ASTR**)에 잘 보관되어 있다. 이곳에 언급된 내용과 필드가 대총회에 보고된 보고서는 거의 유사하다.

독립선언서를 낭독하며[1]

정재용[2]

나는 1908년에 경신(儆新)학교[3]에 입학하여 수학했다. 모교는 기독교 기초 위에 세워져 있고 과학적 지식보다 우월한 창조적 원리와 이웃을 네 몸과 같이 사랑하라는 그리스도의 박애정신을 겸비하여 가르쳤다. 매일 아침이면 가르치기 전에 전체 학생들을 기도실에 집합하여 기도회를 했다.

한 번은 105인 사건[4]과 관련하여 김도희 한문 선생님이 사회할 때,

---

1 본고는 1919년 3월 1일 오후 2시 종로 파고다 공원에서 독립운동의 기폭제가 된 독립선언서를 낭독한 정재용 장로의 친필(親筆) 원고이다. 독립선언서는 1919년 3월 1일 기미(己未) 독립운동 때 민족대표 33인의 이름으로 한국의 독립을 선언한 글이다. 이홍식 편, **새국사사전** (교학사, 2006), 372.

2 정재용(鄭在鎔, 1886~1976) 장로는 황해도 해주 출신의 독립유공자이다(건국훈장 애국장, 1990, 관리번호 8545). 본고는 경신중고등학교 개교 90주년 기념 특집호 교지 '**경신**'에 게재된 것으로 고춘섭 선생(경신 백년사 저자)이 소장하고 있던 정재용 선생의 원고 고어를 오늘날의 표현으로 수정했다.

3 경신학교는 서울 종로구 혜화동 소재 사립고등학교로 1886년 미국 북장로교 선교사 언더우드 목사가 설립한 언더우드 학당을 모체로 시작했다. 한국 최초의 근대식 중등교육기관이다.

4 105인 사건(百五人事件)은 1911년 1월 1일부터 일본제국 조선총독부가 서북 지방의 신민회, 기독교, 부호, 지식층 등의 항일세력에게 데라우치 마사타케 암살 모의 누명을 씌우고 대거 체포하여 한국의 민족운동을 대대적으로 탄압한 사건이다. "105인 사건," **위키백과**; 김형균, "105인 사건과 기독교의 관계 연구," **한국기독교역사연구소소식** 99 (2012. 07), 3-5.

선구자들의 함성   75

나 정재용을 지명하여 기도하라고 하였다. 아직 기도해 보지 못했으므로 머리가 화끈하여지고 무슨 말을 하여야 할지 막연하던 중 얼핏 주 기도문을 외울 생각이 선뜻 나서 외운즉 전체 수백 명의 학생들이 다 따라 외었다. 그 후 결심하기를 "지금부터는 성경 시간에 정신 차려 듣고 배우며 기도도 연습하겠다" 하였다.

이때는 일본 이토 히로부미(伊藤博文, 1841~1909)가 한국과 조약을 맺고(을사늑약) 한국 군대를 해산함으로 각처에 의병(義兵)이 일어났다. 전국 요소마다 일병을 수비대라 칭하고 의병을 폭도, 부정한 조선인이라 하며 진압했다. 헤이그(Hague) 밀사 사건[1]으로 고종황제의 황위를 강제로 물려주게 한 히로부미를 안중근(安重根, 1879~1879) 의사(義士)가 하얼빈역 앞에서 사살했다.[2] 일본은 육군 대장 데라우치(寺內正毅)를 총독으로 보내어 한국의 애국지사를 일망타진키 위한 계책을 세웠다. 데라우치 총독의 암살 음모 사건으로 육백여 명이 전국적으로 검거되었다. 그리고 재판에서 105인이 5년 이상 무기징역을 선고받고 투옥됨으로써 애국지사들은 국외 중국, 미국, 러시아로 망명하였다.

---

[1] 1907년 일제에 의해 강제 체결된 을사조약(乙巳條約)의 불법성을 폭로하고 한국의 주권 회복을 열강(列强)에 호소하기 위해 네덜란드의 헤이그에서 개최된 제2회 만국평화회의에 특사를 파견한 외교활동이다. "헤이그(Hague) 특사," **한국민족문화대백과사전**; 김원수, "한반도 전쟁과 대한제국의 헤이그 특사파견," **역사교육연구** 21 (2015), 215-248.

[2] 1909년 우덕순, 유동하, 조도선과 소수의 결사대를 조직하여 만주의 하얼빈역 근처에서 초대 한국통감 이토 히로부미 등의 하차 시 암살을 준비하였다. 1909년 10월 26일 하얼빈역에 잠입하여 역전에서 러시아군의 군례(軍禮)를 받는 이토 히로부미를 암살하였다. 이후 러시아제국 군 헌병에게 붙잡혀 일본 총영사관으로 옮겨졌고, 재판 관할권이 일본에 넘겨졌다. 1910년 3월 26일 오전 10시에 살인의 죄형으로 라오닝성 뤼순(여순)형무소에서 교수형으로 사망했다. "안중근," **위키백과**; 윤병석, "안중근 의사의 하얼빈 의거의 역사적 의의," **한국학연구** 21 (2009), 343-386..

재외 교포들은 독립 운동단체인 신한회(新韓會),[1] 한인회(韓人會),[2] 흥사단(興士團)[3]을 조직하여 활동했다. 국내 총독정치는 심각하여 한민족을 말살하려 했다. 그리하여 먼저 보통학교(초등학교)에 조선어를 폐지하고 교내에선 아동도 조선말을 하지 못하게 하였다. 교사는 정복에 칼을 차고 가르치게 하고, 총독부 명령으로 언론, 집회, 결사, 출판을 금지하고 기독교 찬송가 중에도 검열 삭제했다.

헌병 경찰을 전국 각지에 빈틈없이 배치하여 한국인의 동향을 감시케. 하였다. 식민정책(植民政策)으로 동양척식회사가 농지를 매수하고 일본인들을 이주시킴으로 농민들은 농토를 뺏기게 되었다. 이렇게 해서 남자는 짐을 지고 여자는 이고서 눈물을 흘리며 어린아이들 손목을 잡고 멀리 고국을 떠나 압록강을 건너 남북 만주로 이주했다.

일본의 백제시대 국교를 보면, 왕인(王仁)이 일본에 가서 한문을 가르쳐주었다.[4] 문물제도(文物制度)에 있어 일본인과 한국인은 같은 조상

---

1 신한회는 1918년 11월 하순 무렵 한국 독립을 위한 외교활동을 전개하기 위해 김헌식(金憲植)이 뉴욕에서 18명의 한인을 규합해 결성한 민간 외교 단체이다. 한국 독립운동의 국제적 여론 형성과 연대 및 지지를 끌어내는 데 이바지했다. "신한회," **한국민족문화대백과사.**

2 한인회는 1919년 4월 14일부터 4월 16일까지 미국 펜실베이니아주 필라델피아시 리틀극장(Little Theater)에서 개최된 한국 독립운동 후원 대회이다. 총 2만 명이 넘는 한인과 미국인이 참여했고, 약 10만 달러의 모금액이 모아져 한국 독립운동에 큰 도움이 되었다. 독립운동의 국제적 여론을 형성하고, 미국 사회에 한국 독립운동의 정당성을 알리며 미국 정부와 국민들의 한국 독립운동에 대한 지지를 끌어낸 중요 사건이다. "제1차 한인회의," 한국학중앙연구원 **세계한민족문화대전** (이하 서지 사항 생략)

3 흥사단은 1913년 5월 13일 도산(島山) 안창호(安昌浩)가 미국 샌프란시스코에서 창립한 민족운동 단체이다. 흥사단은 공립협회와 구국운동 비밀결사 단체인 신민회에 뿌리를 두고 있으며, 신민회 산하 청년학우회가 흥사단의 전신이다. "흥사단," **위키백과**; 박의수, "흥사단 운동 100년의 평가," **도산학연구** 14 (2015), 265-295.

4 일본의 **고사기와 일본서기**에 등장하는 백제의 학자로, 일본에 **천자문과 논어**를 전했다고 전하는 인물. "왕인," **위키백과**; 박균섭, "왕인 관련 사료와 전승 검토: 식민 교육과 주체성 교육 문제," **한국교육사학** 34.2 (2012), 25-48.

(同祖)에서 나온 동족(同族)이며 일본과 조선은 한 몸(內鮮一體)으로 성명도 다르게 할 것 없이 일본인과 같게 하였다. 이를 당연시하여 법적으로 시행케 했고, 만일 불응하면 공사 간에 취직도 못 하고 아이들의 입학도 거절당했다.

각자가 고향의 명칭을 따라, 가령 덕수 이 씨라면 덕수창영(德秀昌寧), 영일 정 씨라면 도천창영(道川昌寧)으로 동사무소에 신고하도록 했다. 한번은 황해도 해주군 나덕면에 사는 한 사람이 자신의 성씨를 견자한(犬子韓)이라고 신고했습니다. 당시 사회에서 매우 드문 성씨였기 때문에 면장이 그 이유를 물었습니다. 그러자 그 사람은 "제 조상의 성씨를 가는 놈이 개아들이 아니냐?"라고 대답했다는 일화도 있다.

나는 1911년 제6회 졸업으로 귀향하여 성경을 유의하여 보는 중 출애굽기에는 이스라엘 민족이 애굽(이집트)의 노예가 되어 벽돌 제조와 국고(國庫)를 건축하는 노동에 시달리는 모습을 읽었다. 그들은 또한 왕명으로 만일 남자를 해산하면 산파가 즉시 죽이라는 가혹한 정책에 민족 전체가 눈물과 한숨으로 하나님께 해방되어 자유로이 살게 하여 달라고 애원하였다.

하나님께서는 모세라는 청년으로 하나님의 명령을 순종함으로, 애굽왕이 극도의 재앙을 받게 했고, 노예를 해방하셨다. 모세의 지도로 젖과 꿀이 흐르는 가나안 복지로 나와서 자유 독립국을 건설하게 했다. 나는 이 기사를 보고 또 보고 생각하면서 우리 민족이 포악무도한 일본정치의 압박을 당하는 것과 방불함을 절실히 느꼈다. 우리 민족 전체가 이스라엘 민족처럼 하나님께 원한을 호소하고 또 우리 기독교인들이 더욱 합심하여 기도해야 한다고 생각했다.

— 1919년 2월 17일 박희도 편지[1]

재외교포들의 독립운동에 관해서 듣기도 하고 세계 국제 정세가 어떻게 되는가 하고 궁금히 생각하고 있던 차 1919년 2월 17일 경성 박희도 전도사(중앙 기독교청년회 학생 간사)의 인편 편지를 시급히 떼어 보았다. 그 내용에는 동경 유학생 송계백(宋繼白, 1896~1922)이 한 달 전에 내왕 시 1918년 11월 세계대전에서 독일이 패망하고 파리강화회의(Paris Peace Conference, 1919년 1월 18일)[2]에서 세계의 영구적 평화가 제의되었다는 것이다.

약소 민족에게 자결권을 주어 각자 민족의 의지대로 독립하든지 다른 민족과 합병하든지 자기네 의사대로 결정하여 자유와 평등의 권리를 향유하고 생존의 안녕과 공평의 기회를 주라는 조항에 따라 방금 경성에서 우국 애국지사들이 비밀리 독립운동을 계획 진행 중인즉 동지들과 시급히 상경하라 했다.

---

1 국사편찬위원회의 "한민족독립운동사 연표"에 1919년(己未) 날짜별 피체자 명부가 있다. 고춘섭 편저의 독립운동 일정은 신뢰성이 있어 보인다. 독립운동의 전반적인 흐름과 시대 상황 및 독립운동가들의 활동을 제시한다. 김도형·이명희, "3·1운동 독립선언서 낭독자 정재용의 역사교육적 의의~ 초등 역사교육에서 '인물교재'로의 선정 가능성 검토," *Social Studies Education* 2017, 56(3), 80 각주 15.

2 파리강화회의(Paris Peace Conference, 1919년 1월 18일)는 제1차 세계대전 이후 연합국(프랑스, 러시아, 영국)이 패배한 동맹국(독일 제국, 오스트리아 - 헝가리 제국, 불가리아 왕국)에 관련하여 평화를 보장하기 위해 1919년 1월 18일 파리에서 열린 회담이다. "연합국(제1차 세계대전)," **위키백과**; 전상숙, "파리강화회의의 현실과 식민지 조선의 3.1 운동," **일본비평** (Korean Journal of Japanese Studies) 21 (2019), 180-203.

– 2월 19일~20일

감리교 해주 목사 최성모, 전도사 최두현, 여학교 노선형 선생과 협의하고 짐을 꾸려 현금 오백 원을 휴대하고 19일 아침 기차로 상경했다. 즉시 경성부 서대문 내 수창동 박희도 전도사를 방문하여 독립운동 진행 상황을 들었다.

기독교에 오산학교장 이승훈, 박희도, 함태영 장로, 천도교 측엔 보성중학교장 최린, 불교 측엔 한용운, 최남선 제씨인데[1] 독립운동의 원칙은 첫째 대중화, 둘째 단일화, 셋째 무저항으로 정했다. 독립선언서와 일본 정부에 독립 통고문, 미국의 제28대 대통령 윌슨(Thomas W. Wilson, 1913년~1921)에게 동양 평화론, 그리고 파리 강화회의 각국 대표에게 보낼 탄원서 등의 원고작성은 최남선 씨가 전담케 되고 독립선언서 시작일 및 장소는 3월 1일 정오에 파고다 공원 정자각으로 정했다.

학생 동원은 기독교 측에서, 운동자금은 천도교 측에서 전담하기로 되었는데, 아직 독립선언서에 민족 대표로 서명할 분이 미달하여 정재용 전도사가 지금 평양 오기선 목사에게 가서 승낙받아야 한다고 했다. 그래서 즉시 기차로 평양에 가서 오 목사와 협의한즉 자기는 독립선언서 발표 이후의 일을 담당하겠다고 했다.[2]

---

1   민족 대표 중 박희도, 정춘수, 최린의 친일반민족행위에 대한 논의 참고, 한규무, "기독교계 민족 대표 중 누가 변절했는가," **기독교사상** 722 (2019. 2), 20-31; 김성보, "우리 역사 바로 알자 3·1운동에서 33인은 '민족 대표'가 아니다." **역사비평** (1989), 162-169; 홍인종, "3·1운동과 심리 변화: 시험(test), 시련(trial)과 외상(Trauma)- 민족 대표 박희도 변절의 심리적 전개 과정을 중심으로," **선교와 신학** 49 (2019), 467-498.

2   오기선은 독립선언서 낭독에 탈퇴한 것으로 되어 있다. "3·1獨立運動 全國示威의 主動者 고등법원 예심결정서," 1920년. 1919年 特豫 第1號 同 第5號 高等法院管轄裁判所決定書謄本 출전: 東亞日報 1920.4.6-13; 선안나, **일제강점기 그들의 다른 선택: 광복을 염원한 사람들, 기회를 좇은 사람들** (도서출판 피플파워, 2016), 34-49, 70-89, 194-213.

즉시 상경하여 박희도 동지와 협의한 후 해주 감리교 목사 최성모 씨를 교섭하였다. 민족 대표로 서명하기로 승낙된 후 해주지점 동화약방 주인 최두현 동지와 같이 서소문 외국화약방 주인 민강(閔橿)에게 운동자금 오백 원을 눈앞에서 주었다. 평양 이규갑 전도사와 경성동지 김사국, 김유인과 조용히 협조하는 중 김사국의 청구에 자금 전달은 민강 씨를 통하여 운동비용을 지출케 하였다.

운동계획을 착착 진행하며 독립선언서 원고도 천도교 인쇄소 보성사(普成社)로 보내었다. 그리고 공장 감독 김홍규 씨의 비밀 계획으로 2월 26일 심야에 2만 여장을 인쇄하여 27일 아침부터 기독교에서는 지방 큰 교회에 인편으로, 천도교에서는 지방교구로 발송하여 3월 1일 정오에 일제히 독립선언서를 낭독 발표하고 동시에 운동하기로 통지하였다. 일본 정부에 보낼 독립 통고문은 천도교 측 임규 씨가 일본 동경에 가서 직접 제출하도록 출발했다. 동양 평화탄원서는 개성 김지환 전도사가 안동(경상북도) 가서 현기 목사에게 전하여 미국 윌슨 대통령과 파리 강화회의 대표에게 상해 각국 공사관을 통하여 전달하기로 진행하였다.

－ 2월 28일 서울 직접 접촉

나는 28일 아침 감리교 중앙예배당으로 대표로 서명한 김창준 전도사를 방문했다. 선언서를 아침에 원산 감리교회로 가는 곽명리 전도사 편에 부칠 터인데 이를 어찌하면 좋으냐 할 때, 곽 전도사는 해주에 있는 의창학교 교사로 다년간 안면이 있고 나를 잘 아는 사이로 전해주마고 했다. 반가워서 전도실에서 선언서 백여 장쯤 내다 줄 때, 그

중에 무심히 한 장을 착착 접어서 호주머니에 넣었다.

그리고 즉시 경성역 대기실에 와서 찾으려는데, 그가 바로 내 앞에 서 있었다. 지금 떠난다기에 신문지같이 돌돌 말아서 가지고 왔던 선언서를 아무 말 없이 주고받았다. 인산(因山, 임금의 장례식)을 보러오는 사람이 많음으로 사복형사는 내왕하는 사람들을 유심히 살펴보고 있었다. 잘 가라고 인사도 못 하고 헤어졌다.

오는 길에 이규갑 씨를 만났더니 오늘 하오 8시경에 천도교주 손병희 씨 사택으로 대표자들이 모여 명일 거사에 최후 협의한다고 했다. 우리 교회 대표들은 정동 예배당 정원에 모여서 가기로 하고 헤어졌다. 7시쯤 간즉 정동교회 이필주, 종친교회 오취영, 해주교회 최성모 목사들과 중앙교회 김창준, 박희도 전도사들이 모였다.

이필주 목사는 후사를 잘들 하라는 최후 부탁의 말을 하며 작별하였다. 사숙(여관)으로 와서 잠은 안 오고, 생각에 지금쯤은 다 모여서 협의를 시작하겠지, 경찰이 냄새나 맡지 않는다면 다행인데 하고 걱정했다. 대표자 간에 이전부터 안면이 없어서 혹 의견대립이 없을지, 애국정신으로 모였는데 사건을 내세울 리가 있나, 등 혼자서 이리저리 생각에 잠을 잘 자지 못했다. 아침에 즉시 박희도 동지를 방문하여 들은즉 간밤 회의는 모종의 계획대로 잘 되었다고 했다.

한 가지 변경된 것은 개중에 한 분이 제의하기를 항간에 떠도는 말이 일본이 지금 파리강화회의에 조선 문제 장본인이 되는 고종을 제거하려고 조선인 한상학으로 궁중 내시(시중이나 숙직 등을 맡아 보던 남자)에게 연락하여 찻잔에 독약을 넣었다는 것이다. 고종은 그것을 드시고 갑자기 돌아가셨는데 하루 지나서 발표하기를 뇌출혈로 돌아가셨다는 말이 항간에 퍼져 민중들이 격분함을 참지 못하게 되었다.

이때 대표들이 파고다 공원 정자각에 모여 독립선언서를 학생 군중 앞에서 낭독하고 대한 독립 만세를 선창하게 되면, 학생이 제창하여 거리로 나갈 때, 일제가 군경으로 제지하려는 순간 유혈 희생이 날까 염려된다고 했다. 좌중이 협의 중 어떤 분이 제의하기를 독립선언서를 발표함에 유혈 없이 하기 위하여 장소를 태화관으로 변경하고 학생 동원은 중지시키는 것이 좋을 듯하다고 했다. 이에 의견의 일치를 보았다고 했다.

여관으로 돌아오며 생각되는 바는 희생 없이 하는 것은 좋겠지만, 천재일우 절호의 기회에 요리점 태화관 한 방에서 2천만 민족을 대표한 이들이 독립선언서를 낭독하고 대한 독립 만세를 부른다고 민중의 제창도 없으면 어떻게 대한민국이 독립선언하였다는 것을 알릴 수 있으리오? 또한 일본은 한국 내 사정을 국외에 전연 알리지 않는데 하는 생각을 했다. 그러나 예정 시간에 장소에 나가서 보리라 하고 이규갑, 최두현, 노선형 동지와 파고다 공원 문에 들어서면서 정자부터 살펴본즉슨 아무 좌석 준비도 없으므로 정자각에 올라가서 주위를 살펴보았다.

지방에서 인산을 조문하러 온 듯한 십여 명의 노인들뿐 학생 동원이 중지되었나보다 생각했다. 심야 회의의 동원 중지로 인해 사람들이 모이지 않았다고 생각하며 공원 북편을 유심히 보았다. 곧 떠나올 생각이 없어서 주저하던 중 시간은 하오 2시가 되려는 즈음이었다. 북편 문으로 모자 쓴 학생 한 십여 명이 들어오는 것이 보였다. 의아해하는데 갑자기 물밀듯 수천 명의 학생 군중이 석탑을 중앙에 두고 입추의 여지도 없이 들어서는 것이었다. 정자각을 향하다가 멈칫했다. 나는 아하 지금이야말로 이 역사적 글월을 읽어야 할 순간이라고 생각했다.

- 독립선언서 낭독

순간 손길은 자동으로 호주머니로 들어갔다. 어제 아침 무심히 넣어 두었던 종이를 꺼냈다. 착착 접힌 것을 펼쳐 갔다. 즉 독립선언서라는 글자가 눈에 들어왔다. 이것을 보자 용기가 나서 조선이라는 두 자를 더해서 "조선 독립선언서" 일곱 자를 정력과 용기와 음성을 다해서 외쳤다. "조선 독립선언서"라는 소리가 학생 군중의 고막을 울리자, 감격하여 "으악"하는 함성이 경성 장안을 진동시켰다.

흥분에 격동되어 모자가 공중으로 날아오르고 발을 구르는 쿵쿵 소리로 땅이 꺼질 듯한 중에 "우리는 이에 우리 조선이 독립한 나라임과 조선 사람이 자주적 민족임을 선언한다(국문, 이희승 의역)/ 오등(吾等)은 자(玆)에 아 조선(我朝鮮)의 독립국(獨立國)임과 조선(朝鮮人)의 자주민(自主民)임을 선언(宣言)하노라(원문)"[1]라고 기미(己未) 독립선언서(獨立宣言書)를 낭독하였다. 공약(公約) 3장(三章)으로 첫째, 오늘 우리의 이번 거사는 정의·인도와 생존과 영광을 갈망하는 민족 전체의 요구이니 오직 자유의 정신을 발휘할 것이요, 결코 배타적인 감정으로 정도에서 벗어난 잘못을 저지르지 말라; 둘째, 최후의 한 사람까지 최후의 일각까지 민족의 정당한 의사를 시원하게 발표하게 하라; 셋째, 모든 행동은 가장 질서를 존중하며 우리의 주장과 태도를 어디까지나 떳떳하고 정당하게 하라.[2]

1　고춘섭, **기미년 3월1일 독립선언서 낭독자 수양산인 정재용 전기** (서울: 도서출판 빛과 글, 2008), 202; 김정인, "기억의 탄생: 민중 시위 문화의 근대적 기원," **역사와 현실** 74 (2009), 149-174.

2　독립선언서는 크게 네 부분으로 구성되어 있다. 첫째, 민족의 독립 의지를 세계에 선언한다. 둘째, 일제의 죄악을 규탄하고 침략의 억압을 드러낸다. 셋째, 독립의 필연성과 역사

조선건국(朝鮮建國) 4252(1919)년 3월 1일이라고 낭독하고 "대한 독립 만세"를 선창한즉 학생 군중이 따라서 천지가 진동하도록 제창을 마치자, 내 앞에 챙 모자 쓰고 짧은 지팡이를 든 한 청년이 선언서를 달라고 했다. 낭독한 선언서를 달라는 이유도 묻지 않고 주매 척척 접어 손에 쥐며 지팡이를 높이 들고 독립 만세를 부르며 공원 남편 정문으로 나가자, 학생 군중은 일제히 따라 나갔다.

─ 독립운동

기세가 저수지 제방이 터져 나가는 것 같이 잠시 후에 시가로 행진하여 나가고 나 혼자 정자각에서 생각하는바 일본 순경이 와서 파출소로 데리고 가리라 생각되어 살펴보았다. 순경이라고는 아무도 보이지 않길래 서서히 정문으로 나가며 보아도 파출소 순경을 볼 수 없었다. 상점은 닫히고 행인도 없어 종로 화신 앞에 갔다. 길 좌우편에 시민이 꽉 차 섰음으로 말을 탄 순경이 교통 정리에 분주했다. 화신 북편길로 자동차 한 대가 지나가는 것을 본 군중은 만세를 부르고 차중에서도 만세를 부르며 선언서를 뿌리고 있었다. 군중은 저마다 주우

적 의미를 강조한다. 넷째, 독립운동의 방법을 제시한다. 침략자에 대한 원망과 책망을 자제하고, 자기 건설에 매진한다. 다섯째, 신천지가 눈앞에 전개되고 양심과 진리와 더불어 전진한다. 독립선언서의 기조는 비폭력(非暴力), 불보복(不報復), 평화주의(平和主義), 인류 문명사의 서광이 된다. 독립선언서는 민족의 자주성과 단결을 강화하고, 미래세대에 귀감이 된다. **이 문서는 한국 독립운동에 중요한 역할을 했지만, 현실적인 실행 계획이나 사회적 기반 부족, 및 체계적인 독립운동 조직의 미비 등 한계가 있다.** 남대극, "3·1 독립선언서의 뜻 - 그때와 오늘," **3·1운동 100주년 기념 적목리 항일 신앙 역사의 현장을 찾아** (2019. 3.[금]), 3.

려고 하는데 말을 탄 순경은 아랑곳하지 않았다.

그러나 일병 일대가 기관단총으로 무장하고 시위 행진하는 것을 보았다. 학생 군중 일파는 서대문 밖 프랑스 영사관 앞으로 가서, 학생 박승영이 간단한 프랑스어로 귀국 정부에 우리 독립선언한 것을 전달하여 주길 바란다고 한 후, 다시 만세를 부르고 경성역(서울역)에서 해산했다. 한 무리는 정동 미국영사관으로 가서 독립 만세를 불렀다. 직원들은 미소로 동정을 보였다. 다시 만세 제창으로 대한문 앞에 와서 덕수궁 고종의 관을 모시던 궁(宮)을 향하여 정중히 경례를 표했다.

다시 만세 부대는 진고개로 향하여 창덕궁 돈화문 앞에서 만세를 부르고 해산함으로 공약 3장과 같이 질서정연하게 시가행진했다. 독립 만세 소리로 장안을 진동케 하였어도 유혈 희생이 나지 않았다. 이는 민족 대표 최성모 목사의 자제 최경환 씨가 예정대로 지도하였으며, 또 이날은 일기가 매우 명랑하여서 북녘 기슭에 아지랑이가 피는 것을 보고 이 운동에 좋은 기운으로 생각되고, 한강의 파도를 상상하며 우리의 독립 만세 소리를 더 드높여 주는 듯하였다.

여관으로 돌아와 이날 잘 진행된 것을 생각하고 상쾌한 기분으로 잘 쉬었다. 이날은 왕실의 초상을 엄숙히 지내기 위하여 시가가 조용하여졌다. 서린동(서울 종로구의 지명)의 봉춘관 정문에 대한민국이란 간판과 문 좌우에 국민대회 공화만세(共和萬歲)라 쓰여있는 것을 보았다. 다시 서대문 밖 독립문 높이 한글로 독립문, 또 한자로 독립문과 태극기를 새긴 정면에 검은색으로 잘 칠한 것을 보았다. 사다리가 아니면 올라갈 수도 없을 텐데라고 생각했다.

우리들의 용감한 일과 또 북녘 기슭엔 태극기가 높이 휘날리는 것을 보고 유쾌히 여관으로 돌아왔으며, 3일은 아침부터 고종의 상여(시

체를 실어서 묘지까지 나르는 도구)가 있는 영구차를 배웅하려고 대한문
(大漢門, 덕수궁 정문) 앞에서 훈련원까지 백성들이 좌우에 입추의 여지
가 없었다. 눈물을 흘리는 이도 있고 슬픔에 겨워 금곡 장지까지 일사
불란하게 따라갔다.

─ 주동자 검거

경찰이 동원되어 5일까지 주동자로 2백여 명을 검거하는 중에 김원
벽, 강기덕, 신풍조, 장용하, 김승진, 정태화, 이용설, 한위건 등 학생들
이 있다. 새로 수리한 탑골공원을 보면 동판 벽화가 있는데, 일왕이
많은 군대를 출동하여 수원 제암리 예배당으로 교인을 집합한 후 불
을 지르고 총탄을 난사한 것과, 해주에선 기생 문월선의 주창으로 농
민 군중이 독립 만세로 행진함을 말을 탄 경찰이 여인의 머리채를 말
꼬리에 매여가는 것을 볼 수 있으니, 일본인의 악독한 근성을 여실히
볼 수 있었다.

독립운동이 삼천리강산 방방곡곡에 확대되어 만세 소리로 진동케
되었다. 서울의 각 학교도 2일부터 방학하여 귀향하게 했다. 장례일로
지방에서 상경했던 민중이 귀향하여 서울에서 3월 1일 독립운동한 것
을 전했으므로 산간벽지까지, 앞 동네에서 뒷동네까지 독립 만세를 부
르게 된 것이다.

그 후 나는 이규갑, 김사국, 김유인, 이동욱 씨와 함께 이토 히로부
미의 을사늑약 강압 체결에 반대한 농정 대신 한규설 씨의 어의동댁
(於義洞宅)에 모여 독립 계획을 협의했다. 국민대회를 열고자 그 취지의

원고작성은 이동욱 씨가 하고, 목판 글자로 독립선언문 육천여 장을 인쇄하여 유태웅, 박승봉, 김민호, 유기원 제 씨가 시내에 배포케 했다. 또 파리 강화회의에 파견할 위원 선정과 일본 정부에 납세소송행위를 거절하는 선포문 원고작성은 이동욱 씨가 맡고 제반 비용은 김사국, 자금조달은 민강 씨가 담당케 하였다. 삼월 중순에 인천공원서 기독교 이규갑, 천도교 안상덕, 불교 이종욱, 유교 김규, 변호사 홍면희, 김사국, 한남수 제 씨 등이 비밀회의로 임시정부를 수립하기로 했다. 해외 독립운동 단체들과 상해에서 협의키로 정하고 이규갑 씨가 상해로 건너갔다.

– 겨레의 정기

독립선언서 선포 및 독립 만세운동 이후로 일본의 압박이 극심하여도 우리의 기상은 좌절되지 않았다. 강우규 의사는 노인임에도 용감히 사이토 마코토(齋藤實) 총독의 부임에 맞서 서울역 광장에서 폭탄을 투척했다. 나석주 씨는 동양척식회사, 김상옥 씨는 종로경찰서, 이봉창 씨는 동경 궁성에 투척하고, 윤봉길 씨는 상해 홍구공원(虹口公園, 현 루쉰 공원)에서 열린 일본 천황 생일연(천장절[天長節]) 행사에 폭탄을 투척하여 총사령관 시라카와(白川義則)를 폭사케 했다. 그들의 굴복지 않는 애국정신을 나는 "겨레의 정기"라는 가사로 세검정 기초 거암에 새겼다.

1절. 백두산과 천지 물이 더 높고 깊도록 하나님의 강복하시면

끝없네! 우리 겨레

2절. 삼각산 중 인수봉은 반공에 우뚝 서 춘풍추우 부동함은
엄연한 우리 기상

3절. 사바세계 저 밝은 달은 고왕금래(古往今來) 동일한 것 불변
할 우리 마음

4절. 이 기상과 이 맘으로 천추만세 무궁토록 사랑해 우리 조국

우리 민족의 애원을 들으시는 하나님의 섭리로 미군이 광도(廣島, 히로시마)와 장기(長崎, 나가사키)에 원자폭탄 2발을 투하했다. 이로써 1945년 8월 15일, 일본 천황 히로히토(裕仁)가 무조건 항복함으로 우리 민족은 내 집에서 평안히 앉아 해방되었다. 대한민국은 국권을 회복하고 성과 이름도 차차 우리말로 쓰게 됨은 이스라엘 민족이 하나님의 섭리로 해방된 것과 같다. 나는 하나님께 두 손 들어 무한히 감사했다.

나는 지금도 탑골공원에 오게 되면 내가 앞에서 낭독한 선언서를 청해서 챙 모자에 지팡이를 높이든 채 선두로 독립 만세 부르며 나가는 최현 씨의 모습이 눈에 선하다. 또 선언서를 낭독하는 내 모습을 유심히 본 이화여자중고등학교 이사장 신봉조 박사를 만나면 파고다 공원 생각이 나서 서로 미소로 인사하곤 했다.[1] 나는 해방 후 국민가 "겨레의 노래"를 지어 부르며 장충단 공원 석호상반석(石虎象盤石)에 새겨놓았다(주: "겨레의 노래"는 정사영 박사의 글 "애국애족의 선두"에 실려있음).

---

1 신봉조, "나의 독립운동 경험," **한국독립운동사자료집** 제22권 (1992), 35-36; 김구, **백범일지** (1947), 343.

노래할 때나 각 단체의 모임 시에 부르고, 가정마다 삼천만 제창으로 우리나라가 지구상에 낙원이 되기를 간절히 바라는 마음이다. 또 나는 모교 경신학교가 날로 발전되어 감을 볼 때마다 하나님께 영광을 돌리며 교장 이하 여러 선생님께 감사를 드린다.

– 의의:

3·1운동은 한국 독립운동사상(史上) 가장 큰 규모의 민족적 저항운동이다. 독립선언서는 우리나라 역사상 중요한 문서 중의 하나로, 근현대사의 시작을 알리는 신호이다.[1] 이 선언서는 민족의 자주성을 선언하고 독립 의지를 세계에 알리며, 민족의 단결을 상징하는 역할을 했다.

저자 정재용 장로는 대표적 독립운동가(건국훈장 애국장, 2000. 관리번호 8545) 중의 한 분이다. 그의 독립선언서 낭독은 3·1운동의 결정적 기폭제와 도화선이 되었다.[2] 그는 민족 대표와 민중을 연결하는 매개자로 또한 대중적 및 전국적 만세운동의 모델이 되었다. 중앙과 지역, 전국적 단위로 독립운동이 어떻게 확산하였는지를 보여준다. 또한 민족 대표 33인 구성과 선정 과정도 파악할 수 있게 한다.[3]

---

1 최기영, "민족운동가들의 자료집 발간과 기독교사 연구," **한국기독교역사연구소 소식** 38 (1999.9), 1-2; 권지연, "'3·1운동 및 대한민국 임시정부 100주년 특별전': 전시 방법과 매체," **대한민국역사박물관 현대사와 박물관** (2019.12), 104-110.

2 고춘섭, "정재용," **연동교회 애국지사 16인 열전**, 교회창립 115주년 기념 출판 (서울: 연동교회, 2009), 179.

3 김도형·이명희, "3·1운동 독립선언서 낭독자 정재용의 역사교육적 의의, 78-82; 김도형,

대한민국의 건국은 3·1독립운동에 기원을 두고 있으며, 한민족과 대한민국의 운명을 가늠하는 장거(長擧)가 되었다.[1] 그의 독립운동은 특권층이나 구한말의 문벌이 높은 사람들도 독립운동에 중요한 역할을 했지만, 독립운동의 주역은 이름이 없는 보통 사람들의 특별한 희생정신, 즉 비(非)노블레스 오블리주 정신(social responsibility, civic virtue)의 분출이었다.[2] 그들의 헌신과 희생 위에 오늘날의 우리나라의 자유와 평등, 그리고 민주주의 가치가 세워져 있다.

현재까지 정재용 장로가 독립선언서를 낭독했다는 것이 가장 가장 유력하다. 3·1운동 당시 낭독 장면을 담은 사진이나 영상이 존재하지 않지만, 정재용의 독립선언서 낭독을 목격했다고 하는 증인들이 다수 있다.[3] 양심과 인도주의 그리고 민족자결주의에 근거하여 무저항 비폭력, 및 평화적으로 독립을 이루겠다는 선언으로 그 의미는 심대하다.

"3·1운동의 설계자 및 전달자에 대한 분석과 독립선언서 낭독 문제 연구~한위건 (1898~1937)과 정재용(1886~1976)을 중심으로," **백산학보** 117 (2020), 171-19; idem, "3·1 독립선언서 영역본의 국외 전파 연구," **국학연구** 40 (2019), 349-385; 박찬승. "3·1운동기 서울의 독립선언과 만세 시위의 재구성: 3월 1일과 5일을 중심으로," **한국독립운동사연구** 65 (2019), 65-112.

1 이명희, "3·1운동의 숨은 공로자 정재용 선생 재조명돼야," **에듀인뉴스** http://www.eduinnews.co.kr/news/articleView.html?idxno=2458; 고춘섭, **수양산인 정재용 전기**, 9-12.

2 "**3·1운동 정신과 정재용 선생**," Remember 1919: 3·1운동과 재림교회-3·1운동 100주년 기념 특별세미나 (삼육대학교 신학대학 · 신학대학원: 삼육대학교회 (2019. 2. 27[수], 9:00-12:00), 10-11.

3 목격자들: 이관구 박사(독립운동가, 교육부 장관), 유진오 박사(고려대 교수), 신봉조 박사(이화여고 교장/ 재단 이사장), 문창모 박사(전 세브란스 병원장), 마경일 목사(이화여대 교목), 전재후 목사(전해철 목사 아들), 김경승 교수(홍익대 교수), 추영수 선생(3·1여성동지회 문화부장), 고춘섭(경신중학교 교사) 등. 주영하(세종대 설립자), "3·1독립선언서 누가 읽었나?," **대한정책개발연구소 세미나**(세종문화회관 대회의실: 1992. 2. 24), 4. 또한 위 자료에 의하면, 김경승 교수가 파고다 공원 부조 제작 시 정재용을 모델로 삼았으며 당시 이갑성, 박종화, 이은상, 김팔봉, 김영기 제씨의 증언에 따라 제작했다. 정재용의 낭독을 입증하는 다수의 문헌과 자료도 있다.

비록 장중하고 수려한 표현에도 논지는 일부 온건하고 유화적이다. 이는 당대의 악독하고 잔인하기로 악명 높았던 일제강점기의 정세와 세계의 기류를 고려한 것으로 보인다.[1]

정 장로는 미국 선교사 언더우드(Horace G. Underwood, 元杜尤)가 설립한 서울의 경신학교 출신으로 탑골공원에서 독립선언서 낭독 후, 일제에 체포되고 고향 황해도 해주 형무소로 수감되었다가 2년 6개월형을 받아 평양 형무소에서 옥살이했다. 해주의 구세병원 이사장을 역임했고, 후에는 해주시 초대 민선시장을 지내다가 구 소련군의 진주로 사임했다. 또한 황해도 연백평야의 넓은 옥토 등 모든 재산이 몰수당했다.

독립선언서 낭독자인 정재용 장로는 당시는 감리교 해주읍교회 전도사였지만, 1·4후퇴 때 월남했다. 당시 저명한 흉부 내과의로 서울위생병원 원장이었던 차남 정사영 박사의 전도로 1953년 6월 8일 선교사 문선일(George W. Munson) 목사로부터 송도 바닷물에서 침례를 받고 재림교회로 개종했다.[2] 이후 회현동교회, 청량리교회 등에서 장로로 신실하게 봉사했으며, 후손들도 모두 재림신자가 되었다.[3]

독립선언서 낭독은 조선인의 독립, 자유와 민주주의, 그리고 정의를 향한 함성이다. 독립선언서는 낭독함으로써 독립 의지를 분명히 밝히고, 민족의식을 고취하며, 국내외의 독립운동에 대한 지지를 얻는 데

1 남대극, "3·1독립선언서의 뜻 - 그때와 오늘," **3·1운동 100주년 기념 적목리 항일 신앙 역사의 현장을 찾아,** 2; 3·1운동의 다양한 시각과 측면에 대한 연구 참고, 정병욱, **낯선 삼일운동 - 많은 인민을 이길 수 없다.** (역사비평사, 2022).

2 이영린, **한국 재림교회사 연구,** 184; 고춘섭, "정재용," **연동교회 애국지사 16인 열전,** 192.

3 고춘섭, **수양산인 정재용 전기,** 121-122.

큰 역할을 했다. 또한 그것은 후대의 독립운동 방책을 표현하고, 더욱이 한국인의 자주성을 선포하는 외침이었다. 이는 후대에 큰 영향을 미쳤다.

독립선언서 낭독의 시각에서 볼 때, 역사는 소수의 용기와 신념을 가진 지도자들의 역할이 역사의 흐름에 큰 영향을 미칠 수 있다는 사실을 확인할 수 있다. 그들의 불굴의 신념과 정신은 어떠한 어려움에도 굴하지 않고, 끊임없는 노력 끝에 그들이 꿈꾸던 정의로운 세상을 향한 새 길을 개척하며 민주, 복지, 인권의 새 지평을 향해 도도히 전진하는 것으로 보인다.

애국애족의 선두에서: 정재용 선생

정사영[1]

    나의 선친 수양산인(首陽山人)[2] 정재용(鄭在鎔) 선생은 1886년 11월 6일 황해도 해주읍 수양산 아래 구재동에서 출생하셨다. 정춘기 씨를 아버님으로 모신 가운데 선조 포은 정몽주(鄭夢周, 1337년~1392년) 선생의 17대(代)손으로 충(忠)·효(孝)를 가훈으로 삼았다. 충은 정직한 것으로, 효는 부모님의 교훈을 순종하는 것으로 실천하셨다. 9세 때 해주읍내에 있는 한문 사숙에서 수학하다가 1908년에 서울(경성부) 연동 사립 경신중학교에 입학하여 1911년 7월 29일 6회로 졸업하셨다.

    1912년 3월에 해주읍 태봉동(후에 남욱정) 186번지의 사립 의창학교의 교감과 교회 전도사직을 맡아 봉직하시면서 후진 교육에 전력하셨

---

1   본고는 정재용 선생의 아들인 정사영 박사(전 서울위생병원장)께서 선친에 관해 쓰신 유고(遺稿)와 정재용 장로의 손자인 정성화 원장(고 정우영 박사의 二男, 정성화 보스톤치과의원장)께서 국사편찬위원회, 독립운동사 편찬위원회 발행 책자와, 3·1운동 비사, 경신 90, 100주년 특집호, 1950~90년대 각종 일간신문에 실린 자료 중 일부 발췌한 것을 원문 내용대로 게재했다. 정재용 장로는 독립유공자로 현재 대전 국립묘지 독립애국지사 묘역 100호에 안장되어 있고, 유품은 호국관 2층 전시 기념관에 있다. 선친 정재용 장로의 모본을 따라 아들들인 정사영 박사와 정우영 박사는 국민 건강 증진 사업에 기여하신 분들이다. 고춘섭, **수양산인 정재용 전기**, 54; 김홍주, **이 나라 국익에 기여한 재림교회 역사**, 101.

2   수양산인(首陽山人)은 정재용 장로의 아호(雅號, 본명 외에 높여 이르는 별호)이다. 수양산은 황해도 해주 북쪽의 멸악산맥에서 갈라져 나온 수양산맥의 가장 높은 봉우리(主峯)이다.

다. 또한 과수원을 경영하면서 아름다운 대자연의 순리를 깨달으며, 일본 총독정치의 온갖 학정 아래 신음하는 국민의 자유를 되찾아야 한다는 일념으로 살아가셨다. 그 당시 선친께서는 기독교 감리교 전도 사로서 해주읍 감리교회 목사 오기선 씨와 서울 정동 감리교회 목사 손정도 씨 외 우국지사들과 비밀 모임과 지하 활동을 하셨다.

─ 2월 17일 박희도의 요청

세계 정세를 하나님께서 올바르게 주관하실 것을 주시하던 중,[1] 마침 미국 윌슨 대통령이 민족자결주의를 제창한 것과 맞추어 당시 YMCA에 간사로 계시던 박희도(민족 대표 33인 중 한 분) 선생의 "동지들과 급히 상경하라는" 연락을 받게 되셨다. 2월 17일 인편으로 온 편지의 내용인즉 "선언서 작성 최남선, 운동자금 천도교, 학생 동원 기독교, 장소 탑동공원, 일시 3월 1일 정오"로 전달된 내용은 매우 간략했다. 3월 3일이 고종 황제의 장례일(인산일)이라 이날을 지내기 위하여 상경하는 것처럼, 그전 2월 19일 해주 남본정(南本町) 교회 최성모 목사와 최두현 전도사를 대동하고 상경하셨다.

---

1   선각자의 매우 중요한 자질 중의 하나는 시대의 대세(大勢)를 살펴보는 혜안이다. 지도자와 백성이 눈을 뜨고 하나가 되어 생존을 위해 만난(萬難)을 무릅쓸 각오가 될 때, 주권을 확보하고 자유를 확보할 수 있다. 강천석, "생존 위해 萬難 각오해야 敵도 同盟도 움직인다," **조선일보** 2024. 1. 20.

ㅡ 2월 19~20일 활동

일행은 박희도 동지를 방문하고 그간 지사들의 독립운동 정황을 듣고 이규갑 전도사의 연락으로 경성 유지들과 협의하셨다. 이후 선친께서는 집에서 준비해 온 5백 원을 당시 독립운동 자금 조달책임자인 서소문 동화약방 주인 민강 씨에게 전달하셨다. 한편 2월 초에 최린 집에서 송진우, 현상윤이 만나 독립운동을 논의하고, 최남선은 최린을 방문하고 이에 따라 천도교 측 15인, 기독교 측 16인, 불교 측 2인 등 33인과 학생이 합동하여 손병희 집에서 운동의 주동체가 형성되었다.

그리고 3·1 운동이 실패할 때를 대비하여 후일을 위해 송진우 등 16인은 일부러 빼놓았다(이현종, **한국의 역사**, 1983). 또한, 민족 대표들은 독립운동의 원칙을 다음과 같이 할 것을 결정했다.

1. 대중화(大衆化)
2. 단일운동(單一運動)
3. 무저항주의(無抵抗主義)

인원 동원은 기독교계에서 맡기로 하고, 재정(財政)은 천도교에서 맡고, 조선 독립선언서와 일본에 대한 통고문과 평화론 그리고 파리강화회의의 격려문은 육당(六堂) 최남선(崔南善) 씨에 의하여 작성하게 되었다.

— 2월 28일 활동

    평소와는 달리 교파의 차이도 아랑곳없이 조국 광복을 위해 이들은 기쁨과 열성으로 일치단결하여 착착 일을 진행해 나갔다. 작성된 독립 선언서는 천도교의 인쇄기관인 보성사에서 김홍규 씨 감독하에 2월 27일 밤중에 2만 여장을 인쇄하여, 28일 새벽부터 천도교는 지방 교구로, 기독교는 지방·도시 교회로, 불교 측은 불교 측대로 발송하기로 되었다.

    선친께서 2월 28일 아침 종로 감리교 중앙교회로 간즉, 전도실에서 민족 대표로 서명한 김창준 전도사가 선친을 잡고 원산으로 가는 선언서는 아직 발송치 못하였는데 원산교회 곽명리 전도사가 아침 차로 간다니 어찌하면 좋을까 걱정하였다. 마침 곽명리는 선친과 잘 아는 친구임으로 주저하지 않고 자진하여 독립선언서를 받아들었다.

    그 가운데서 한 장을 꺼내어 호주머니 속에 깊숙이 넣고 신문지처럼 똘똘 말아 쥐고 남대문 역(현 서울역)으로 갔다. 마침, 고종 황제(高宗皇帝)의 장례일이 3월 3일인지라 지방에서 조문하러 수많은 백성이 상경하여 조선총독부는 만일을 경계하기 위하여 정사복 형사를 민중에게 침투시켜 경계를 삼엄히 하고 있었다. 예민하게 번득이는 그들 눈초리에 걸릴까, 걱정하며 초연히 남대문 역 대합실에 들어선즉, 다행히 오래지 않아 서성거리며 발차 시각을 기다리는 곽명리를 만날 수 있었다. 아무 말 없이 손에 쥐고 간 독립선언서를 넘겨 쥐여준즉, 그것은 말 이상의 무언의 굳은 다짐이었다.

    오후 7시 반경 이규갑 목사와 정동교회에서 만나 손병희 씨 사저에서 3·1독립선언을 선포할 최종 회의가 있어 거기로 떠나는 감리교 대표 박희도, 문화영, 이필주를 환송하셨다. 당시 감회를 선친께서는 다음과 같이 말씀하셨다. "우리는 굳게 악수하고 헤어졌다. 이들로부터 '후사를 부탁한다'라는 말을 듣고 뜨거운 눈물이 흘렀다. 여관으로 돌아와 누워서 종교를 초월하여 독립이라는 일념 아래 모인 오늘의 회합을 생각하며 또 괴롭고 허무함에 잠을 이루지 못하였다."

─ 3월 1일

3월 1일 창밖의 새벽 새소리를 듣고 박희도 씨를 찾아갔다. 간밤의 회의에서 파고다 공원으로 예정했던 장소를 태화관으로 변경했으며, 그 이유는 유혈극에 대한 염려였다. 민족 대표들이 줄지어 앉아 독립 선언서를 낭독 선포하고 대한 독립 만세를 부르게 되면 그러잖아도 고종께서 슬픈 운명으로 세상을 떠나시어 며칠 후면 장례일에 백성들의 심리가 극도에 달할 것이었다.

그때 파고다 공원에 모인 학생과 군중이 합심하여 같이 만세를 부르며 시가로 행진하여 나가고, 또한 전국에서 장례식에 참가하기 위하여 올라온 많은 시민과 합세하게 된다면 유혈이 극심하게 될 것을 염려했다. 그래서 장소는 태화관으로 변경하고 학생 동원을 중지시키면 희생이 날 염려가 없게 될 것이었다. 그리고 민족의 독립 정신을 세계만방에 선포케 함을 목적으로 하는 것에 민족 대표들의 의견이 일치되었다.

선친께서는 민족의 생사를 판가름하는 기로에서 생명을 두려워해서는 어찌하나 하는 생각에 다시없는 좋은 기회를 놓쳐 보내는 것만 같은 안타까운 심정으로 정오가 되자 이규갑, 최두영 씨와 같이 파고다 공원으로 나가셨다. 팔각정자 안에는 좌석 준비도 없었고, 학생은 보이지 않았으며 인산을 조문하러 올라온 시골 노인들만 10여 명 모여 있었다. 정말 장소와 학생 동원도 중지한 대로 실행되는구나 하며 온갖 생각에 젖어 있는데, 오후 2시쯤 되자 공원 북쪽 문으로 학생과 군중이 들어오기 시작하더니 삽시간에 석탑(石塔)을 중심으로 4, 5천 명 가량의 군중이 입추의 여지 없이 들어섰다.

그때 학생 동원 총지도자인 경신학교 출신이며 연희전문학교 학생인 김원벽(金元璧), 보성전문학교 학생 강기덕(康基德) 등은 민족 대표가 공원에서 독립선언식을 거행할 것을 약속받고 중등 · 전문 학생을 모집했다. 시간이 지나도 팔각정에는 민족 대표가 나타나지도, 자리에 앉지도 않았다. 끝내 나타나지 않자, 그로 인해서 군중의 표정들이 의아해하고 당황할 수밖에 없었다. 모두 팔각정에 서 있는 선친을 주목해 보았다.

― 독립선언서 낭독

이때 선친의 머리를 스치는 영감이 있었다. "옳지, 내가 선언서를 낭독하리라," 가슴속에 번개 치듯 감격이 지나갔다. 손길은 자동으로 어제 아침에 품에 넣은 독립선언를 꺼내셨다. 펼쳐본즉 "독립선언서"라는 글자가 먼저 눈에 띄자, 용기가 나서 '조선'이라는 두 글자를 더해서 불같이 솟구쳐 올라오는 젊은 피로 외치셨다.

"조선 독립선언서!" 선친께서 온 심령을 기울여 외친 고함은 팔각정 지붕을 뚫고 하늘을 울렸다. 거기 모인 학생들과 군중들은 터져 나오는 함성과 더불어 발로 땅을 구르며 모자를 하늘 높이 던져 올렸다. 선친께서는 유유히 "오등(吾等)은 자(玆)에 아조선(我朝鮮)의 독립국(獨立國)임과 조선인(朝鮮人)의 자주민(自主民)임을 선언(宣言)하노라/ 우리는 이에 우리 조선이 독립한 나라임과 조선 사람이 자주적 민족임을 선언한다"(이희승 의역)라고 낭독하자 장내는 물밑같이 고요해지고, 격분에 사로잡혀 목메어 우는 소리만이 점점 높아갔다. 공약 3장과 민족 대표 성명까지 낭독을 마치자, 장내의 어디선가 '대한 독립 만세' 소리가 우레와 같이 터져 나왔다.[1]

미친 듯 취한 듯 장내의 군중들은 어쩔 줄을 몰라 했다. 학생 군중 할 것 없이 메아리가 울리듯 외치는 '대한 독립 만세' 소리가 퍼지자 칼톱회(고학생회) 회장 최현 씨가 선친께서 낭독한 독립선언서를 청해서 지팡이를 높이 들고 선두로 '독립 만세'를 부르며 정문으로 나갔다. 그 뒤를 이어 학생 군중들도 만세를 부르며 한 사람도 남지 않고 시가를 향해 행진하여 나갔다. 학생, 신사, 상인, 농민, 유생(선비), 남녀노소를 가리지 않고 모든 사람들이 이 행렬에 가담하여 '대한 독립 만세'를 소리 높여 외치며 시가를 골고루 누비며 다녔다. 이는 민족 대표들이 예측한 대로 고종의 장례식으로 인해 전국에서 모여든 수십만 민중이 거리로 뛰쳐나와 만세 행렬에 끼었던 까닭에 무서운 파도와 같은 기세로 서울 거리를 샅샅이 누비며 밀고 나갔던 것이다. 그러나 그들

---

[1] 독립선언서의 원문은 1,639자로 된 본문과 132자로 된 공약삼장(公約三章)을 합쳐 총 1,771자로 되어 있다. 이 중 선언서 본문 933자와 공약삼장의 73자, 모두 1,006자가 한자로 되어 있다. 특히 겸제(箝制, 자유를 억누름), 박상(剝喪, 빼앗겨 잃음), 삼제(芟除, 풀을 베어 없애버림) 등과 같은 어려운 단어들이 많이 사용되었다. 이는 선언서를 기초한 육당 최남선이 당대 최고의 문인이요 사학자였기 때문으로 보인다. 남대극, "3·1독립선언서의 뜻 - 그때와 오늘," 1.

의 행진은 공약 3장에 명시된 바와 같이 질서정연하였다.

선친께서는 이날 하늘은 청명하여 독립의 복되고 좋은 일이 일어날 조짐을 보이고, 굽이굽이 흐르는 한강 물은 드높은 만세 소리를 싣고 감격의 몸부림으로 들끓는 대지를 식히며 흘렀다고 회상하셨다. 공원에서 시작한 이 시위는 날이 저물도록 계속되었다. 한편 태화관에서도 파고다 공원의 이 같은 민족의 절규가 일어나는 시각을 전후하여 민족 대표들이 독립선언식을 간소하게 거행하였다.

그리고 그들은 명월관 주인을 시켜 일제 총독부 경무총감부(조선군 헌병대사령부)에 전화를 걸게 하였으니 그제야 왜경/ 일본 경찰들이 알고서, 군대 기마병(말을 탄 병사)들이 쏟아져 나오게 됐다. 그때 최남선 선생이 우미관 옆에서 나오시니 시가는 철시되었고 지붕 위에서 만세를 외치는 이와 대성통곡을 하는 이, 또 주전자와 큰 그릇을 들고나와 물을 떠서 독립 만세 부르는 이들의 뒷바라지를 해주는 모습을 보셨다고 했다.

— 독립선언서 낭독의 중요성과 의의

많은 사학자는 이날 만일 독립선언서를 선친께서 파고다 공원에서 직접 낭독하지 않았다면 독립선언만 한 것에 그쳐 그토록 전국적인 목숨을 건 민중이 궐기한 독립운동은 전개되지 않았을 것이며, 그로 인해 이후 우리나라 독립운동의 역사는 많이 달라졌을 것이라고 했다. 우리나라 3·1 독립운동의 결정적 기폭제 역할을 민간인인 선친께서 하셨다는 점의 중요성과 의의를 후학들이 깊이 인식하여야 할 것이라 했다.

계속하여 선친은 후사를 부탁한다는 민족 대표들의 당부에 따라 정부 수립과 각료 명단을 발표할 계획을 협의키 위하여 한규설 씨 사저 등에서 이규갑, 김은국, 김유인 동지 등과 모여 협의하였다. 그때 독립운동 경비가 곤란하다는 김은국 씨의 제의에 대하여 선친께서 "일전에 독립운동 자금조달 책임자 민강 씨에게 전한 5백 원을 연락하여 쓰라"라고 말씀하셨다.

─ 지하운동

일제의 감시가 심해졌으나 기필코 독립을 이룩하려는 불길은 어떠한 억압과 제지가 있어도 꺼뜨릴 수는 없었다. 독립운동이 지하운동으로 전개되자 선친께서는 고향인 해주로 내려가서 청년 동지 전희철, 이덕봉, 김영호 등을 규합하여, 상해의 김구 선생, 최일, 시베리아의 여운형, 간도의 간병제, 평양의 황보덕삼 등과 연락하여 재외교포의 활동 상황을 수집하고 독립운동을 고취하는 격려문을 작성하였다.

선친께서는 해주 시민의 독립 정신을 고취하기 위해 등사판으로 찍은 격려문을 매일 밤 사방 집집이 문틈으로 담 너머로 전했다. 해주 시내 서쪽 높은 고지(張堂高地)에 올라가 사방을 살피노라면 북쪽에서의 개 짖는 소리와 동남쪽에서 각각 현화(縣花)하는 소리를 들었다. 그때마다 "아! 동지가 저곳에서 격려문을 전하는구나"하고 감격하며, 한편 개 짖는 소리가 요란하게 들리면 "경찰에 발각되었구나! 경찰에 체포되었구나!" 하는 안타까운 마음을 금할 길 없었다고 하셨다. 다음

날 아침 다시 모이기로 약속한 시각에 모두 모이면 서로 웃으며 간밤에 있었던 우리의 활동이 성공적이었다고 기쁨을 감추지 못하셨다.

이렇게 하기를 그해 8월 하순까지 지속하였다. 그런데 긴 꼬리는 잡히는 법인가? 전희철 편으로 오던 인쇄물이 일경(日警, 일본의 경찰)에게 발각되고 말았다. 해주경찰서에서 몸수색을 당하여 인쇄물은 탄로되고 어디서 가져오며 누구에게 전하려고 하느냐는 등 사실을 안 듯한 경찰은 도(道) 경무부와 합동 수색으로 선녀산 밑에 있는 우리 집을 포위하다시피 하고 가택 수색을 벌였다. 그래서 등사판과 원고지, 격려문 등 서류 일체를 압수당하고 부친께서는 경부(警部, 조선총독부 산하의 경무국 소속 경찰관, 순사의 상위 계급)의 뒤를 따라 연행되셨다.

― 체포와 고문

독립운동이 비밀리에 진행되었음으로 선친께서 하시는 일에 가족들조차 일체 눈치챌 수가 없었다. 1919년 여름경 이른 아침 어느 날, 느닷없이 형사대가 집을 포위하고 집에서 일하는 황 노인을 협박하여, 광 쌀독과 냇가 언덕에 파묻었던 독립운동 관계 서류 일체를 몰수한 것을 목격한 때가 필자의 9세 어린 시절이었다. 어머니로부터 아버지가 관헌에 체포되었다는 말씀을 들을 때에, 가끔 장롱 속 깊숙이 감춰져 있던 팔괘(八卦, 여덟 가지 기호)가 그려진 국기를 보며 이것이 우리나라 국기로구나 하는 애국정신과 효심이 싹트고 있던 때라 슬퍼하지 않고 아버지를 존경했다.

서장실에서 서장이 직접 취조하는데[1] 먼저 연루자(連累者)를 물었다. 시내 유지 갑부는 많으나 관계가 있다고 하면 그냥 둘 리 만무하고, 배신행위란 있을 수 없는 고로 선친께서는 모든 것을 혼자 당할 것을 각오하고 대상에 오른 전회철이나 간병제는 내가 시켜 억지로 한 것이지 관계없는 자들이라고 하였다.

끝내 무슨 일이고 내 스스로 책임질 일이라고 항변까지 하자, 서장은 더욱 격분하여 "네가 어떻게 단독으로 할 수 있느냐!" 하면서 뺨을 때렸다. 그는 코피를 보더니 이제부터 본격적인 취조는 부하에게 일임한다면서 돼지란 별명을 가진 완악(頑惡)한 순사부장 중촌(中村)에게 인계하였다. 중촌은 아버지를 유치장 독방에 감금하고 밤중에만 불러내어 심문하는데 묻는 말에 묵비권을 행사하면 게다짝(나막신)을 벗어들고 무지막지하게 때리는 것이다.

그러다가 먼저 숨이 차고 혼자서 분통이 나면 다시 유치장으로 가두곤 했다. 그 뒤부터 조사를 시작할 때는 두 팔을 등 뒤로 하게 하고 결박을 지어 큰 납덩어리를 매달아서 가슴이 뻐개지는 듯한 고문을 해왔다. 이럴 때면 없는 일이라도 묻는 대로 그렇다고 할 수밖에 없는 참혹한 고통이었으나, 죽기를 결심하고 이를 악물고 사실을 부인하였다. 얼마 후에 정신이 들어 둘러보니 유치장이었다.

이러는 가운데 7, 8번의 무자비한 고문을 당했으나 기절까지만 하고 목숨은 붙어 있어, 9월 하순 포승줄에 끌려 해주 감옥으로 끌려갔다.

---

1 일제강점기의 취조는 법적 절차 없이 비밀리에 진행되고, 고문과 폭력이 자행되었다. 자백을 강요하는 과정에 인권이 심각하게 침해되었고 한국 재림교회 최태현 목사 경우처럼 사망하기도 했다. 오늘날의 심문은 법적 절차에 따라 피의자는 변호사의 선임 권리 등을 가지며, 고문이 금지되고, 진실 규명과 정의를 회복하는 과정이다.

여기서 116호 자루에 모자, 구두, 두루마기, 버선, 대님(한복의 발목을 졸라매는 끈), 죽기(그릇), 허리띠, 옷고름 등을 집어넣은 채로 미결수 감옥인 구치감(拘置監)으로 데려가, 중같이 머리칼과 수염을 박박 깎아주고 왼편 가슴에 '116'이란 명찰을 붙여 주었다. 그러고는 담당 간수가 선언 조로 말하기를 "이제부터 네 이름은 116호다"하며 독방에 감금했다. 밥 한 덩이와 절인 배추 두 조각을 주는데 아무리 해도 먹을 수가 없었다. 두 주일이 지나서야 기갈(목마름)이 심해져 배고픈 생각이 들기 시작했다.

얼마 후 예심(본심사 앞서 예비적으로 하는 심사) 판사의 취조가 있다기에 법정에 나가게 되었다. 망태기(물건을 담아 들거나 어깨에 메고 다닐 수 있도록 만든 그릇)를 씌우고 쇠고랑을 채운 뒤 포승(노끈)으로 또 엮어 간수 뒤를 따라서 재판소 감방에 가두었다. 예심 법정에서 수갑과 포승을 풀어주고 취조했다. 3개월 만에 사건이 종결되어 그해 12월 25일 예심 판사의 종결서를 접수함으로 전희철과 간병제는 석방되어 12월 20일 밤에 의외로 자유의 몸이 되었다. 그들은 가족들과 해주 남본정 감리교회에 가서 구세주 성탄 경축 예배에 참석하였다.

이듬해인 1920년 1월 20일에 다시 재판에 회부되어 제2호 법정에서 검사의 입회하에 제령(制令, 법률과 제도) 위반죄로 재판받았다. 당연히 판결하여야 한다고 하면서 배석판사와 협의한 후 담당 판사는 "피고 정재용은 검사 논고와 범죄사실을 심의한바 제령 제2조에 의거하여 징역 2년 6개월을 선고한다. 복심법원(覆審法院, 조선총독부의 제2심 재판소)에 상소하려면 12일 이내로 공소장을 제출하라" 하였다.

그리하여 평양 복심법원에 공소를 제기한즉 1월 하순에 해주경찰서 순사의 호송으로 흰 눈이 약 30cm(1척)가 넘게 내려 자동차가 다니지 못하는 60여 리 길을 걸어 신원주재소(新院駐在所)에서 하룻밤을 지내고 제2일에 재령읍(載寧邑)에 도착하셨다. 여기서 같이 검거되었던 간병제를 만나 비로소 예심 종결일에 무죄 석방되어 성탄 예배에 참석하였다는 것을 알았다. 다시 재령경찰서 유치장에서 1박을 하고 제3일에 접어들어 헌병 보조원의 호송까지 받으며 사리원(沙里院)으로 가서 기차로 평양을 향해 떠났다.

— 평양 감옥

평양 도착 즉시 평양 감옥으로 끌려가 임시 감방으로 되어 있는 제령 위반자로 독립운동 미결수만을 수용하는 구치(형 집행 전) 감방에 들어갔다. 이곳에서 평양 연락을 맡은 황포덕삼을 만날 수 있었고 여러 교회 목사와 장로들을 반갑게 대하게 되었다. 꼭 기도회 장소에 모인 기분이었다. 그 가운데 김진헌(金鎭憲)이라는 믿지 않던 청년이 구도자(求道者) 되어 세례식까지 거행하였다.

독립선언서를 낭독한 것은 발각되지 않은 채 복심법원 판결도 일심(一審)과 같이 2년 6개월로 선고되었다. 형기(刑期) 중 임시 감방에서 90여 명의 천도교인, 예수교인, 농민, 학생 등 각 계층의 사람들을 접촉하였다(선친의 회고록, 경신 90주년 특집호 1976년). 감옥에 계신 동안 해주시 중앙통 배포장에 경영하던 재인상회(在仁商會)는 동업자인 오인명(후일 새문안교회 장로)에게 넘겨졌다. 황해도 연백 평야의 수십만 평의 옥토와 남다지에 개척한 거대한 간척지는 몰수당하고 동양척식주식회사에 빼앗겨, 많은 독립운동 가족이 그러했듯이 여러 해 동안 나의 사랑하는 동생들인 정우영 박사 등과 함께 끼니를 죽으로 연명하는 비참한 생활고를 겪으며 잊을 수 없는 고생을 많이 했다.

정월 명절이 되어 이웃 동리의 어린이들은 명절옷을 입고 집마다 세배 다니며 흥겨워서 할 때 어머니께서 먹다 남은 얼음과자 부스러기를 나눠주시고, 우리는 양지에 쭈그려 앉아 고운 손으로 먹던 기억은 지금도 뇌리에 인상 깊이 남아 잊을 길이 없다. 선친께서는 그 어려운 가운데에서도 모세와 이스라엘 백성들이 하나님의 인도하심으로 출애굽하여 가나안에 이르는 것을 생각하시어 선교와 후진 양성에 힘쓰는 한편, 과수원과 농장을 경영하시면서 이스라엘 민족과 같이 분명히 해방될 것을 믿으시고 그날을 대비해 우리 7형제 모두를 당시 최고의 대학까지 보내셨다.

― 해주 생활과 남한 이주

이후 해방이 될 때까지 해주 남본정 교회의 장로로 시무하시면서 결핵 퇴치 기금을 위한 크리스마스실(Christmas seal)을 우리나라에 초기 도입한 해주 구세병원(Norton Memorial Hospital) 서무과장을 거쳐 이사장을 역임하셨다. 해방 이후 민선 해주 시장인 건국준비위원회 위원장직을 당시 부위원장으로 문창모 박사(전 세브란스 병원장, 원주기독병원 원장, 인천기독병원 이사장, 국회의원, 독립운동가)와 마경일 목사(전 이화여자대학교 교목 겸 교수, 전 감리교 총회신학교 교장) 등과 함께 수행하셨다.

소련군의 진주로 사임하신 후 1951년 1·4 후퇴 때 위험을 무릅쓰고 남하하셨다. 당시 본인은 먼저 대구로 내려가 덕산동 안식일교회에 있었는데, 선친께서 월남하시어 서울 위생병원(현 삼육서울병원)에 기거하신다는 소식을 듣고, 친구의 차를 빌려 서울로 와서 선친을 모시고 부산으로 내려갔다.

본인은 일정시대인 1935년 4월부터 삼육서울병원에 근무하면서 안식일교회 진리를 받아들였다. 선친께서도 본인의 인도로 6·25 피난 시절 서울 위생병원 분원으로 부산 위생병원을 개원했을 때, 부산에서 1953년경 본 교회로 개종하시고 침례(세례)를 받으셨다. 수복 후 서울로 올라오셔서 재림교회의 회현동 교회, 용산교회, 청량리교회에서 장로로 시무하셨다.

선친께서는 때로 대통령이나 정부 인사들에게 당면한 국내외 정세나 민생문제에 관한 건의를 하셨다. 1976년 12월 31일 90세를 일기로 작고하시기 전, 건강이 허락하는 날까지 매년 삼일절을 맞아 종로 파고다 공원에서 거행되던 기념행사와 33인 추모식에 참석하셔서 독립선언문을 낭독하시며 3·1정신을 기리고 동포들에게 각성을 촉구하셨다.

— 황혼의 삶

노년에는 손수 유택(遺宅, 묘지)으로 마련하신 경기도 고양시 덕양구 벽제면 벽제리 산 9번지 수양산인장에서 재림교회 출판 서적을 독서 수양하시면서 기도와 명상으로 하루를 보내셨다.

봄이면 벌 나비가 쌍쌍이 날아와서
벌은 꽃 속에 꿀을 가져갈 때

음악 소리를 듣게 하고,

나비는 춤추는 모습을 보여주어

스스로 기쁨을 찾게 하고,

여름엔 녹음 아래로 흐르는 맑은 물이

험준한 암간을 타고 흘러 폭포를 이루고

석벽이 둘러 있는 곳에 못을 이루어

삼복염천에도 심신을 맑게 씻어 주며

가을이면 만산이 불꽃보다 고와서 스스로 기뻐지고

겨울은 만산 평야 펄펄 내리는 백설로

부정한 것을 볼 수 없고 나뭇가지마다 눈송이로 백화가 난만하니

수양산인장(首陽山人莊)에 사는 나는

세 가지의 근심과 욕심을 다 잊고

오직 조국 통일만을 기도하며 살아가노라

— 백두산 등정과 국토 순례

또한 "통일이 되면 청년들은 백두산에 꼭 한 번 가보라"고 권하셨다. 금강산과 백두산 등 국토 순례를 하시고 자세한 기록을 남기셨다.[1]

---

1 정재용 장로는 국토 순례를 하신 분으로, 젊은이들이 이를 통해 나라를 위한 꿈과 웅지를 갖도록 하신 선각자이다. 가는 곳마다 암석에 독립 의지를 새겨놓으셨다. 그는 독립선언서를 낭독한 이래, 독립 의지를 목숨을 걸고 올라가기 힘든 백운대 정상에 3·1운동 암각문(**暗刻文, 바위에 새긴 글자나 그림, 현재 문화재로 보호받음**)을 새겼다(정재용의 나이 73세). 자연의 아름다움을 시와 글로 남기고, 장충공원의 "겨레의 노래(국민가)," 세검정에 "겨레의 정기," 남산공원의 "겨레의 행복," 삼각산 인수봉에 "예수 재림 환영 만세"의 글을 각서했다. 특히 고양시 덕양구 북한동 북한산 3.1운동 암각문은 고양시 향토유적 제32호로

"평지에서 성장한 좁은 마음이 웅장한 마음으로 변할 터이니 꼭 가보시오. 나도 또다시 한번 가서 천지(天池)에서 선유(仙遊, 자연 속의 자유로운 삶)하려 하는 생각이 없지 않소" 하시며 시를 지어 부르시고 수양산인장 암벽에 시구를 새겨놓으셨다.

> 배달민족 너도나도
> 3·1 정신 한 가지로
> 사심 없이 뭉친다면
> 하나님의 통일 성업
> 단시일에 이뤄지리

"독립은 그 정점이 통일이다."

시인 추영수 女史는 선친에 대해서 "선생의 인품은 단정하고 강직하셨으며 명예욕에 급급하지 않으셨고, 오로지 나라와 겨레를 위한 기도로써 여생을 보내시는 도인의 풍모를 갖추고 계셨다"라고 회고하셨다. 선친은 일생 우리나라와 우리 민족을 사랑한 애국애족의 선두에서 생애하셨다. 故 우남 이승만 박사 옥중 유품 전시를 주관한 고춘섭 선생도 "선생은 일찍이 신앙에 있어서 신실한 기독교 신자로서 '오른손이 하는 것을 왼손이 모르게 하라'는 성경 말씀(마 6:3)대로 자화자찬하지 않는 겸손한 분이셨다. 마땅히 신앙인의 도리로 했을 뿐이

지정되었다(1993. 4. 10). 고춘섭, **수양산인 정재용 전기**, 54-89,139; 김홍주, **이 나라 국익에 기여한 재림교회 역사**, 101-102.

라는 겸허한 마음의 우국지사(憂國之士, 나랏일을 근심하고 염려하는 사람)
이셨다"라고 회상하셨다. 신친께서 장충공원 석호상반석에 새겼던 각
자(刻字)는 다음과 같다.[1]

"겨레의 노래"

<刻字處: 裝忠公園 石虎象盤石>

1. 동서대륙(東西大陸) 한반도(韓半島)는
반만년래(半萬年來) 예의지국(禮義之國)
백두산(白頭山)은 주봉(主峰, 가장 높은 봉우리)되고
한라산(韓拏山)은 안대(案對, 서로 마주 보는 봉우리)로다.

두만강(豆萬江)은 청룡(靑龍, 왼쪽으로 갈려 나간 산줄기)이요
압록강(鴨綠江)은 백호(白虎, 오른쪽으로 뻗어 나간 산줄기)되어
산고수려(山高水麗) 하였으니
금수강산(錦繡江山) 분명(分明)하다.

2. 농민(農民)들은 밭 잘 갈아
오곡백과(五穀百果) 많이 내고
노무자(勞務者)는 지하(地下)에서
금은동철(金銀銅鐵) 다 캐내서

---

1   고춘섭, **수양산인 정재용 전기**, 142-143.

오천만(五千萬)의 우리 겨레

오랜 역사(歷史) 더 빛내며

지구상(地球上)에 낙원(樂園)으로

살림살이 잘해보세

3. 국민상하(國民上下) 남녀노소(男女老少)

삼일정신(三一精神) 한데 뭉쳐

철벽(鐵壁)같은 국토방위(國土防圍)

자유행복(自由幸福) 누려가며

하나님의 보호(保護) 아래

무궁화꽃 동산에서

태극(太極) 깃발 휘날리고

자손만대(子孫萬代) 조국만세(祖國萬歲)

〈一九五五年 七月 二十六日〉

(상기 겨레의 노래는 경신학교에서 소장하고 있는 선친의 유고 37페이지
에 있음)

탑동공원에서 이름이 바뀐 종로 파고다 공원에는 선친이 학생 등 군
중 앞에서 독립선언서를 낭독하는 장면이 조각된 대형 부조상(浮彫像)

과 함께 기념비에는 당시 상황이 이렇게 기록되어 있다.[1]

1919년 3월 1일 오후 2시 탑골공원에서는 수천 명의 학생들이 정재용의 선언서 낭독이 끝난 뒤 대한 독립 만세를 높이 외치며 거리로 달려 나가니 서울은 순식간에 감격과 흥분의 도가니가 되었고 그대로 파도와 같이 전국으로 퍼져 나갔다.

- 의의:

독립선언서 낭독자인 정재용 장로의 선언서 낭독의 대업(大業)에 대한 차남 정사영 박사의 소고(小考)이다. 선친의 독립선언서 낭독 관련 배경과 과정, 전국적 독립운동의 전개, 그리고 독립선언서 낭독으로 인한 선친의 체포 구금 및 옥고 등 선구자 가족의 고난과 희생에 대한 귀한 자료를 제공한다.

정사영 박사의 글에서 시대의 대세를 분별하고 적합하게 행동해야 한다는 충정을 읽을 수 있다. 전 역사 기간 약소국의 숙명적 제한을 지닌 우리나라는 지도자들과 백성들이 당대의 패권 질서에 대한 통찰을 가져야 한다. 비록 해방 공간의 혼란과 6·25전쟁을 겪었지만, 폐허에서 일어나 우리나라는 건국, 산업화, 민주화 및 정보화를 거쳐 현재 글로벌 중추 국가로 발돋움하고 있다.

---

1 탑골공원 부조 동판에 대한 참고, 고춘섭, "정재용," **연동교회 애국지사 16인 열전**, 196-200.

독립은 단지 외세로부터의 자주성 확보를 넘어, 한반도의 통일과 대한민국 국가 정체성을 지향하는 가치이다. 이를 위해 3·1운동 당시의 선구자들과 백성들은 아낌없이 희생하고 헌신했다. 정재용 장로는 통일을 위해 끊임없이 기도하며 "독립은 그 정점이 통일"이며, 애국은 곧 신앙이라는 좌우명으로 사셨다.

신앙은 하나님과 고난 겪는 민족과 나라를 사랑하는 것이다. 이는 곧 정의와 평화를 추구하며, 더 나은 사회 변혁을 위해 헌신하는 삶을 뜻한다.[1] 그의 독립 정신과 애국심은 시대를 초월하는 가치이며, 오늘날에도 통일 한국과 선진화를 위한 우리의 노력에 영감을 준다. 그의 모습은 우리에게 진정한 애국적 지혜와 삶의 방향을 제시한다.

정사영 박사는 북한 해주 출신으로 1938년 3월 경성 의학전문학교(현 서울대학교 의과대학 전신)를 우수한 성적으로 졸업했다. 그해 4월부터 순안 병원에서 근무를 시작한 후 그해 가을부터 서울의 경성요양병원(현 삼육서울병원)에서 근무했다. 정 박사는 건강 식생활 프로그램인 뉴스타트(NEW START) 운동의 선구자이다.[2] 6·25 피난 시절엔 부산 위생병원에 근무하고, 서울 위생병원장을 역임했다. 부인은 일제강점기 나라를 잃은 우리 민족의 슬픔과 한을 노래한 대표적 가곡인 '울밑에 선 봉선화야'의 작사자인 부친 김형준과 모친 김형도(김익두 목사의 누이동생)의 딸인 김신복이다(작곡 홍난파).[3]

---

1   이성희, "발간사," **연동교회 애국지사 16인 열전**, 2; 김회권, "3·1운동과 구약성경의 구속사적 의의," **구약논단** 25.1 (2019), 12-52.

2   "하나님과 함께 살며 행복했습니다: 이재희 사모 회고록," 신성희, **은산기언, 삼육동 30년 출입기/ 反의 노래** (지식과 감성, 2023), 213-214.

3   고춘섭, **수양산인 정재용 전기**, 96.

그는 1960~1970년대 의료 및 절제 강연과 교회 사역, 특히 현미 채식 장려에 이바지한 건강 개혁 선구자이다.[1] 심지어 청와대에서 현미 요리 실습과 시식회를 열기도 했다. "신이 인간에게 주신 가장 이상적인 곡식"이 현미라고 하시며, '**기적을 낳은 현미**'(1986)의 저자로 알려져 있다. 또한 **믿는 자에게는 능치 못할 일이 없느니라**(1975), **네 믿음이 너를 구원하였으니…**(1990) 등의 건강개혁에 관한 저술을 남겼다.

정재용 장로의 애국과 독립 정신은 광복을 넘어 우리나라의 통일과 국가 정체성 건설을 위한 외침이다. 또한 선친의 유지를 이어받은 아들 정사영 박사는 국민 건강 증진에 크게 이바지하였다. 이분들의 숭고한 삶과 정신은 우리 모두에게 귀중한 가르침이며, 우리 사회와 나라 발전을 위한 큰 울림이다.

---

1 김홍주, **하나님 나라를 기다리는 이들의 독립운동사** (서울: 세광기획, 2014), 152-153.

일제 말기의 시대상
: 일제강점기의 교회 상황과 수기

일제 말기 교회 탄압과 재림교회 상황

김재신[1]

― 시대적 배경

이 논문에서는 일제 당시의 교회 탄압을 중심의 시대상을 다룬다. 현재의 이웃 일본은 과거사와 독도 문제 등에서는 여전히 불안정한 상태이지만 민주주의와 자유, 시장경제와 안보 등에서는 우리나라와 우방이다. 그러나 일제강점기(Japanese Colonial Period, 1910.8.~1945.8.)는 한민족의 유구한 역사에서 민족의 말살과 식민지 수탈 정책으로 가장 폭압적이고 악랄한 기간이었다. 일제(Imperial Japan)하에 1910년 국권 피탈로부터 35년간 우리 민족은 가혹한 식민 통치를 받았고, 이는 우리 역사에 참으로 심대한 해악을 끼쳤으며 심지어 남북분단의 실마리를 제공했다.

초기에는 무단(武斷, 무력이나 억압을 써서 강제함) 통치하에 토지의 약

---

[1] 김재신 목사는 한국 재림교회의 북한 교회사가이다. 도산 안창호와 동향인 북한 평안남도 강서 출신으로 1948년 18세에 월남하였다. 강서 지역은 한국 재림교회가 태동한 용강지역과 이웃에 있다. 김 목사는 일생 신실한 재림교인으로서 해방 전 이북에서 목격했던 일제강점기와 이후 남한의 한국 재림교회를 두루 경험한 경륜의 교회사가이다. 저서로는 경희대학교 대학원의 논문인 **한국기독교 문화의 일 연구**(1969)를 위시하여, **북한교회사**(시조사, 1993), 및 **삼육대학교 90년사** 등의 저술을 남겼다. 서울삼육중고교, 한국삼육중고교 등 여러 학교의 교사, 교감과 교장, 및 삼육간호보건대학장을 역임했다.

탈과 식민지 경제 정책으로 일본인이 산업과 금융을 독점하며 우리 민족을 착취했다. 한국은 일본의 상품 시장화되었고, 우리 민족 산업과 경제는 몰락하게 되었다.[1] 일제강점기 철도, 도로, 항만 등의 기반 시설 구축과 근대적 교육, 제도 및 기술 등을 전파하여 한국 경제에 기여했던 면도 일부 있지만, 일제의 식민 지배는 한국의 역사와 문화를 파괴하고 수탈과 억압을 중심으로 이루어졌다. 한국의 발전은 식민 지배보다는 한국인의 근면한 노력과 희생의 결과로 보인다.[2] 이 논문에서는 주로 당대의 인권, 종교자유, 민주와 법치 등 인류 보편적 가치 입장에서 일제의 탄압으로 인한 교회의 고난과 피해를 중심으로 살펴본다.

일본은 3·1운동 전후 식량 사정이 나빠져서 부족한 식량을 한국에서 보충하고자 산미 증산계획(産米增殖計劃)을 세워 토지를 개량하고 수리시설을 넓히고, 농약이나 비료를 보급하며 농업 기술을 교육했다. 그러나 이는 모두 약탈을 위한 수단에 불과했다. 한국의 농촌은

---

1 일제강점기 식민지 근대화론에 대한 참고: 김동노, "식민지 시대의 근대적 수탈과 수탈을 통한 근대화," **창작과 비평** 26(1) (1998.3), 112-132; 김낙년, "'식민지 근대화' 재론," **경제사학** 43 (2007), 155-188; 허수열, "해방 전후사의 재인식의 식민지 경제에 대한 인식 오류," **역사비평** 75 (2006.5), 149-212; 강명숙, **일제강점기 한국기독교인들의 사회경제사상** (한국학술정보, 2008) 외.

2 이용상, 정병현. "일제강점기의 우리나라 철도 성격 규명에 관한 정성적 연구," **한국철도학회 논문집** 15.3 (2012), 306-314; 이옥분. "일제시대 자동차 디자인의 기초적 토대 형성에 관한 연구," *Archives of Design Research* 26.3 (2013), 161-175; 심승희, 한지은, "장항선의 기능 및 연선 지역의 변화 - 일제강점기부터 서해선과의 연결 시기까지," **문화역사지리** (2021) 33(1),134-157; 유춘동, "일제강점기 저작권 분쟁 사례에 관한 연구 - 신문과 잡지의 문학/문화 관련 기사를 중심으로," **한민족문화연구** (2020) 69,173-196; 김용삼, "일본의 개항과 개국," **한반도의 깊은 잠**: 세계사와 포개 읽는 한국 100년 동안의 역사 1 (백년동안, 2021), 316-350; idem, "근대화를 향한 일본의 질주, 위로부터의 혁명, 메이지유신," **개항전야**: 세계사와 포개 읽는 한국 100년 동안의 역사 2 (2020), 92-159 외.

일본인의 수탈로 말미암아 피폐해지고 농민 생활은 더욱 어려워져서 많은 농민이 소작농으로 전락하고 만주, 간도 등지로 이주하거나 화전민으로 전락하는 사례가 속출하였다. 1910년부터 1925년까지 만주와 연해주로 이주한 자가 27만이나 되었고 1916년부터 1925년까지 일본으로 이주한 자는 12만 이상이었다고 한다. 화전민도 1937년에는 187만이나 되었다. 그러므로 한국은 일본의 소비 시장과 원료 공급지가 되었다.

한국의 농민은 대부분 소작인으로 전락하였는데, 그 결과 노동 쟁의와 더불어 항일운동으로 전개되어 갔다. 일본은 1930년대부터는 민족성 말살과 병참 기지화 정책으로 한국을 대륙 침략의 발판으로 삼았다. 그리하여 1931년 9월 18일, 드디어 일본의 관동군이 만주사변을 일으켜서 만주 괴뢰국을 세우더니 1933년 2월 25일에는 국제연맹을 탈퇴하고, 1937년 7월 7일에는 중일전쟁(中日戰爭)[1]을 도발하며 대륙 침략의 야욕을 노골적으로 드러냈다.

---

1 중일전쟁은 중국과 일본 양국 간에 벌어진 전쟁이다(1937~1945년). 1937년 7월 현재 베이징 서남부에 있는 루거우차오(盧溝橋)에서 총성이 울리며 전쟁이 시작되고, 1941년 12월 일본이 미국과 영국에 선전 포고를 하고 이어서 중국이 일본과 독일에 선전 포고를 함으로써, 중일전쟁은 태평양전쟁으로 확대되었다. 중일전쟁은 동아시아에서 제2차 세계대전의 도화선이 되었고, 제2차 세계대전의 중요 부분이라 할 수 있다.
중국에서 전개된 항일 투쟁과 서구 제국의 지원 등으로 중국과의 전쟁을 끝내지 못하는 상황에서, 일본은 세계 정세를 직시하지 않고 전쟁을 확대함으로 결국 일본은 패전하였고, 그와 함께 중일전쟁도 끝났다. 일본에서는 만주사변과 중일전쟁을 포함해 15년 전쟁이라 부르며, 중국뿐 아니라 아시아 전역에 걸친 전쟁인 점을 강조해 아시아태평양전쟁이라고도 한다. 한편 중국에서는 항일전쟁, 7년 항전 또는 14년 항전이라고 부른다. 중일전쟁을 양국 간 전쟁이 아니라 중국 혁명 중 민족 혁명전쟁으로 보는 것이다. "중일전쟁," **국사편찬위원회**; cf. 김윤미, **중일전쟁과 한반도 병참 기지화** (역사공간, 2021).

– 일제의 식민지정책

1. 독립운동 전개

우리 민족은 맨주먹으로 일제 침략에 대항해서 1919년 3월 1일, 독립운동을 일으켰고, 점차 전국적으로 파급되자, 일제는 이를 무력으로 탄압하였다. 그러나 이 3·1 운동의 정신을 계승하여 상해에서 대한민국 임시정부를 수립하고 항일 투쟁의 기틀을 마련하는 계기가 되었다. 일제는 거국적인 3·1 운동에 당황하여 곧 문화 정책을 표방하였다.

첫째, 일제 군대의 경찰인 헌병이 민간에 대한 경찰 업무를 수행하는 헌병경찰제를 폐지하고, 문관(조선총독부 근무 조선인)이 경찰 업무를 수행하는 보통 경찰제도를 채용하였다. 둘째, 관리의 제복과 교원의 칼 차는 것을 폐지하고 복장의 완화책을 썼다. 셋째, 동아일보(1920. 4. 1 창간)와 조선일보(1920. 3. 5 창간)의 두 민족 신문의 간행을 허락해서 한글 신문이 간행되었다. 1926년 6·10 만세운동과 1929년 11월 3일 광주학생운동 등 국내에서 일제에 저항하는 운동과 1937년 중일전쟁 이후 임시정부는 그 조직을 전시 체제로 전환하고 일본에 저항하여 항쟁하던 독립군을 모아 광복군을 조직하였다.

2. 황국신민서사(皇國臣民誓詞)

1937년 10월 1일부터 1945년 광복 때까지 일제가 조선인에게 민족성을 말살하고 일본 천황에 대한 충성심을 강요하기 위해 암송을 강요한 맹세문이다. 총독부는 교육과 학문을 일으키고(敎學振作) 국민정신 함양이라는 명목으로 암송을 강요한 충성 서약으로 국기에 대한 맹세와 비슷한 느낌이 든다. 중일전쟁이 일어나면서 민족 말살 정책의 하나로 황국신민서사를 제정했다. 한국인의 민족의식과 저항을 약화하기 위해 일본과 조선은 한 몸이라는 뜻의 내선일체(內鮮一體), 일본과 조선이 같은 조상에서 나왔다는 동조동근론(同祖同根論)을 내세웠다. 그리하여 "우리는 대일본제국의 신민이다. 우리는 합심하여 천황폐하께 충성을 다한다"라는 황국신민서사라는 맹세문을 제정하여 조선인에게 암송을 강요했다.[1]

3. 일본어 사용(日本語 使用)

총독부는 조선의 모든 관공서에서 일본어를 철저히 사용하도록 하라는 통첩을 1937년 3월에 발송한 후, 1938년 1월 22일에는 다시 조선 각 도에 일본어 강습소를 1천여 개를 설치하고, 전 국민에게 일본어를 강습하도록 명령하였다. 이로써 한국인의 민족성을 말살하고, 천황 중심의 체제에 흡수시키고자 했다.

그리하여 학교에서는 조선어를 사용하지 못하도록 하고 일본어만 사용하도록 하였는데, 당시 경험에 의하면 학교에서 "고쿠고 시요"(國語 使用)라는 표찰을 각 학급에 하나씩 돌려서 그 학급에서 누구든지 조선어를 사용하는 이가 있으면 그 표찰을 건네준다. 학교 일과가 끝났

---

1 황국신민서사는 다음과 같은 내용이었다.
"우리는 대일본제국의 신민이다; 우리는 천황폐하께 충성을 다하겠습니다; 우리는 인고단련(忍苦鍛鍊)으로 훌륭하고 강한 국민이 되겠습니다." 조선인들은 학교나 직장 등에서 매일 아침 황국신민서사를 암송해야 했고, 거부 시 처벌을 받았다. 김현아, "총력전체제기 육군특별지원병제의 실상과 군사원호: 황국신민화의 관점에서," **한일관계사연구** 62 (2018.11), 447-486; 金正仁, "일제 강점 말기 황국신민교육과 학교 경영," **역사교육** 122 (2012.6), 109-141; 윤대석, "1940년대 전반기 황국신민화 운동과 국가의 시간·신체 관리," **한국현대문학연구** 13 (2003.6), 79-100 외.

을 때 마지막으로 그 표찰을 가진 학생은 남아서 화장실 청소를 했다. 그러므로 조선어를 사용하지 않고 일본어만 사용하도록 한 것이다.[1]

4. 국가 총동원법 시행(國家 總動員法 施行)

1938년 5월 5일, 국가 총동원법을 시행하였는데, 중일전쟁을 일으킨 일본은 4월의 전쟁에 전력을 다하기 위해 인력과 물자를 총동원하고 통제할 목적으로 '국가 총동원법'을 공포하고 5월 5일에 그 시행에 들어갔다. 이 법에 따라 국민을 강제 징용하여 군사 시설이나 군수 공장 등에서 일하게 한 국민 징용, 식량을 강제로 배급하여 식량부족을 해결하려고 했던 식량 배급제, 물자와 자원을 강제 통제하여 전쟁 물자와 자원을 확보하려 했던 물자 통제, 학생과 여성 등을 강제로 근로보국대에 편성하여 군사 시설이나 군수 공장에서 일하게 했던 근로보국대, 국민에게 일본식 이름을 강요하여 민족성을 말살하려고 했던 창씨개명 등이 1945년 일본이 패망할 때까지 시행되었다.

이 법은 식민지 조선에서도 적용되어 국가 권력에 의해 강제로 꽃다운 젊음을 사지(死地)의 전쟁터에서 일정 기간 병역에 복무시키는 '강제 징병(强制徵兵),' 그렇게 일정한 업무에 종사케 하는 '징용(徵用),' '식량 및 다른 물자 공출' 등 전시통제 체제가 시행되었다. 이로 말미암아 한국의 젊은이들은 강제 징병으로 끌려가고 또 나이가 좀 많은 사람은

---

1 일제는 일본어 사용 정책으로 조선어 교육을 금지하고 일본어 교육을 강요했다. 일상생활에서도 일본어 사용을 강요하고, 조선어 신문을 폐간하고 일본어 신문을 발행하도록 했다. 송숙정, "일제강점기 조선과 대만의 중등교육용 국어(일본어) 교과서 사용에 관한 고찰," 대한일어일문학회 학술대회 발표 논문 (2018.4), 193-196; 유수연, "일제강점기 조선교육령별 『高等國語讀本』과 『高等朝鮮語及漢文讀本』의 교과서 편제 및 문법 항목 연구," **日本語教育** 99 (2022.3), 149-163.

강제노역으로 끌려갔다. 전선이든 어디든 특히 위험한 곳에 배치되어 죽을 고비를 넘겼다.[1]

심지어 대학에서 학문을 하는 대학생들까지 학도병으로 모집해서 저들의 대륙 침략과 소위 '대동아공영권(大東亞共榮圈, 일본을 중심으로 동아시아와 동남아시아를 포함한 사람들의 공동 번영하는 권역이란 뜻으로 일제의 침략 선전)'이란 미명 하의 전선에서 또는 후방에서 총알받이와 무기를 나르거나 탄광에서의 노동력 등으로 착취당하였다.[2] 또한 농민들의 피땀으로 생산된 농산물을 강제로 바치게 하는 '공출(供出)'이란 이름으로 마구 수탈당했다. 필자는 이를 시골에서 목격한 일이 있다.

또한 공출 책임량을 다 내지 않았다고 동리 부락민을 이장(里長) 집 마당에 불러 모아 놓고 그 한여름 뙤약볕 아래 두 줄로 세우고 면에서 나온 서기와 순사(경찰관)가 지켜보는 가운데 서로 뺨을 때리게 하였다. 사정을 보아서 가만히 치면 순사가 달려가서 이렇게 치란 말이야 하고 사정없이 그 순박한 농민, 마을 어르신네들을 때리는 것을 학교에 갔다 오는 길에 목격했던 일이 있다. 심지어는 교회의 종과 층계 난간에 설치한 쇠 파이프까지 떼어가고 농가의 놋그릇까지 탈취해 갔다. 수단과 방법을 가리지 않고 수탈해 갔던 것이다.[3]

---

1 1938년부터 일제 패망까지 일본 군에 강제 징병 된 조선인은 대략 21만에 달하고, 도시와 시골 구석구석 보이는 젊은이들, 심지어 17세 미만의 소년들도 전쟁터로 동원했다. 표영수, "일제강점기 陸軍特別志願兵制度와 조선인 강제동원," **한민족운동사연구** 79 (2014), 95-138; 이종환, **정도 관정 이종환 자서전** (서울: 과정교육재단, 2008), 105-108.

2 학도병 기사: 일례로, 관정 이종환 삼영화학그룹 명예회장은 1923년 경남 의령에서 태어나 마산고등학교를 졸업하고, 1944년 일본 메이지대학 경상학과를 2년 수료했다. 학도병으로 끌려가 구 소련, 중국의 만주 국경, 일본의 오키나와를 오가면 사선을 넘나들다가 해방을 맞았다. 류정, "'1조 7,000억 장학재단 기부' 이종환 삼영그룹 명예회장 별세," **조선일보** 2023. 9. 13.

3 진필수, "일제 총동원체제의 기원과 특징에 대한 재검토," **비교문화연구** 22(2) (2016.7),

5. 창씨개명(創氏改名)

1939년 11월 10일, 조선총독부는 조선인의 이름을 일본식 성명으로 강요하는 창씨개명을 강요했다. 한민족 말살 정책의 하나로 조선민사령(朝鮮民事令)을 개정하여 한국인의 가문을 나타내는 칭호인 성(姓)씨를 일본식으로 바꾸어 쓰도록 했다. "조선인의 씨명에 관한 것"이란 명령으로 다음 해 2월 11일부터 실시하여 8월 10일까지 조선인에게 일본식 성씨를 정하여 반강제적으로 쓰게 하는 창씨개명(創氏改名)을 완료하게 했다. 이를 거부한 자는 일제의 식민 지배에 반항하거나 저항하는 불령선인(不逞鮮人, 불온하고 불량한 조선 사람)으로 몰아 감시케 했다. 그들의 자녀는 학교 입학을 거부하거나 취업을 할 수 없었고, 행정기관에서 불이익을 받기도 했다. 창씨개명은 각 경찰서, 지방 행정기관의 독려와 감시로 강행되었고, 한편 친일 단체들이 독려 강연에 나섰다.[1] 이는 조선인의 민족성을 말살하고 일본 천황 중심의 체제로 흡수시키기 위한 정책으로 많은 조선인에게 고통을 주었다.

6. 조선 총독의 교체

1936년 8월에 우가끼(宇垣一成) 총독 후임으로 제8대 총독으로 미나미(南次郎) 총독이 새로 부임하였고, 제9대 총독에는 고이소(小磯國昭) 총

425-473; 서인원, "1930년 강제노동에 관한 협약과 일제 강제동원의 불법성," **한일군사문화연구** 35 (2022.8), 29-68; 일제강점기의 자원 강탈과 징용공의 경험담 참고, 이영, **대한민국 국민이 꼭 알아야 할 일제강점기 역사** (동양북스, 2024), 249-254; 김원영, **17255일간의 침묵: 반세기 동안 묻어두었던 한 인간의 고뇌의 외침** (장락, 1993).

[1] 최재성, "'창씨개명'과 친일 조선인의 협력," **한국독립운동사연구** 37 (2010. 12), 345-392; 전경수, 최미희, "일제의 창씨개명 정책 실시와 조선 민중의 은항책(隱抗策): 세 마을 사례를 중심으로," **근대서지** 16 (2017.12), 435-469; 정주수, "한국사에 기술된 창씨개명 사례," **사법행정** 63(1) (2022.1), 41-44 외.

독이 1942년 5월에, 그리고 마지막 10대 아베(阿部信行) 총독이 1944년 7월에 부임하여 8·15광복을 맞을 때까지 총독부 식민지 통치를 하였다.

7. 태평양전쟁(Pacific War)

군국주의 일본은 1941년 12월 8일, 드디어 야음을 타서 미국 하와이 진주만을 폭격함으로 태평양전쟁이 개시되었다. 싱가포르, 필리핀, 남양군도를 점령하는 등 천하를 통일하는 듯이 보였다.[1]

8. 여자 정신대 근무령

1944년 8월 23일, 일본은 한국에 일본 국가(천황)를 위해 몸을 바치는 부대라는 뜻의 "여자 정신대(挺身隊) 근무령"을 공포하고 12세부터 40세까지 미혼녀이거나 배우자 없는 여성을 강제 징집하여 일본 군대의 위안부(慰安婦)로 삼았다. 기록에 의하면 그 숫자는 대략 20만 명인데 80~90%가 한국 여성이었다고 한다.[2] 정신대는 일제의 식민지 지배의 폭력성과 잔혹성을 보여주는 대표적 사례이다.

9. 일본의 무조건 항복

1945년 5월 7일에 독일이 먼저 무조건 항복하고, 일본은 그해 8월에 히로시마(廣島)와 나가사키(長崎)에 원자폭탄이 투하되고 8월 15일에 가

---

1 안자코 유카, "전장으로의 강제동원: 조선인 지원병이 경험한 아시아 태평양 전쟁," **역사학연구** 81 (2021.1), 97-120; 배석만, "태평양전쟁기 조선제철주식회사의 설립과 경영 (1941-1945)," **사학연구** 100 (2010.12), 784-824; 이경재, "한국 소설에 나타난 태평양전쟁기 일본군 체험," **한국현대문학연구** 14 (2003.12), 21-51 외.

2 이경호, "일제 정신대 만행, 그 분노의 함성," **중등우리교육** 24 (1992.2), 10-11; 최민지, "일제하 여성의 수난과 운동," **새가정** 334 (1984.3), 38-47 외.

서야 무조건 항복하였다. 이로써 일제 36년간의 우리나라 식민지 통치
는 막을 내렸다.

– 교회 탄압

1. 신사참배(神社參拜) 문제

신사(神社)는 일제의 국신(國神)인 천황과 조상을 모시는 곳으로 신사
참배는 일본의 신사를 찾아가 참배하는 행위를 말한다. 일제는 민족
말살정책의 하나로 신사에 절하여 예를 표하게 하는/ 배례(拜禮)하는
신사참배를 강요하여 조선인들의 민족 정체성을 말살하고 일왕에 대
한 숭배를 통해 일제의 지배력을 공고히 하려는 수단이었다. 한반도
각지에 신사를 세우고 학교와 가정에도 소형 신사를 설치하도록 하여
천황이 다스리는 나라의 백성이라는 황민화(皇民化) 정책을 추진했다.

일제의 1930년대 종교 억압정책은 1935년 11월 14, 15일 양일간에
평남 도청 회의실에서 야스다께(安武直天) 신임 도지사가 소집한 평안
남도 관내 관공사립 중등학교 교장 회의가 열렸다. 이때 야스다께 도
지사는 개회 전에 평양 신사에 공동 참배할 것을 명령했으나, 안식일
교회의 순안 의명학교장 이희만(Howard M. Lee) 목사, 장로교 계통의
숭실전문학교장 겸 숭실학교장 윤온산(George S. McCune), 숭의여학교
장 선우이(V. L. Snook)는 신앙상 이유로 이를 거부했다. 도지사는 이
들에게 60일간의 유예기간을 주고 만일 불응할 때는 파면 조치할 것
을 선언하였다.

상기 장로교 계통의 두 학교장은 선교사 대책 회의의 결정에 따라

끝까지 이를 거부했다. 끝내 이들 두 교장은 해직당하고 학교는 폐교당하였다. 그러나 의명학교 교장 이희만(Howard M. Lee) 목사는 이 문제를 합회(연합회) 지도자들과 협의하였고, 마침 그해 12월에 마닐라(Manila)에서 원동지회(Far Eastern Division, 극동아시아 국가 단위 교회 연합체) 평의회(행정위원회)가 개최되었다. 합회장 대리 우국화(E. J. Urquharti) 목사, 서기 겸 회계 길리수(I. E. Gillis), 순안 의명학교장 이희만(Howard M. Lee) 목사 세 사람이 회의에 참석하여 지회 지도자들과 신사참배 문제를 논의하였으나, 이 문제는 한국에서 일어났으니 한국에서 해결하라고 하였다.

회의를 마치고 귀국한 교회 지도자들은 합회 본부에서 합회 평의회(행정위원회)를 열고 신사참배 문제에 대한 대응책을 강구하였다. 대다수의 평의원은 신사참배에 반대 의견을 품고 있었음에도 회의의 결과는 신사참배를 승인하는 가결로 끝났다. 회의 장소에는 정·사복형사들이 임석했었고, 평의원 개개인을 사전에 방문하고 반대 의견을 내놓지 못하도록 협박해 놓았기 때문이다.

그리하여 우국화(Edward J. Urquhart), 이희만(Howard M. Lee), 벤손(H. Benson), 정성걸 네 사람은 도지사를 방문하고 만일 신사참배가 종교의식이 아니고, 국가 의식의 대상만이라면 참배하겠다는 뜻을 표하였다. 그 후 1936년 12월 2일에 이희만(Howard M. Lee) 교장은 정든 한국을 떠나 귀국하게 되었다. 그는 1910년 이래 23년간이나 의명학교 교장과 신학교 교수, 중선대회장(경기도와 충청도 지역 교회 조직의 수장), 교육부장과 청소년 부장 등을 역임하면서 한국 교회 초창기 사업에 헌신적으로 봉사하였다. 신사참배 문제가 크게 대두되자 뜻있는 교역자들은 사역을 사직하고 향리의 과수원이나 초야(草野)에 묻혀 개인 신앙생활로 들어가는 이들도 있었고, 적극적으로 신사참배를 반대하는 교회 지도자들도 있었다.

2. 선교사 철수와 귀국

일제의 탄압과 국제 정세의 악화로 말미암아 한국에 나와서 각 분야의 선교사업을 주도하고 있던 선교사들이 대총회의 지시로 모두 철수하게 되었다. 먼저 원륜상(Ralph S. Watts, 元倫常, 합회장, 대총회 부회장, 미군정청 고문관)[1] 목사 부인(Midred Watts)과 이시화(Clinton W. Lee, 李時和) 목사 부인(Grace Lee) 등이 1941년 11월 16일에 미국으로 귀국하였고, 이제명(James M. Lee) 선생 부부는 1941년 11월 23일에 마닐라로 전근하였으며, 왕대아(Theodora S. Wangerin[왕거린], 王大雅)[2] 여사는 1941년 12월 10일에 출국하였다.

1941년 2월 4일부터 14일까지 합회 본부에서 평의원회를 개최하고 원동지회가 임명한 최태현 목사를 조선합회장으로 추인 임명하였으며, 경

---

1   김재신, **삼육대학교 90년사**, 185; 유영순, **회고담**, 106-108; 안종철, 정병준. "미군정 참여 미국 선교사·관련 인사들의 활동과 대한민국 정부 수립," **한국기독교와 역사** 30 (2009). 5-33; 안종철, "미 북장로교 선교사 언더우드 2세(원한경)의 활동, 1942~1947," **한국기독교역사연구소 소식** 83 (2008), 75-77.

2   왕대아 선교사는 사엄태 선교사의 여동생으로 남편 왕아시(Rufus C. Wangerin)와 함께 1909년 내한했다. 36년간 안식일학교 부장, 청년선교회 부장, 시조 편집부장, 성경통신학교 교장을 역임했다. 3남매 중 막내딸이 한국에서 죽었고, 남편도 결핵으로 치료차 미국에 귀국하여 1년간 요양했지만 33세의 나이에 죽었다. 그러나 남편 장례를 치르고 6개월 후 두 아들을 데리고 남편과 여동생이 한국에서 다 이루지 못한 뜻을 이루고자 다시 내한하여 36년간 전설적 봉사 후 1952년에 귀국했다. 선교사들 중 가장 긴 기간을 한국에서 전설적으로 봉사했다. Theodora S. Wangerin, **High Adventure in Korea** (Mountain View, Calif.: Pacific Press, 1960); idem, **God Sent Me to Korea** (Washington, D.C.: Review and Herald, 1968; Kuk Heon Lee, "Wangerin, Rufus Conrad (1883-1917) and Theodora (Scharffenberg) (1888-1978)," **Encyclopedia of Seventh -Day Adventists** (이하 **ESDA**)왕대아, "하나님께서 나를 한국으로 보내셨다: 한국선교 120주년 기념 연재," **예수바라기** (2024. 3), 26-27.

성요양병원(서울 위생병원의 전신) 원장에 정사영 의사를 임명하였다. 그리고 동년 2월 16일에 조선합회장 원륜상 목사와 경성요양병원장 유제한(Dr. George H. Rue) 박사는 미국으로 귀국하였다. 그리고 조선합회 회계 설호만(H. E. R. Schell) 선생과 배의덕(Ernest W. Bahr, 裵義德) 목사 두 가족은 동년 2월 25일에 마닐라로 떠났다. 그리고 조선합회 교육부장과 사역자양성소 소장으로 시무하던 이시화(Clinton W. Lee) 목사는 이성의 목사에게 인계하고 동년 2월 26일에 마닐라로 전근 철수하였다.[1]

3. 화강리 사건

선교사들이 철수한 후 한국인들이 교회 지도자로 선임되어 사업을 계승하였다. 1941년 4월 4일(금요일)부터 10일(목요일)까지 일 주일간 충청남도 청양군 화성면 화강리(忠淸南道 淸陽郡 化城面 花江理) 교회에서 충청남도 부흥회를 개최하였다. 중선대회장 정동심 목사, 합회 선교부장 오영섭 목사, 박원실 목사 등 여러분이 참석하였다. 집회 장소인 교회 안에는 정사복 경찰관과 저들의 앞잡이들까지 들어와서 집회의 분위기를 흐리게 하였다.

4월 10일 저녁 마치는 예배 시, 정 목사는 누가복음 2장 52절을 인용하여 설교하였는데, 일본 외상 마쯔오까(松岡洋右)의 '바티칸' 방문에 관하여 언급하고 때가 가까웠으니 속히 준비하자고 권면하였다. 마쯔오까 외상이 로마에 체류 시 바티칸(Vatican)에 들러(4월 10일) 교황 피우스/ 비오 12세(Pius PP XII, 1939~1958)를 만나 한 시간 동안 면담한 일이 있었다.

---

1   이영린, **한국 재림교회사 연구**, 73; 오만규, **백년사**, 1:673-678.

이러한 시사 문제를 설교에 인용하는 것은 보통 있을 수 있는 것이었으나 당시 일경의 앞잡이 미나미(南某)라는 형사는 설교한 중선대회장 정동심 목사와 합회 선교부장 오영섭 선생, 박원실 목사, 오석영 목사, 유철준 선생, 이성찬 전도사 등 사역자 6명과 지방 교회 평신도 대표 오대식, 김병두 2명을 합하여 8명을 연행 검거하고 청양경찰서에 구속하였다(4월 11일). 이유인즉슨 보안법을 위반하고 독립운동을 종용했기 때문이라고 하였다. 그해 7월 19일에 위의 7명은 100일 만에 석방되었으나, 정동심 목사는 3심 후에 6개월 형을 받고 서울 서대문 형무소에서 복역하고 1942년 2월 19일에 풀려나게 되었다.[1]

4. 출판물 압수와 정기간행물 폐간 처분

일제 통치의 말기인 1940년대에는 예배 시간에도 황국신민서사를 낭독하게 했다. 또한 일본 천황이 있는 방향으로 고개를 숙여 절함으로 천황과 황실을 숭배하는 궁성요배(宮城遙拜)를 강요하고 신사참배는 한층 더 강화되었다. 그뿐만 아니라 출판법을 개정하여 일제 통치에 조금이라도 의심나는 문장이 발견되면 정간 또는 압수하기 일쑤였다. 시조사 창고에 싸여 있던 엘렌 G. 화잇(Ellen G. White) 저, 왕대아(The-odora S. Wangerin) 편역의 **각 시대의 대쟁투**(1934, 1936)[2]와, 맥스웰(A. S. Maxwell) 저, 왕대아(Theodora Wangerin) 편역의 **세계의 고민**(1939)이란 책자를 수색하고 압수해 간 일이 있다.[3] 1941년 4월에는 1910년

---

1 이영린, **한국 재림교회사 연구**, 74-75; 오만규, **백년사**, 1:679-686.

2 엘렌 G. 화잇, **각 시대의 대쟁투** (시조사, 2021, 재판)

3 시조사 100주년 기념사업분과위원회, **시조사 출판 100년** (시조사, 2011), 61. 또한 일제는 왕대아, **다니엘서 연구**(1937), **묵시록 연구**(1933), **세계의 고민** 등에 대해선 판매 금지 처

10월 창간 이래 꾸준히 간행돼 오던 정기간행물 월간지 **시조(時兆)**와 1916년 7월 창간 이래 역시 정기 월간지로 발행해 오던 **교회지남**을 폐간시켜 버렸다.[1]

5. 교회 지도자들의 피검

1943년 1월 11일부터 동 13일까지 서울 본부예배당에서 조선합회 제13회 총회를 개최하였다. 총회에서 새로 선출된 인사 사항을 보면,

총무(연합회장) 오영섭 목사

부총무(부회장) 이성의 목사

서기 겸 회계 박창욱 선생

고문 최태현 목사

기관장(시조사 사장) 김창집

경성요양병원장 정사영 의사를 각각 선임하였다.

새로 선임된 연합회 임원들이 자리도 잡기 전인 동년 2월 4일에 종로 경찰서 형사들이 연합회 신·구 지도자 5명(최태현, 오영섭, 이성의, 김상칠, 박창욱)을 검거 구속하였다. 이는 일제 통치하에 있어서 교회 탄압의 대표적인 사례이다.[2]

분을 내렸고, 시조사 창고에 보관 중이던 재고 서적 10만 원 상당의 7가마분을 압수해 갔고, 남은 것은 불사르거나 폐기 처분했다.

1 이영린, **한국 재림교회사 연구**, 75-76; 유영순, **회고담**, 오만규, **백년사**, 1:679-686.

2 이영린, **한국 재림교회사 연구**, 75-76; 유영순, **회고담**, 오만규, 백년사, 1:687-695.

6. 최태현 목사의 순교

경찰은 교회 지도자들에게 국가보안법을 적용하여 인간의 허울을 쓰고는 감히 상상조차 할 수 없는 무자비한 고문을 가하였다. 아무 혐의도 찾지 못한 저들은 "하나님이 높으냐, 대 일본제국의 천황폐하가 높으냐?" 또는 "예수가 재림하면 대일본제국의 천황폐하도 망하느냐?" 이런 식의 터무니 없는 질문을 했다.[1] 저들의 비위에 거슬리는 대답을 할 때는 사정없이 채찍질을 가하고, 특히 최태현 목사는 저들의 비인도적인 악랄한 고문에 의해 기절하기를 12번이나 하였다.

그리하여 최 목사는 1943년 6월 2일 오전 9시경 저들의 철퇴를 맞고 인사불성이 되어 가족을 불러 급히 경성요양병원으로 후송하여 응급 치료받았으나, 그날 6월 2일 오후 8시 45분에 숨을 거두었다. 최태현 목사는 한국 재림교회의 첫 순교자가 되었다. 당시 최태현 목사의 장례식에는 정사복 관헌들이 지켜서 가족들과 몇몇 친지들만이 지켜보는 가운데 망우리 공동묘지에 안장하였다.

당시 유가족으로는 미망인 이안나 여사와 아들 옥만, 승만, 희만 3남과 딸 옥선, 옥인, 옥희, 옥화, 옥련 5녀, 모두 3남 5녀이다. 1947년 5월 24일부터 6월 7일까지 본부교회에서 사역자 수양회가 있었는데, 수양

---

1 천황(天皇)에 기초한 일제 헌법을 기초한 사람이 이토 히로부미(伊藤博文)이다. 1882년 3월 유럽에 파견되어 로마법에 영향을 받은 독일법을 모델로 18개월 동안 헌법을 연구했다. 독일 베를린대학(Universität zu Berlin)과 오스트리아 빈대학(Universität Wien)에서 연구하고 서구법의 법정신이나 헌법의 기초가 기독교이기 때문에 이를 대체하는 정신적 통합기능을 천황에게 했다. 천황은 절대적인 권력의 실체임과 동시에 신화에 기초한 종교적, 윤리적 그리고 정신적 절대 권위까지 체현한 살아있는 현인신(現人神)의 모습으로 확립되고, 천황 숭배로 정착되어 기독교와 갈등하게 된다. 김승태. "일제하 천황제 이데올로기와 한국 교회," **기독교사상** 34.8 (1990), 62-75; 김창록, "일본의 근현대 천황제에 관한 법사학적 고찰," **법사학연구** 11 (2000.10), 120-122; 육수화, "근대 일본의 황족과 화족 교육: 가쿠슈인(學習院)을 중심으로," **교육사학연구** 22.1 (2012.6), 63,71.

회 도중인 6월 2일에 최태현 목사의 추도식을 거행하였는데 그때 김상칠 선생의 추도시가 1947년 8월호 교회지남에 발표한 것이 있어 옮겨 싣는다.[1]

고 최태현 목사의 추도시

김상칠

오! 우리 선배 최 목사
형틀에 높이 달림이여
주님의 뒤를 따랐도다
그가 고문을 받으매
사람이 저를 역적이라 하도다
형틀에 매여 독한 잔을 받음이여
코와 입에 넘쳐흐르도다
지친 몸 견디지 못함이여
악착한 형벌에 죽음
그 몸을 덮었도다
오! 주여 늘어진 그 몸을
당신의 품에 고이 거두소서
옛 기억도 새로워라
님의 걸어가던 자취만이

---

1 이영린, **한국 재림교회사 연구**, 77; 오만규, **백년사**, 1:696-718.

7. 순교자 김례준 목사

김례준 목사는 일제 말엽에 진남포 교회를 담임하고 사역하던 중 최태현 목사가 1943년 6월 2일에 순교하시고 그 자리가 비게 되자 김례준 목사를 체포·감금하고, 먼저 구속되어 있던 오영섭 목사, 이성의 목사, 김상칠 선생, 박창욱 선생과 같이 매일 같이 고문과 취조를 당하였다. 때리고 발길질하고 물 주전자에 고춧가루를 타서 코에 붓는 등 신체적 폭행과 고문으로 이루어진 조사를 당하였다.

1943년 11월 어느 날, 면회 온 큰아들 광민에게 작은 사진 뒷면에 옥중 한시 한 수를 써서 건네주었다. 그 시의 내용은 "백련차신동철한, 장주무언작금인(百練此身同鐵漢, 長鑄無言作金人) 어(於) 소화(昭和) 十八年 十一月 父親 在 獄中詩"이다. 그 뜻은 대략 다음과 같다. "이 몸이 백 가지 시련을 당해 철한(쇠로 만든 사람)과 같고, 말없이 오랫동안 지내니 정금 같은 인간을 만드누나." 이것은 고인의 숭고한 신앙 고백이며 꺾이지 않는 군세고 충성된 순교자의 간증이다. 김례준 목사는 1943년 12월 27일 출옥하여 진남포의 집에 거했지만, 옥고의 여독으로 해방을 보지 못하고 1944년 5월 6일(음), 향년 59세를 일기로 주 안에 잠들었다. 김 목사는 직접 옥사하시지는 않았을지라도 옥고의 후유증으로 별세했다. 당시 고 김례준 목사의 유가족은 미망인 전성갑 여사와 아들 광민, 광석, 광조, 광삼 4남과, 딸 광옥, 순자, 인자 3녀, 모두 4남 3녀가 있었다.

8. 순교자 이성의 목사

이성의 목사는 연합회 부회장으로 1943년 2월 4일에 수감되어 옥고를 치르셨는데, 많은 고문과 구타를 당하시고 심지어 물 주전자에 고

츳가루를 타서 코에 붓는 악랄하고도 극악무도한 고문을 당하였다. 1943년 12월 27일 출옥 당시 거의 실성한 상태에서 그 여독으로 8·15 광복 후에도 병상에서 신음하시다가 1947년 10월 13일에 주 안에 영면하셨다.

10월 15일 회기동 본부교회에서 합회장 원륜상 목사의 집례로 교회 장으로 영결식이 있었고 망우리 공동묘지에 안장되었다. 그러므로 필자는 또 다른 순교자로 기록하는 것이다. 당시 유가족으로는 미망인 류소순 여사와 아들 기설, 기돈, 기민, 기종 4남과 딸 기온, 기수 2녀, 모두 4남 2녀가 있다.

9. 순교자 이명준 전도사

이명준 전도사는 황해도 황주 출신으로 1922년에 의명 제10회 수석 졸업생으로서 의명소학교 교사를 시작으로 서선대회(평안도와 황해도 지역 교회 조직) 서기 겸 회계로 4년간, 중선대회 서기 겸 회계로 2년간을 근무했다. 1935년에 전도부로 자진 희망하여 개성교회로 부임하여 5년간을 성공적으로 목회하시고 김화(金化)로 전근하여 사역하시던 중에, 1943년 12월 28일 교회 해산 후 황해도 사리원에 작은 과수원을 구입하여 가족들과 개인 신앙을 지키셨다. 그러나 사리원 경찰서에 검거 구속되어 갖은 고초를 겪으시며 6개월 옥고를 치르는 중에 득병하여 사리원 도립병원에 입원하여 사복경찰의 감시하에 치료 중, 1944년 8월 9일에 47세를 일기로 주 안에 잠들었다.

당시 미망인은 김례주 여사와 아들 경송, 경춘 2남과 딸 경자, 경숙 2녀, 모두 2남 2녀였다. 이명준 전도사 역시 옥중에서 직접 순교한 것은 아니지만 재림신앙으로 인하여 옥고와 고문으로 득병으로 입원 가료 중 병사하였으므로 순교한 것으로 보아 또 다른 순교자라 한 것이다.

10. 교회 해산

교회 지도자 간부들이 구속되어 교회 행정이 마비 상태에 이르게 되자 남은 교회 지도자들은 난국을 수습하고자 연합회장 대행위원으로 임종회(수석), 고두칠, 곽종수 세 분을 선출하였다. 위의 연합회장 권한 대행위원들은 우선 구속된 지도자들을 구할 목적으로 신태악 변호사를 선임하여 구출 활동을 벌였다.

한편 평신도 심정섭 장로는 일본인 변호사 태자이(太た宰)를 통하여 구속 중인 지도자들을 구출해 보려고 활약하였다. 그러나 그런 노력과 수고에도 아무 보람 없이 잡음만 남기고 교회의 운명 날은 다가오고 있었다. 1943년 12월 27일, 종로경찰서에 구류 중이던 교회 지도자들이 경성요양병원으로 나와서 대행위원들과 연석회의를 열고 경찰의 위협과 강요에 못 이겨, 저들이 일방적으로 작성한 교단 해산성명서에 서명 날인하여 그다음 날 12월 28일 자로 전국 각 교회에 발송하였다. 이로써 40여 년간이나 이 민족의 수난과 고통을 함께 하며 오직 복음 전파에 진력해 온 한국 재림교회는 유지재단과 함께 완전히 강제 해산되고 말았다.[1] 일문(日文)으로 된 조잡하고 일방적이며 엉터리 성명서를 번역 소개하면 다음과 같다.

본 교회는 미국 선교사의 손에 의하여 창립되었으며, 이래(爾來) 40여 년간 직접 그 지도를 받아왔음과 동시에 그 재정적 기초도 전(專)

---

1   이영린, **한국 재림교회사 연구**, 77; 오만규, **백년사** 1:696-737.

혀 미국 선교사에게 의존했었다. 따라서 우리들은 부지불식간에 적(敵) 미·영적 사상에 감염되어 그들 양이(洋夷)의 풍속·습관이 반 신앙화되어 동양 고유의 순풍미속(醇風美俗)은 점차 파괴되고 있었다. 그 뿐만 아니라 본 교회의 교리 가운데는 개인주의를 강조하는 나머지 국가의 존재를 경시하고, 자유주의의 미명하에 국가의 존엄을 모독하는 듯한 혐(嫌)이 없다고 할 수 없다. 이는 개인의 행동 있는 것을 알고 국가적 제약을 모르는 것으로, 이는 천리공도(天理公道)에 반(反)함이 실로 심하다고 아니할 수 없다. 우리들은 그러한 교리는 우리(我) 국체의 본의에 배반됨을 자각하고 일야(日夜) 쇄심(碎心) 이를 국체의 본의에 순응케 하려고 노력을 경주하여 왔으나 소의(所依)의 교전(敎典) 자체를 배제하지 않으면 어떠한 노력도 무익(無益)에 돌아갈 것을 깨닫고, 또한 일상생활에 있어서 양이(洋夷)의 풍속을 청산하고 나아가 적(敵) 미·영적 사상의 구각(舊殼)으로부터 선탈(蟬脫)하여 심신이 함께 동아에 돌아와 대동아전쟁[1]의 대조(大詔) 봉대 시(奉戴時)에 그 맹아(萌芽)를 생하였으며, 이래(爾來) 스스로 반성 수련하기를 3년, 드디어 귀착해서 얻은 결론적 발로(發露)에서 다를 것 없다. 이에 우리들은 본 교회의 구각(舊殼)인 조선 제칠일안식일예수재림교 연합회 및 그 재원(財源)인 제칠일안식일예수재림교 조선합회(朝鮮合會) 유지재단을 자발적으로 해산하고, 우리들의 새로운 결의를 표명하려 한다. 그 위에 우

---

1 일본 식민지를 포함한 대일본제국이 서구 열강에 맞서 싸웠다는 의미로, 1940년 서구로부터 아시아를 해방한다며 대동아공영권 확립을 도모했다. 1941년 12월 태평양전쟁을 대동아전쟁으로 불렀다. 이는 식민지 지배와 침략전쟁을 정당화하는 의도로, 패전 후 연합군최고사령부(GHQ)는 이 표현을 금기어로 만들었다. 대신 태평양전쟁 또는 제2차 세계대전이라 불렀다. "日자위대, 침략전쟁 미화? … SNS에 버젓이 '대동아전쟁' 게시해 논란," **중앙일보** 2024. 4. 8; 장상철·장성희, **새로 쓴 국사사전** (교문사, 1999, 145.)

리들은 교단(敎團)의 사람 지위로부터 일개의 자연인으로 돌아가기로 하며 천황폐하의 적자로서 국가에 진충(盡忠)하기는 물론, 황국신민으로서 대동아 전시하의 시국적 요청에 순응하여 일의정신(一意挺身)으로써 국은에 보(報)하기로 맹세한다.

우(右) 성명하노라. 昭和 18年 12月 28日
조선 제칠일안식일예수재림교 연합회
제칠일안식일예수재림교 조선합회 유지재단 평의원 및 이사

평강신길(平岡信吉: 오영섭)　　　송촌의길(松村儀吉: 이성의)

삼포순일(三浦純一: 박창옥)　　　김전예준(金田禮濬: 김예준)

임성일(林成一: 임종희)　　　　　보원정수(保元晶守: 곽종수)

좌등실(左藤實: 차영준)　　　　　고산충구(高山忠久: 고두칠)

(출전: 東洋之光, 1944년 2월호 48쪽)

− 광야교회

1943년 12월 28일 제칠일안식일예수재림교회 재단 해산성명서를 전국 교회에 발송하였는데 이로써 1904년 이래 40년간이나 국가와 민족의 시련 속에서도 전도와 교회 사업에 힘써 온 한국 재림교회는 유지재단과 함께 완전히 해산당하였다. 동년 12월 30일 자 매일신보에 '해산된 안식교 신도, 황민으로서 재출발 요망'이란 제하에 오까(岡) 경찰부장의 담화문이 실렸는데 그중에 해산 당시의 동 교세에 대하여 다음과 같이 말하고 있다.

「전략 … 현재에는 전선에 걸쳐 교회와 및 그 포교소의 수가 약
백 개소나 되며 신도의 수효는 약 3천 명가량으로서 한때는 상당
히 활발한 활동을 전개하고 있었다 … 후략」

교회 해산에 관한 공문서와 함께 해산성명서를 받은 지방 교회들은
이미 각오하고 있었던 일이기는 하나 대성방곡하였다. 교회 기관들은
팔리거나 폐쇄당하고 사역자는 각기 제 살길을 찾아 떠나가고 지방
교회 신자들은 목자 없는 양처럼 갈 길 몰라 방황하고 있었다. 이때
광야교회가 일어나게 되었다. 광야교회란 이스라엘 백성이 출애굽 시
하나님께 대한 믿음과 인내로 시내 광야를 통과했던 사례에서 나온
말이다. 일제의 탄압과 박해에도 불구하고 감시를 피해, 소수의 지도
자들과 백성들이 성경 공부와 신앙을 공유하고 서로를 격려하며, 영
적 힘을 고취했던 비밀리에 운영된 교회이다. 광야교회 참여자들의 용
기, 신앙, 애국심은 우리에게 귀감이 된다.
　이러한 정황하에 참 선한 목자가 나타났으니, 그가 바로 김명길(金命
吉) 목사이다.

1. 김명길 목사

　김명길(金命吉: 1907. 12. 12 ~ 1970. 4. 3) 목사는 교회 해산 당시 개성
교회를 담임하고 있었다. 김 목사는 해산된 교회를 어떻게 돌봐야 하
느냐고 걱정이 태산 같았다. 비록 교단은 해산당하였을지라도 교인들
의 신앙심만은 빼앗지 못할 것을 굳게 믿고 교회를 찾아다니며 뒷수
습하려고 마음을 먹었으나 당장 생계 문제가 대두되었다.
　평소에 알고 지내고 우리 교회보다 하루 늦게 12월 29일에 해산된

성결교회 오소천(吳小泉) 목사를 찾아갔다. 그는 말총으로 여자 핸드백을 만드는 기술이 있어서 그것을 만들면 누가 그것을 팔 것인가 하고 걱정하고 있던 차에 김명길 목사를 만나 반가워했다. 성결교회 목사는 생산자요 김 목사는 외무 사원으로 구두 계약을 하고 사업에 착수하였다. 낮에는 행상인으로, 밤에는 목사로서 일할 것을 결심하였다. 핸드백을 한 짐 잔뜩 외상으로 얻어서 화물로 부치고 가방에는 성경을 넣고 핸드백 견본 몇 개를 들고 행상 길에 올랐다. 실은 교인 방문에 비중을 크게 두고 다녔다.

김 목사가 목자 없는 교회들을 방문한 곳은 평양, 진남포, 사리원, 해주, 원산, 함흥, 대구, 안동, 부산, 진주, 마산, 김천, 삼천포, 광주, 목포, 나주, 전주, 군산, 이리, 대전, 청주, 조치원, 천안, 강릉, 원주, 춘천 등 큰 도시에서는 핸드백을 각 백화점에 팔았다. 밤이면 비밀리에 교인들을 찾아가서 집회를 개최했는데 그곳들은 개성, 왕십리(을지로 7가), 가평, 지리산, 광천, 화강리, 홍성, 횡성, 강릉, 묵호, 삼척, 안동, 신양동, 나주, 목포, 태안, 목감, 해주, 운북리, 입석리, 구룡리, 평양, 순안, 개천, 성천, 장매리, 석대산 등지였다.

낮에도 예배를 드렸는데 예배당에서 드리지 못하고 부인들은 광주리에 성경 찬미가(찬송가)를 감추어 넣고 칼을 들어 보이며 나물 캐러 가는 것처럼 꾸미고 산중으로 들어갔고, 남자들은 지게를 지고 나무하러 가는 모양을 차리고 산속에 가서 예배를 드렸다. 침례 예식은 밤에 하였는데, 강에 목욕하러 가는 체하고 가서 외딴 장소에서 침례 낭독문을 외고 찬미도 생략한 채 침례를 베풀었다.

당시 김 목사처럼 전국을 순회하던 평신도는 반내현(전국 순회), 지역 순회한 이는 최성훈, 임진관(평남 지방), 신태식, 조경철(강원도 지방)이 있었고, 사역자로는 임성원 목사, 전가혁 전도사, 김겸목 전도사와 문서 전도인 류재목 씨가 주위 교회들을 순방하였다. 김 목사는 어느 지방이든 들어가면 사역자들을 먼저 찾아갔었는데 대부분 사역자는 김 목사를 보자마자 "교회가 해산되었는데 무엇 하러 왔느냐? 누굴 죽이려고 왔느냐?" 하며 마치 송충이 털어 내듯 쫓아내었다고 한다. 1945년 6월 14일 안식일에 묵호 앞 바다에서 삼척 지방의 교우들과 합동 침례식을 가졌다. 그날따라 안개가 자욱이 껴서 안심하고 침례식을 거행하였다. 이날 침례를 준 사람까지 교회 해산 후 전국에서 153명에게 침례를 베풀었다. 김명길 목사는 교회 해산 후 암흑시대, 광야교회의 참 목자로 기록될 것이요, 그 이름 영원히 빛날 것이다.[1]

2. 반내현

반내현(潘來賢)은 충북 청원군 북이면 신대리에서 부친 반채웅 씨와 모친 최임신 씨 사이에 1909년 10월 22일에 출생하였다. 1930년 10월 15일, 김순희 양과 결혼하고 1931년에 강원도 횡성으로 이사하였다. 1936년 6월, 경기도 용인에서 이사 온 임병상 노인 부부를 충주교회를 담임하고 있던 박기풍 목사가 방문하였다. 그해 12월부터 교회 간판을 내걸고 집회를 시작하였다. 그리고 1937년 8월 21일에 첫 침례식이 있었는데, 그날에 반내현도 수침자 10명 중에 포함되어 있었다.

---

[1] 1943년 12월 말 교회의 강제해산 이후 대략 1년여 동안, 김명길 목사가 153명에게 침례를 준 것은 한국 재림교회가 일제에 의해 강제로 해산되었을지라도, 교회는 공동체로 기본적 활동을 계속하고 있었음을 증명한다. 또한 김명길 목사의 이름이 1943년 12월 28일 자 일제에 의해 대내외에 발표된 이른바 교회 자진 해산성명서의 7인 청산위원의 한 사람으로 거명된 사실은 교회 해산성명서나 청산위원 명단 모두 일제에 의해 강압적으로 만들어 낸 억지임을 드러낸다. 오만규, **백년사**, 1:757-758.

1937년 음력 정월 2일부터 사경회(일정 기간 성경연구 모임)를 하였는데, 이때 그의 형 반내병도 개종하였다. 반내현은 1938년 2월부터는 문서 전도를 시작하였으며 복음 전도에 열의가 대단하였다. 1939년에 금강산 말휘리(현 이북의 강원도 회양군 장양면)에 갔다가 1941년 봄에 금강산을 떠나 이명준 전도사가 시무하는 김화로 갔다. 다시 1942년 7월경에 평강으로 가서 '옥수수 튀기기'를 하였는데 평강교회는 김성달 장로가 지도하고 있었다.

1942년 "박기풍 목사가 20일 구류 끝에 교회에 나오지 않는다"라는 소식을 듣고 순안에 갔다. 의명학교 남자 사감으로 있었는데 반가워했어야 할 믿음의 아버지 격인 박기풍 목사는 "떠나 달라"고 했다. 반내현은 눈물을 머금고 입석리 교회를 방문하고 1주일간 사경 공부를 하였는데, 그곳 교회는 한국 최초의 교회로 김병섭, 이해성, 최선일, 조경철 등 쟁쟁한 장로, 집사들이 참여하였다. 다음은 장매리 교회를 방문하고 역시 1주일간 사경회를 인도하였다. 다음은 평양교회를 방문하고 한 안식일을 지냈는데, 오영희(오성훈 부친) 선생을 만나자, 그가 평양 구경을 시켜 주었다.

한 달 후에 평강으로 돌아왔다. 평강에 있을 때 화천에 사는 신태식 씨가 찾아왔다. 다시 찾아와서 가평 적목리에 자기 친구가 큰 산판(山坂)을 하는데 식량 배급 3홉씩 받고 징용도 면제받는다고 하였다.[1] 그래서 집을 1천 원에 팔고 9명의 선발대와 함께 적목리에 가서 토막집

---

1 당시 벌목(伐木)하는 일을 산판업이라고도 하고 목상(木商)이라고도 했다. 강원도의 울창한 산을 도(道)로부터 불하(拂下)받아서 나무를 베어 내는 일이었다. 일제의 자원 착취의 하나였던 베어 낸 나무는 철로목(鐵路木)으로 공급하기도 하고 금광이나 탄광의 지주목(支柱木)으로 공급하기도 하였다. 한참 사업이 잘될 때는 밑에서 일하는 사람이 250명이나 되었다. 신우균, **아버지의 하나님 나의 하나님**(이하 **아버지의 하나님**) (삼육대학교 출판부, 1998), 7.

을 짓고 그곳에서 공동체를 이루고 8·15 광복 될 때까지 있으면서 전도 사업에 전념하였다.

1943년 12월 28일, 서울 본부에서 발송한 교회 해산성명서를 받아보고 반내현은 신태식을 찾아가서 협의하고 서울로 향하였다. 적목리에서 가평역까지 32km, 80리나 되는 길을 걸어서 가평역에서 기차를 타고 서울 성동역에 내리니 12월 30일 아침 8시였다. 회기동 본부를 찾아가니 합회 사무실 기물들을 방매하고 있었다. 합회장 오영섭 목사, 중선대회장 이성의 목사를 만났으나 출옥한 지 얼마 안 되어 옥고에 시달린 여독으로 초췌하고 의기소침해 보였다. 청량리 김옥진 씨가 경영하는 여관에서 김동규 선생을 만나 답답한 심정을 서로 토론하고 1944년 1월 1일 적목리로 돌아왔다.

1월 4일, 평강에 사는 김성달 장로가 찾아왔다. 반내현 대신 평강서에 연행되어 고문당했다고 한다. 반내현은 적목리에 있으면서 다시 교회들을 방문하였다. 장매리(최성훈, 임진관), 평양교회(김태주, 안신도, 이성수, 박창용, 김병목, 오신석, 최매실, 오영희, 김한주, 김필세), 그리고 개천교회를 방문하여 김동규를 만나고 해주 목암(최경선, 최옥인), 태탄(전가혁) 교회들을 방문하고 서울로 돌아와 원남동 자택에 있던 오영섭 목사를 찾아갔다. 오 목사 말씀이 "지금은 개구리가 겨울잠을 자듯이 그렇게 동면할 때입니다. 봄이 오면 잠이 깨어 올 것입니다. 그때까지 기다리렵니다"라고 했다. 그리고 가평 적목리로 돌아왔다. 이것이 1944년 2월경이다.

양양을 방문하고 양재하, 그의 누님, 4촌 동생 양재형 부부가 성경 연구에 동참하였다. 1944년 6월 양양, 강릉, 묵호를 방문하고 동년 12월에는 김화, 평강(이복성, 김성달), 신고산(박기준, 박기현, 오병태 전도부인), 양양(양재하), 강릉, 묵호(김진옥, 허 석) 허 석 집에서 집회하였다. 장운달 가족, 장오석 가족도 집회에 참석하였다. 삼척에서 박병남, 김관호, 김계환, 임한석을 만나고, 강릉(김형남) 등을 경유하여 통천역에서 경찰에 연행 유치장 신세를 지고, 이튿날 '출옥서'를 써주며 나가라고 했다. 12월 30일, 집을 떠난 지 26일 만에 적목리에 돌아왔다.

1945년 1월 6일 다시 여행길에 올랐다. 서울 면목리(이어식, 오석영), 김포(명대숙, 이면득)에 들렀다가 1월 12일에 돌아왔다. 이때 신종균, 강한룡이 적목리를 방문하였다. 다시 황해도 태탄(台灘)을 방문하여 강태봉을 만나고 오명선을 데리고 서울 면목리에서 김봉룡(최은애 아들)을 데리고 가평으로 같이 갔다. 다시 양양(양재하, 이대련), 삼척(김관호), 묵호(허 석, 김진옥, 김창주), 가평 적목리 집에 들렀다가 개성에 가서 김명길 목사를 모시고 적목리로 왔다. 이때 정인섭 씨가 찾아와서 지리산이 피난처라고 해서 교리 싸움을 하고 신태식 선생이 정인섭 씨에게 20원을 주어서 보냈다. 김명길 목사는 성경을 교수하고 6명에게 침례를 베풀었다.

1945년 4월 7일 안식일, 삼척, 묵호 신자들이 묵호에서 30여 명이 모여서 예배드리고 안개 낀 묵호 앞 바다에서 18명이 침례를 받았다. 그리고 성만찬 예식을 거행하였는데 포도즙이 없어서 "설탕물에 붉은 물감"을 타서 대용하였다고 한다. 김명길 목사는 개성으로 가고 반내현 선생은 적목리로 돌아갔다. 배급도 끊기고 이미 내사해서 체포하기로 결정되었는데 8·15광복이 되었다. 8월 17일 한 노인이 해방 소식을 전해 주었다. 8월 18일 안식일에는 풀밭에 나와서 마음껏 자유롭게 찬미 부르며 안식일 예배를 드렸다.

반내현 선생은 1945년 10월에 열린 신도대회에서 합회 평의원으로 선임되어 합회 행정에 참여하게 되었다. 1946년 4월부터 1948년 12월까지 묵호 교회를 담임하고 묵호 교회 건축과 상명 학교(묵호초등학교)를 개교하였다. 1949년 1월부터 1961년 12월까지 영남합회에서 사역하였는데 특히 6·25 전란 동안 부산교회를 담임하고 있으면서 물밀듯 몰려드는 피난민 구호에 헌신 봉사하였다.

1953. 4. 2	영남대회 총회에서 목사 안수받음
1962. 1 ~ 1965.12	호남합회
1966. 1 ~ 1967.12	중서합회
1968. 1 ~ 1971. 9	서남합회
1971. 4. 30	은퇴
1971.10 ~ 1972.12	영등포교회
1973. 1 ~ 1978. 3	중한대회
1978. 3 ~ 1980	서중한합회에서 목회
1980. 4	미국 댈러스(Dallas)에서 개최한 대총회 참석
1982. 3. 28	자녀들이 있는 미국 이주
2000. 3. 29.	별세

반내현 목사는 일생 꺼지지 않는 불로, 불꽃 같은 삶을 사셨다. 재림신앙의 모델로, 슬하에 아들 상순, 그리고 딸 효순, 사은, 모두 1남 2녀를 두고 있는데 모두 미국에서 주의 사업에 헌신 봉사하고 있다. 그리고 사모 김순희 여사는 1993년 6월 6일 미국에서 주 안에 잠드셨다. 반 목사는 귀국하여 돌아가시기 전 퇴계원에 계신 이충열 장로 댁에 기거했다.

3. 신태식

신태식(申泰植)은 1901년 8월 21일에 강원도 고성군 현내면 마달리 가래골에서 신군오 씨의 5남 중 장남으로 태어났다. 어려서 한학을 전수하고 14세에 초등학교로 전학하여 1915년 3월에 화서사립학교를 졸업하였다. 19세 되던 1920년 5월 29일에 김태순[1] 양과 결혼하고, 결혼 후 22세에 원산으로 공부하러 갔다가 고생만 하고 여의찮아 귀가해서 취직하여 6년 후인 37세 되던 1938년에 자영하게 되었다. 신태식은 '성서 총람'을 읽고 안식일 문제에 관심을 갖게 되었는데 한 친구네 집에서 시조를 읽는 가운데 안식일 진리를 깨닫고 1937년 6월 6일부터 가족적으로 예배드리기 시작하였다. 어머님이 고향 안식일교회 이숙자 전도부인이 인도하는 교회에 가서 예배드리게 되었다.

1939년에 황우광산(黃牛鑛山)이 새로 개광되었는데[2] 강원도에서 지정 목재 책임자로 선임한 친구가 신태식에게 위임하였다. 그리하여 지정 목제 책임을 지고 운영하였다. 김화읍에서 신태복 동생을 만나서 같이 안식일교회 신명균 장로를 찾아갔고, 그의 집 후원에서 반내현, 이

---

1 신태식과 김태순 이름의 돌림자가 친족임을 나타내는 태(太)자를 쓴 것은 부인이 출생 전 부친 간의 자녀를 낳으면 결혼의 인연을 맺자는 약속의 표현이다. 김태순이 신태식 가문에 어린 시절 들어와 같이 남매처럼 자라다가 결혼 적령기 19세에 결혼의 연을 맺게 된 것이다. 민며느리제도 유사하지만, 어른들의 서약 같은 약속의 결과이다. 이는 신태식 목사의 2녀의 신선희 집사의 딸 강충숙의 증언과 일치한다. 신우균, "출생 전 결혼 약속," **아버지의 하나님**, 2.

2 일제의 자원 착취의 하나였던 황우광산은 강원도 화천군 상서면에 있는 금광 광산이다. 6·25전쟁 이후 널리 알려진 대성산 지역으로 휴전 무렵 아군과 중공군 간의 치열한 전투가 벌어졌던 곳이다. 광복 전 사내면에서 수피령(水皮嶺)으로 가는 길목에 황우광산이라는 금광이 있어서 금 채광량이 제일 많고 그 크기가 황소 머리만 하여 황우(黃牛)라는 이름이 붙여졌지만, 현재는 폐광되었다. 이종근, "적목리 이전의 다목리를 드디어 찾았다," **교회지남** (2024. 1), 19; "대성산," **한민족문화백과사전**; "전국의 광산현황," 우리나라 희유금속 산업 발전을 꿈꾸며, https://m.cafe.daum.net/Aboutrareearth/JdQC/5

대련을 만났다. 반내현의 인도로 김화읍 교회 이명준 전도사를 상면하게 되었다. '계시록 강의'를 빌려주어서 집에 가서 열심히 탐독하였다. 1941년 6월 14일, 김화 냇가에서 최태현 목사 집례로 침례를 받았다. 그리고 1942년에 모친은 이성의 목사에게 침례를 받고 9월 27일에는 김태순 사모가 김명길 목사에게 침례를 받았다.

일제 말이라 식량 문제가 큰 사활의 문제가 되었다. 때마침 운천 사람 윤홍섭 씨가 경춘철도주식회사(현 경춘선[중앙선 망우역~춘천 연결] 운영주체)의 가평 적목리 산판의 대표로 경영하고 있었다. 지난날 신태식이 산판을 경영할 때 감독자로 있던 박춘섭도 적목리 산판 감독으로 있으므로 그의 소개로 적목리 산판 한 구역을 맡아 착수하기로 계약을 맺었다. 그리하여 1943년 가을에 신태식 형제들이 반내현 등 몇몇 형제들과 적목리 산판으로 입산하게 되었다. 먼저 움집과 예배소를 짓고, 안식일과 조석 예배를 자유롭게 드리게 되었다.

신태식은 산판에 가서 일하고 배급을 타다 식량을 보태고 영적 지도는 반내현, 반내병 형제분이 맡아 지도하였다. 안식일을 자유롭게 지키고, 징용도 해결되었으며, 배급도 타서 식량 걱정이 없다고 하니 전국 각처에서 신앙의 자유와 징용을 피하여 찾아오는 청년, 가족들이 생겨났다. 그리하여 10여 세대에 근 70명이 신앙의 공동체를 이루어 지내게 되었다. 일제의 탄압은 날로 가중해지고 배급도 점차 줄어들고 해서 1945년 6월 15일에 청장년 23명을 거느리고 인제 연화동에 가서 지내다가 8·15광복을 맞았다. 해방 후 38선을 넘어 서울 장충동 적산(일본인 소유의 재산) 집으로 이사하였다.

1947년 9월에 신학교가 문을 열자, 신학과에 입학하여 1년간 수학하고 1948년부터 중한대회에 부름을 입고 사역에 투신하게 되었다.

1948년 4월에 처음으로 부임한 곳이 강원도 횡성교회이다. 교회당을 건축하고 신자 수가 150명이나 증가하였다. 1950년 6·25사변 전에 인천교회로 발령받고 전쟁 때에는 제주도까지 피난하였다. 서울 수복 후에 인천에서 적산가옥을 구입해서 초등학교로 운영하였다. 인천에서 5개년 목회 사업에 전념하고, 그 후 영등포, 흑석동, 수원교회를 설립하였고, 용인교회 복구를 재개하였다. 1954년 11월에 춘천교회로 전근하여 그곳 신자들과 협력하여 교회당을 건축하였다.

1956년 3월 17일, 제17회 연합회 총회에서 목사 안수를 받았다. 그해 4월에 충남 홍성교회로 전근되었고, 다시 대천교회로 갔다가 1958년에 청주교회로 전근되어 1960년에 교회당을 건축하고 초등학교를 설립하였다. 1961년에 충주교회, 1963년에 대전교회로, 그리고 1965년 6월 30일에 정년 퇴임하고도 계속해서 영동, 예산, 천안, 공주교회에서 시무하고, 1977년 4월 11일 영구 은퇴하시고, 1977년 6월 20일에 미국 자녀들이 있는 곳으로 이주하였다.

신태식 목사는 신앙심이 깊고 도량이 넓은 교회 지도자요 헌신 봉사 정신이 투철한 목회자였다. 신 목사는 미국에서 1988년 6월 13일에 주 안에 잠들었다. 유가족으로는 미망인 김태순 사모와 아들 성균, 우균 2남과 딸 선희, 선영, 선옥, 선녀 4녀, 모두 2남 4녀다.

4. 조경철

조경철(趙景喆: 1912. 6. 2 ~ 2001. 7. 14)은 평남 용강군 지운면 입석리에서 조운환 씨와 이근억 목사의 여동생 이근환 사이에 1912년 6월 2일에 출생하였다. 어려서 고향 입석리 교회에서 외삼촌 이근억 목사가 설립한 광염의숙(光塩義塾)에 다녔는데 애국자 김창조 선생이 가르쳤다. 김 선생은 교가를 지어 학생들에게 가르쳤다.

조경철 목사는 1992년 3월 21일에 필자와 인터뷰할 때 그 옛날 학생 시절을 회상하며 교가를 떠올렸다. 그는 1929년 7월 20일에 김석영 목사에게 침례를 받았다. 그리고 1931년 1월 10일에 안덕실 양과 결혼하였다. 1934년 12월부터 조경철 목사는 문서 전도에 참여하였다. 조경철 목사는 교회 해산 직후 1944년 1월에 고향 입석리에서 강원도 김화군 금성면 매회리(金化郡 金城面 梅檜里)로 이사하였다.

그곳에서 농사하며 1년간 살다가 하송관(강원도 회양군 난곡면 하송관리)으로 이사하였는데, 그곳 고두칠 장로 댁에서 사경회를 열고 계시록을 강의하였다. 하송관에는 고두칠 장로 가족을 비롯한 고자선, 인선, 득선 형제들, 황봉호, 현필수, 최석춘, 석복 형제들, 최명기 등 여러 분이 있었다.

조 목사는 하송관에 있으면서 광부의 차림으로 교회들을 방문하였다. 서울 을지로 7가 이성옥 가정을 위시해서 평양, 장매리, 광나루 최옥만 가정, 그리고 가평 적목리는 수차 방문하였는데, 성경과 예언의 신(재림교회 엘렌 G. 화잇의 저술)을 중심으로 가르쳤다. 조 목사는 8·15 광복 후 다시 김화로 가서 김화교회 문을 열고 집회를 시작하여 사경회(査經會)에서 '천국로'를 강의하였다. 당시 김화교회에는 의명학교 1회 졸업생이며 고향 선배인 이영수 선생 가족을 비롯한, 박기창 선생 가족, 임정혁 선생, 김진택 장로, 전명숙(신혜경 모친), 김인식 가족들이 있었다.

그 후 서울로 와서 1946년 1월부터 자급전도 및 문서 전도를 하였다. 그때 누군가가 면목리에 '현대 진리'가 있다는 소식을 전했다. 찾아간 곳은 한인갑 선생 집이었다. 과수원에 배 밀봉하기 위해 사 두었던 '현대 진리'를 1부에 20전씩 주고 다시 사서 소 수레에 실어다가 문서 전도하는 데 요긴하게 사용하였다. 이때 김창주, 지대슈이 문서 전도에 동참하였다.

1947년 1월에 청진동 교회 전도사로 부임하여, 그때까지 최철순 씨가 사택을 사용하고 있었는데, 그는 청년단장으로 있었다. 사택을 비우게 하고 교회를 수리하는데 이주복(이승일 목사 부친), 조동의(조병서 목사 부친) 선생이 조력하였다. 1947년 10월 1일부터 1949년 12월 31일까지 연합회 출판부장 서리직을 수행하고, 1950년 1월부터 1957년 12월 31일까지는 윌리엄 목사가 부장이 되고, 조 목사는 부부장(동사부장)을 하였다.

조 목사는 1953년 3월 21일, 중한대회 총회에서 목사 안수를 받았다. 1958년 1월부터 1963년 12월 31일까지 중한대회 출판부 주임, 선교회부 주임, 목회주임, 안선주임을 역임했다. 1964년 1월부터 1972년 5월 31일까지 일선 목회(영등포교회, 제기동교회, 성남교회, 갈월동교회)에서 충실히 목회자의 사명을 수행, 1972년 6월 1일부로 정년 퇴임하고 부양료에 들어갔다.

그 후 자녀들이 있는 미국으로 이주해서 포틀랜드에 거주하고 있었는데 1997년 5월 12일에 평생을 주의 사업에 헌신 봉사한 아내 안덕실 사모가 주 안에 잠들었다. 조경철 목사는 슬하에 아들 광수, 광열, 광림, 광진 4남과 딸 광은, 광신 2녀, 모두 4남 2녀를 두고 있는데, 2남 조광열 선생은 몇 년 전에 미국에서 차 사고로 돌아가셨다. 현재 3남 2녀가 모두 미국에서 주의 사업에 열심히 돕고 있다. 조 목사는 그 어려운 일제 말엽에 광야교회 사도로 크게 활약하였다. 그 밖에도 신사참배를 거부하고 일제의 탄압을 피하여 개인적으로 신앙을 굳게 지키고 어려움을 이겨 낸 성도들이 없지 않을 것으로 생각된다.

─ 끝맺는 말

일정(日政) 말, 일제가 교회를 탄압하자 종교의 자유를 위해 교회는 독립운동을 전개하고 지하 공동체로 저항했다. 신사참배가 강요되자 많은 지도자들이 순교의 제물이 되었다. 교회를 공적으로 해산시키고, 예배를 금지하자 이에 저항하여 여러 지도자가 일제의 삼엄한 경계와 체포 위협에 불구하고 전국 각지를 다니며 신자들의 믿음을 격려했다. 이런 암울한 시대에 자연적으로 지하 비밀 공동체가 전국에 걸쳐 형성되고 신앙을 지켜나갔다. 이런 공동체 중 대표적인 것이 가평 적목리에 형성되었다.

이곳을 1962년 10월 9일~10일 양일간 이영린 목사가 홍성실 집사의 안내로 당시 신학과 3학년에 재학 중이던 김영환 군과 임종서 군을 대동하고 탐방한 바 있다. 이후 삼육대학교 신학과, 대학원·신학대학원, 동중한합회와 연합회 및 일부 교회에서 신태복 장로의 안내로 여러 번에 걸쳐 현장을 답사했다. 계속하여 신학대학원이 주축이 되어 가평 적목리 공동체의 유적지 복원을 위해 노력했다. 일제 말기 믿음의 선구자들이 겪은 신앙의 귀한 경험이 후세들에게 거울이 되고 역사적 교훈이 되기를 바라는 마음 간절하다.

– 의의:

김재신 목사의 일제 말기의 폭압 통치 체계와 배경 및 상황들에 대한 개요이다. 그는 신실한 재림 교인으로 해방 전 일제강점기의 이북과 이남에서 목격했던 일제의 교회와 신자들에 대한 탄압을 경험했다. 일제는 조선을 식민지로 삼은 후 조선 민족을 동화시키기 위해 신토를 유일한 국가 종교로 삼고, 신사참배를 모든 국민에게 강요했다. 이를 거부하는 사람들은 혹독한 탄압을 받았다.

재림 교인들 역시 예외는 아니었고, 신앙을 지키기 위해 온갖 고난을 겪었다. 많은 재림 교인이 체포, 투옥, 고문, 심지어 순교를 당했다. 교회가 폐쇄되고 교회 재산이 몰수당했다. 그러나 신자들이 탄압 속에서도 흔들리지 않고 하나님을 믿으며 신앙을 지켰다.

특히 위 자료는 적목리 공동체 배경 이해를 위한 일제 말기의 교회상에 대한 중요한 자료이다. 1910년 국권피탈부터 36년간의 식민 통치에 이르는 과정, 무단 통치 초기의 토지 약탈과 식민지 경제 정책, 3·1운동 전후의 악화된 산미 증산계획. 한국민의 소작인 전락과 1930년대 민족성 말살과 병참 기지화 정책 및 대륙 침략을 설명한다. 1931년 만주사변, 1933년의 국제연맹 탈퇴, 1937년 중일전쟁 그리고 1941년엔 태평양전쟁을 도발한다.

또한 독립운동의 전개, 황국신민서사와 일본어 사용, 강제 징병 및 징용의 국가 총동원령, 창씨개명, 정신대 근무령 등이 강요되었다. 교회 탄압으로 선교사들이 철수하고, 화강리 사건이 발생했다. 재림교회의 출판물 및 정기간행물 폐간 처분이 자행되고, 교회 지도자들이 검거되는 등 전쟁 광풍이 교회를 휘몰아쳤다.

최태현 목사의 순교 이후, 일제의 박해와 탄압은 더욱 심해져 수명의 지도자들이 목숨을 잃었다. 교회는 강제로 해산되고 공적인 예배가 금지되었다. 이러한 위기에 한국 재림교회는 김명길, 반내현, 신태식, 조경철 등의 평신도 지도자들이 일제 말엽 비밀 예배 공동체인 광야교회의 지도자로 크게 활약하였다. 이런 시대적 배경에서 전국의 여러 지역에서 신자들이 깊은 산속 등에서 은거하며 집단으로 공동체를 구성하고 신앙을 고수했다. 대표적 피난처가 적목리 공동체이다.

일제강점기의 수기: 최태현 목사의 순교

선친 최태현(崔泰鉉) 목사는 1888년 11월 4일 함경남도 원산시 부용동에서 최병호 씨 장남으로 태어나셨다. 아버지께서 어릴 때는 애명으로 '바위'라 불리셨는데, 그 이유는 바위와 같이 강한 사람이 되라는 뜻이었다. 이는 성경에 나오는 바위를 뜻하는 베드로를 연상케 한다. 아버지께서는 10살 때 할아버지가 작고하시어, 할머니 송(宋) 씨의 엄한 교육을 받으며 여동생과 단 두 남매가 자라나셨다.

1894년 서당(書堂)[2]에서 한학을 수학하셨고, 1903년에는 3년제 원산원홍중학교를 우수한 성적으로 졸업하셨다. 일제강점기 조선총독부에서는 인재를 양성하기 위하여 두 사람을 선택하여 일본 동경에 유학시키기로 했는데, 선친께서 그 어려운 관문을 거쳐 그 중 한 사람으로 뽑히는 영광을 가지게 되셨다.

---

[1] 최태현 목사는 독립유공자이다. 건국훈장 애국장(1990. 관리번호 2937)이 추서되었다. 관련 기사: **한국일보** 1999. 10. 9; **중앙일보** 1999. 10. 9; **경기일보** 1999. 10. 16. 최희만 (Herman Chai) 장로는 최태현 목사의 삼남으로 지리산 공동체 거주자이며, 미주 한반도 평화협의회 회장, 한미우호협회 회장 등을 역임했다. 이 글은 최옥만, "최태현 목사 순교사," **선구자와 순교자의 발자취**, 이어식 편 (시조사, 1987), 140-151에 근거한 글을 최희만 장로가 후기를 추가하여 제출한 것이다.

[2] 예전에, 한문을 가르치던 곳을 말한다.

156   일제강점기 백성들의 함성

그러나 할머니께서 외아들을 일본 나라에 빼앗길 수 없다며 적극적으로 반대하시어 선친의 유학은 끝내 중지되고, 다른 친구가 대신 뽑혀 동경으로 떠났다. 그는 유학을 마치고 돌아왔는데, 후일 한국인으로는 올라가기 어려운 자리인 도지사(황해도)를 지내게 되었다. 그러나 후에 선친께서는 제칠일안식일예수재림교회의 한국인 초대 연합회장이 되셨으니, 한 사람은 일시적인 세상 부귀를 누렸으나 또 한 사람은 영원한 하늘나라의 시민이 되어 영생을 누리는 특권을 얻게 된 것이다.

저희 선친 최태현 목사께서 걸어가신 길은, 길이 후배 그리스도인과 우리 후손에게 귀감이 되고 있다. 선친께서는 1907년 원산에 있는 대한 기독교 침례교회에서 침례를 받으신 후 침례교회 신학교에서 공부하셨다. 공부를 다 마치신 후 침례교회 전도사로 임명되어, 함경남도 안변에서 봉직하셨다. 당시 침례교의 미국인 선교사 총감독 '펜윅' 목사는 여러 제자 중에서 아버지를 더욱 사랑하여, 자기 후계자로 삼으려고 생각하였다.

– 개종

그러던 중 뜻밖에 1910년경 제칠일안식일예수재림교회가 원산에서 장막 전도회를 열고 세 천사의 기쁜 소식을 전하게 되자, 선친께서는 남몰래 밤마다 전도 집회에 참석하셨다. 전도 집회가 끝난 후에도 계속 2주일 동안 성경을 공부하심으로 마침내 안식일교회의 참된 세 천사의 진리를 깨닫게 되셨다. 그리하여 침례교로부터 제칠일안식일예수재림교회로 드디어 개종하기에 이르렀다. 그러자 침례교 최초의 선교사/ 총감독 펜윅(Malcolm C. Fenwick 1863~1935)[1] 목사는 당황하여 선친의 마음을 다시 돌리게 하려고 적극적으로 애를 썼다.

자기의 사유 재산과 토지, 과수원 등을 인계하여 주며 자기의 후계자로 삼을 것을 약속했으나, 선친은 그 권유를 뿌리치고 제칠일안식일예수재림교회로 나오기로 한 마음을 끝까지 지키시고 개종하셨다. 펜윅 목사의 사랑과 물질도 그의 결심을 굽힐 수 없었으니 참 진리를 받아들인 후, 그 마음을 지키기 위하여 취하신 확고한 태도는 선친의 믿음을 잘 말해 준다. 펜윅 목사는 기대하던 수제자의 변심으로 마음이 상하였고, 그 슬픔으로 인해 병석에 눕게 되었다고 한다. 그때 선친은 21세의 청년이었다. 그 후 다른 친구가 선친이 마다하신 그 자리를 맡아 부유한 삶을 누리었다고 한다.

선친은 침례교 신자이던 이명숙 씨의 딸 이안나라는 방년 18세 처녀와 1909년에 결혼했고, 다음 해인 1910년 1월에 정식 제칠일안식일에수재림교로 개종하셨다. 장인 역시 충성된 침례교 신자였던 관계로, 안식일교로 개종하는 사위에 대하여 노발대발하셨으나, 장인에게 참 진리를 가르쳐 줌으로 그 후 장인과 그 가족 모두 안식일교회 교인이 되었다.

장인의 친손자 일곱 중 셋째 손자가 바로 우리 교회에서 다년간 교역하시던 고 이해성 목사이시다(이기돈 박사의 장인). 선친은 1910년부터 2년간 안식일교회 전도사로 임명되어, 최초로 함경남도 안변에 부

1　말콤 펜윅 선교사는 한국 침례교의 초창기(1889-1893, 1896-1906) 선교사로서 초기 교회 설립 및 성장, 성경 번역 및 문서 선교, 교육 및 인재 양성, 사회사업 및 의료 봉사, 그리고 자립 선교 모델 제시 등 다양한 분야에서 헌신적인 활동을 통해 침례교 한국 선교에 큰 기여를 했다. 오지원, **말콤 C. 펜윅의 자서전을 통해 본 초기 침례교 역사** (요단출판사, 2019), 32-93.

임하여 봉직게 됨으로써 새 출발을 하시게 되었다. 1912년부터 1915년까지 황해도 사리원, 황주, 평남 진남포 등 여러 곳에서 봉직하셨는데, 필자는 선친이 황주에서 사역자로 계실 때 태어났다. 이렇듯 여러 곳을 다니시며 전도사로서의 모든 정열과 힘을 기울여 영혼 구원 사업에 큰 활약을 하셨고, 가시는 곳마다 예배당이 서고 부흥하여 많은 신자가 생기게 되었다. 좋은 예로는 박지선 장로(박창욱 목사 부친) 가정을 주님 앞으로 인도하신 것이라 할 수 있다.

지금도 그 후손들이(박신관 장로 할아버지) 모두 안식일교회 내에서 신앙생활을 충성되게 하고 있다. 1915년부터 1920년까지는 경산으로 전근하시어 봉직하셨고, 전남 나주를 거쳐 1921년부터 1926년 목사 안수를 받고, 중국 북간도(현재 중국 연변 조선족 자치주에 해당하는 지역) 선교 책임자로서 6년 동안, 한국인으로는 첫 선교사로 하나님 사업을 펼쳐 가셨다. 당시 북간도는 겨울이면 영하 20도를 오르내리는 추운 지방이어서 주민들의 거주율이 낮고, 더구나 마적 떼(산적)가 우글거리던 무시무시한 곳이었다.

– 만주 경험

자주 마적 떼가 몰려와서 양민을 무자비하게 학살하고 납치해 갈 뿐만 아니라 부락을 습격, 불까지 질러 태워 버리는 일이 잦아서, 마음 놓고 살 수가 없는 곳이었다. 그러나 하나님을 위해 일한다는 투철한 신앙심으로 무장된 선친은 '아프리카 선교지'로 간다는 마음으로 모친과 처자를 데리고 한중 국경인 두만강을 건너서 언어와 풍속이 다른 이국땅으로 부임을 하신 것이다.

그때 중국 길림성 연변조선족자치주인 북간도 화룡현 '두도구'(北間島 和龍縣 頭道溝)로 가려면 간도 용정에서 시골길을 수십 리 가야 했다. 교통이 너무 불편하여 소달구지 몇 대에 짐을 싣고 두 사람씩 달구지를 나누어 타고 가게 되었다. 그 당시 자녀는 1남 3녀로 큰딸 옥선, 차녀 옥인, 장남 옥만, 삼녀 옥희가 있었다.

그런데 가는 도중에 비가 억수로 퍼부어, 모두 이불을 뒤집어써야 했다. 달구지 바퀴가 절반이나 푹푹 빠지는 그 험한 길로 수십 리 길을 지나 천신만고 끝에 목적지인 '두도구'에 겨우 도착할 수가 있었다. 그리하여 모든 가족이 하나님께 감사의 찬미와 기도를 드렸다. 선친과 우리 가족은 찬미가 중에서 '내 주는 강한 성이요'를 즐겨 불렀다.

그러나 도착하여 보니 거처할 집조차 없었다. 하는 수 없이 임시로 중국 사람이 살았던 빈집에 짐을 풀고 밤을 지내려 했다. 그러나 여섯 식구에게는 쉴 사이도 없이 너무나 빨리 어려움이 닥쳐왔다. 고요한 밤 적막을 깨뜨리는 총소리가 이 골짝 저 골짜기에서 요란하게 들리기 시작하면서 마적 떼가 습격해 왔다.

마을 사람들이 갑작스러운 습격을 당하여 울부짖는 소리, 가족을 찾는 소리, 도망가는 이들의 아우성 등 비명 소리로 평화롭던 마을의 한밤중은 피의 아수라장으로 변해 버렸다. 선친은 피곤한 여행으로 고요히 잠든 자식들을 깨워, 급히 몸만 빠져나와 피신해야 했다. 그 어려운 중에서도 하나님의 크신 도우심으로 생명과 물질에 아무 피해도 없이 그 난을 면할 수가 있었다.

다시 모든 가족은 하나님께 감사의 기도를 드렸다. 선친께서는 여러 지방에 순회 전도를 다니실 때 가까운 곳은 도보나 혹은 자전거를 타고 다니셨고 멀리 나가실 때는 말을 타고 나가셨다. 한번은 말을 타고 돌아오는 길에 산모퉁이를 돌아서자마자 앞에 장총을 멘 수명의 마적이 버티고 서 있는 것이었다. 선친은 놀랐으나 막다른 외길이라 피할 도리가 없었다.

그래서 마음속으로 기도하시며 말 궁둥이를 채찍으로 힘껏 치니 말이 급히 뛰면서 그들의 옆을 스쳐 가게 되었는데, 어찌 된 셈인지 그들은 비호같이 달려가는 선친을 가만히 바라만 볼 뿐 아무런 가해를 하지 않았다. 그래서 선친께서는 그 위기를 무사히 넘기셨다. 수년 동안 여러 번 어려운 일을 당할 때마다 주님께서 당신의 종을 보살펴 주심으로 생명을 보존하실 수가 있었다.

– 중한대회장

6년간 북간도에서 아무 사고 없이 주님의 복음 사업을 위해 일하시다가 1926년 중한대회장으로 발탁되어 서울로 영전하여 오시게 되었다. 북간도 선교지의 교우들과 석별의 눈물을 나누며 그곳에서 하나님께서 선물로 주신 1남 1녀를 데리고 꿈에도 그리던 고국의 땅으로 돌아오신 것이다. 당시 얻은 딸은 4녀 옥화였고, 아들은 2남 승만이었다. 신개척지 북간도는 하나님께서 선친에게 주신 좋은 시련의 장소였다. 그 어려운 길을 말없이 걸으신 것은 신앙이 돈독한 아내(모친 이안나) 내조의 힘이 컸던 것이며, 무엇보다도 하나님의 풍성하신 축복이 함께 있었기 때문이었다고 우리 자녀들은 굳게 믿고 있다.

선친께서는 1930년까지 중한대회장으로 봉직하셨으며, 1931년부터

1932년까지 연합회에서 설립한 유일한 인재 양성 기관인 평남 순안 의명중학교에서 성경 교사로서 제자들을 양성하는 일에 전력하셨다. 1933년 제2차 중한대회장을 다시 역임하셨고, 다음 해인 1931년부터 1940년에 이르기까지 서선·서한 대회장(평안남·북도와 황해도의 교회 최고 지도자)으로 봉직하시면서 여러 가지 어려운 문제를 잘 처리하셨다.

그래서 명 대회장(뛰어난 대회장)이란 칭호를 들으셨다. 이렇듯 선친께서는 각 부서에서 주어진 일을 열심히 하셨고 또한 성공적으로 이끄셨다. 그리고 참된 기쁨과 생명의 말씀을 우리 민족에게 전하고자 부단히 노력하시었다. 그러나 선친에게는 더 큰 시련이 다가오고 있었다. 1941년 당시 일본제국은 군부에서 실권을 장악하게 되어 '근위(近衛)' 수상이 물러나고, 육군대장이 수상이 되어 실권을 장악하게 됐다.

바로 그때 제 2차 세계대전이 발발하는 절박한 상황이 펼쳐졌다. 그에 따라, 우리 한국의 정세도 더욱 절박해지기만 했다. 미국은 동양에 나가 있던 선교사들에게 모두 귀국하라는 명령을 내렸다. 한국에 체류하던 우리 교회 선교사들은 대총회의 지시로 철수하기에 이르렀다. 당시 연합회장이었던 원륜상 목사는 선교사들이 다 철수하고 나면 누구를 합회장으로 선출할 것인가를 놓고 큰 고민을 했다.

원륜상 목사는 원동지회를 다녀와 합회 평의원회를 열어, 원동지회에서 결의한 바를 통고하고, 선친이 합회장으로 피선된 것을 알리게 되었다. 지금까지 선교사들만이 연합회장을 역임하였으며 지원 자금(허급액[許給額])으로 한국 사업을 유지하였는데, 앞으로는 지원 자금이 없이 끌어갈 인물이 누구냐는 것이었다. 많은 기도와 심사숙고 끝에, 드디어 선친 최태현 목사를 연합회장으로 뽑게 되었다.

– 한국연합회장

미국인 연합회장은 그 직을, 한국인으로는 처음인 선친에게 인계한 후 본국으로 떠나갔다. 그 당시만 해도 한국 선교사업은 대총회(미국 워싱턴에 있었음)의 지원금(허급액)으로 운영되고 있었다. 그러나 앞으로 전쟁이 발생하면 지원금도 없이 한국 사업을 이끌어 나가야만 하였다.

설상가상으로, 대 일본제국은 한국을 속국으로 여겨 우리 조선 민족을 탄압하고 우리나라 성씨까지 일본 이름으로 고치고는(창씨개명), 조선과 일본은 한 몸이라 하며 노골적으로 탄압을 가하였다. 특히 기독교 탄압은 더욱 가중되었고, 고등계 형사들이 날뛰며 목사들을 검거하고 신사참배를 강요했다. 초비상 시국에 십일조도 끊어지고, 경제 형편은 말할 수 없이 어려웠다. 그 어려운 때(1941년부터 1943년까지)에도 선친께서는 난제들을 지혜롭게 대처해 나가셨고, 2년의 임기를 무사히 마치게 되었다.

1943년 제13회 총회가 열렸고, 신임 연합회장으로 오영섭 목사가 피선되고, 선친께서는 한국연합회 고문으로 추대받으셨다. 1개월 동안 신구 연합회장 인수인계 관계로 바쁜 즈음, 갑자기 종로경찰서 고등계 형사에 의해 연합회 지도자 다섯 분이 구속되는 사태가 벌어졌다. 신임 연합회장이 취임하기도 전에 생긴 변이었다.

때는 1943년 2월 4일이었다. 구속 이유는 소위 위대한 천황폐하 대신 하나님을 섬긴다는 것이었다. 그리고 그들 5명이 검거된 것은 한국 재림교회 최고 책임자 때문이었고, 더 나아가 안식일교의 신조가 일본 제국의 통치 이념에 맞지 않으니, 교회를 자발적으로 해산하게 한 다음 신사참배를 강요하기 위해서였다.

- 구속

　그때 구속된 인사로는 선친 최태현 목사를 비롯하여 오영섭 목사(신임 연합회장), 이성의 목사(신학교장), 김상칠 전임 회계, 박창욱 신임 회계 등이었다. 그때는 아직도 추운 겨울이었다. 갑자기 구속된 다섯 분들의 가족들이 어찌할 바를 모르고 있을 때, 당시 일본 신문 기자로 있던 심정섭 형제(심정섭 장로는 6·25 후 '십자가 갱생원'이라는 고아원을 경영하던 사회 사업가였다)가 이 중대한 사건을 수습하려고 백방으로 힘을 써 주었다.

　한편, 구속된 교회 지도자들은 종로경찰서 고등계 부장 형사와 또 다른 형사들에게 취조받았다. 취조 내용은, 처음에는 미국의 스파이가 아니냐는 것으로 시작해서 교회 재산 문제, 안식일교회의 교리 문제, 그리고 신사참배 문제 등에까지 미치었다. 취조 중에는 심지어 "천황이 높으냐 하나님이 높으냐"는 유치한 내용의 질문을 하며 괴롭혔다.

　그리고 다니엘 2장에 나오는 도표를 걸어 놓고, 열 나라 마지막에 뜬 돌이 우상을 쳐부순다는데, 일본도 망하느냐며 괴롭혔다. 그들이 다니엘 2장의 도표는 어떻게 구했으며 상세한 예언에 관한 정보는 어떻게 알았느냐 하는 의문이 없지 않았는데, 후에 안 일이지만 교회 내 불순분자들에 의해 도표가 형사에게 유출되었다는 것이었다. 간부 목사들이 구속된 지 20일 만에, 심정섭 형제는 아무 죄 없이 종로경찰서에 구속되었으며, 얼마 후에 풀려나왔다. 석방을 도우려 노력하던 분 중에 심 형제와 김영준 형제(김상칠 장로의 맏아들)가 있었다.

　그들은 상의하여 일본 동경에 있는 제칠일안식일예수재림교회 연합회장 오꾸라(小倉) 목사를 모셔 오기로 했고, 이 일을 위하여 김 형제를 특별히 파견하였다. 마침내 오꾸라 연합회장이 조선으로 나오게 되었고, 그는 종로경찰서에 교섭하여 주의 종들에게 사식을 넣도록 하는 데 성공했다. 그리하여 주의 종들을 기쁘게 해주었으나 오꾸라 목사도 이 사건을 해결하지는 못하고 일본으로 돌아갔다.

그 후 일본에서도 핍박이 시작되었다. 오꾸라 목사가 구속되었고 일본교회의 여러 사역자도 구속되는 시련을 겪었다. 또한 김 형제는 일본에서 돌아온 후 경찰서에 구속되어 유치장에서 수십 일 고역을 치러야 했다. 얼마 후 종로경찰서 고등계 주임이 수개월 동안 교계 지도자들을 취조하던 형사를 갈아치우는 바람에 다른 형사가 맡아서 처음부터 다시 취조를 시작하게 되었다.

그 이유는 신사참배와 교회 해산이란 목적을 달성하지 못하게 되자 다시 죄를 씌우기 위해 악질 형사를 배치한 것이었다. 그 후 비밀리에 알아본 결과, 이와 같은 일은 우리 교회 안에 있는 불순분자들과 고등계 형사들의 또 다른 소행임을 알게 되었다. 새로이 취조 책임을 맡은 사람은 사찰계 주임 요시다와 조선 형사 한 사람이었다.

- 고문

이때부터 주의 종들에게 가해지는 고문은 더욱 심해졌으며, 매일 같이 고문은 계속되었다. 수개월 동안 당하는 고통으로, 주의 종들의 모습은 이루 말할 수 없을 정도로 처참하게 변해 갔다. 그중에서도 제일 나이가 많은 선친(55세)은 더욱 초췌하셨다. 수염은 덥수룩하고, 머리는 어깨를 덮었으며, 얼굴은 창백한 채 퉁퉁 부어 있었으며, 군데군데

시퍼렇게 멍든 자국이 선명했다.

선친은 때때로 유치장에서 쓰는 휴지에다 연필로 취조받은 문제들과 옥중 사연들을 깨알같이 써서, 취조실로 가기 전 몰래 떨어뜨려 우리가 그것을 주워 보게 하였다. 그로 인해 우리는 그 어려움이 어떤 것인지를 알았는데 그때 주신 편지가 모두 10여 통이 된다. 취조가 막바지에 이르러, 마지막 취조는 교회를 해산하라는 문서에 도장을 찍으라는 것이다.

주의 종들은 이 문제로 심한 고문을 당하게 되었고, 마지막으로는 총책임자인 선친만을 불러 1주일간 심한 고문을 계속했다. 선친은 삶을 이미 포기하셨다. 자신이 살아 나가지 못할 것을 아셨기 때문이었다. 교회 해산에 도장을 찍는 일은 주를 반역하는 것으로 굳게 믿으셨기 때문에 죽을 각오로 이를 거부하셨다.

선친이 떨어뜨린 유치장 쪽지에 적힌 어떤 편지에는 "옥만 보아라"로 시작하여 그해 3월에는 셋째 딸 옥희(신랑 정진걸), 4월에는 넷째 딸 옥화(신랑 김기방)의 결혼식을 올리기로 하였는데, 연기하지 말고 나 대신 큰아들 네가 잘하라는 내용이 적혀 있었고, 또한 어머니에게는 큰아들과 같이 살라는 부탁의 말씀도 있으셨다.

선친의 마지막 말씀은 이러했다. "나는 취조관의 고문이 점점 더 심해지니 얼마나 더 견딜지 모르겠다. 나는 이미 나의 앞길을 주님께 위탁했다. 너는 어머니를 잘 모시고 어린 동생들을 잘 돌보아라. 그리고 믿음을 굳게 잡으라"라는 내용이었다. 결국 이 말씀이 마지막 유언이 될 줄을 누가 알았으랴. 2남인 승만 형님은 당시 19세의 젊은이였는데, 그는 취조관들의 취조 현장을 실지로 목격하기도 했다.

처음 선친이 갇히셨던 2개월 반은 유치장에 사식도 넣지 못하였다.

그 후 2개월 동안은 사식을 넣을 수가 있어, 가족들은 매일 같이 음식을 해서 경찰서로 가곤 했다. 옷은 겨울옷이어서 여름옷으로 갈아입으시도록 하였다. 그때 하루는 승만 형님이 위험을 무릅쓰고 취조실 바로 옆에 있는 창고 같은 방으로 몰래 숨어 들어가 취조 현장을 엿볼 수가 있었다. 창고 문틈으로 들여다보니 다니엘 2장의 도표가 벽에 걸려 있었고, 취조실 책상 위에는 성경책이 펴 있었다.

다니엘 2장은 우리 제칠일안식일예수재림교인이라면 누구나 모르는 사람이 없을 것이다. 특히 문제가 된 것은 느부갓네살 왕이 꿈에 본 우상에 관한 것이었다. 뜬 돌 장차 이 뜬 돌이 열 발가락, 진흙과 철로 섞인 발을 쳐부순다는 예언이었다. 이 "대 일본 천황폐하가 높으냐 네가 믿는 하나님이 높으냐"하는 질문에 선친께서는 대답하시기를, "천황은 일본 나라를 다스리고, 내가 믿는 하나님은 조물주 하나님으로 온 우주를 다스린다"라고 하셨다.

취조관은 "그럼 네가 믿는 하나님이 더 높단 말이냐?" 하고 다그쳐 물었고, 선친은 "그렇다"라고 짤막하게 대답하셨다. 그 당시 이런 말을 하고는 도저히 살아남기를 바랄 수가 없었다. 따라서 고문은 더욱 심해졌다. 물론 옥중에서 보낸 쪽지를 통해 선친께서는 더 이상 견디어 내시지 못할 것을 가족은 이미 알고 있었다.

승만 형님의 이야기에 의하면, 그때 가장 문제가 되었던 것은 뜬 돌이었다(예수님이 재림하실 때 열 국을 쳐서 부순다는 진리). 뜬 돌이 열 국을 치면 대일본도 망할 것이 아니냐는 것이 주요 내용이었다. 이때 선친께서 일본은 망하지 않는다고 한마디만 하셨다면 그 사람 다음 날이라도 곧 석방이 가능했을 것이다. 그러나 선친은 그리운 아내와 3남 5녀보다 신앙을 끝내 앞세우시며, 뜬 돌은 일본제국도 망하게 한다고 하심으로 고문은 더욱 가혹해져 결국 죽음에 이르게 된 또 하나의 원인이 되었다.

― 교회 해산

또 다른 어려운 문제는 제칠일안식일예수재림교회의 해산을 위해 도장을 찍으라는 것이었다. 선친께서 "나는 한국연합회 최고 책임자로서 죽어도 할 수가 없다"라고 하시자, 성이 난 그들은 더 참을 수가 없어 참대로 만든 몽둥이(일본인이 검도할 때 쓰는 검도 대)로 선친을 무자비하게 구타하였다. 차마 죄 없는 아버지가 당하는 그 모습을 눈 뜨고는 볼 수 없었던 승만 형님의 이야기에 우리 가족은 모두 목 놓아 울었다.

고문은 더욱 잔악무도해졌다. 선친을 의자에 앉힌 다음 얼굴을 뒤로 재치고는 주전자 안에 든 고춧가루 탄 물을 코에 붓기까지 했고, 이에 견디지 못해 기절하시면 찬물을 온몸에 붓고, 깨어나면 유치장으로 끌고 가는 것이었다. 선친도 한 인간으로서 주님을 위해 죽는다고 결심하셨지만 얼마나 고통스러우셨을 것이며, 한 가정의 가장으로 자녀와 아내 문제로 얼마나 고민하셨을까를 가히 짐작하게 된다.

그러나 선친께서는 언제나 주님께 의뢰하며 기도를 드리셨다. 밖에 있는 가족들도 더 이상 육체적 정신적 고통을 이겨 내시지 못할 것을 알았다. 그 이유는 취조 중 11번이나 기절하셨다고 쪽지에서 말씀하셨기 때문이었다. 이러한 상황을 안 모친께서는 온 가족을 모으셨다. "인제 와서 그들에게 항복함으로 주님을 배반하고 교회를 해산하는 일이 있어서는 안 되며, 그럴 바에는 차라리 순교하시는 길밖에 없다"

라는 말씀하셨다.

모친께서는 맏아들 옥만 형님에게 먹글씨로 '참을 인(忍)' 자를 크게 쓰게 하셨고, 차남인 승만 형님에게 주었다. 그는 이를 갖고 모친과 사녀인 옥화와 함께 종로경찰서로 갔다. 역시 이날도 심한 취조와 고문이 있었고, 다시 유치장으로 끌려가시는 길에 가족이 서 있는 곳을 지나셨다. 취조관을 따라가는 선친께, 승만은 재빨리 '참을 인' 자를 펴 보이셨다. 그것을 보시더니 머리를 끄떡이며 알았다는 시늉을 하셨다. 밖에 있는 아내와 어린 자식들이 "아버지 끝까지 참으세요"라고 말한, '참을 인' 자를 가족의 메시지로 받아들이신 것이다.

그 당시 일본은 전쟁에 몰려 정치, 사회적으로 몹시 곤경에 처하게 되었고 민심은 흉흉했다. 제2차 세계대전도 거의 종전으로 가는 때였다. 옥중에 계신 선친에게도 상황은 바뀌어 갔다. 그날은 의외로 새벽부터 취조가 계속되었다. 고등계 형사들은 선친도 인간이므로 이제 이만하면 항복할 줄로 알았다. 그러나 이는 천부당만부당했다. "소망과 썩지 않는 영생을 바라보는 믿음"을 어느 누가 굴복시킬 수 있겠는가!

이날은 매달리고 고춧가루 물을 코에 넣고 들이마시게 하는 고문으로 12번째로 기절하시었다. 이들은 찬물을 끼얹고 법석을 부렸으나, 선친은 끝내 깨어나시지를 못하는 것이 아닌가! 경찰서에서는 혼수상태에 빠진 선친을 경찰서 촉탁 의사인 한 내과 의사에게로 모시라고 했다. 그때 마침 차남 승만 형님과 김상칠 선생의 장남 김영준 씨가 함께 있었으므로 택시로 한 촉탁 의사에게로 모시고 갔다. 진단한 결과 가망이 없다고 판단한 의사는 집으로 모시라고 말하였다.

- 순교

그러나 선친을 그냥 집으로 모시는 것보다 혹시나 해서 경성요양병원(현 삼육서울병원)으로 다시 모시고 갔다. 의사들과 간호사들이 서둘러 치료했으나, 끝내 눈 한번 뜨지 못하고 돌아가셨다. 이때가 바로 1943년 6월 2일 오후 8시였다. 선친께서는 마침내 순교하셨다. 55세의 아까운 나이로 그 바위 같던 굳센 신앙의 삶을 마침내 마치신 것이다. 당시 삼남 희만은 14살로 삼육중학교 2학년에 재학 중이었다. 그는 불쌍하고 참혹하게 돌아가신 선친을 한없이 원망했다. 그의 울부짖음은 "아버지는 바보야. 우선 살고 보아야지. 그렇게 고지식하게 버티다가 죽어 나오시니"라는 것이었다.

하루아침에 아버지의 순교로 가장을 잃어버린 우리는 가련한 가족이 되어 살길이 막막했다. 사랑하던 아내와 8남매가 의지할 기둥을 잃었다. 당시 막내딸 옥련은 12살이었다. 그러나 지금도 감사하는 것은 하나님께서 장렬한 순교자의 가정을 그냥 버리지는 않으신 것이다. 선친께서는 고문에 돌아가셨지만, 살아 계신 우리 하늘 아버지께서 우리 가정의 아버지가 되신 것이다.

죽도록 충성한 종의 가정을 지키신다는 하나님의 허락은 진리이다. 당시 남은 우리 가족이 가장 위로받은 성경 구절들은 다음과 같은 것이었다. "의인이 죽을지라도 마음에 두는 자가 없고 자비한 자들이 취하여 감을 입을지라도… 그는 평안에 들어갔나니 무릇 정로(正路)로 행하는 자는 자기들의 침상에서 편히 쉬느니라"(사 57:1~2). "네가 죽도록 충성하라 그리하면 내가 생명의 면류관을 네게 주리라"(계 2:10).

"소망 없는 다른 이와 같이 슬퍼하지 않게 하려 함이라"(살전 4:13).

"주께서 호령과 천사장의 소리와 하나님의 나팔로 친히 하늘로 좇아 강림하시리니 그리스도 안에서 죽은 자들이 먼저 일어나고"(살전 4:16). 또한 초기문집 18페이지(영문)에 있는 "주를 높이다가 주 안에서 순교한 자들은 구원 얻어서 하늘나라에 가서 입는 흰 세마포 옷자락 밑에는 붉은 줄로 드리워 있다"라고 말씀하신 화잇 부인의 말이었다. 이는 순교한 사람이 입는 옷을 뜻한다. "또 내가 들으니 하늘에서 음성이 나서 가로되 기록하라 자금 이후로 주 안에서 죽는 자들은 복이 있도다 하시매 성령이 가라사대 그러하다 저희 수고를 그치고 쉬리니 이는 저희의 행한 일이 따름이라 하시더라."

— 후기:

하나님의 크신 섭리로 순교자의 가족은 버린 바 되지 않았다. 그 2년 후인 1945년 8월 조국이 해방되자 묶여 있던 우리 교회는 재건되었다. 형님(옥만)은 서울 위생병원 원목으로 교역하게 되었고, 2남 승만 형님과 3남인 나(희만)는 1950년 5월 삼육신학교를 졸업했다. 형님(승만)은 그 후 아버지를 이어 목사가 되어, 목사 2대의 가정이 되었다. 나는 일찍이 유학을 위해 도미, 퍼시픽 유니온 대학(Pacific Union College)과 앤드루스 대학교(Andrews University) 대학원을 졸업했다.

일찍 도미한 것은 마치 하나님께서 요셉을 애굽으로 보내어 흉년 때에 식량을 구하러 왔던 권속을 구한 것과 마찬가지였다. 나는 일찍이 시민권자가 되어 모친 및 7남매 권속을 다 미국으로 이민시켜 주님 안에서 잘 살게 해주었다. 단지 차녀인 옥인만 월남하지 못하고 아직도 이북에서 살고 있다. 가족은 자녀들과 손자까지 합치면 모두 84명에 이르고, 다들 신앙 가운데 착하게 살고 있다. 우리는 모두 순교하신 아버지를 가진 것을 자랑스럽게 생각하며, 머지않아 주님이 오시는 부활의 새 아침에 선친과 모친을 뵈올 것을 기대하며 소망 중에 살아가고 있다.

– 의의:

최태현 목사는 의명학교의 교사로, 북간도 지방의 교회 지도자로 헌신하다 1943년 2월 서울 종로경찰서에 구속되어 교회 해산 등을 거부하자 구타, 전기고문, 고춧가루, 물고문 등 취조 4개월 동안 11번 실신 기절했다.[1] 이런 모습은 일제강점기의 잔인하고 폭압적인 만행을 여실히 보여주는 증거이다.

최 목사는 12번째 모진 악형의 철퇴로 1943년 6월 2일 오전 9시에 졸도한 후 경성요양원(현 삼육서울병원)에 이송 후 순교했다.[2] 삼육대학교 중앙도서관을 최태현 목사 순교 기념관으로 명명하고 있다(1996. 10. 10).[3]

---

1 변은진. "신문 기사를 통해 본 일제 '문화통치기' 고문치사 사건 (1920~1936)," **남도문화연구** 47 (2022), 7-46.

2 이영린, **한국 재림교회사 연구**, 77-78; 유영순, **회고담**, 130-131; 김재신, **북한교회사**, 297-298; 오만규, **백년사**, 1:696-718; 김성준, **한국기독교 순교사** (서울: 기독교문화사, 1993), 136; 김승태, **한국기독교와 신사참배 문제** (서울: 한국기독교역사연구소, 1992), 86; 김인수, **한국 기독교회의 역사**(서울: 장로회신학대학교 출판부, 1998), 520; 남영환, **한국기독교 교단사** (서울: 도서출판 영문, 1995), 286.

3 반상순, **아! 순교자**, 159-291.

가장이자 남편을 여의고 말없이 통곡했던 미망인 이안나 여사의 모습은 민족 고난의 한 단면을 보여준다. 또한 어린 나이에 아버지를 잃고 사회적 편견과 차별 및 가난에 시달려야 했던 8남매의 삶은 필설로 묘사하기 어려울 만큼 어려웠다. 이후 최 목사 온 가족은 신앙의 자유를 위해 모험을 감행하게 된다. 지리산 중산리에 위치한 옛 광덕사 폐허인 고립무원의 장소에서 지리산 공동체를 형성하여 신앙을 지키고 견디다가 해방을 맞았다.

　최 목사 순교 후 남편과 부친을 여읜 유족의 절규와 희생은 우리 모두의 심령을 숙연하게 만든다. 그의 순교는 우리에게 귀중한 가르침이며 신앙의 귀감이 된다. 최 목사의 순교는 한국 재림교회의 신앙과 사명을 더욱 확고히 하는 계기가 되었을 뿐만 아니라, 한국 기독교계의 독립 정신과 순교 열정 그리고 신앙 양심을 후대에 전하는 귀한 유산이다.

인생의 뒤안길에서

김명길[1]

나는 1897년 12월 12일 회기동에서 출생했다. 부친은 한문에 능통했고, 한약방을 경영하시는 한의사였다. 그러나 내가 5세 때에 부친은 작고하셨다. 나의 어머니 역시 이판서(李判書, 조선시대의 행정 업무 관직)의 딸로 한문에 능하였으나 일찍 과부가 되어, 생활의 곤란으로 바느질 품을 팔아서 생계를 이어가시면서 나를 소학교에 보내셨고 또한 어머니께서 직접 나에게 한문을 가르쳐주셨다.

나는 어려서부터 농사 품팔이로 어머니의 생계를 도왔다. 그러나 급작스러운 병환으로 어머님마저 세상을 하직하시게 되자 나는 졸지에 고아가 되었다. 할 수 없이 친척 집에 얹혀살아도 보았으나 학대받고 추방되어 다시 서울로 왔다. 낮에는 노동하고 저녁에는 주막집에서 잤지만, 주막집에서도 환영받지 못하여 오갈 데가 없는 신세가 되었다.

어떤 장로교회 신자가 자기 공장에서 일하라기에 부름을 받고 가서 보니 당장 숙식 문제가 해결되어, 내 생을 거기에 의탁하였다. 일도 착실히 하고 교회에도 잘 출석하니 교회에서는 두루마기를 선물로 주셨

---

1   김명길, "나의 회고록," **선구자의 발자취**, 164-181. 김명길 목사는 일제강점기 특히 교회 해산 후 암흑시대 광야교회의 참 목자였다. 전 중선대회장, 중동대회장 및 중한대회장 등을 역임하는 등 교회를 위해 크게 기여했다.

다. 나는 그것을 하나님께서 주신 선물인 줄로 믿고 감사의 눈물을 흘렸다. 성경을 통독하던 중 안식일이란 말이 있어 주인에게 물으니, 구약 시대에는 안식일을 지켰으나 신약 시대에는 예수 부활하신 날을 안식일 대신 지킨다고 말하였다. 이 문제에 대하여 맘에 늘 궁금하게 생각했었다.

─ 논바닥의 전도지

1912년 9월 어느 날, 들에 소풍 나갔다가 논에 이상스러운 종이가 있는 것을 집어 보니 '일요일과 안식일'에 관한 전도지였다. 자세히 읽어보는 가운데 안식일이 옳은 줄을 알게 되었다. 이때는 회기동에 안식일교회 본부가 시작된 때라, 전도사를 찾아가 안식일 문제를 더 자세히 배우게 되었다. 그 전도사는 나에게 그 공장에서 일하면서 안식일을 지키도록 하라고 권하였다. 주인에게 안식일을 지키겠다고 말하니 주인은 화를 내며 배은망덕한 자라고 하면서 당장 나가라고 하여 쫓겨나게 되었다.

나는 이 딱한 사정을 당하여 안식일교회 선교사 전시열(C. L. Butter-field, 田時說), 오벽(H. A. Oberg, 吾璧), 민이수(Frank Mills, 閔理守) 세 분에게 말하였더니, 서로 의논하고 나에게 잡역을 시키고 품삯으로 40전을 주었다. 15전이면 식대가 되었으니, 약간의 저축도 할 수 있었다. 그 이후로 선교사 가정 안에서 할 일을 주었다.

하루는 오벽 목사가 나를 불러 문서 전도를 해보라고 말했다. 매서(문서 전도)는 교회 출판소의 1910년에 창간된 '세 천사의 기별'(현 서울미래유산, 대한민국 최장수 월간지 시조[時兆]의 전신)[1]이라는 작은 책자를 파는 것이었다. 무료로 주는 잡지를 5전에 파니 파는 돈은 다 내 몫이 되어, 내게는 지갑에 돈이 늘 풍부하였다. 하나님께 감사기도를 늘 드렸다. 책을 전할 때마다 늘 기도드렸다. 그 일은 늘 성공적이었다. 선교사들은 나를 유망하게 보았고, 참 신앙심이 있는 사람으로 보는 모양이었다.

1913년에 전시열 목사에게 침례를 받고, 정식 매서원(문서 전도자) 증명서를 받았다. 그때 1년 구독제(購讀制)가 생겨서 50전(현재 1년 구독료 44,000원)을 1년 대금으로 받아 15전은 본사에 보내고 35전은 매서원 몫이었다. 매서의 전국 책임자는 오벽 목사였고, 중부 지방은 전시열 목사, 김재봉 씨, 남부 지방은 왕아시(Rufus C. Wangerin, 王雅時), 송용수 씨, 동부 지방은 스미스(W. R. Smith, 沈美思), 남상의 씨, 서부 지방은 노설(Dr. R. Russell, 魯雪) 씨 등이 분담하여 장려하였다.

— 문서 전도

나는 처음 장로교회 신자였으나 기이하게도 안식일교회에서 침례를 받았다. 그리고 정식 문서 전도인이 된 후에 기도로 하나님께 도움을 구한 후 매서(문서 전도의 일종) 일을 하였기 때문에 실패가 없었다. 적은 경험을 얻은 후 배낭에 책을 가득히 담아지고 '용인'으로 갔다. 첫 열심과 책임감과 전도 열성에 복음이 기재된 책을 널리 전하였다. 장

---

1   **시조사 출판 100년** (시조사, 2011), 11.

로교회에 열심히 나가는 민영선 씨란 분을 만났다. 그는 성경을 읽는 중에 안식일을 깨달았으나, 안식일 지키는 곳이 없어 장로교회에 나가는 중이었다.

우리는 낮에는 문서 전도하고 밤에는 그 집에서 성경 공부를 하였다. 서울 교회 본부(현 회기동 본부교회)와 지방 목사에게 연락하여 용인에 교회를 세우게 하였다. 다음 군(郡)은 이천과 여주였다. 용인에서는 책 파는 데, 또 교회 세우는 데 용기를 얻었다. 이천 장날 장꾼들에게 한 권씩 팔고 있는데, 한 장로교인이 "세 천사의 기별이 무엇이냐?"고 묻기에 잘 설명하였더니 자기도 연구하여 보았다고 하였다.

그 마음에 진리가 얼마만큼 이해되었으리라 믿는다. 여주에 가서 길거리에서, 가정에서 한 권씩 책을 팔고 있는데 한 장로교회에서 나온 사람이 와서 "이 지방은 장로교회 구역이라 안식일교인이 와서 전도할 구역이 아니라" 하기에 "복음 전하는 데 경계선이 있을 수 없다"라고 반박하였더니 떠나고 말았다.

일을 다 마치고 여인숙에 왔더니, 헌병대에서 호출이 왔다. 호출받고 헌병대에 갔더니 "왜 책을 억지로 파느냐"고 하기에, "누가 그러더냐?"라고 했더니 장로교회 사람이 말하더라고 하였다. 어제 일을 이야기하였더니 나가서 잘 팔라고 하여 여주에서도 큰 재미를 보고, 다음은 경기도 광주로 떠났다. 광주에 와서는 문서 전도에 또 다른 생각이 떠올랐다.

광주군의 어른인 군수에게 먼저 팔고 부하 직원 순으로 팔 생각이 들었다. 그대로 하였더니 면장, 동장 순서로 잘 되었다. 광지원에 와서 박규익 씨를 만났다. 그는 안식일의 진리를 알기는 하였으나 확실한 지식이 없이 우왕좌왕하던 차에, 내가 장로교회에서 안식일교회로 개종한 이야기를 듣고 우선 그는 가정 안식일학교(주일학교)를 시작하였다.

－ 충청도, 강원도 복음 전파

본부에 있는 출판부장은 충남 아산 출신 김재봉 씨였다. 그의 인도 하에 아산과 신창에서 많이 전하고 재미를 보았다. 그다음 군으로 예산에서 세 천사의 기별을 전하니, 이곳도 우리 기별을 받는 것이 처음이었다. 이곳은 부호의 가정들이고 행세하는 양반들이 사는 곳이라 복음 전하기가 비교적 어려웠다. 가난한 층 사람에게 전하기가 비교적 쉬웠고 성과도 좋았다.

일단 서울에 와서 다시 구역 배정을 받았는데, 괴산, 보은, 청주에 세 천사의 기별을 전하기 위하여 출발하였다. 청주에서는 다른 곳에서 얻은 경험을 살려 일 년치 구독료도 많이 받고 단행본도 많이 팔았다. 특히 호기심을 가지고 온 장로교인에게 '세 천사의 기별'에 대하여 성경을 대조하여 가르친 결과는 언젠가 나타나리라고 믿었다. 다음에 괴산군에서는 불교 지역이라 예수교에 반대하는 마음이 강해 책을 많이 받지 않았다.

다시 보은군에 갔다. 여기는 책을 받고 대추를 주어서, 그것을 서울까지 지고 와서 처분하니 대추를 좋아하여 인기가 더 좋았다. 춘천은 강원도의 큰 도시로 세 천사의 기별을 잘 받았다. 특히 많은 청년이 "세 천사의 기별"을 받았고, 춘천에서 20리 떨어진 곳에 남상근 씨가 사는데, 그 집에서 가정 안식일학교를 조직하고 상부에 연락해 주었다. 이렇게 재미를 보고 성과를 얻는 중에 2년이 지났다. 하나님께서 나를 연단의 불 한가운데로 부르시고 연단시키셔서 안식일교회에서 양육의 길을 열어 주셨다.

1914년 3월 어느 날, 전시열 목사가 나를 불러 이르시기를 "매서도 좋은 일이나 너는 공부를 더 하는 것이 좋겠다"라고 하시며, "순안까지 600리가 되니 책을 팔면서 공부할 마음이 없느냐"기에, 어찌나 기뻤던지 곧 응낙하고 떠났다. 서울서 매서(문서 전도)할 책을 한 짐 지고 수색, 파주, 장단을 돌며 책을 팔았으며, 개성에 들러 인삼 회사마다 찾아가 일 년 치를 팔았다. 처음으로 큰 재미를 보았다.

다음은 평안남도 금천(현재 맹산군), 황해도 신막, 사리원에 도착하여 역시 책을 팔았다. 하숙집 주인이 장로교 교인으로 안식일 문제를 가르치니 감명 깊게 들었다. 여기는 안식일교회가 있어 안식일에 찾아갔더니, 정문국 목사가 출타하였으므로 설교 시간에 내가 개종담을 말하였다. 여기를 떠나 황해도 황주와 흑교리를 거쳐 평양에 이르렀다. 여기서도 큰 재미를 보고 순안까지 걸어왔다. 결국 서울서 순안까지 600리를 걸어서 도착하였다. 여기서 지정된 기숙사 방에 누우니 근 20년 만에 천국 문 안에 있는 느낌이었다.

— 학창 생활

모든 학생을 기숙사에 수용하였고, 아버지 사감은 김봉걸 선생님이었다. 이분은 어찌나 자비스럽고 온화한지 모든 학생이 감화받았다. 뒷산 석박산은 새벽부터 학생들의 기도 소리가 끊이지 않았다. 오전 8시에 학교가 상학(공부를 시작)하고, 오후 1시에 노동이 시작되고 5시에 필하고, 6시 30분에 저녁 식사, 7시 30분에 예배, 10시에 취침, 이런 규칙적인 생활 4년간 계속하는 것이다.

여름 방학 동안에 많은 학생은 고향 집으로 돌아갈 생각들이나, 나는 다시 책 파는 계획을 세웠다. 서선 지방 권사가 나의 경험담을 채택하여 학생 문서 전도 제도를 장려하여, 그 해부터 학생 문서 전도 제도가 생겼다. 첫 여름에 압록강 지역의 운산, 북진 금광에 가서 며칠 동안에 1년 구독자 60명을 얻은 것이 시조사에 큰 센세이션을 일으켰다.

다음 겨울에 이북 황해북도의 황주에서 방학 동안 문서 전도를 하는 동안 제과상 김진제 씨를 만나 안식일 문제를 가르쳐, 그가 안식일 교인이 되고 황주에 큰 교회가 생겼다. 재학 기간에 네 차례의 여름 방학과 겨울방학을 전부 문서 전도로 보냈고, 많은 재미와 큰 결과를 보았다. 그중에 이명준 씨와 함께 해주에 문서 전도하며 집집 방문하여 김선익 씨란 부인을 만나 믿음을 굳게 해준 일은 잊을 수 없는 경험이다. 의명학교를 마친 후 사역에 나갈 희망이 보이지 않아, 계속 문서 전도 사업으로 평생을 보내자고 생각하였다.

– 교육 사업에 초청됨

두메산골 황해도 서흥군 동부면 천곡리에 사는 두 가정 식구가 자녀 교육을 위하여 염려하던 중, 믿음 있고 문서 전도에 성공한다는 소식을 듣고 나에게 초청 편지를 냈다. 호기심과 막연한 기대를 하고 가보았다. 저들이 나를 보고 소학교를 열어 달라는 것이다. 저들과 그곳 사정을 보아 해보겠다고 결심을 표시하였다. 두 가정 식구 대표들을 대동하고 주재소, 면사무소를 방문하고 교육 사업을 시작할 뜻을 보이니, 저들은 대찬성이고 즉시 서류를 군수에게 올려 사숙 허가를 받아주었다. 학생을 모집하니 40여 명이 모였다.

안식일에는 50여 명이 모였고 연금과 십일조도 거두어 순안으로 보냈다. 밤에는 가정을 방문하여 가르친 결과 면과 주재소(파출소)에서는 문맹 퇴치의 공으로 나에게 표창하였다. 교회에는 청장년 20명, 부녀자 40명이 모였다. 이때 전라남도 무안군 청계면 복룡리에서 초청 편지가 왔다. 이곳을 떠나는 것이 미안하지만 떠났다.

내가 5월에 무안에 도착하여 교회 당국자들과 면사무소 면장과 주재소장에게 교육 기관을 세울 것을 건의한즉 즉시 수속하여 주어서 인가가 나오고, 대회에서도 미선 학교(선교학교)로 인준하여 주었다. 대회에서 나를 경상북도 의성군 시신동 학교로 전근을 명하였다. 밤낮 쉬지 않고 교사 일과 가정 방문 일을 열심히 하여 교회가 튼튼하게 되매, 대회에서 제주도로 전근을 명하여 사계리에서 교육 사업에 전력하였다. 여기서 얻은 학생은 임민호 군으로, 순안 의명학교를 졸업하고 충남 보령서 교사로 일했다. 이 시기에 합회 행정위원회에서, 전국 사역자 중에서 목회 사업에 나갈 만한 인물 21명을 택하는데 나도 추천되었다. 학비는 교비생으로 매월 30원의 급료를 주어 무난히 학업을 마치게 되었다. 1928년 9월에 신학년이 시작되었다.

─ 신학교 생활

신학 동창 21명이 일제히 등교하니 교수진은 이시화 목사 부부, 이희만(Howard M. Lee) 교장, 여배열(J. E. Riffel) 씨였다. 매일의 일과는 오전 8시에 시작하여 채플 시간, 8시 30분부터 12시까지 강의가 있었다. 오후 1시부터 5시까지는 주임 교수가 교수 강목과 교과서를 준비하는데, 학생들이 협력하여 프린트와 제본을 해서 배분하였다. 이 당시에 출판한 서적들이 한국의 신학계에서 사용되는 서적의 중심이 되었다.

나는 오후에 있는 여자 신학부의 강의를 맡았다. 여름 방학에는 역시 문전 사업에 모두 참여하였다. 제 2년에는 매 목요일 저녁에 전도법 실습을 하였고, 안식일에는 순안을 중심으로 근교에 나가서 교회를 도와 설교를 맡았다. 여름 방학에는 도시에 나가 천막을 치고 전도회를 열었다. 나는 반주를 맡았고 팀의 대장은 김봉덕 씨였다.

졸업하고 각 대회가 인선하여 배치하는데, 나는 중한대회의 강원도 고성 전도사로 임명되었다. 고성은 교회가 설립된 지 여러 해 되었으나 교인들의 영적 영양 부족과 교인들 서로 간의 이해 부족으로 차츰 약하게 되어 가고 있었다. 내가 가서 모든 단점을 시정하고 보강하였더니 사역자 트집을 잡는 습관이 있던 분이 이 사역자는 이동시키지 말 것을 진정하는 등 변화가 생겼다.

– 뜨거운 전도

강원도 고성을 중심으로 하여 가정 집회를 자주 방문하여 목양하였더니 가정 집회소가 생기를 얻고 부흥하였다. 고성에서 200리 떨어진 인제에 사는 김종순 양은 다른 네 명과 같이 침례를 받고 후에 시조사에서 일하는 조광걸 씨와 결혼하고 후에 미국으로 이민하였다. 그의 아들 중 한 분은 교육학 박사가 되어 삼육대학에서 가르치고 있다. 고성서 2년 6개월 일하고 철원 개척지로 전근되었다.

철원은 가정 집회로 시작하였으나 윤치승 씨가 개종하고 민태호란 분이 감리교회에서 개종하였다. 이때 감리교회의 감리사가 나를 찾아와 위의 두 사람을 꾀어 갔다고 시비를 걸어왔을 때, 나는 용기를 내어 당신도 진리대로 살려면 안식일교회로 나오라고 하였더니 떠나고 말았다. 민재호 씨 가정은 불신자 가정이었으나 성경 공부를 한 후 민기로 결심하고 침례받고 그 아들 영제 씨를 김화교회 처녀에게 중매하여 결혼시켰다.

그는 서울 대방동 보육원 원장과 고아원 병원 원장이 되었다. 장학구 씨 가족도 개종하여 철원교회는 50명의 장년이 모이는 큰 교회가되었다. 마방리의 이국제 씨 가족, 대흥리의 변석운 씨와 변석우 씨 가족, 평강의 강홍빈 씨의 가족이 개종하여 큰 집회를 이루었다. 강원도에 와서 4년 넘게 활동하고 충청남도로 발령되어 강원도를 떠났다. 이때는 일본정치의 말기가 되어 교회 탄압이 심하던 때였다.

강원도에서 충청남도 예산군 광시로 갈 때는 일제가 기독교를 심히 탄압하던 때라, 당시 보령경찰서에서는 우리 교인들을 잡아다가 취조하면서 예수 믿지 않겠다고 경위서를 쓰게 하며 강제로 탈교시켰다.

내가 그 소식을 듣고 경찰서에 찾아가, 탈교 문제는 총독부 명의 없이는 할 수 없다고 강경히 항의하여 다시 예배를 보게 되었다. 조금 후에 기독교 연합회에 가입하라고 하며 신자들을 위협하기 위해 나를 유치장에 가두었으나 곧 풀려나왔다.

대회에서는 나를 개성으로 보냈다. 1941년 초 미·일 정치 관계가 험악하여지면서 선교사들은 한국을 떠나고, 한국연합회 회장도 선교사 원륜상 목사 대신에 최태현 목사가 취임하였다. 대총회에서 받던 지원금액이 끊어지니 졸지에 사역자 감원 문제가 생기게 되었다.

1941년 4월 4일부터 10일까지 중한대회장 정동심 목사, 사역자 및 평신도 대표 2명을 포함한 8명이 충남 청양군의 화강리 교회에서 신앙부흥회를 하다가 일경에 검거되어 정 목사는 3심 후 6개월 형을 받고 다른 피검인들은 100일 만에 석방된 일이 있었다. 1941년 11월에 임시총회를 열고, 시국 수습책으로 나, 김명길, 오영섭, 이덕부 세 사람을 목사로 안수하면서 "이 어려운 시국에 주의 사업을 위하여 죽도록 충성하겠는가?"하고 손을 들어 서약하게 하므로, 내가 손을 들었더니 내게 안수를 해주었다.

– 최태현 목사 순교와 교회 해산

한국연합회장 최태현 목사는 1943년 1월 11일~13일, 제13회 총회를 열고 연합회 임원을 선출하였다. 새 연합회장 오영섭, 서기 겸 회계 박창욱, 부 연합회장 이성의, 고문 최태현 등을 선거한 지 며칠이 지난 1943년 2월 4일, 종로경찰서에서 신구연합회 임원인 오영섭, 박창욱, 이성의, 최태현, 김상칠 등 5인을 구속해 가고 연일 고문, 취조하는데 제칠일안식일예수재림교의 이름 자체가 일본제국의 이념에 용납될 수 없다고 구실을 붙였다. 그리고 예수가 재림하면 일본제국이 멸망할 것이 아니냐고 물었다.

대 일본제국은 멸망할 수 없으니 이런 교리를 가진 재림교회는 해산하라고 날마다 고문하는 것이었다. 최태현 목사는 11차 고문을 받았는데 마지막에는 코에 물을 부어 그만 물이 폐에 들어가서 순교하게 되었다. 이렇게 최태현 목사는 장렬하게 진리를 위하여 순교하게 되었다. 같이 구금되어 있던 4분에게도 극심한 고문을 가했으므로, 일제의 압력에 견디지 못하여 교회 해산서에 서명하고 말았다.

최태현 목사의 순교 후에, 김예준 목사가 추가로 구속되어 5명이 교회를 해산하겠다는 서명을 하고 풀려나와 합회장의 이름으로 교회 해산성명서를 각 교회에 보냈다. 공문 내용은 예수 믿지 말고, 일본의 고유 종교인 신토(神道)의 최고신인 아마데라스 오미카미(天照大御神)를 위하고 천황 덴노헤이까(天皇陛下)를 섬기라는 것이었다. 이 공문이 각 교회에 전달되자, 각 교회에서는 방성대곡하며 지도자들을 원망하였다. 1943년 12월 28일에 제칠일안식일예수재림교회가 해산되고, 29일에는 성결교회도 해산되었다.

- 광야교회

일제가 교회를 해산하고 공적으로 예배를 볼 수 없었을 때, 신자들은 가정이나, 산 등에서 비밀리 예배를 드렸다. 나는 간판 없는 교회를 어떻게 이끌어 갈까, 하는 걱정이 태산 같았다. 일본 정치가 교회의 명칭을 빼앗을 수 있을지 몰라도 신앙심만은 빼앗지 못할 것이라는 신념으로 교회를 찾아다니며 뒷수습하려고 마음먹었다. 그러나 당장 생계유지가 문제 되어 망설이게 되었다. 그래서 우리 교회 해산과 공동 운명을 가진 성결교회의 오소천(吳小泉) 목사를 찾아갔다. 그는 말총(말의 목이나 꼬리털)으로 핸드백을 만드는 공장을 가졌으나 제품을 팔러 다닐 사람이 없었다며 나를 보고 어쩔 줄을 몰라 했다.

나는 낮에는 핸드백 행상인으로, 밤에는 목사로서 중세의 종교 암흑시대에 스위스의 알프스 깊은 산 중에서 신앙을 지켰던 왈덴스의 선교 방법을 따르려고 생각하였다. 핸드백을 한 짐 잔뜩 얻어 화물로 부치고 가방에는 견본 몇 개와 성경을 넣고 행상 길에 올랐다. 판매액에 중점을 두지 않고, 교인 방문에 더 큰 비중을 두고 골고루 다녔다.

우리 교회의 발상지인 진남포, 평양, 사리원, 해주, 원산, 함흥 등지는 북한 구역의 교회이고; 대구, 안동, 부산, 진주, 마산, 김천, 삼천포, 광주, 목포, 나주, 전주, 군산, 이리 등 이남의 경상도와 전라도 남부 지방; 대전, 청주, 조치원, 천안, 강릉, 원주, 춘천 등 중부 지방의 큰 도시에서는 핸드백을 기차로 화물로 보내고 큰 백화점에서 팔았다.

밤에는 은밀히 교인들을 찾아가 집회를 열었는데, 그곳들은 개성, 왕십리, 가평, 지리산, 광천, 화강리, 홍성, 횡성, 강릉, 묵호, 삼척, 안동, 삼양동, 나주, 목포, 태탄, 모감, 해주, 운북리, 입석리, 구릉리, 평양, 순안, 개천, 성천, 장매리, 석대산 등이었다.

낮에도 예배를 보았는데 예배당에서는 집회를 하지 못하고 부인들은 광주리에 성경과 찬미를 담고 칼을 들어 보이며 나물 캐러 가는 모습으로 산중으로 들어갔고, 남자는 지게를 지고 나무하러 가는 차림으로 산속에 와서 예배를 보고는 해 질 무렵에 내려갔다. 부인들은 광주리에 산채 잎, 풀잎으로 채우고, 남자들은 나무꾼 행세로 해 질 무렵에 내려왔다.

도시에서는 친구 집에 놀러 가는 체하며 안식일에 집회하였고, 침례받을 사람이 있을 때는 밤에 침례식을 행하였는데, 침례 낭독문을 목사가 암송하는 것을 수침자가 받아 읽고, 찬미 없이 물에 들어가서 예식을 행하였다. 그때마다 성만찬 예식을 거행하였는데, 건포도를 이용하여 예식을 신성하게 정중히 행하였다.

이 시기 동안 경기도 가평군 북면 적목리에 적목리 공동체를 방문하여 성경 공부나 사경회를 인도했다. 1945년 6월 14일 안식일에는 비밀리에 묵호 앞 바다에서 삼척지구 신자들과 연합으로 15명의 침례식을 거행하였다. 그날은 온종일 안개가 낀 날씨여서 침례식도 예배도 안심하고 드렸다. 비밀리에 침례 베푼 자는 전국에서 153명이었다.

— 8·15광복과 교회 재건

히로시마와 나가사키에 원자탄이 투하되고 일본 천황이 연합국 측에 항복을 선언하자, 우리나라는 해방이 되었다. 때는 1945년 8월 15일, 우리 교인들은 물론 전국이 설움과 분노가 폭발하여 거리는 노소를 막론하고 만세를 고창하고 축제의 기분으로 즐겁게 뛰놀았다. 이때 재림 신도들은 한층 더 무거운 책임감, 곧 안식일교회의 복구에 대한 책임감을 더욱 느꼈다.

그리하여 10월 18일부터 1주일간 신도대회를 소집하고 해산당할 때

당한 슬픔을 위로하고 싸매 주고 재건하고 복귀할 의논과 계획을 세웠다. 공석인 연합회 임원부터 먼저 선거하고 질서를 찾기로 하여, 합회장 임성원 목사, 동 서기 겸 회계 오석영, 각부 부장 이여식, 시조사 총무 송용환 씨로 임시 정하고, 다른 사역자 초빙은 예산에 따라 재등용하기로 하였다.

나는 영남지방에 가도록 선택되어 대구, 의성, 안동, 진구, 통영, 마산, 삼천포 등 주로 큰 교회를 방문하고 신자를 굳세게 하였다. 그리고 서선 지방에 있는 장매리 교회에서 지도자 수양회, 곧 단기 신학교를 열고 그동안 없었던 영적 부흥을 일으켰다. 그때 수양을 받은 지도자들은 일제히 각 교회로 가서 부흥 사경회를 열어, 교회에 새 활력을 주었다.

서선에 있는 교회 지도자들이 연금과 십일조를 내 편에 부쳤는데, 개성으로 들어가는 도중에 소련군에게 발각되어 연금 전부를 빼앗겼다. 총으로 호되게 얻어맞고 빈 몸으로 빠져 개성에 돌아왔다. 대총회에서 전시(戰時)에 겪은 한국의 실정을 살피기 위하여 원륜상 목사를 파견하였다. 그가 전시에 당한 나의 실정을 살피고, 내게 대전에 주재하면서 영남지방의 교회들과 호남 지방의 교회들을 돌보도록 지시하고 미국으로 돌아갔다. 1947년에 원륜상 목사(언더우드[Horace G. Underwood]와 함께 미 군정청 고문관)[1]가 한국연합회장으로 부임하면서 한국을 세 대회로 나누고, 북선대회를 임성원 목사, 남선대회(영남과 호남지역 교회 연합조직)를 정동심 목사, 그리고 중선대회를 나에게 맡겼다.

---

1 언더우드(Horace G. Underwood, 원두우, 연희전문학교[연세대학교 전신] 설립자)도 미 군정청 고문관이었다. 이영린, **한국 재림교회사 연구**, 67-70; 유영순, **회고담**, 104-105; 오만규, **백년사**, 1:629-656.

– 중선대회장 피선

교회가 해산당하고 사역자들은 모두 흩어진 때라, 광막한 지역의 묵은 밭을 개간하고 복음의 씨를 뿌리러 나갈 자를 찾기가 어려웠다. 과거 몇 해 동안 믿음의 시련기에 용기 있게 복음 전도에 참여하여 성공하고 하나님께 충성한 자를 골라 전도 사업에 가입시키기로 마음에 결심하고, 인물 중심이 아닌 사업 중심과 신앙 중심으로 인선에 착수하였다.

비상시국에 숨은 공로자요 활동가인 반내현 씨와 신태식 씨(후일 적목리 공동체의 두 창시자 및 지도자)에게 소명장을 냈고, 김창주, 정성철, 이해성, 이면득 목사를 불러 채용했고, 얼마 후에 박창용, 이덕필, 김명기, 지대성, 최벽송, 최승만, 최추집, 방선일, 김왕목 등을 목회부에 채용했고, 이경일, 노원호, 한기종, 김난경, 김종화, 김창수, 정태중, 우신기, 정규화 씨 등을 교육부에 채용했다. 위의 피택된 사역자들은 과거 수년 동안 어려움을 겪어 본 신앙인들이라 죽을 각오로 헌신할 수 있었다. 대명(大命)을 받고 인선 절차를 마친 후 실제 사업에 착수하였다. 사방에서 도움을 요청하는 소리가 끊임없이 들려 와서, 사무실에 앉아 있을 틈이 없었다.

– 의의:

김명길 목사는 교회 해산 시기의 어두운 밤하늘의 별처럼 전국 각지의 교인들을 찾아 믿음을 격려하고 교회를 세웠다. 자기 재산을 정리하고, 낮에는 여성 핸드백 행상인으로 변장하여 50여 북한 지역과 이남의 대도시들과 각처의 신자들을 은밀히 찾아다니며 성경을 교수했다. 기차를 타고, 걸으며 각종 심문과 감시를 극복했다. 일제의 어떤 위협과 압박에도 그것을 돌파하고 뛰어넘는 용기와 담력으로 교회를 위해 헌신했다. 초인적인 인간성의 모습으로 보인다.

예배당 집회가 금지되자, 삼엄한 감시망을 피해 산중에서 집회했다. 부인들은 성경과 찬미가를 광주리에 담고 나물 캐러 가는 척, 남자들은 지게를 지고 나무하러 가는 시늉으로 산중 예배를 드리고, 해 질 무렵에 집으로 돌아왔다. 도시에서는 안식일에 친구 집에 놀러 가는 척 집회하고, 특히 침례식은 밤에만 진행되었다.

목사가 암송하는 침례 낭독문을 수침자가 따라 고백하고 찬미 없이 물에 들어가서 예식을 행하였다. 가평 적목리 공동체를 찾아와서 성경을 교수하고 침례를 베풀기도 했다. 이북과 이남, 경향 각지를 다니며 교역에 헌신한 모습은 거의 전설적 모델로 보인다. 각양각색의 사람을 만나 문서 전도로 삶을 새롭게 열어가는 그 열정, 확신, 불굴의 의지는 가히 상상을 초월하는 신앙 위인의 모습이다.

김봉락 청년이 적목리로 피신한 후, 남겨진 그의 가족들은 일제로부터 극심한 수색과 협박을 받았다. 일제는 김봉락을 체포하기 위해 그의 가족들을 괴롭히고 협박했다. 심지어 죽음 직전의 극한 상황으로 몰아넣고 아들의 행방을 알아내려 했다. 김 목사가 적목리를 방문하고, 김봉락 청년의 안부를 거장리 그의 가족들에게 전한 사실은 대단히 감동적이다(참고: 김형락, "형님 김봉락 장로에 대한 회상").

김 목사는 묵호와 삼척지역을 방문하고, 새로 진리를 받아들이고 침례받기를 원하는 많은 신자에게 묵호 앞바다에서 밤중 침례식을 거행했다. 전대미문의 비상 상황에서, 김명길 목사의 수기는 한 인간이 보여준 초인적 용기와 담력, 그리고 신앙의 위대함을 생생하게 보여준다. 이는 안일과 나태에 빠지기 쉬운 인간성의 한계에 대한 경종을 울림과 동시에 종교자유의 소중함을 일깨워 주는 기록이다. 잔혹한 고문과 탄압 속에서도 흔들리지 않고 신앙을 지킨 김 목사의 모습은 우리에게 감동과 용기를 선사하며, 새로운 날을 향한 큰 울림으로 다가온다.[1]

---

1   김명길 목사의 경험담을 다룬 본 수기 외에도, 장남 김홍식 교수(삼육대학 전 교수)가 쓴 수기가 있다. 참고: 김홍식, "나의 아버지 김명길 목사," **빛의 증언들**, 142-148.

나의 갈 길 다 가도록

유영순[1]

나는 1899년 10월 8일에 평안북도 의주에서 태어났다. 어렸을 때는 부친께서 의주 남문 안에서 포목 잡화상을 하셨으므로 꽤 넉넉하게 생활했다. 그런데 내가 8, 9세쯤 되었을 때, 아버지께서 어떤 친구의 보증을 서 주셨다. 그 친구는 사업에 실패했고, 아버지는 그 빚을 떠안게 되었다. 이로 인해 집안은 망하게 되었고, 우리의 생활은 급격히 어려워지게 되었다.

남문 안에 살던 우리는 집을 옮겨 동문 밖 변두리의 작은 집으로 이사했다. 성 내에 살던 때에는 한문 글방에도 한 3년 다녔으나, 그 후 의주 공립보통학교가 새로 설립되면서 강제 입학을 당하여 4년간 공부하고 졸업하였다. 가정 형편으로는 돈벌이해야 할 처지이지만 나이가 어리므로, 당시 새로 설립되는 2년제의 농업학교에 입학하여 공부를 계속하였다. 내가 보통학교 2학년 때 부친께서는 당시 신금산(新金山)이라 일컫는 곳으로 인삼 장사로 떠나셨다.

처음 몇 해는 편지가 자주 왔다. 그러나 한 3, 4년 후부터는 소식이

---

1   유영순, "나의 자서전," **선구자의 발자취**, 240-259. 유영순 목사는 시조사 전 편집국장을 역임했다.

뚝 끊어지고 말았다. 혹시나 하여 그곳에 내왕하는 사람들에게 물어 보았으나 알 길이 없었다. 그런데 후일 알고 보니 신금산은 오늘날 싱가포르(Singapore) 말레이시아(Malaysia)를 중심으로 한 남양(南洋)의 "자바(Java)" 등지의 화교 부자들이 많이 사는 지방을 가리키는 말이었다. 그러다 보니 내 모친께서 하셨던 바느질 품삯으로 근근이 생명을 유지하며 우리 삼 형제를 키우셨다.

─ 시조사 입사

마침 우리 교회가 이웃에 들어오게 되었고 그때부터 나는 교회에 나가서 안식일을 지키게 되었으며, 정기창 전도사의 권유로 순안 의명학교에 입학하여 공부하게 되었다. 1913년 가을에 믿기 시작하고 1914년 봄에 순안 의명학교 2학년에 편입되어 1917년 봄에 졸업하고 그해 7월에 **시조** 월보사에 입사했다.

처음에는 **교회지남** 원고 정리하는 일을 하였는데, 편집인 사엄태(Mimi T. Scharffenberg, 史嚴泰) 양의 지도를 받아 가며 박영탁 씨와 같이 일했다. 그때 사엄태 양은 "**고대사화**"(1919, 현 **부조와 선지자**)를 번역하던 중이었는데, 악성 이질에 걸려 병상에 있으면서도 그 책을 다 번역하고 나서 미국으로 돌아갔다.[1] 그런데 그 번역이 잘 되었는지 여부

---

1 사엄태 양은 1907년 1월 10일에 한국에 와서 1919년 12월 미국에서 영면하기까지, 10여 년간 한국 선교를 위해 크게 이바지했다. 미국 고향에서 처음 심방 차 나갔다가 늦게 돌아와 잠을 자는데 꿈에서 흰옷 입은 많은 사람이 강 저편에서 두 팔을 벌리며 와서 도와 달라는 마케도니아(Macedonia) 부르심을 받았다. 그녀는 23세의 처녀였지만 한국 재림교회의 첫 여선교사로 한국에 왔다. 순안 의명학교 교사, 각부 주임 및 시조사의 편집인

를 검열하는 일을, 한국말이 충분치 못한 전시열 목사 부인과 김연묵 씨가 하였는데, 김연묵 씨가 나의 일과 바꾸자고 하여 내가 그 일을 좀 하면서 "**고대사화**"라는 책 이름도 붙이게 되고 "**고대사화**"라는 표지 글씨도 써넣었다.

– 독립운동[1]

1919년 봄에 왕대아 여사가 남편의 뒤를 이어 선교사업을 계속하겠다고 다시 내한하자, 연합회에서는 그에게 안식일학교부 일과 의용선교회부 일을 맡겼는데, 그 보조자로는 내가 피선되어 편집부 일을 그만두고 왕대아 여사와 협력하게 되었다. 그리하여 열심히 계획하고 노력한 결과 그 두 사업은 다 비상한 발전을 보았다. 그런데 나는 왕 부인과 같이 일하는 동안 몇 가지 큰 사건에 당면하게 되었다. 첫째로는 독립운동에 참여한 일이요, 다음은 "학우회보" 사건이다. 그때 나는 청진동 교회 안식일학교 교장의 직분을 맡아서 매 안식일에 전차로 내

역할을 했다. 이질로 병약하여 귀국하여 치료받았지만, 최후를 맞았고, 미국 워싱턴 D.C. 백악관 근처의 Church Courtyard 묘지에서 영면하고 있다. 사엄태 선교사는 **고대사화** (현 **부조와 선지자**, 1919)를 한국어로 처음 번역하고, **예수 오실 징조**(1913), **다니엘 석의** (1913), **거룩한 성으로 가는 로정**(1914), **세계적 대전쟁**(A. G. Daniels 공저, 1918) 등을 저술했다. **시조사 출판 100년**, 61; 유영순, 회고담, 57-58; 이영린, **한국 재림교회사 연구**, 51; *Review and Herald* (December 6, 1906), 32; Wangerin, "Pioneer SDA Missionaries," 5-6; Chigemezi Nnadozie Wogu, "Scharffenberg, Mimi (1883-1919)," ***ESDA***.

1   1920년 상해 임시정부의 안창호에 의한 대한독립운동 일주년 기념 경고문 사건이 있었다. 그것의 주역인 시조사의 4인(권학규, 유진상, 김선문, 김원제)의 독립운동 관련 연구는 한국 재림교회 독립운동사 연구가인 김홍주 목사에 의해 규명되었다. 김홍주, **재림교회 믿음의 선열들의 민족정신의 맥을 찾아서**, 159-168.

왕했고, 김원제 씨는 시내의 친구들을 방문하기 위하여 자주 청진동 교회에 출석했다.[1]

그해 봄에 3·1 독립운동이 일어났고, 우리 민족은 너나없이 모두 마음이 다 들떠 있었다. 나와 김원제 씨는 시내 출입을 하면서 이동욱(李東旭)이란 감리교회의 씩씩한 청년과 알게 되고, 그를 통하여 비밀 정보도 들을 수 있었으므로 자주 그를 방문하였는데, 그는 적극적인 독립운동자라 자연 의기가 투합되어 독립운동 일부를 돕게 되었다. 그리하여 그가 독립운동을 선동하는 격문의 원고를 내게 주면, 나는 그것을 우리 사무실에서 복사하여 수백 매씩 인쇄하여 공급했는데, 그는 그것을 학생들을 통하여 시중에 배포하였다. 그리하기를 3, 4차례 하였다.

그해 여름에, 같은 동리에 사는 고윤원(高允源) 씨가 말하기를, 옛날 의병대장으로 이름이 높던 김규식(金奎植) 씨가 지금 만주로 가서 독립군을 양성하여 국내로 투입할 계획인데, 국내에서는 독립군 환영단을 조직하여 내외 협동하여 활동하자고 하였다. 그래서 그의 주선으로 김규식 씨를 만나보았는데, 그는 참으로 기골이 장대한 것이 외모부터가 대장감이었다. 우리는 즐겨 환영단을 조직하여 후원하기로 하였다. 그때 이웃에 사는 김선문 씨는 일시 순안 의명학교에도 다녔던 사람

---

1 김원제(金轅濟) 씨는 시조사 편집부에 일했던 분으로 독립운동을 많이 했다. 그것으로 인해 일제에 의해 2년의 선고 형량을 받았다. 그러나 이름의 원(轅)자가 철(轍)자로 잘못 표기된 것을 고치는 과정에서 판결문을 찾지 못해 독립유공자로 추서되지 못한 아쉬움이 있다. 그의 후손은 선친이 남긴 태극기와 애국가에 대한 선친의 편곡한 노래 일부를 국사편찬위원회에 제출하기도 했다. 김원제 씨는 7편의 기사를 **시조**에 기고했고, 1922년 울릉도에서 2주간의 사경회와 전도회를 인도했다. 김홍주, **민족정신의 맥을 찾아서**, 166-168; 이영린, **한국 재림교회사 연구**, 262; 오만규, **백년사**, 1:186; 유영순, **회고담**, 44-45.

인데, 독립단에 가담하여 남만주에 다녀온 일도 있으며 무슨 사명을 가졌는지 그것은 알 수 없었으나 자기 집에 한 달 남짓 나와 있었다. 경찰의 감시가 심하여 자기 집에서는 있을 수 없었으므로, 바로 이웃인 우리 집에서 유숙하면서 식사만 자기 집에서 제공하였다. 그때 경찰의 감시가 너무 심해서 감히 이런 일을 할 수 없었으나, 우리는 독립운동에 협조한다는 열성으로 두려움을 무릅쓰고 그런 모험을 했다.[1]

1920년 1월경이었다. 같은 고향 친구요 우리 교인인 최덕성 씨가 상해 임시정부 내무총장 안창호 씨의 안식일교회에 보내는 명령장을 가지고 와서 내게 전달하고 갔다. 내용은 앞으로 올 3·1독립운동 1주년 기념식을 대대적으로 계획하여 실시하라는 명령이었다. 나는 이것을 가지고 전부터 연락하고 있던 김원제, 유진상[2] 등과 협의하고, 한편 시내의 이동욱 씨와도 의논했다. 그리고 유진상 씨와 의논하기를 우리가 시조사 활자를 이용하여 등사판식 인쇄를 하면 훌륭한 활판 인쇄물이 나올 것이요, 인쇄도 많이 할 것인데 그리하자면 인쇄기를 만드는 자금이 약간 들 것이므로 이동욱 씨에게 그것을 부탁하기로 하였다.

그랬더니 천도교 측의 자금이 생겨서 고안한 대로 목수에게 인쇄기를 만들게 했다. 원고는 내 아우 유흥순이 시조사 문선부에 있을 때라 그가 비밀리에 인쇄할 활자를 고르고, 유진상 씨는 활자를 맞추어 집으로 가져가 인쇄했는데, 실지로 인쇄해 본즉 훌륭한 인쇄물이 되었다. 그것을 처음 이틀 동안은 우리 형제와 유진상 씨가 밤 12시까지 작업을 해서 한 2천 매가량 인쇄했는데, 이것을 이동욱 씨가 동아일보

---

1 김선문(金先文, 독립유공자 건국포장, 2006, 관리번호 90145)
2 유진상(兪鎭商, 독립유공자 애족장, 관리번호 32473).

사 수위로 있는 이 모 씨에게 맡겨 인천에 배부하도록 했다. 다음으로 인쇄되는 것은 원산, 부산, 대구 등지로 보낼 예정이었으므로 매일 밤 계속 인쇄했다. 그때 김원제 씨도 밤에 와서 도왔고, 권학규 씨도 그렇게 도왔다.[1]

그런데 하룻밤에는 유진상 씨의 동생 되는 유진익 씨가 형님 댁에 왔다가 그 사정을 알았으므로, 유진상 씨는 그에게 인쇄물 약 3천 매를 원남동 이동욱 씨에게 전하라고 했다. 그가 물건을 가지고 그 집에 간즉 경찰이 벌써 그 집을 둘러싸고 수색 중인데 그것을 가지고 갔으니 꼼짝없이 체포되고 말았다. 동시에 유진상 씨도 붙들려 갔으나, 나와 김원제 씨는 말하지 않고 권학규 씨만을 협력자로 언급했다. 유진상 씨 생각에, 우리 두 가정이 만일 불행을 당하게 되면 그 가족들은 같이 이사 온 처지라 말할 수 없는 처참한 처지에 놓일 것을 잘 알았으므로 입을 다문 모양입니다.

그것은 참으로 하나님의 넓으신 은혜였다. 그리했기 때문에 교회 사업에도 아무 지장이 없었다. 재판의 결과 이동욱 씨가 총책임자로 3년, 유진상 씨가 2년 6개월 징역을 선고받았고, 권학규 씨는 2년인가 선고받았는데 옥중에서 병에 걸려 병보석으로 나오기는 했으나 결국 회복되지 못하고 작고하였다. 그리고 유진익 씨는 6개월 형을 받고 놓이게 되었다. 그때 유진상 씨 가정 사정이 매우 곤란했으므로 내가 백

---

[1] 권학규 씨는 시조사 직원으로, 1920년 2월 26~28일 경기도 고양군 숭인면에서 3·1운동 1년년을 계기로 학생들의 동맹휴교와 상인들의 철시 투쟁을 호소하는 대한독립 1주년 기념 축하 경고문 2,300여 장을 인쇄하여, 경북 대구, 충남 대전, 경남 마산 등지에 배부하여 노상에서 철시케 하다가 체포되었다. 1920년 12월 21 징역 1년을 받고 복역 중 1921년 2월 6일에 병보석되었지만, 고문의 여독으로 1921년 사망했다. 독립유공자 애국장(1991, 관리번호 7675)으로 추서되었다.

방으로 주선하여 조금씩 도움을 주었을 뿐이다. 그리고 이 사실이 수
차 신문에 대서 특필되었지만, 그것이 안식일교회의 주동으로 된 일임
을 아는 사람은 아무도 없었다.

− 의명학우회 사건

이제 내게 큰 영향을 준 학우회보 사건을 잠깐 이야기하겠다. 그때
나는 의명학우회 서기의 책임을 지고 1년에 두세 번씩 회보를 냈다.
내가 안식일학교부에서 일하므로 등사판/ 복사판을 마음대로 사용하
여 회보 발행에 편리했다. 한번은 모교의 사정이 들려 오기를, 믿지 않
은 선생들이 많이 들어와서 신앙교육도 철저하지 못하고, 세상 학문으
로도 뒤떨어지고 일본으로 유학 보낸 사람들은 학교가 필요로 하는
과목은 공부하지 않고 자기네 편리대로 학과를 택하여 수업하는데 이
것을 용인하고 또 신앙 없는 교사들이 불신앙의 태도를 학생들에게
보인다는 것이다.

그래서 나는 이래서 되겠는가 하고 학교를 비난하는 글을 회보에 냈
다. 이것이 크게 문제가 되어 1925년 연초 평의회(행정위원회)에서 나를
나주 금명학원 교사로 전근시켰다. 좌천을 당한 내가 마음이 편할 리
는 없었다. 1년 동안 억울한 교사 일을 했다. 그런데 나주로 새살림을
내려니 가구가 필요하여 남선합회(호남합회)에게 돈 25원인가를 꾸어
썼다.

그리고는 합회 회계가 달마다 조금씩 감하는가 했더니 그냥 내버려
두었다가 연말에 가서 전액을 몽땅 감하고 잔액 1원 몇십 전을 보냈

다. 그때 남선합회 회계의 몰인정한 처사에 너무도 화가 나서 월급봉투를 받은 즉시 당신들을 믿고서는 교회 교역을 못 하겠으니 오늘부터 사직한다고 사직서를 써 보내고 대신할 교사를 보내라고 했다. 그러나 50~60명의 학생들은 아무 죄도 없는데 2개월 후면 졸업할 것을 그냥 헤쳐 버릴 수 없어 3월까지 학기를 마치고 해산했다.

나는 그동안 나주에 와서 새로 병원을 차린 강병찬 의사에게 나의 딱한 사정을 이야기했다. 그분이 나를 동정하여 마침 그곳 나주인쇄소 주인 박관업 씨가 인쇄소를 비싸지 않은 값에 내어놓는다고 하니까 그것을 강 씨의 자금으로 구입하게 되고 인쇄소를 시작하였다. 시작하고 보니 생각과는 달리 경영이 아주 까다로웠다. 주문이 없어도 걱정, 많아도 걱정, 활자 하나라도 없으면 서울로 주문해야 하고 종이도 구색을 갖추어 수량이 넉넉해야 하고 직공들의 마음도 사야 했다. 각 면이나 지방에 있는 인쇄물 거래처에는 항상 호감을 사야 하고 믿을 만한 수급원도 있어야 했다.

그리고 내가 처음 사업을 인수하고 매 토요일은 휴업할 것인데 일당은 이전과 같이 줄 터이니 안심하시오 했다. 그랬더니 쉬는 것도 좋지만 급료를 높여 주어야 일하겠다고 자빠졌다. 그래서 나는 아직 처음이요 이익이 얼마나 남을지도 모르고 급료를 올릴 수는 없다고 했더니 동맹 파업했다. 그래서 나도 그냥 내버려 두었다. 한 달을 수입 없이 지내려니 저희가 곤란하므로 머리를 숙이고 일하겠다고 다시 들어왔다.

– 시조사 근무와 야학

또 한번은 나주 군청에서 인쇄물을 주문하면서, 2주 후 토요일 회의에 쓸 것인즉 꼭 기일을 지켜주어야 한다고 당부하였다. 경험이 없어서 글자 많은 것이 어려운 줄 모르고 신용을 보이려고 주문을 맡았다. 시간은 넉넉했지만, 활자가 모자라서 광주까지 가서 구해왔지만, 오히려 부족했다. 그 활자들을 우리가 한 자 한 자 만들어서 채우느라 회의하는 날 오후에야 겨우 만들어 인쇄를 마쳤다. 회의에는 지장이 없었으나 우리가 신용을 보이려던 것이 물자의 손실, 시간의 손실, 정신적 타격 등 이루 말할 수 없는 곤욕을 당하였다.

주인과 직공이 금요일 밤을 꼬박 새우고 안식일에도 일을 계속했으며 나는 정신없는 머리로 안식일학교에 나가 공과를 공부시켰다. 그때의 양심이 거리낌과 마음의 부담은 이루 말할 수 없었다. 사업을 하고 돈을 번다는 것이 용이한 일이 아님을 알았으며, 이것은 내가 할 일이 아니라는 것도 깊이 느꼈다. 그런데 내가 남선대회에 사직서를 냈을 때도, 왕대아 여사는 백방으로 나를 편집실로 오게 하려고 노력했으며, 내가 인쇄업을 하는 중에도 총회에 나를 불러올려 인쇄업을 청산하고 시조사로 오라고 연합회 평의회(행정회의)에서도 결의했다.

그러면서 인쇄업 뒤처리가 다 되는 대로 서울로 오라고 간곡히 초청했다. 그러므로 나도 이것을 저버리는 것은 하나님의 부르심을 저버리는 것으로 생각하여, 나주에 가서는 자본주 강병찬 씨와 상의하고 마침 나주에 와 있던 그의 사위 황도영에게 사업을 인계하고 석 달 후인 10월 초에 시조사에 입사했다. 입사하고 나니 다시 하나님의 품에 안기는 것 같은 안도감을 느끼게 되었다.

그다음 해인 1928년 신간회(新幹會)라는 사회단체가 당시 일류 명사들을 모두 모아 평민대학이라는 야학을 설립했다.[1] 주로 사회학, 경제학, 철학, 역사, 사회 정책, 경제 정책, 농업 정책 등을 강의했는데 강사로는 노정일 박사, 장덕수 씨, 김철수 씨 외 여러분이 나왔다. 나도 호기심이 생겨 입학 신청을 하고 매일 저녁 자전거로 통학했는데, 수업 시간이 저녁 7시부터 11시까지라 꼭 4시간 동안을 계속하니 정신도 피로하거니와 육신도 몹시 고단했다. 그러나 모든 과목이 흥미가 있고 특히 장덕수 씨의 역사 과목에서 종교개혁과 문예 부흥에 관한 자세한 설명은 내게 큰 보탬이 되었다. 그리하여 6개월의 수업을 마치고 10월 초에 수료식을 하였다.

— 결핵 발병

시조사에 입사한 지 5년쯤 후인 1933년 1월경, 감기에 걸려 기침하기 시작한 것이 좀처럼 낫지 않아 닥터 루/ 유제한(Dr. George H. Rue)에게 진찰받은즉 결핵이라고 하였다. 온 가족이 다 놀랐으나 나는 별로 놀라지도 않고 대수롭지 않게 여겼다. 선교사들이 서둘러 나를 순안병원에 입원시켰는데, 그때가 2월 초순이었다. 6개월 후에는 나를 부양료에 편입시켜 퇴원 후 요양토록 했다.

---

1   신간회(新幹會)는 1927년 2월 15일에 사회주의, 민족주의 세력들이 결집해서 창립한 항일단체로, 1931년 5월까지 지속한 한국의 좌우합작 독립운동단체이다. 이 단체는 전국구는 물론 해외 지부까지 두고 있는 단체로 회원 수가 3~4만여 명 사이에 이르렀던 대규모 단체였다. "신간회," **위키백과**.

병원에 있는 동안은, 당시 결핵 특효약이 발명되기 전이라서 닥터 루가 두 주일에 한 번씩 밤차로 순안에 와서는 다른 환자도 보러니와 나를 진찰하였다. 그는 언제나 위로하는 말로 좋아졌다고 안심시키며 처음에는 식이 요법, 다음에 공기 요법, 그다음에는 일광 요법 등으로 지시하여 병의 기세를 약화하였고, 8월 말일 순안병원에서 퇴원시키며 집에 있지 말고 장소를 옮겨 요양하라고 지시하였다.

– 금강산 관광

그래서 서울에 돌아와서는 며칠 후 불암사로 가서 수양했다. 내가 쓰던 방이 너무 외떨어져서 혼자 있기는 너무 적적하고 밤 열두 시 전에는 잠이 잘 오지 않고, 새벽 3시에는 불당이 가까우므로 스님의 예불 소리에 잠을 자지 못하니 몸에 도움이 될 것 같지 않았다. 한 달쯤 지내다 집으로 돌아와 겨울을 나며 한의학을 좀 공부하며 한약을 복용하였다. 1934년 7월 초순에는 선교사들의 권유로 다시 금강산으로 요양을 떠났다.

그때의 여행기는 "밤중 소리"의 제7편 "어머님 전상서"에 자세히 기록되었고, 같은 편 "금강산의 하루아침"과 "해금강 탐승"에서 금강산의 일면을 볼 수 있다. 나는 신계사 앞 한 승려의 집에 기숙하며 오전에는 "정로의 계단"을 필사하고, 오후에는 이웃 여관에서 유숙하는 수양객들과 사귀어서 말동무가 되고 산책을 같이했다. 구룡연은 경치도 금강산 중에 제일가는 곳이거니와 신계사에서 가장 가까운 계곡이므로 신계사에 있는 동안 수없이 드나들었다. 그리고 만물상도 신계사에서

30리 거리나 되지마는 3, 4차 내왕했으며 갈 적마다 일기 관계로 같지 않은 신비한 경치를 보았다.

석 달 수양 기간이 마쳐 갈 즈음에, 내금강을 보아야 하겠으므로 단신 지팡이 하나만 가지고 아침 일찍 떠나 구룡연을 지나고 그 높은 비로봉 정상을 정복한 후, 내금강 만폭동계곡을 따라 마하연과 정양사, 표훈사, 장산사 등을 두루 구경하고 해 질 녘에 여관으로 돌아왔다. 이튿날에는 명경대를 보고 마의태자(麻衣太子)의 전설로 유명한 망군대로 오르다가 중간에서 발을 접질려, 여관으로 돌아와 침술의를 찾았으나 없으므로 할 수 없이 저는 발로 외무 재령 길을 택하여 유점사로 40리 길을 걸었다.

사람이 많이 다니지 않는 험한 작은 길이라 이곳저곳에 거목들이 넘어저 길을 막았으므로 그것들을 넘어가기가 힘들었으며, 길이 험하고 숲이 깊으니 산짐승들이 나오지나 않을까 매우 걱정스러웠다. 그러나 하나님의 보호하심을 입어 저는 발을 가지고도 유점사까지 무사히 도착하였다. 다행히 여관에서 침술의를 만나 침을 맞고 잤더니, 이튿날 아침에는 한결 나아 유점사 관광을 유쾌히 하였다. 안내하는 스님에게 유점사의 유명한 전설을 들으며 절을 둘러보니, 풍광은 신계사만큼 웅장하고 아름답지는 못하나 사찰은 금강산 중 대찰이며, 옛날 임진왜란 때는 사명당이 그 절에 있어서 왜병들을 도로써 승복시켰다고 한다.

– 비로봉 가는 길

거기서 비로봉까지가 40리 길이라는데 나는 그날도 단신으로 길을 떠났다. 중간에 칠성대, 은선대 등 훌륭한 경치들을 보았으며 특히 멀리 바라보이는 12폭은 참으로 놀라웠다. 또 비로봉에 거의 다 가니 비로봉에서 동남쪽으로 한 5리쯤 되어 보이는 곳에 성벽봉이라는 것이 있는데, 성벽처럼 밑은 바위요 꼭대기는 작은 돌들이 쌓이고 혹은 총구멍처럼 구멍들도 있어서 영락없는 성벽이었다. 그 동쪽에는 유명한 장군봉이 꼭 무장하고 서 있는 대장 같아서 그것을 가까이서 보려고 가던 도중 또 한 번 놀라운 장관을 보았다.

다름이 아니라 성벽봉 남쪽으로는 등성이가 비스듬하게 경사졌는데 그 위에는 4색이 영롱한 꽃보다 더 아름다운 광경이 보였다. 즉 거기는 고산이라 바람이 거세어 나무들이 자라지를 못하고 앉은뱅이 다발 나무들이 되었는데, 사람의 손으로 보기 좋게 심은 것처럼 푸른 측백나무, 누런 백양나무, 붉은 단풍나무, 자줏빛 철쭉나무들이 조금도 부조화가 없이 천작(天作)으로 아름답게 점철되었다.

금강산을 구경한 사람은 수천수만이겠지만 이 비경을 구경하는 사람은 나 혼자뿐인 것 같은 느낌이 들고, 그곳을 떠나기를 못내 아쉬워했다. 거기서 비로봉을 거쳐 마의태자 능 가까이에 여관이라기보다는 숙소라고 할 만한 조그만 집 하나가 있기에 거기 이르니, 해는 이미 지고 사람은 만원이어서 유숙할 수가 없었다. 그러나 다른 데 갈 곳이 없으니 억지로 하룻밤 새기로 손님들의 승낙을 받고 거기 투숙했다.

이튿날은 조반 후 사람들이 많이 안 가는 북쪽 구성동 길을 택하여 떠났다. 역시 단신으로 30리 계곡을 내려갔는데 그곳의 특색은 30리가 줄곧 반석으로 깔린 것이다. 그러고도 훌륭한 폭포들이 있고 아담한 담(潭, 못)이 있고, 깨끗한 시내, 아름다운 수석은 찬탄을 금할 수 없게 하였다. 내가 처음 금강산에 와서 동행들과 같이 만물상을 구경하고 거기서 동쪽 장선항을 향한 30리 계곡을 내려가 보았는데 거기도 역시 훌륭한 폭포와 못과 깨끗한 수석들이 비할 데 없이 아름답지만, 구성동과 이 장선항 계곡은 길이 외지고 또 그보다 더 훌륭한 구룡연과 만폭동계곡 때문에 별로 빛을 못 내었다.

또 그 외에도 신계사에서 10리쯤 집선봉 밑으로 가니, 동석동이라는 계곡이 나왔다. 그 계곡 어귀에 석각들이 많은 것을 보면 옛날 그 안에는 유명한 절이나 명승지가 있었던 것 같은데, 당시는 길도 없고 풀과 나무가 무성해서 그 안을 탐승하는 이가 별로 없었다. 또 신계사에서 한 30리 떨어진 곳에 발연사라는 옛날 절이 있던 유적이 있는데, 좋은 반석과 맑은 시내와 무지개로 된 안경 같은 다리가 있어서 한 번쯤은 가볼 만하였다. 그러고 보니 내가 내·외금강을 두루 다 보았는데 특히 외금강은 안 가본 곳이 없다고 자랑할 만하며 내금강도 백탑동 외에는 대부분 구경했다.

금강산을 단적으로 말하자면 계곡의 아름다움인데, 좌우 산에다가 기암괴석과 풍우에 시달린 특이하게 자란 수목들로 배치되어 있다. 바닥에 깔린 돌과 바위는 수천 년 맑고 깨끗한 물에 벗기고 닦여 아름다운 수석을 이루고 있다. 그 사이를 흐르는 풍부한 물은 많은 폭포와 못을 만들었으니, 그 기묘한 아름다움은 세계에도 그것에 견줄 풍광을 찾기 힘들 것이다. 더욱이 구룡연폭포의 위엄은 사람의 마음을 서늘케 하며, 옥류동의 아름다운 담은 실로 선경을 보는 듯한데 가히 선녀가 내려와 목욕할 만한 곳이다.

남쪽으로 하늘 높이 솟은 봉우리에는 흰 이끼가 낀 바위들이 햇빛을 받아 은빛 찬란한 빛을 발하니, 밤하늘의 샛별도 감히 그 빛을 따르지 못하겠다. 또 조물주가 천지 만물을 만들어 낼 때 준비 단계로 만물을 초벌/ 처음 만들어 본 것이라 하여 만물초 또는 만물상이라 하는데 참 신기한 형상들이 많았다. 한번은 안개비가 오는 날에 가보았는데 그때의 변화무쌍한 신비한 광경은 청명한 날에는 도저히 볼 수 없는 신비하고도 묘한 풍경이었다.

─ 신계사(神溪寺)

또 한 가지 말하지 않을 수 없는 것은 신계사의 훌륭한 전경이다. 나는 어려서부터 산을 좋아하고 절을 좋아해서 전국 각처의 좋은 절들을 많이 보았다. 기둥이 웅장하고 시설이 많은 절로는 안변의 석왕사가 국찰인 만큼 제일 훌륭한 사찰이요, 다음은 불사리를 보관했다 하여 고찰 중에 제일 큰 절이 양산의 통도사요, 다음은 순천의 송광사, 8만 대장경판을 보관하고 있는 합천 해인사 등인데, 이러한 여러 큰 절들을 많이 보았지만, 보 향한 보현사(普賢寺)[1]를 못 본 것은 유감이다.

신계사만큼 지세가 훌륭하고 웅장한 절은 못 보았다. 남쪽을 향하여 뻗어 오던 세 지붕이 그치는 곳에 자리를 잡았는데, 동쪽으로 멀지 않은 곳에 붓끝같이 생긴 문필봉이 있으며, 남쪽으로 십 리쯤 떨어지

---

1   북한 평안북도 향산군 묘향산(妙香山)에 있는 고려 전기에 창건된 사찰.

고 집선봉이 마치 병풍을 펼쳐 놓은 것처럼 쭉 둘러 있고, 그 뒤로는 채하봉이 고개를 들고 넘겨다 본다. 또 서쪽으로는 세존봉이 둘러서서 신계사를 옹위했는데 산들이 거산들이라 앞이 툭 터졌으나 절이 아늑하게 들어앉았다.

그리고 구룡연에서 내려오는 세존봉과 세시봉 사이로 서북에서 동남으로 흘러 물소리조차 웅장하므로, 환경이 꽤 장엄하고도 아름답다. 더욱이 전면에 빤히 바라보이는 집선봉은 시간에 따라 그 산의 생김새가 변하는 희한한 산이다. 그 산은 화강석 석벽으로 가파르게 생겼고, 나무들도 별로 없이 조그마한 관목들이 더러 났을 뿐인데, 해가 동에서 떠서 서편으로 진행함에 따라 처음에는 암회색이다가 암청색으로, 다음에는 청색에서 홍색으로, 홍색이 백색으로, 백색이 다시 홍색, 청색, 암회색 등으로 사라지고 만다.

내가 머물던 방에서 바로 집선봉을 바라볼 수 있었으므로 산의 모습이 변화하는 과정을 잘 볼 수 있었는데, 집선봉은 꼭 어떤 동양화를 보는 것 같았다. 그때의 추억이 잊히지 않아, 일생을 통하여 즐거운 추억이 되었다. 하나님께서 어쩌면 그렇게 아름다운 경치를 우리 한민족에게 주셨을까. 그것은 참으로 우리 민족이 가진 귀한 보물인 동시에 그것을 통하여 이루어질 어떤 섭리가 있지나 않을까 생각된다. 그것을 개발한다면 스위스 이상의 세계의 관심을 끌어서 훌륭한 관광자원이 될 것이다. 얼마나 좋으면 옛날 중국 사람들이 "원생 고려국(願生 高麗國) 하여 일견 금강산(一見 金剛山)/ 고려국에 태어나 금강산을 한번 보는 게 내 소원이다"(송나라 시인 소동파)라는 시구를 남기기까지 했을까. 하루빨리 남북이 통일되고 금강산을 세계 사람들에게 내어놓을

날이 가까워지기를 바란다.[1]

─ 종교박해

금강산에 갔던 다음 해인 1935년 봄에는 공기 나쁜 서울에 있지 말고 농촌에 가서 전원생활을 해야 병이 속히 낫겠다 해서 황해도 장연군 모감에 있는 내 처가의 과원 안에 있는 초막에서 살기로 했다. 거기서 부양료를 받으며 왕 부인이 보내는 번역한 위생 서적의 원고를 필사하면서 만 4년을 살았다. 그곳에서 사는 동안 내게는 큰 변화가 생겼다. 1937년, 1938년 두 해 동안에 덕순이와 홍순이 내 두 아우가 세상을 떠났고, 상심한 나는 그 집에 살고 싶지 않아 집을 팔아 사과 장사를 한 번, 고구마 장사를 한 번 해보았으나 애만 쓰고 손해만 보았다.

1938년 봄은 일본이 지나사변(支那事變, 중일전쟁)을 일으킨 후 한구(漢口, 우한시)를 함락시키고 양쯔강을 넘어 남지나(南支那, 중국의 남부지방인 푸젠성[福建省], 광둥성[廣東省], 구이저우성[貴州省])로 승승장구 돌진하던 때이다. 장연 경찰서장 이하 경관 다수가 모감면으로 나와 각 기독교 지도자들을 모아 놓고 신사참배를 권유할 모양이었다. 처음에 장로교 예배당 뜰에 모여 동방요배(동쪽을 향해 절하는 의식)를 시켰다. 나는 처음에 생각하기를, 이것은 황성요배요 현 생존한 천황에게 멀리서

---

1 유영순은 독립선언서 낭독자 정재용 장로와 같이 금강산을 천혜의 자원이자 한민족에게 주어진 섭리의 뜻으로 여겨, 세계적 관광 자원이 있다는 놀라운 자각을 했다. 고춘섭, **수양산인 정재용 전기**, 200-203.

절하는 것이니 우상숭배는 아니라고 생각했다. 그래서 동방요배 후 머리를 드니 햇빛이 강렬하게 내게 비쳤다.

그러고 예배당에 들어오니 예배당 벽에 일장기를 걸어 놓고 또 절을 하게 하였다. 그때 나는 에스겔 8장 16절에 나오는 "이십 오인이 여호와의 전을 등지고 낯을 동으로 향하여 동방 태양에 경배하더라"라는 말씀이 생각나서 일장기에는 절을 하지 않았다. 경찰서장은 신사는 종교가 아니고 황조(皇朝, 천황)를 존경하는 것이므로 국민은 누구나 꼭 예절을 표해야 한다고 설명했다.

그리고 오늘만큼은 어떤 말을 하여도 벌주지 않을 터이니 의견을 말하라고 하였다. 그러나 여러 교회 수십 명 대표자 중 아무도 입을 떼는 이가 없었다. 그래서 내가 일어나서 우리 안식일교회는 사람이 죽으면 의식이 없어지는 것이요 영혼이 따로 있다고 믿지 않으므로, 부모가 죽어도 거기에 제사를 지내거나 무덤에 가서 절하지 않는다고 말하고, 나라를 위하여 어떠한 희생이라도 할 마음이 있지만 황조(皇祖, 일본 천황의 조상)에게 절한다는 것은 허무한 일로 생각한다고 말했다. 그랬더니 한 경관이 경찰서장에게 귓속말로 '저자가 국기에 절하지 않았다'고 말한 모양이다. 회의를 파하고 돌아가면서 내일 읍내 경찰서로 오라고 명했다.

이튿날 경찰서에 갔더니 2시가 되어서야 고등계 주임이 직접 문초하면서 좋은 말로 권유도 하고 엄격한 말로 위협도 했다. 국기에 경의를 표하지 않는 자는 일본판도 안에서는 살 수 없다고 하면서, 아무 대답이 없으니 유치장에 들어가라고 유치장 자물쇠를 책상 위에다 내던지기까지 했다. 그래서 나는 국기에 대하여 경의를 표하되 머리를 숙여 묵념하는 태도를 보이겠다고 했다.

그랬더니 "좋다. 머리를 숙이는 것이나 경배하는 것이나 별 차이가 없으니 청서를 쓰라"라고 하므로 내가 쓰려고 하니 자기가 쓰면서 "나는 종래 국기에 경배하기를 꺼려왔으나, 국기는 종교적 경배의 대상이 아니요 오직 국가를 상징하는 것이므로 앞으로 국기에 경례하기를 서약하노라"하고 내게 서명하라고 하였다.

그래서 그날 구금을 면하고 거의 밤 열 시가 되어서야 40리 길을 걸어 집으로 돌아왔다. 그 후 병이 약간 나아서 다시 봉직하기를 청하였더니 의사의 말이 편집실 일은 적당치 않고 전도부 일이 좋겠다고 해서 해주에서 일 년간 전도사의 일을 보았다. 그때 또 야학을 시행하였는데 처녀 몇 명이 교회에도 신실히 나오고 있었다.

나는 다음 해 봄에 다시 시조사로 들어갔다. 그러나 **시조가 건강생활**이 되고 거기에는 신앙에 관한 문제는 한 마디도 못 쓰게 되고, 시조사 사장이란 사람이 경무국의 호의만 얻으려 드니 나는 시조사에 더 있고 싶은 생각이 없어져서 그만 물러났다. 마침 그때 나의 친구 박제정 씨가 극동제약주식회사 간부의 한 사람이었는데 내 사정을 알고 "그러면 나와 같이 일하자"라고 하여 극동제약의 외무원이 되었다. 그리하여 일생을 통하여 사무실에서 한 발짝도 바깥의 일을 밟아 보지 못한 내가 의주에서 제주도까지 가보지 않은 곳이 없이 전국 각지를 돈 벌면서 구경하게 되었다. 수입도 시조사에 있을 때보다 나았고 안식일도 지킬 수 있는 자유가 있었으니 참 좋은 기회였다.

– 해주경찰서 구금

　그다음 해 5월에, 황해도 지방을 여행하던 중에 해주에 가서 안식일을 지키게 되었다. 당시에는 예배당에서 모이지 못하고 김선익 씨라는 여신도의 집에서 모였는데, 내가 가니 설교 시간을 써달라고 하였다. 전날 거기서 전도한 인연도 있고 해서 피할 수 없어, 로마서 13장 11절 "너희가 이 시기를 알거니와 자다가 깰 때가 벌써 되었으니 이는 이제 우리의 구원이 처음 믿을 때보다 가까왔음이니라"라는 말씀으로 재림의 시기가 임박했음을 강조했다.

　그때 고등계 형사가 밖에서 엿듣다가 예배를 마치고 나오는 나에게 좀 같이 가자고 하였다. 내가 사회생활에 요령이 있는 사람이었다면 점심값이라도 집어 주어서 아무 일 없었을 것을, 내가 무슨 잘못이 있나 하는 생각으로 가자는 대로 따라갔더니 고등계로 가서 설교한 내용을 보고했다. 그런데 일본인 옹이에 마디로라는 고등계 주임으로 몇 해 전 모감주재소 소장으로 있던 자였다. 무조건 유치장에 집어넣었다. 두어 주일 후, 반성문을 쓰라고 하였다. 이제부터 믿지 않겠다고 하면 내보내겠지만 신앙을 버릴 수 없다고 했더니 전후 133일을 감옥보다 고생스러운 유치장에 가두었다.

　그런데 그때는 극동제약이 빚을 많이 지고 일본 사람의 손에 팔려서 일동제약이 되었던 때였다. 경찰서장이 사장에게 편지를 보내어 나는 직업까지 잃게 되었다. 할 수 없이 삼양공사라는 한국인이 경영하는 제약회사에 관계하여 그 회사의 외교원인 양 개인적으로 외교 행상을 했다. 그때는 약품이 귀한 때라 잘 팔렸다. 그런데 운이 나빠서였는지 강원도 김성 지방에 갔을 때 통제 약품을 사사로이 판매했다고 법에 걸려 뒷조사받게 되었다.

사상적으로 불온하다는 것이 드러나자 가차 없이 재판에 부쳐져 6개월 형을 받고 마포형무소에 갇혔기까지 했다. 그런데 8·15해방이 되어 첫째 정치범, 다음에 경제범들을 풀어주어서, 일주일 후 집에 돌아왔다. 집에 와 보니 사랑하는 어머님이 수일 전에 돌아가시어 그 불효 막심을 속할 길이 없었다. 그리고 가정생활이 엉망이었으나 직업이 없으니 할 수 없이 약장사를 다시 시작했는데, 그때 미국에서 수입한 만병통치약으로 알려진 다이아징 장사로 근근이 생활을 유지했다.

ㅡ 해방 이후

해방 후 교회는 재건되고 교회 활동이 활발해졌으나, 나는 형무소 신세를 진 사람으로 얼굴을 들기 어려워 교회에는 나갔으나 재건 사업에는 별로 관계하지 않았다. 그러자 1947년에 선교사들이 다시 나와 사업을 시작하면서 시조사도 문을 열고 왕대아 편집국장이 다시 일하자고 내게 간곡히 청하므로 뿌리칠 수 없어 편집실로 들어가 다시 붓을 잡았다.

우리 출판 사업은 잘 발전되어 갔는데 천만뜻밖에도 6·25 동란이 터졌다. 우리 가족은 미처 피난을 못 가고 서울에 그냥 주저앉았다. 그때 휘경동, 이문동, 회기동에 사는 주민들은 특별한 혜택을 받았다. 공산군이 휘경동에 있는 박주영 씨의 정미소를 점령하면서 거기 쌓여 있던 수천 석의 쌀을 동민에게 나누어 주어 선심을 썼다.

그러고 보니 서울 온 시민이 동란 이튿날부터 양식을 못 구해 허덕이던 처지에 우리 회기동 교인 거의 전부는 한 달 동안 하나님이 주신 "만나"를 받아먹고 사는 기분이었다. 그러나 그다음은 식량을 구하러 양평이나 이천 방면 농촌으로 나가 옷가지나 다른 물건들을 가지고 가서 양식과 바꾸어 왔다. 그때의 수고와 고생은 이루 말할 수도 없다. 그러자 9·28 수복이 되어 다소 안정을 얻으려고 하던 때에 중공군 침공으로 1·4후퇴라는 놀라운 재앙이 일어났다.

닥터 루(Dr. George Rue, 유제한 박사)는 정보를 아는 터라 2월 10일경 회의를 열고 중공군의 침입으로 우리는 다 후퇴해야 한다며 김규혁 목사 가족, 박창욱 씨 가족, 우리 가족 합하여 15명은 평양에서 오는 제1 피난 열차로 부산까지 가게 하고, 학교나 병원이나 시조사 직원들은 자동차나 기차를 이용하게 하고, 그 외의 직원과 교인들은 인천에서 배를 타고 부산으로 가게 했다. 그리하여 부산에 집결한 우리 교인들은 1월 15일, 부산을 떠나는 LST를 타고 삼 일 후 제주도 성산포에 도착하였다.

이곳은 제주도에서도 가장 안전한 곳으로 전란 중에도 아무 근심 없이 평안한 생활을 했다. 나는 가족을 성산포에 두고 그해 4월에 일본 요코하마(橫浜市)에 있는 복음사에 가서 12월까지 있으면서 새로 활자를 만들어서 시조와 안식일학교 교과와 연말 기도주일 낭독문 또 **증언보감**이란 예언의 신의 말씀을 출판했다. 그러나 전쟁 중이라 수송 관계가 여의치 못했고 한국 정부가 그것을 찬성하지 않았으므로, 다음 해인 1952년 1월부터는 내가 전쟁터인 서울에 와서 시조사의 책임을 지게 되었다. 그리하여 편집 책임을 지는 한편, 부족한 물자와 여의치 못한 인쇄 관계로 마음고생을 많이 했다. 그러나 시조가 출판되면 판매가 잘 되어 한 번에 2만 부를 인쇄하여도 수월하게 나가곤 했다.

그러다가 서울이 수복되고 선교사들도 다시 복귀하니 시조사의 출판 사업도 전과같이 운영되었다. 뮨서 전도자들은 **시조** 연간 독자들을 모집하게 되고 구독자들의 수도 많아지니 사업은 날로 확장되었다. 그러나 나는 해소와 천식이 날로 심해져서 합회장이 보시기에 딱했던지 한번은 나더러 부양료에 들어갈 마음이 있으면 그렇게 해주겠다고 먼저 말을 꺼내셨다. 그러나 아직 퇴직 나이가 못 되었기에 고맙다고 사례하고 1958년에 은퇴하게 되었다. 은퇴한 즉시 나는 오늘의 신앙 성경 통신 과목을 새로 준비해 달라는 청을 받았다. 기존의 문답식 성경 공부가 한국 불신자들에게 딱딱하여 적당치 않은 듯싶어, 이야기식으로 설명하고 답안을 찾도록 꾸며 보았다. 그랬더니 그 형식이 괜찮았는지 약간 수정은 가하였으나 오늘날까지 계속 사용하고 있다.

- 의의:

유영순 전 시조사 편집국장의 자전적 회고록은 일제강점기에 살았던 일반 백성들의 다양한 삶을 소상하게 보여준다. 의명학교를 비난하는 글을 회보에 냈다가 문제가 되어 전라도 나주 금명학교로 전보되는 사건을 통해 당시 교육 현장의 상황과 일제 탄압을 보여준다. 시조사의 근무와 결핵 발병 및 치료 경험을 통해 당시 열악한 생활환경과 건강 문제를 보여준다. 금강산에서 투병과 요양을 하면서 아름다운 자연과 내면의 고뇌를 드러낸다.

도산 안창호의 지시로 3·1운동 1주년 기념을 대대적으로 거행하라는 명령을 받고 시조사에서 유인물을 인쇄하여 배포하는 등 독립운동 관련 행적을 남겼다.[1] 1919년 3·1운동 당시, 수많은 국민이 하나같이 일제의 폭력에 맞서 싸웠다. 재림 교인들도 예외는 아니었다. 당시 만세운동으로 감옥에 간힌 종교별 어떤 통계에는 구세군이 10명, 성공회가 4명, 천주교가 57명, 그리고 재림 교인 5명이 수감된 기록도 있고, 특히 여러 지역 재림 교인들의 활동이 밝혀져 있다.[2]

유영순 목사는 독립선언문 2천 매를 비밀리에 인쇄하여 배포했다. 같은 회사 동료인 유진상, 김원제, 권학규는 유영순 목사와 함께 독립선언문을 인쇄하고 배포하다가 일경에게 체포되어 징역형 선고받았다. 의명학교 출신의 독립운동가 김선문은 유영순 목사 집에서 은닉하기도 했다. 이처럼 일제 치하 재림 교인 민초들은 다양한 방식으로 항일운동에 참여하여 민족의 독립을 위해 헌신했다.[3]

또한 이영순 목사 본인이 의명학교를 비난하는 글을 회보에 냈다가 문제가 되어 전라도 나주 금명학교로 전근된 의명학교 학우회 사건,

---

[1] 이국헌, "3·1운동에서 안식일교회의 역할," **한국교회사학회지** 54 (2019), 205-231; 김승학, **한국독립사**, 하권 (독립문화사, 1965), 82.

[2] 吉川文太郎, **朝鮮の宗教** (경성, 1921), 389; 오만규, **백년사**, 1; 722-726.

[3] 김범태, [3·1절 특집] "일제 치하 재림교인들의 항일의식," **재림신문** 2021. 2. 26; 2024. 3. 1.
   이외에도 다양한 독립운동 내력이 밝혀졌다. 개화 지식인이자 민족주의자인 임기반과 함께 시작된 교회는 훗날, 독립운동 관련 주변에는 안식일교인들의 존재가 드러난다. 독립운동과 관련해 본서의 저자에 의해 세 분(임기반, 김창세, 최태현)이 독립유공자로 지정되었다. 김홍주 목사에 의해 무려 18명의 안식일교인들이 독립운동을 한 실적이 제시되고 있다. 김홍주, **이 나라 국익에 기여한 재림교회 역사** (세광기획문화사, 2017); idem, (재림교회 믿음의 선열들의) **민족정신의 脈을 찾아서** (세광문화기획사, 2012) 외. 이종근, "민족 계몽과 독립운동의 선구자 근당 임기반 장로 재조명," 229-248; idem, "의술을 통한 독립운동가 김창세 박사," **도산학연구** 11 (2006), 241-259; idem, "한국 공중보건학의 선구자 김창세의 삶과 죽음," 69-110; idem, "최태현 목사 순교," **삼육신학포럼** 5 (1999), 406-415; 이국헌, "한국 근현대사에서 재림교회 선교병원의 역할과 의의," 121-146; idem, "3·1 운동에서 안식일교회의 역할," 205-231; 신규환, "상하이 대한민국 임시정부와 의사 독립운동: 의료활동 유적의 위치 고증," **연세의사학** 22.1 (2019), 119-143.

시조사 근무와 결핵 발병과 치료 경험 등 일제강점기 다양한 일반 백성들의 삶을 소상하게 기술한다. 특히 금강산에서의 투병과 요양 경험은 아름다운 자연 묘사와 함께 내면의 고뇌를 드러낸다. 또한 일제의 종교박해와 해주경찰서 구금사건 등 암울했던 시기의 개인적 고뇌도 잘 드러내고 있다. 파란만장한 그의 일상은 당시 민초들이 독립운동에 참여하는 모습을 생생하게 보여준다.

역경의 파고(波高)를 넘어

강태봉[1]

– 어린 시절

나는 1915년 3월 23일 서울에서 태어났다. 서울의 어느 곳인지 정확한 지명은 지금도 잘 모른다. 아버지께서 이북 함경도 원산에 가서 사업을 하다가 어머니와 동생을 이북으로 불렀기 때문에 그곳에 가서 살게 되었다. 내가 6살 때에 아버지는 함경도 원산으로 이사를 했다. 그래서 나는 거기서 학교에 다니게 되었는데 그 학교의 이름은 원명학교였다.

오늘날 삼육이라는 이름이 있기 이전에 우리 교단에서 운영하던 삼육학교의 전신이다. 거기서 스무 살이 될 때까지 학교에 다녔다. 여섯 살부터 스무 살까지 그곳에서 살았다. 원산에 삼육초등학교가 있었는데 원명학원이라고 했다. 한 선생님이 1, 2학년을 함께 가르쳤는데 그때 나도 그곳에서 공부하게 되었는데 학비가 없어서 이내 공부를 중단해야 했다.

---

1 강태봉 장로는 적목리 공동체 방문자로 지도자인 신태식 목사의 사위(차녀 신선희의 남편)이며 교회 해산기에 크게 활약했다. 오만규, **백년사**, 1:750-752.

– 아버지의 신앙

나의 아버지와 어머니도 교회에 다니셨는데 아버지(강성칠)께서는 서울에서 신앙을 시작하셨다. 왕대아 여사의 남편과 김이열 목사님의 아버지가 전도하러 다니다가 나의 아버지에게 "예수 믿으라"라고 했는데 그 말이 아버지에게는 무척 좋게 들렸고 그 이후로 계속 교회에 다니게 되었다고 한다. 처음 아버지는 신문사 2층에 얹어놓은 교회에 다녔는데 후에 청량리 떡전거리에 세워진 인쇄소(시조사)에서 나온 책을 팔면서 지냈다. 그러나 책이 잘 안 팔려서 아버지는 수원에 가서 취직해서 일했다. 그때 일하던 곳의 주인이 아버지를 좋게 여겨 그의 무남독녀 외딸과 결혼시켜 사위로 삼았다.

당시 아버지는 왕 목사의 도움으로 미국 유학 준비가 다 되어 있는 상태였는데 외할아버지의 반대로 유학을 가지 못하였다. 외할아버지는 아버지를 놓치고 싶지 않아서 말하기를 사위로 삼기 위해 그렇게 했다고 한다. 아버지는 서울에 다시 올라와서 장사하다가 사업이 잘되지 않자, 원산으로 갔다.

– 일본어 공부

원산에서 나는 원명학원에 잠깐 다니다가 학비를 못 내어 그만둔 후 친구의 소개로 일본인 가정에서 일하고 공부할 기회를 얻게 되었다. 그 집에는 두 내외분과 나보다 어린아이가 있었는데, 내가 말을 알아듣지 못했기 때문에 주인은 나를 일본인 학교에 입학시키고 집안일을 시켰다. 나는 일본어를 배우고 싶었기 때문에 그 일을 시작하게 되었는데, 주인이 내게 일을 시킬 때는 비질을 흉내 내면 비질하고 걸레질 흉내를 내면 걸레질을 하는 식으로 일했다.

그 집 아이의 책을 빌려다가 조금씩 조금씩 일본어를 배워가기 시작했다. 처음으로 배운 일본어가 아직도 생각나는데 그것은 '못'이라는 말이었다. 그 집주인은 목수였는데 그 집 아이와 내가 못을 고르는 일을 하고 있을 때였다. 그때 그 집 아이에게 내가 이것이 무엇이냐고 물어보았는데 그 아이가 어떻게 나의 말뜻을 알아듣고 '구기'라고 대답했다. 이것이 내가 처음으로 배운 일본어였다.

나는 나이가 어려서 금방 일본어를 배웠다. 그리고 집안일도 열심히 했는데 그때 돈으로 50전을 월급으로 받았다. 그 집에서 언어도 배우고 자전거 타는 법도 배웠다. 그 덕택에 그 집에서 나왔을 때 자전거 배달 일도 하게 되었다. 나는 그때 그 주인과 같은 종교를 따라다니며 믿었는데 이 종교가 어떠했는지는 분명치 않았다.

─ 진리를 향하여

나는 좀 더 나은 종교를 찾아야겠다고 생각하던 차에 천주교가 있어서 알아봤더니 지구상에서 제일 큰 교회라는 것이다. 그래서 그곳을 다녀봐야겠다 작정하고 신부에게 "내가 여기 교리를 배우고 싶은데 밤마다 이 교리를 가르쳐 줄 수 있겠느냐?" 물었더니 좋다는 것이었다. 그래서 나는 밤마다 천주교의 교리를 배우며 주일을 지켰다.

그 교회의 조직이나 크기가 어마어마했기에 나는 정말 '하나님의 교회구나 생각하고 공부했다. 처음에 교리문답서를 배우게 되었다. 그런데 거기에 토요일이 나오는데 원래는 토요일이 안식일로 그들이 교회의 권위로 일요일로 바꾸었다는 것이다. 그래서 일요일을 지키게 되었다는 것이었다. 그것이 나에게는 천주교회에 대해 좋지 않은 생각을 하게 했다. 어렸을 때 안식일교회에 조금 다녔고 아버지도 안식일 교인이어서 안식일교회를 찾아갔다. 그런데 안식일교회는 초가집에 초라하기 짝이 없었다.

그래도 교리를 배우기 위해서 목사님을 찾아가서 물어보았다. "이 교회 교리를 배울 수 있겠습니까? 저녁마다 올 텐데 가르쳐 주시겠습니까?"라고 물으니까 "좋다"고 하셨다. 나는 당시 한국어를 몰랐기 때문에 일본어 성경을 동경에서 주문해서 보고 일본 시조를 보았다. 임성원 목사님께 성경을 배웠는데 목사님께서 늘 내게 다니엘서는 모든 성경의 열쇠라고 했다. 그리고 자물쇠는 요한계시록이라고 했다.

밤마다 다니면서 이 예언서를 공부하고 나니까 마음속에서 용기가 솟아올랐다. 그리고 나는 다니엘 1장의 건강개혁에 깊은 흥미를 느꼈다. 그리고 바로 건강개혁을 시작했다. 나는 예언서를 통한 성경 연구를 통해서 예수 그리스도를 발견했다. 예수 그리스도께서 나 같은 사람을 구원하시러 하늘 정부를 버리고 오셨기에 나도 예수님처럼 복음을 전해야겠다고 생각했다. 성경 공부를 그렇게 하니까 내 속에서 용기가 났다.

– 결혼보다 더 큰 관심

주변 사람들은 나의 그런 생각들을 아는지 모르는지 결혼 문제에만 많은 관심을 가졌다. 당시 태평양전쟁이 일어나서 나는 그 전쟁을 성경 예언의 성취로 생각했다. 그리고 난 장가 안 가야겠다고 생각했다. 주님께서 곧 오실 것 같았다. 이때 전도부인이라 불리는 안중활 씨를 만났다. 그분께서도 내게 결혼 중매를 했는데 북쪽에 가면 좋은 처자가 있다면서 그곳에 가자고 했다. 나는 억지로 그곳에 따라가다가 처녀를 본 후 내게 어떠냐고 묻기에 나쁘다고 할 이유가 없었기 때문에 괜찮다고 했더니 나도 모르는 사이에 두 집안이 결혼 준비를 했는데 많은 돈을 들여서 준비한 것이었다.

그 사실을 나중에 알게 된 나는 장가가지 않겠다고 했다. 차영준 목사님께서도 장가갈 것을 자주 권면하셨지만 가지 않겠다고 했다. 사실 결혼에는 별 관심이 없었다.

– 집을 나서며

아버지가 그런 나를 보고 속이 너무 상하니까 가족회의를 열었다. 그리고 그 자리에서 나는 예수를 너같이 믿는 놈은 처음 봤다고 하시면서 그렇게 믿으려면 나가서 너 혼자 믿으라는 것이었다. 그때 나는 좋다고 하며 그날 옷가지와 이불을 챙겨서 집에서 나왔다. 흥남에는 우리 교인들도 많이 있었고 전도부인도 있었으며 공장도 있었다. 그래서 나는 그곳으로 향했다. 흥남까지는 30리가 넘는 거리였는데 그 길을 걸어서 갔다.

홍남에 도착해서 한 집사님 댁에 갔다. 그분은 하숙하는 분이었는데 그곳에서 좀 머무르겠다니까 그냥 허락해 주셨다. 그리고 밥값은 한 달 후에 공장에서 벌어서 갚겠다고 했다. 나는 안식일을 지키면서 공장에 다녔고 약속했던 밥값을 지불했다. 나는 공장에서 번 돈으로 전도지를 사서 두고 매일 집에서 나갈 때 그것을 가지고 갔다. 100장이고 200장이고 가지고 가는 만큼 짧은 시간에 다 나누어주었다. 그러는 나의 마음속에 더욱 용기와 열심히 일어났다.

한번은 교회에 가서 청년들과 여러 사람 앞에서 성경 활용법을 가르쳤는데 열심히 하니까 사람들이 잘한다고 칭찬해주기도 했다. 전도지를 전하고 성경을 연구하는 일들이 나에게는 너무도 좋았다. 그러면서 나는 방문도 다니기 시작했는데 방문 지역도 넓어지기 시작했다. 제2차 세계대전을 나는 아마겟돈 전쟁이라 생각했으며 예수님 오실 때가 얼마 남지 않았다고 생각했다. 그래서 나는 열심히 일했고 더욱 빨리 복음을 전해야겠다고 생각했다.

‒ 미국 간첩으로 체포됨

나는 많은 지역에 방문을 다녔다. 교회는 해산이 되고 사역자는 볼 수 없었기 때문에, 방문하는 곳마다 여비를 주어서 경제적인 큰 어려움을 겪지는 않았다. 황해도, 함경남북도, 평안남북도의 교회는 이미 해산이 되었고 어려운 형편에 놓였다. 그때는 차를 타고 다니면 경찰들에 의해서 불심 검문을 자주 당하기 때문에 주로 걸어서 방문했다.

일본 사람들은 선교사나 기독교인을 서양 종교를 가진 미국 간첩이라고 했다.

나는 경찰들을 피해 가기 위해 교통수단 대신 웬만하면 다 걸어 다녔다. 일제강점기 주선공원이라고 하는 지금 제1발전소와 제2발전소가 있던 곳인데 우리 교인이 한 명밖에 없는 그런 골짜기도 방문하였다. 길을 가다 빈집이 있으면 거기 들어갔다. 밥을 해 먹을 수가 없어서 주로 생쌀을 먹고 물을 마시면서 다녔다. 우리 교인들이 있는 곳에서는 교인의 집에서 자고 또 경찰의 주목을 받기 때문에 그 집에서 가라고 언질을 주면 얼른 그곳을 나와서 다른 곳으로 갔다.

이러면서 황해도 목암 태탄교회를 방문했는데 그곳에 황 씨라는 장로님이 계셨는데 그분은 병원을 운영하고 계셨다. 장로님의 병원에 약사 한 분이 근무하고 있었는데 그 약사가 성경 공부에 흥미가 있고 열심히 공부했다. 그런데 어느 날 장로님이 나를 경찰에 신고했다. 당시 장로님은 공의(公醫)였는데, 약사에게 성경을 가르치는 나를 광신자 같다고 하여 신고한 것이다. 그때가 봄이었다. 안식일 아침에 일찍이 일어나 설교 준비를 하고 앉아서 기도하고 있는데 방문이 열리고 사복 입은 형사들이 들어왔다. "야! 일어나," "네 보따리랑 가지고 나와!" 나 가자마자 내 손에는 쇠고랑이 채워졌다. 그리고 나는 경찰서로 연행이 되었다.

— 옥중 경험

고문실로 끌려간 나는 여러 가지 질문을 받았다. "네 종교가 뭐야?"

"어디서 왔으며 뭐 하러 왔느냐?"라는 등의 질문이었다. 질문 중에 "도중에 검문받아 본 적이 있느냐?"는 질문에 "한 번도 받아 본 적이 없다"라고 했더니 경찰이 "웅가에나" 곧, "재수가 좋다"고 말했다. 이렇게 잡힌 나는 유치장으로 호송되어 갇히게 되었고 그때 주변에 있던 몇 교회의 교인들도 붙들려 함께 갇히게 되었다.

얼마 후 장로들과 집사들 몇 명만 남기고 여자들과 아이들은 집으로 다 돌려보냈다. 경찰은 우리를 유치장에 두고 도청하더니 총독부에서 순 한문 신구약 성경을 가진 한 사람을 들여보냈다. 그 총독부 사람과 마주 앉게 되었을 때 한문 성경을 조선말로 읽으면서 내게 조선말로 할 것인지 일본어로 말할 것인지 묻는 것이었다. 어느 것이나 좋다고 했더니 그는 조선말과 일본말을 섞어서 성경에 대해 이런저런 이야기를 했다. 그때 '기기또'라고 하는 장부가 있어서 내가 하는 말을 모두 기록하는 책이었다. 아침부터 저녁까지 하는 말을 거기에 다 기록하였다. 그들이 기기또를 기록한 이유는 나의 하는 말이 앞뒤가 안 맞는다는 거나 횡설수설한 내용들을 찾으려고 했던 것이었다.

하지만 나는 당시 젊은 나이여서 머리가 맑았기 때문에 내가 공부한 다니엘서와 구약성경의 전반적인 것을 이해하였을 뿐 아니라, 예언의 신의 대부분도 알았다. 나는 처음에 예언의 신을 매우 열심히 읽었다. 왜냐하면 목사님께서 나에게 가르쳐 주시기를 예언의 신은 성경의 좋은 안내자가 된다고 하셨기 때문이다.

그때에는 사실 예언의 신 서적이 별로 없었다. **각 시대의 대쟁투, 정로의 계단, 교회 증언** 1, 2, 5권 정도였다. 성경과 예언의 신을 공부하고 나면 무서운 것이 전혀 없었다. 예수님 만나는 것이 제일 좋았다. 그래서 결혼이고 뭐고 세상에 다른 좋은 것들이 마음에 차지 않았다.

사도 바울이 내가 그리스도의 복음 외에 자랑할 것이 없다고 한 그 이유를 이해할 수 있을 것 같았다.

옥중에서는 한 달에 한 번씩 대화의 내용을 기록해 갔다. 내 정신이 좀 변했나 안 변했나를 확인하기 위한 것이었다. 시간이 지날수록 유치장에 있던 사람들은 다 나가고 나 혼자만 남게 되었다. 나는 옥중에서도 생식했는데 그런 나에게 나온 것은 생쌀과 소금 그리고 약간의 물이 고작이었다. 몸은 자꾸만 더 말라가고 이제 안 되겠기에 화식을 하겠다고 제의했다. 그런 나에게 화식으로 콩 섞은 밥과 약간의 반찬을 주었다. 가을이 되니까 나의 모습은 더욱 초췌하게 되고 몸은 형편없이 바짝 마르게 되었다. 더구나 머리도 안 깎아 주어서 순사들이 나를 괴물이라고까지 표현했다. 조선인 형사가 그런 나의 모습이 너무 안되어 보였는지 "야! 여기서 썩어 버릴 게 뭐 있어. 각서 한 장 쓰고 나가면 되지. 그리고 나가서 다시 믿으면 되지 않겠어?"하고 말해 주었다.

그리고 그날 읍에서 있던 결혼식 이야기도 해주면서 "젊음을 피워보지도 못한 채 결혼도 못하고 죽으면 무슨 소용이냐?"고 오히려 나를 타이르는 것이었다. 그러고는 "내가 그동안 믿으며 살아온 것이 생각해 보니 잘못된 것 같다"라고만 쓰면 금방 풀려날 수 있는 것이라고 각서의 내용을 쓰는 방법까지 자세히 가르쳐 주었다.

하지만 나는 '암흑시대 동안 순교자들이 한마디 말만으로도 자신의 목숨을 구할 수 있었을 텐데 그렇게 하지 않았건만, 내가 어떻게 풀려나가겠다고 그런 각서를 쓰고 나가서 떳떳이 신앙을 지켜나가겠다고 할 수 있는가?' 하는 생각으로 마음을 굳게 정했다. 그래서 마음속으로 '내가 여기서 죽으면 그만이고 또 집에서도 쫓겨난 몸이니 하나님의 약속 가운데서 끝까지 살리라' 하고 다짐하고 나니 마음이 편했다. 고등게 주임이 나하고 앉아서 이야기하는데 나는 예수님의 재림과 재림의 징조를 이야기했다.

주임이 나의 이야기를 듣다가 성경대로 맞아 돌아가니까 나에게 물었다. "그러면 일본이 앞으로 어떻게 되겠느냐?"고 물어보는 것이다. 성경에는 일본에만 국한되는 이야기가 없다고 말했다. 그리고 "예언에는 온 세상이 다 멸망한다고 했다"하고 말했더니 그런 내용을 성경에서 찾아보라고 하는 것이었다. 그래서 나는 먼저 요한복음 3장 16절을 찾아 예수 그리스도 외에는 구원이 없다고 했다. 당시 일본은 천황을 신으로 받들었기 때문에 잘못 말하면 큰 몰매를 맞을 수 있는 상황이었지만 그 상황에서 하나님의 천사가 나에게 할 말을 가르쳐 주신 것 같았다.

나는 그 형사에게 "천황도 예수를 믿지 않으면 구원이 없다"라고 말하면서 누구든지 예수가 없으면 세상 끝 날에 유황불로 멸망한다고 설명했다. 그랬더니 그 형사의 머릿속에도 나의 이야기가 들어갔는지 그때 가서는 "예수 안 믿으면 안 되느냐?"고 하는 것이었다. 그래서 나는 안 된다고 했다. 그리고 예언의 신대로 이야기했다. 젊은 나이였고 기억력도 좋았기에 예언의 신에서 읽은 대로 답변을 할 수 있었다. 그리고 다른 사람들은 많이 맞고 나갔지만 나는 취조나 구타를 한 번도 당하지 않았다. 일본 경찰이 나에게 하는 말이 "아주 정확해서 좋다"고 하는 것이었다.

경찰에게 신문을 당할 때 위험한 순간이 한 번 있었다. "네 친구들과 가족들이 있지 않느냐?"란 질문을 받았을 때 성령께서 나의 입술을 주장하셨다고 생각했다. 나도 모르게 얼른 대답하기를 "나는 사람을 믿지 못해서 친구가 없다. 그래서 나는 예수만 믿고 산다"라고 대답했다. 그 뒤로 가족이며 친구에 대한 더 이상의 질문이 없었다.

모든 증언의 내용은 예수밖에 없다는 것이었고 성경과 예언의 신을 통해 말할 때 오히려 그들은 화를 내기보다는 정확해서 좋다고 대답할 뿐이었다. 이것은 처음부터 성경과 예언의 신을 열심히 공부했던 덕분이라 생각된다. 사실 다른 종교인들은 요리조리 빠질 구멍을 찾느라 궁리한 많은 말들을 지어내는 데 반해 나는 아주 성경대로 정확히 말하는 것 같아서 좋다는 것이었다.

― 감옥생활

양력으로 12월 말에 나는 영양실조로 피부색이 하얗게 되어 버렸고 죽음이 곧 가까웠다는 것을 의식할 수 있었다. 그래서 나는 임종을 앞둔 기도를 올렸다. "하나님, 내가 여기서 죽어도 좋다. 그러나 나를 여기서 나가게 해주실 뜻이라면 이 옥문을 열어 주십시오. 내가 주님의 마지막 사업에 조금이라도 도움이 될 것 같으면 여기서 나가게 해주십시오. 그러나 죽는 것이 오히려 나에게 더 좋다면 죽게 해주십시오"하고 간절히 기도를 드렸다. 그리고는 구약의 에스더와 같이 그때부터 금식하기 시작했다.

죽게 생겼는데 지금 아무 음식도 먹지 않으니 그 소식을 듣고 서장이 급히 나에게 찾아왔다. 그러면서 나를 만져보고 담요를 가져오게 하여 덮어 주고 따뜻한 담요를 갖다 줄 뿐 아니라 차까지 들여보내라고 지시했다. 그리고 여기 가까운 곳에 친척이 없느냐고 물어보는 것이었다. 나는 아무도 없다고 대답했다. 그리고 혹시 최경선 장로라면

도와줄지 모르겠다고 이야기했더니 그가 바로 전화해서 곧 최경선 장로를 불러왔다.

그러고는 나를 데리고 나가라고 하는 것이었다. 최경선 장로의 책임 하에 나는 유치장에서 나오게 되었다. 당시 나는 몸이 붓고 죽음의 문턱까지 가는 고비를 겪었지만, 하나님의 은혜로 다시 살아나게 되었다. 하나님은 당신의 자녀가 목숨을 내놓고 기도를 드릴 때 우리의 기도를 신속히 응답해 주심을 비로소 깨닫게 되었다.

– 눈에는 보이지 않는 사람

감옥에 있을 때 그곳에서 최종섭이라는 친구를 사귀게 되었는데 신앙으로 가까워진 친구였다. 그는 혼자 신앙을 하는 사람이었는데 징병 소집 통지서를 받고 하루는 나를 찾아왔다. 그리고 나에게 "강형, 우리 같이 도망갈까?" 도망을 어디로 가느냐고 물었더니 "저 강원도에 우리 안식일 교인들이 피난 가서 사는 곳이 있다"라고 말하는 것이었다.

그래서 우리 둘은 도망을 가기로 약속하고 저녁쯤의 서울역에서 내려 강원도로 가는 기차에 몸을 실었다. 그리고 가평 적목리까지 찾아 들어갔다. 그곳까지 가면서도 또 경찰의 눈을 피해서 방문을 다녔다. 순사들의 불심 검문이 심해서 그곳에서도 차량을 이용하지 못했다. 많은 사람이 경찰서 앞을 지나다가도 갑자기 불심 검문당하기가 일쑤였지만, 나는 하나님의 도우심으로 해방이 될 때까지 한 번도 검문당하지 않았다.

나는 무슨 일본 공무원 복장으로 다닌 것도 아니었고 밤중을 택해서 다닌 것도 아니었다. 오히려 대낮에도 내 마음대로 활보하고 다녔 건만 검문하여 붙잡는 형사나 순사가 하나도 없었다. 나는 지금도 그 이유를 하나님께서 그들의 눈을 어둡게 하셔서 그들의 눈에 내가 안 보였거나 아니면 나를 일본인으로 착각을 일으키게 하신 것이라고 그 렇게 믿고 있다.

— 적목리 회상: 일경의 급습

나의 아내 신선희가 적목리에 들어간 것은 당시 나이 18세의 처녀로 서 오직 예수님에 대한 재림의 소망을 안고 산 믿음의 처녀였다. 그곳 에서의 여자들의 역할은 참으로 중요했다. 왜냐하면 모자라는 식량을 공급하기 위하여 멀리 산에 나아가서 나물을 캐오고 동네에 내려가 식량도 구입해 오는 일을 담당했기 때문이었다. 당시 처녀로서 어머니 의 일을 도와 밥 짓는 일과 물을 길어 나르고 빨래하는 등 공동생활 을 도왔다.

하루는 그녀의 아버지 신태식 씨가 아침에 일어나서는 밤에 일어났 던 꿈 이야기를 들려주셨다. 신태식 씨가 꿈에 보니 적목리 골짜기 아 래에서 많은 순경이 칼을 차고 우리를 잡아가기 위해 올라오고 있었다 고 한다. 그런데 갑자기 들이닥친 일경의 침입으로 미처 피하지 못한 우리들은 꼼짝없이 붙잡혀 반내현 선생은 수갑에 차이고 다른 사람들 은 놀라 바라보는 꿈을 꾸었다.

그래서 신태식 씨는 공동체를 불러놓고 그곳이 더 이상 안전하지 않 은 것 같으니 일단 청년들과 남자들은 금강산/ 설악산 연화동으로 이

주시키고 모든 성경, 찬미와 예언의 신은 돌 틈에 깊이 숨겨 놓았다. 반내현 씨는 전도 활동을 떠나보내고 신태식 씨는 만주에 자기 딸을 보러 갔다. 그런 뒤 이틀 후에 실제로 칼을 찬 많은 순경이 우리가 사는 곳으로 들이닥쳤다. 그래서 집들을 샅샅이 수색하고 근처를 둘러본 후 여자들만 있고 아무 혐의가 없는 것을 보고는 돌아갔다고 한다.

당시 적목리 골짜기에는 골짜기를 따라 이곳저곳에 산판을 하는 곳과 숯을 만드는 곳이 여러 개가 있었다. 그해 여름은 장맛비로 인해 가평에 큰 수해가 생겼는데 골짜기에서 작업하던 많은 나무가 100여 리나 떨어진 가평으로 떠내려왔다고 한다. 그래서 가평의 사람들이 그 목재들을 다 건져내어 모아 놓았는데 그것이 누구의 목재인지 분간할 수 없었다고 한다.

그런데 가평의 임업 책임자들은 그것이 신태식 목상의 것이라고 하여 당시 적목리 공동체의 심각했던 식량난에 커다란 도움을 주었다. 나의 아내는 그때 일을 지금도 잊지 못하면서 그것은 분명 우리 공동체의 가족들을 살려 주시기 위한 하나님의 위대한 섭리라고 말하곤 한다. 그녀의 아버지도 생전에 계실 때 그것은 하나님의 분명한 섭리였다고 말했다고 한다.

– 사역의 부르심

드디어 감격스러운 해방을 맞이하였으나 그것은 잠시일 뿐이었다. 하나님의 사업은 38선을 중심으로 남북이 나뉘어 북방에는 공산정권이 들어서 교회는 또 지하로 들어가기 시작했다. 나는 일본 강점기와 같이 북한 지역을 순회하면서 교회를 돌보고 있었다. 하루는 당시 횡성에서 목회하고 계시던 신태식 목사님을 연합회에 갔던 중 만나게 되었다. 그런데 그분이 말씀하시기를 자기 집으로 가자고 하셨다. 그 후 신 목사님의 허락으로 그분의 큰 딸인 신선희와 결혼하게 되었다.

결혼 후 나는 삼육신학원에 입학하기 위해 삼육동 제명호 근처 돌산에 판잣집을 짓고 신혼살림을 시작했다. 그러나 당시 합회로부터 천안지역의 사역자가 필요하다는 연락을 받고 천안으로 떠났고 정식으로 첫 사역을 시작했다. 그러나 얼마 후 6·25 전쟁이 일어나 피난을 떠나게 되었고 삼육동에서 같이 살던 한중권 씨의 고향인 충북 영동군 상촌면 임산으로 가서 잠시 들렀다가 부산으로 가려고 계획했다. 그런데 그곳에 잠시만 들린다는 것이 한중권 씨 부인과 남귀남, 남옥분 씨에게 공부를 가르치게 되어 결국 영동 황간, 임산에 복음의 씨앗을 뿌리게 된 계기가 되었다.

그 후 부산으로 내려가 피난 생활을 살고 전쟁이 끝난 직후 다시 천안으로 와서 삼척교회, 회현동교회, 제기동교회 등을 개척 및 건축하였다. 제기동교회는 정사영 박사 환자였던 이재현 집사의 헌신과 봉사로 시작되었다. 당시 나는 **가정과 건강, 교회 증언** 등 시골 생활에 대한 말씀에 깊은 감동을 받았고 자녀 교육에 대한 특별한 예언의 신의 권면에 대하여 신념을 갖고 있었다. 그리하여 시골 생활을 준비하기 시작하였다.

— 산(山) 신학

한 번은 고물 책을 파는 시장에 나갔더니 일본말로 된 각 시대의 대
쟁투가 있었다. 그래서 그것을 함께 사는 친구에게 사다 주었더니 반
가워하면서 그것을 아주 열심히 읽었다. 그는 일정시대 공무원이었기
에 일본어를 잘했고 그래서 일본어책을 보는 데는 어려움이 없었다.
그 후 서울이 안정되자 서울로 돌아왔다.

그는 우리에게 당부하기를 서울에 오면 자기 집에 꼭 들르라고 했다.
그래서 혹 서울에 갈 일이 생겨 갔다가도 잊어버리고 그냥 내려오면 왜
자기 집에 들르지 않았느냐고 상당히 섭섭해하곤 했다. 그렇게 약 십
년을 연락하며 친하게 지냈는데 한 번은 전도회 중 이 사람이 나타났
다. 몇 주일 동안 전도회를 했는데 이 사람이 계속 참석하는 것이었다.

그래서 이 사람이 구도자가 되었고 결국에는 교회 장로가 되었다.
그 사람 이름이 지현철 씨인데 하루는 그에게 "지 선생님, 내가 그동안
한 번이라도 당신에게 교회 나오라거나 예수 믿으라고 하는 말 들어
본 일이 있습니까?"하고 물었다. 그는 "한 번도 없었다"라고 말했다. 내
가 십 년 동안 그와 상대하고 사귀며 한 번도 예수를 믿으라는 말을
하지 않고도 자기 스스로 교회에 나와서 교회 장로까지 된 유일한 사
람이었다.

내가 십 년 동안이나 상대해서 교회에 나온 사람은 이 사람밖에 없
다. 그런데 이분은 과로로 쓰러져서 그만 세상을 떠났고 그의 아내는
아이들을 데리고 미국으로 건너갔는데 그녀가 현재 나의 처남(신우균
목사)이 있는 새크라멘토(Sacramento)교회에 나오고 있다. 그녀의 아들,
딸들 모두 교회에서 봉사하고 있다. 그때 내가 믿으라는 말이나 교회

나오라는 말도 안 했지만, 그에게 준 **각 시대의 대쟁투**를 받고 그것을 본 뒤 마음이 달라진 것으로 생각한다.

어떤 이들은 나의 아내가 그녀의 모친인 고 신태식 목사의 사모와 여러모로 많이 닮았다고 한다. 나의 장모님은 항상 엿을 잘 고시는 분이신데 아이들과 교인들은 그 사모님만 보면 "엿 할머니! 엿 할머니!"하고 부르곤 했다. 사람들은 내 아내를 보고 그녀의 어머니처럼 부지런하다고들 말한다.

나의 아내와 나는 지난날의 잘못되었거나 나쁜 것들은 절대 거듭 이야기하지 않고 상상하지도 않기로 결심했다. 아마도 그것이 나와 내 아내를 오늘날까지 잘 지탱하게 해준 비장의 무기가 아니었나 싶다. 그래서 우리는 늘 말하기를 그것이 바로 우리가 적목리 공동체에서 배운 '산(山) 신학'이라고 말하곤 한다.

우리는 과거에 대해서는 절대로 되씹어 말하지를 않는 것을 철칙으로 삼으며 살고 있다. 물론 인간의 연약함으로 인한 실수를 회개하고 돌이킨 것에 대해서는 철저히 반성하고 결코 되씹어 슬퍼하지 않는다. 암울한 과거에 대해서 깊이 생각하고 낙담 가운데 빠뜨리는 것은 사단의 방법이라고 화잇 부인은 말했다. 그래서 우리는 언제고 앞으로 잘해 나갈 것만을 생각한다. 따라서 우리 부부는 늘 만족과 행복을 느낀다. 하나님의 인도해 주신 일과 사람에게 행하신 그의 기이한 사랑으로 인해 감사드린다.

― 의의:

강태봉 장로는 선구적 발상으로 스스로 일어난 지도자이다. 전국 각지를 다니는 용맹을 발휘했다. 일경의 삼엄한 경비를 뚫고서 목숨을 건 항일 신앙부흥을 주도했다. 일경을 피해 다니기 위해 한적한 산길로 걸어 다니며, 빈집이 있으면 들어가 자기도 했다. 형편이 어려워 생식하면서 다녔는데 밀고로 오랫동안 유치장에서 심문과 고문을 당하기도 했다. 황해도 목암 태탄 경찰서 유치장에 연행되고 심문과 고문을 당할 때는, 금식해서 죽음 직전까지 갔다. 그때 유치장에서 심문과 고문을 당하면서도, "천황도 예수를 믿지 않으면 구원이 없다"라고 당시로선 기상천외한 말을 하곤 했다. 황해도의 어떤 경찰서 유치장에서 연행되고 심문과 고문을 당할 때는 금식해서 죽음 직전까지 갔다. 그래서 임종 직전에 경찰서장이 풀어준 적도 있다.

특히 나중 적목리 공동체 지도자 신태식 목사의 차녀 신선희 집사와 결혼한 뒤, 적목리 생활 편린과 일경의 공동체 급습과 관련된 중요한 꿈 이야기를 기록했다. 신태식 목사가 꿈에서 많은 일경이 칼을 차고 적목리 공동체에 들이닥치는 것을 보았다. 갑작스러운 급습으로 미처 피하지 못한 사람들이 꼼짝없이 붙잡히고, 반내현 목사는 수갑에 차이는 꿈이었다. 그래서 모든 성경과 종교 서적을 돌 틈에 깊이 숨겨놓았다. 반 목사는 전도 활동을 떠나고, 신 목사 본인은 만주에 자기 딸을 보러 떠났다.

실제 이틀 후 일경들이 적목리 공동체를 덮쳐, 집들을 샅샅이 수색하고 주변을 조사했다. 그러나 젊은이들은 이미 깊은 산속으로 다 피한 뒤로 화를 면했다. 이 사건을 계기로 적목리 공동체 일부는 신태식 목사의 인도로 설악산으로 옮기고, 일부 노인들은 가평 방향 약 1km 떨어진 아래 장로로 이동해서 살다가 해방을 맞았다(신태복 장로의 증언). 이 이야기는 일제가 공동체를 탄압했던 대표적 사건이다. 적목리 공동체가 직면했던 위험과 어려움에 대한 생생한 증거 자료이다.

일제 말기의 교회 탄압과 교회의 비참한 상황을 보면서, 우리가 평화롭게 사는 지금 이 땅은 일제강점기와 바로 그 뒤 6·25 전쟁이 휩쓸고 간 바로 그 폐허였다. 이곳은 선구자들과 선열들의 눈물과 피땀으로 얼룩진 성역(聖域)과도 같다. 지금 우리는 운 좋게 살아남은, 또는 체념하며 비열하게 일제에 굴종했거나 군대를 기피한 후손들일 수도 있다.

적목리 공동체는 우리 민족이 겪었던 극한 상황의 고난과 그 의미를 보여주는 역사적 유적지이다. 또한, 이 공동체에서 드러난 정신과 교훈은 오늘날에도 계승해야 할 귀중한 가치를 제시한다. 적목리 공동체는 오늘날 그 정신을 기억하게 하고 자유와 평화를 지키며, 더 발전된 사회를 위한 화두를 제공하는데 일조한다.

적목리 공동체의 함성

공동체 배경

김재신[1]

— 시대적 배경

현재의 일본은 우리나라를 주권 국가로 인정하고, 자유민주주의의 우방으로 대등한 외교 관계를 맺고 있다. 또한 사회, 경제, 문화 등 다양한 분야에서 교류를 증대시키고 있다. 그러나 일제강점기(1910~1945)의 일본제국은 침략적인 군국주의 국가로 한국을 식민지로 지배하고 정치, 경제, 사회, 문화 등 전반에 걸쳐 참혹한 탄압과 수탈을 자행함으로 우리 민족에게는 씻을 수 없는 고통과 상처를 남겼다.

그러나 일제강점기의 고난과 상처를 알아야 하는 이유는 역사적 기억을 되찾고 정의로운 사회를 만드는 데 필요하고, 미래를 위한 교훈을 얻을 수 있으며, 다음 세대에게 역사적 사실을 전달해야 하기 때문이다.

---

[1] 김재신 목사는 한국 재림교회의 북한 교회사가이다. 도산 안창호와 동향인 북한 평안남도 강서 출신으로 1948년 18세에 월남하였다. 신실한 재림교인으로서 해방 전 이북에서 목격했던 일제강점기 및 이후 남한의 한국 재림교회를 경험한 특이한 경륜의 교회사가이다. 저서로는 경희대학교 대학원의 논문인 **한국기독교 문화의 일연구**(1969)를 위시하여 **북한교회사**(시조사, 1993), **삼육대학교 90년사** 등이 있다. 서울삼육중고교, 한국삼육중고교 등 여러 학교의 교사, 교감과 교장, 및 삼육간호보건대학장을 역임했다.

– 지리적 배경

적목리는 행정 구역상 경기도 가평군 북면 적목리이다. 적목리는 6개 반으로 이루어져 있었는데 가평역에서 적목리까지는 32km(80리)나 떨어진 곳이다. 명지산과 화악산 사이 석룡산 기슭에 있는 명화동 삼거리에서 좌측으로는 포천으로 가는 길이 있다. 곧바로 명지천 상류를 끼고 올라가면 종목천이 나오는데 여기에 가평지구 전투 및 38선 안내문이 있고, 이곳을 용수동 또는 용수골이라 한다. 거기서 조금 더 올라가면 도마치 고개를 넘기 전, 종목천 건너편의 왼편에는 철도 침목 조달을 위해 경춘철도주식회사[1] 가평출장소(경춘철도임업주식회사) 분소(현장사무실)가 있던 터가 있다.[2] 오른편에는 윗장소에 강제 징병과 징용 및 신사참배를 피해 전국에서 몰려든 낯선 사람들이 출입한다는 신고를 받고 급습한 헌병대 수색 후, 신태복 등 일부 주민들이 내려와 살았다는 장소이다.[3] 이곳에서 도마치 고개 방향 1.2km 지나

---

1 경춘철도 주식회사는 경춘선(성동역~춘천역/ 현재는 중앙선 망우역~춘천역 구간)을 운영하는 사설철도로 1936년 7월 자본금 1,000만 원으로 설립되고 경춘철도기성회와 조선식산은행이 주도했다. 초대 사장엔 조선총독부 내무국장 출신의 牛島省三이었다. 경성부(서울)를 중심으로 경인과 삼척공업지대를 연결하는 중부 조선의 횡단선이었다. 1939년 7월 성동역과 춘천역을 연결하는 93.5km의 경춘선이 개통되었다. 정안기, "1930년대 조선형 특수회사, 경춘철도(주)의 연구," **서울학연구** 64 (2016. 8), 155-213.

2 경춘철도 가평출장소 현장사무실의 존재는 적목리 주민들인 애국반장 이홍교, 임오준 옹의 증언으로 확인되었다. 당시 용수동에 경춘철도 출장소가 있고, 거기서 도마치 고개 방향 3km 지점에 출장소 분소가 있어 4명의 직원과 8명의 인부가 상주해서 목재 운송을 주관했다고 함. "적목리 연표," **삼육신학포럼** 7 [2002], 119-120).

3 적목리 공동체 아랫장소 존재는 1960년대 한국 재림교회사 자료, 적목리 공동체 거주자들의 증언 및 가족들의 서신 등에 나타난다. 이영린, **한국 재림교회사 연구**(1967), 82; 유영순, **회고담**, 162; 서신들: 신우균, "적목리 신앙유적지에 대하여 다음 사실을 확인합니다," (2019. 10. 30); 반상순, "적목리 윗장소, 아랫장소에 대하여," (2019. 11. 1); 신상균, "적목리 신앙유적지에 대하여," (2019.11.1); 신동균, "적목리 신앙유적지에 관한 소견서" (2019. 11. 6) 등.

오른편에 1943년 9월 처음 공동체를 이루고 살았던 적목리 공동생활 위 유적지가 있다. 조금 더 올라가면 도마치 고개가 있고, 내려가다가 왼편으로는 일동으로 가는 길이고 곧바로 가면 군사적 요충지인 사창리 가는 길이다. 이 길이 금강산 가는 요로 중의 하나이다.

- 주거 생활

일제의 탄압을 피하여 신앙의 자유를 찾아 전국에서 찾아든 사람들은, 돌과 흙으로 쌓고 나무를 걸쳐 움막집을 만들어 안으로 흙을 바르고 바닥을 삿(갈대로 엮어서 만든 자리)이나 가마니로 깔고 집안에서 불을 켜고 밥을 지어 먹었는데, 그나마 배급쌀이 모여드는 인원에 비해 적어서 집 주변에 밭을 일궈 텃밭에 채소를 심어 먹고 산에서 나물을 뜯어다가 죽을 끓여 먹기 일쑤였다. 그리고 송기(松肌)/ 소나무 껍질(松皮/ 송피)을 벗겨 이겨서 떡같이 해서 먹었다. 밤에는 집안에 관솔불(송진이 타는 불)을 피워 조명등을 대신하고 예배 시간에는 반지하로 만든 25평의 집회소에 모여서 관솔불 밑에서 예배를 드렸다. 어려운 가운데서 고생은 되었지만 신앙의 자유로 인해 마음은 편했다.

가평 적목리 공동체 생활은 1943년 9월부터 1945년 8·15 광복 때까지 계속되었다. 생활의 지도자는 신태식 목사였고, 영적 지도자는 반내현 목사와 반내병 장로였다. 반내현 목사는 주로 지방 선교를 위하여 지방으로 출장 다니고, 신태식 목사와 반내병 장로가 주로 지도하였다. 가끔 김명길 목사와 조경철 선생이 찾아와서 성경과 예언의 신으로 가르쳤다고 한다. 이곳은 심산유곡 벽지라서 8·15 해방된 것도 모르고 있다가, 8월 17일에 가서야 어떤 마을 노인이 알려 주어서 알게 되었고 그 후 각기 고향으로 떠나갔다.

– 설립 동기

일제의 탄압이 가중되어 학교에서는 조선어 사용을 금하고, 조선 역사와 지리를 교수 과목에서 제하는가 하면, 조선의 젊은이들을 징병, 징용, 학도병 등 지원병이란 미명하에 전선으로 내보내고, 여자들까지 정신대로 차출해갔다. 1943년 9월 김화교회에서 신태식과 반내현이 만나서 가평 적목리 산판으로 들어갈 것을 협의하고, 신태식 가족과 반내현 가족이 선발대로 찾아간 곳이 경기도 가평군 북면 적목리 산 1-28 번지 적목리 공동체 유적지였다.

신태식 선생이 산판을 경영할 때, 감독으로 같이 일하던 박춘섭이란 사람이 적목리 산판 대표자 운천 사람 윤홍섭 씨를 잘 알고 있었으므로 그곳 산판 감독이 되어 있었다. 박춘섭의 소개로 한 구역을 차지할 수 있도록 계약하고 신태식 선생 형제들과 반내현 가정이 선발대로 입산하게 되었다. 그리고 이곳에서는 쌀을 1인당 3홉(1홉 = 1/10되 = 약 233.33그램, 3홉 = 약 700그램)씩을 배급받을 수 있었고, 징용과 보국대(일제가 강제 노동에 동원하기 위하여 만든 노무대)를 면제받을 수 있었으므로 전국 각처에서 신앙의 자유를 찾아오는 이들이 늘어나게 되었다.[1] 선발대로 먼저 입산한 신태식 형제들과 반내현, 반내병 형제들은

---

1 강제 징용된 조선인들은 대개 16~22세의 젊은 청년들로 시기는 주로 1943~45년에 집중

우선 거처할 움막집과 집회할 25평의 반지하 교회당을 지었다.

– 공동체 거주자들

신태식 가족(출신지: 강원도 화천군 상서면 마현리)

어머니: 장군선

아내: 김태순

아들: 성균, 우균

딸: 선의, 선영, 선옥, 선녀

동생: 신태복

아내: 이사례

아들: 영균

동생: 신태홍, 태섭, 태범

반내현 가족(출신지: 충북 청주시 북이면 신대리)

어머니: 최임신

아내: 김순희

아들: 상순

되었다. 이들은 일본에 도착한 후 다시 열차나 트럭으로 각지의 탄광, 건설 현장, 군 시설 공사장 등에 배치되었다. 특히 홋카이도와 사할린의 탄광으로 보내진 사람들이 많았다. 이들의 일과 시간은 보통 오전 6시부터 오후 6~8시 정도로, 하루 10~14시간의 중노동 이었고, 탄광은 원칙적으로는 12시간 노동제였지만 작업 할당량을 채우기 위해 15~16시 간, 많은 양의 석탄을 채굴해야 할 때는 연속 30여 시간을 일하기도 했다. "강제 징용 1939~1945," 우리역사넷. **일제 강제 동원 역사관**; 우치다 마사토시 저, 한승동 역, **강제 징용자의 질문** (서울: 한겨레엔, 2021), 276.

딸: 효순

형: 반내병

아내: 이연화

아들: 기상, 정일

딸: 기화

노원호 가족(출신지: 평남 평원군 순안면)

어머니: 임봉순

아내: 임경옥

누이: 노사라

아들: 운영

딸: 춘애

홍성실 가족(출신지: 평남 평원군 순안면 사직리)

아들: 오춘수

딸: 명숙

이기원 가족(출신지: 경기도 연천군 적성면)

아내: 이종애

장인: 이남기

장모: 성명 모름

지현각 가족

어머니: 성명 모름

아내: 성명 모름

자녀들: 성명 모름

김인식 가족

아내: 조영애

아들: 화신

최선일 가족(출신지: 평남 강서)

아내: 성명 모름, 자녀들

최명기(출신지: 강원도 회양군 난곡면 하송관리)

아내: 윤월래

아들: 최영만

김봉락(출신지: 평남 강서군 강서면 거장리)

최종섭(출신지: 황해도 장연군 목감)

오명선(출신지: 황해도 장연군 목감)

전부 13세대 약 70명이 공동체를 이루고 왈덴스인들과 같이 신앙의 불꽃을 일구며 살았고, 많은 이들이 이곳을 방문해 다녀갔다. 다음은 방문한 이들의 명단이다.

김명길, 조경철, 신종균, 강한룡, 정인섭, 김성달, 이대련, 김형남, 고자선, 황봉호, 반대일, 김기홍, 강태봉, 전명숙 등 여러 곳에서 여러분이 적목리를 다녀갔다. 특히 1944년 6월 17일 밤에 적목리 윗장소 옆의 작은 폭포에서 김명길 목사의 집례로 침례식이 있었는데 노사라, 오명숙, 지현가 모친이 침례를 받았다.

- 가평가

8·15광복을 맞은 감격에 오춘수(吳春洙) 선생이 가평가를 지어 옛 애국가 곡에 붙여 불렀는데 그 가사 내용은 다음과 같다.

> 1. 묘하도다 적목리골 우리 살던 곳 / 산악원에 산림이 우거진 이곳/
> 우뚝우뚝 솟아 있는 저 고목들은 / 우리들을 보호하는 파수 꾼이라
> 2. 감사하다 이 난국을 주의 품에서/ 어려운 일 겪지 않고 돌파하였다/
> 이와 같이 주신 은혜 감사드리자 / 소리 높여 하나님께 감사 드리자
> 3. 하나님을 대적하던 일본 정부는 / 전능하신 하나님께 항복하였네/
> 우리 신앙 우리 민족 해방이 되어 / 자유로이 우리 신앙 전하게 됐다

이 가평가(加平歌)는 1945년 10월 18일부터 동 24일까지 회기동 본부 교회에서 개최된 신도대회에서 가평 적목리 공동체에서 같이 고생하

던 형제들이 나와서 합창하여 참석한 많은 회중에게 큰 감명을 주고 눈물을 자아내게 하였다. 이 노래의 작사가 오춘수 선생은 홍성실 여 전도사의 아들로 순안 출신인데, 1950년 5월 24일, 해방 이후 첫 신학을 졸업하고 6·25 사변 후 미국 길에 올랐다. 남가주 하시엔다(Hacienda)에서 "오 국제척추건강센터(Oh International Chiropractic Life & Health Center)" 원장으로 재직했다.

적목리 공동체는 1943년 9월부터 1945년 8월 15일 민족 해방이 있기까지 2년간을 그 음침한 토굴 속에서, 참으로 어려운 여건하에서 인간 이하의 생활을 했으나, 일제의 탄압과 만행을 피하여 오직 신앙의 자유를 찾아 모여든 성도들의 공동체였다. 마치 중세기 왈덴스인들과 같이 신태식·반내현 선생을 주축으로 70여 성도의 인내와 충성을 다하여 끝까지 승리한 재림 신도의 공동체이다.

── 의의:

김재신 목사의 적목리 공동체 배경에 관한 글은 사학자인 저자의 여러 해 동안의 현지답사, 수많은 관련자와의 인터뷰, 및 사실 확인 등 각고의 노력을 통해 이루어진 빛나는 성과이다.

70여 명 신앙인들이 거주하며, 매일 청년들 4~5명이 전국에서 찾아왔으며(신태복), 청년 40여 명이 피신했던 공동체였다(김관호). 공동체가 일경의 습격으로 노출되고 식량 사정이 악화되었다. 도저히 견디기 어려워 한계 상황에 이르자, 신태식 목사는 설악산 연화동으로 23명의 청장년들과 함께 이동했다.

김 목사의 적목리 공동체 연구는 역사적, 학술적, 사회적으로 중요한 가치를 지닌다. 일제강점기 한국기독교 역사에 대한 정보를 제공하고, 어려운 상황 속에서도 신앙을 지키고 공동체를 유지하는 사람들의 모습을 생생하게 보여준다.

공동체 개관 및 성격

이종근[1]

― I. 개관

적목리 공동체는 가평역에서 당시 100리 길로 오롯이 하룻길인 심산유곡에 자리 잡고 있다. 오늘날 승용차로도 40분이 소요되는 거리이다. 해방되어 선구자들이 이곳을 떠난 뒤 화전민들과 군부대도 이곳에 주둔했다. 1962년에 삼육대학의 이영린 목사께서 신학생 김영환, 임종서 두 학생과 함께 홍성실 집사의 안내로 탐방한 적이 있다. 이로써 적목리 공동체를 중세의 왈덴스인들로, 그 가치를 세계적 자랑거리라고 평가하고 유적지 존재에 대한 기록을 남겼다.[2] 본격적인 교단적 관심과 복원은 교회사가이신 오만규 교수의 주도적 노력과 기여가 있

---

1 이종근 교수는 미국 하버드 대학교 신학석사(Th.M.)와 보스턴 대학교 신학박사(Th.D.) 학위 취득, 및 1993년 미국 성서고고학회(Biblical Archaeology Society) 성서고고학 및 성서 신학자 인명록에 등재되었다. **메소포타미아 법사상**(2003, 문화관광부 추천 우수 학술도서), **히브리 법사상**(2005년 대한민국학술원 추천 우수 학술도서), **히브리 사상**(2007년 문화관광부 추천 우수 학술도서), **메소포타미아 법의 도덕성과 종교**(2011년 한국연구재단 지원 도서) 외 논문 다수를 저술했다. 삼육대학교 명예박물관장으로 전 인문사회대학장, 신학대학장/신학대학원장을 역임했다.

2 이영린, **한국 재림교회사 연구**, 82. 이후의 복원 관련 역사 참고: **빛의 증언들**, 205-207.

었다.[1]

1. 주소

적목리 공동체는 경기도 가평군 북면 적목리 산 1-28번지에 있다.

2. 가평군 향토 유적 지정

아랫장소(4,540㎡)는 가평군 향토 유적 제13호로 1999년 12월 31에 지정되었고, 아랫장소에서 도마치 고개 방향 약 1km 지점의 윗장소(8,920㎡)도 2015년 12월 2일 가평군 향토 유적 제13-1, 2호로 지정되었다.

명칭 변경: 아랫장소를 처음에는 적목리 신앙유적지로 표기했다(가평군 향토 유적 제13호, 1999. 12). 이후 윗장소가 가평군 향토 유적으로 지정되었을 때 위와 아랫장소를 통합하여 가평군은 **적목리 공동생활 유적**으로 변경했다(가평군 향토 유적 제13-1호, 제13-2, 가평군 고시 제2015-214호). 위와 아래 두 장소 모두 약 1km 간격의 동일 지번의 장소이다.

3. 형성 연대

1943년 9월~1945년 8월 15일, 2년간 형성되었다.

4 형성 원인

일제의 철도 침목을 생산하는 산판이 경춘철도주식회사 가평출장

---

1 이종근, "적목리 신앙공동체 가평군 향토 문화재로 지정," **교회지남** (2016.2), 10; "복원기," **빛의 증언들**, 205.

소에 의해 적목리에 운영되었다. 일제강점기 제국정책이 시기에 이 산판이 합법적 벌목 작업과 피난처로 자연스럽게 형성되었다. 일제가 교회를 폐쇄하고 도시나 촌락마다 호구조사를 통해 인구를 파악하고, 보이는 대로 젊은이들을 군대나 공사장으로 끌고 갔기 때문에 일제의 제국정책을 거부하며 신앙 양심을 지키기 위해 전국에서 사람들이 모여들게 되었다.

5. 지도자 및 인원

생활의 지도자 신태식, 영적 지도자 반내현 외 70여 명(거처 간 인원 약 100명).

6. 공동체의 생활상

첫째, 산판에서 철도 침목을 생산하는 작업을 통해 합법적으로 일정량의 배식을 얻게 되었다.

둘째, 식량부족으로 간에 기별도 가지 않는 극심한 빈곤과 굶주림의 생활로, 움막을 짓고 초근목피로 연명하는 공동생활을 영위했다.

셋째, 일과가 조석 예배와 기도 생활 중심이었다.

넷째, 종교자유를 위해 피신해 오는 모든 사람을 무조건 환영하고 돌봐주었다.

다섯째, 지도자들은 일제의 패망을 확신하고 경향 각지로 다니면서 민족을 계몽하고 신앙을 일깨웠다.

7. 적목리 공동생활유적 표지석 및 안내판

자료 1　적목리 공동생활유적(윗장소) 입구 표지석

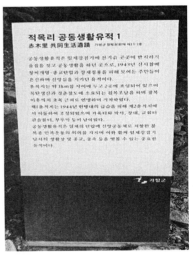

자료 2　가평군 적목리 공동생활유적
(아랫장소) 표지판(2015. 12)

자료 3　가평군 적목리 공동생활유적
(아랫장소) 안내표지판

― II. 공동체의 의의 및 성격

적목리 공동체는 비무장(Noncombatant) 입장[1]에서 적목리로 피신해서 전개한 비폭력 무저항 신앙 운동이었다. 그러나 군국주의 일제의 제국정책을 거부한 측면에서 그것은 "항일의식"[2]의 발로였고, 애국 및 항일의 의미가 있다.[3] 국가보훈부의 독립유공자예우에 관한 법률에 따르면 항일(抗日)이란 일제의 국권침탈 전후로부터 1945년 8월 14일까지 국내외에서 일제의 국권침탈을 반대하거나 독립운동을 한 모든 행위를 포괄하는 개념으로 다양한 형태로 이루어져 있다.[4]

또한 한국민족운동사학회의 적목리 공동체에 대한 평가는 한국 근현대사의 한 획을 그은 사건으로 의미를 크게 부여했다. 첫째는, "신사

---

1 Frank M. Hasel, Barna Magyarosi, and Stefan Höschele, eds. *Adventists and Military Service: Biblical, Historical, and Ethical Perspectives* (Nampa, ID: Pacific Press Publishing Association, 2019), 198-200; Valentyna Kuryliak, and Maksym Balaklytskyi. "The Seventh-Day Adventists' Military Service Peculiarities," *East European Historical Bulletin* 14 (2020): 190-205; Jan Paulson, "Clear Thingking about Military," *Adventist World* (March 8, 2008), 8-10; Alisa Williams, "The Audacity of Peacemaking - Statement of the Seventh-day Adventist Church in Germany on the end of the first World War in 1918," *Spectrum* (Feb. 2, 2018).

2 오만규, **백년사**, 1: 722-726.

3 특히 전쟁과 전시(戰時) 상황에 광분(狂奔)했던 일제강점기는 반인륜적이고 잔혹과 폭압의 상황이었다. 그 시대는 어떤 도덕성이나 정당성, 당위성이 전무하다. **Cf. 각 시대의 대쟁투**, 589.

4 국가보훈부의 독립유공자예우에 관한 법률([시행 2023. 6. 5.] [법률 제19228호, 2023. 3. 4., 타법개정])에 의하면 항일(抗日)은 첫째, 순국선열: 일제의 국권침탈(國權侵奪) 전후로부터 1945년 8월 14일까지 국내외에서 일제의 국권침탈을 반대하거나 독립운동을 위하여 항거하다가 그 항거로 인하여 순국한 자로서 그 공로로 건국훈장(建國勳章)·건국포장(建國褒章) 또는 대통령표창을 받은 자; 둘째, 애국지사: 일제의 국권침탈 전후로부터 1945년 8월14일까지 국내외에서 일제의 국권침탈(國權侵奪)을 반대하거나 독립운동을 하기 위하여 항거한 사실이 있는 자로서 그 공로로 건국훈장·건국포장 또는 대통령표창을 받은 자들의 활동을 말한다.

참배를 거부하여 가평 적목리에서 공동체를 만들어 식민통치에 직접적인 반대를 표명한… 적목리 공동체의 신앙 운동은 무저항 불복종 민족운동으로서 그 의미가 매우 크다"는 것이다(서굉일 교수, 한국민족운동사학회 전 회장, 한신대 전 사학과 교수).[1]

둘째는, 이 공동체야말로 "한국기독교 역사의 치부였던 신사참배에 대한 굴종만이 있었던 것이 아니라는 점을 구체적으로 실증해 줌으로써, 한국기독교 역사나 한국 민족주의 운동사의 한 장을 새로 써야 되게 만들"었던 장거이다(허동현 교수, 경희대 사학과 교수).[2]

신앙은 근본적으로 하나님과 이웃, 국가와 민족을 위한 사랑인데, 고난당하던 민족을 위한 신앙 행위는 애국적 요소가 있다. 이런 측면에서 적목리 공동체의 의의와 특징은 다음과 같다.

– 공동체의 의의

첫째, 종교자유와 민족 기상의 상징

적목리 공동체는 종교자유를 위해 피신해 오는 모든 사람을 뜨겁게 환영했다. 이곳은 종교자유의 중요성을 보여주는 중요한 사건이며, 다양한 종교가 공존하는 평화로운 공동체의 모습을 보여준다. 또한 이 공동체는 일제의 탄압에도 굴하지 않고 민족정기를 지켜내었다. 서로 협력하며 힘든 시기를 이겨 냈으며, 공동체 정신을 보여주었다.

---

1 서굉일, "총론: 일제하 경기도 지역 종교계의 민족문화운동," 19;
2 허동현, "이종근, 한국 재림교회(안식일교회)의 가평 적목리 공동체 이야기에 대한 논평."

둘째, 향토 유적

적목리 공동체는 향토 유적으로 지정된 한반도 내 중요한 집단적 공동체이다. 우리 민족의 끈기와 협력 정신을 보여주는 상징적인 장소이며, 향토 교육에도 중요한 역할을 수행할 것으로 보인다.[1] 가평군에서도 이 공동체에 대해 일제강점기의 생활상, 종교 및 풍속 등을 엿볼 수 있는 중요한 유적으로 평가했다.[2] 당시 사람들의 삶과 문화를 이해하는데 귀중한 자료이며, 역사 연구에도 큰 가치를 지닌다.

셋째, 역사 보존과 신앙교육의 장[3]

이 공동체는 우리 민족의 긍지와 자랑이며, 후대에 전해야 할 귀중한 역사 유산이다. 이 유적지를 활용하여 애국애족 교육, 역사보존, 신앙 학습 등 다양한 분야에서 활용할 수 있다.[4] 특히 지도자들은 목숨을 걸고 일제의 패망을 확신하며, 민족 계몽과 신앙을 고취시켰다. 당시 시대 상황에서 교육의 중요성을 보여주는 중요 사례이다.

---

1 일제강점기의 기독교 공동체에 대한 일부 비교를 위한 자료: 이덕주, "한국기독교 초기 공동체 형성 과정," **한국기독교와 역사** (1991.1), 33-48; 신재의, "제중원 공동체 연구: 제중원의 선교사적 역할에 대하여," **한국기독교와 역사** 17 (2002.8), 109-128; 현승환, "제주도 신화와 공동체 그 현대적 변용 양상," **구비문학연구** 22 (2006), 231-267; 유경동, "주기도문의 '나라가 임하시오며'(ελθετω ἡ βασιλεία σου)와 기독교 공동체 윤리," **영산신학저널** 47 (2019), 125-158; 윤신향, "식민지 근대와 한인 디아스포라의 노래 의식(儀式): 애국가의 서사 상징을 중심으로," **음악학(音.樂.學)** 39 (2020), 87-119 외.

2 가평군 적목리 공동생활유적(아랫장소) 안내표지판

3 적목리 공동체의 참고자료는 다음과 같다: 반상순. **꺼지지 않는 불**, 55-60; 신우균. **아버지의 하나님**. 196-202; 오만규. **백년사**, 1:768-773; 유영순. 회고담, 162; 이영린. **한국 재림교회사 연구**, 81-82; 이종근. "한국 재림교회(안식일교회)의 가평 적목리 공동체 이야기," 197-226.

4 체험 학습, 강연 및 토론, 문화 행사, 역사보존 활동(유적지 정비, 발굴 조사, 교육 자료 제작), 신앙 학습(성경 공부, 기도회 및 신앙 체험 행사).

넷째, 세계적 유적과의 유사성

적목리 유적지는 초기 기독교인들이 로마제국 박해기에 피신처로 활용했던 카타콤(Catacomb)이나[1], 중세 시대 종교박해를 피하려 험준한 알프스 산악 지대에 있는 왈덴스(Waldensian) 유적지와 유사하다.[2]

– 공동체의 성격

일제의 군사력에 직접적으로 맞서는 무력 투쟁 등의 항일운동도 있지만, 비무력 운동으로 3·1 독립운동 같은 민족운동, 문화운동, 교육운동, 경제운동, 문화, 의료, 예술 및 종교 등 다양한 방식의 모든 활동이 있다. 적목리 공동체의 성격은 다음과 같다.[3]

---

1 카타콤은 초기 로마제국 시대 종교적 목적이나 무덤으로 사용하기 위하여 좁은 통로로 이루어진 지하 묘지를 뜻한다. 로마제국의 박해기에는 기독교인들의 피신처였다. 대표적인 것이 로마의 아피아 가도(Appian Way)의 두 번째와 세 번째 마일표(milestones) 사이의 베드로와 사도 바울의 시신이 묻혀 있다고 전해지는 카타콤이 유명하다. 김주한, "카타콤베와 초기 기독교도들의 부활살이," **기독교사상** 676 (2015.4), 32-39; 정기문, "카타콤은 박해받은 신자들의 피난처였는가?," **역사문화연구** 60 (2016.1), 225-248; *The Martyr of the Catacombs: a Tale of Ancient Rome* (Project Gutenberg, Nd, 번역본 김숙연·김상수 역, **카타콤의 순교자** [서울: 기독교문사, 1994]); Maria Kardis, Dominika Tluckova, "The Biblical The Symbol of the Phoenix in the Catacombs of Priscilla in Rome and Its Transformation in Early Christianity," *Annals* 12 no 1 (2022), 65-88; Alice Mulhern, " The Roman Catacombs," *Restoration Quarterly* 26 no 1 (1983), 29-38.

2 민필원, "왈도파의 갱신 운동을 통해 배우는 위기 속 한국교회 목회 개혁의 방향 연구," **복음과 선교** 44(4) (2018.1), 43-72; "Waldenses," New Encyclopaedia Britannica, 12:460; New Catholic Encyclopedia, 13:607-608; Michael W. Homer, "Seeking Primitive Christianity in the Waldensian Valleys: Protestants, Mormons, Adventists and Jehovah's Witnesses in Italy," **Nova Religion**, 9 no 4 (May 2006), 5-33; Ottavio Palombaro, "The Italian Waldensians During the Puritan Era," **Puritan Reformed Journal** 11 no 1 (Jan 2019), 70-84.

3 "적목리 공동체의 성격," *Gemini.*

첫째, 신앙적 동기

신자들은 정교분리 입장에서 순수한 신앙적 동기를 가지고 입산했다. 당시 일제는 신사참배를 강요하며 신앙을 식민 통치의 도구로 이용하려 했다. 이 공동체는 신앙과 정치를 분리하는 정교분리 입장에서 신사참배나 창씨개명 등을 거부하고 산으로 들어가 공동체를 이루었다. 따라서 이 공동체는 단순히 신앙만을 위한 공동체가 아니라 일제에 대한 저항과 재림신앙 정체성을 지키기 위해 결성되었다.

둘째, 일상 속의 저항운동

적목리 공동체는 일상생활 속에서 일제에 대한 저항을 실천했다. 일본어 사용을 거부하고, 한국어를 사용했으며, 자녀들을 모두 그렇게 지도했다. 초근목피로 연명하면서도 자립 의지를 불태우고, 일상생활에서 민족 정체성을 지키고 일제에 대한 저항 의지를 표현했다. 남의 나라를 침략하고 노략질하여 개인, 가정, 사회와 민족을 파탄 냈다. 이런 일본 군대를 거부하는 것이 애국이다.

셋째, 신앙적 토대

신앙은 사상과 정신의 기초가 된다. 이 공동체는 신앙에 기반하여 일제에 대한 저항을 지속할 수 있었다. 신앙은 그들에게 용기와 희망을 주었으며, 일제의 탄압에도 굴하지 않고 민족 정체성을 지키도록 했다. 기독교 신앙의 요체(要諦)가 바로 하나님과 이웃에 대한 사랑이다(마 22:37-40; 요 13:35; 야 2:14-17). 특히 일제강점기는 나라 전체가 마치 수용소/ 감옥 같은 처지에서 고난받던 민족과 이웃을 위한 "기도가 가장 뜨거운 애국"이었다.[1] 적목리 공동체는 밤낮 기도하는 공동체로 애국을 실천했다.

넷째, 항일의 의미

적목리 공동체는 일상에서 신앙과 민족 정체성을 지키고 일제에 대한 저항 의지를 공동체적으로 분명히 표현했다는 점에서 의미를 지닌다. 이 공동체의 항일은 제국정책을 모두 거부하는 정신적 차원의 항일이다. 한국민족운동사학회에서도 이런 방식으로 적목리 공동체의 장거를 높이 평가했다.[2]

또한, 신앙을 기반으로 한 항일이라는 점에서 다른 항일운동과 차별화된다. 이 공동체의 항일은 민족 정체성을 지키는 것의 중요성과 신앙의 힘을 보여주는 귀중한 역사적 사건이다. 신앙 양심과 민족정기를 지킨 한반도 내의 특이한 공동체 유적지이다.

이 공동체는 신앙적 순수성과 실천적 저항의 조화를 이룬 특별한 형태의 정신적 항일 모델로서 오늘날에도 귀감이 된다. 이 공동체는 자랑스러운 항일을 실천했다. 이는 오늘날에도 민족적 자존과 독립 의지를 전승시키는 데 의미를 지닌다. 더 나아가 이 시대에도 우리에게 자유와 평화, 더 나은 사회 발전을 위한 개혁의 소중함을 일깨워 주는 귀중한 역사적 함의를 지닌다.

---

1   이성희, "신앙과 애국," 인터넷목회정보클럽; 하원식, "민족을 위한 기도," chambitt.com; 이중표, "영원한 애국자! (사도행전 1:6-8)," 티스토리.

2   적목리 공동체는 "무저항 불복종 민족운동으로서 그 의미가 매우 크"고(서굉일 한신대 전 한국사학과 교수), "한국기독교 역사나 한국 민족주의 운동사의 한 장을 새로 써야 하게 만든" 장거로 평가받았다(허동현 경희대 사학과 교수). 서굉일, "총론: **일제하 경기도 지역 종교계의 민족 문화운동**," 일제하 경기도 지역 종교계의 민족 문화운동, 기전문화예술총서 9 (수원: 경기문화재단, 1991), 19; 허동현, "이종근, 한국 재림교회(안식일교회)의 가평 적목리 공동체 이야기에 대한 논평," **한국민족운동사학회** (수원 경기문화예술회관, 2001. 3. 23).

다섯째, 이후 재림교회의 군복무

일제강점기의 군대는 마치 수용소의 전쟁 기계처럼 침략과 약탈의 도구로 우리 백성들을 동원했다. 그러나 해방 이후에는 국토방위를 위해 남자 청년들이 일정 기간 군 복무에 징집되었다. 재림교회는 시종일관 비무장 복무를 견지했다.[1]

한국전쟁 후 냉전기에 재림 청년들은 성경 전체의 기별인 생명 존중과 안식일 준수, 및 비무장 복무를 위해 많은 희생을 치렀다. 채의구 목사는 집총 거부로 심지어 네 번이나 투옥되면서 군 복무를 마치기도 했다. 그러나 근래에 이르러서는 개선의 여지가 있지만, 대체복무로 안식일 및 집총 문제도 해결할 수 있게 되었다.[2] 그동안 비무장 및 집총거부 등에 재림교회의 많은 노력과 연구가 있었다.[3]

– 역사는 반복한다!

역사는 반복한다(History repeats itself)는 말은 과거의 사건과 현상이 유사한 형태로 다시 나타날 수 있다는 말이다.[4]

---

1 Ekkehardt Mueller, "Noncombatancy," BRI, https://www.adventistbiblicalresearch.org/wp-content/uploads/Noncombatancy.pdf

2 박재일, "재림 청년을 위한 대체복무," **교회지남** (2023. 8), 20; idem, "'생명존중' 예비군 훈련은 대체복무로 가능합니다," **교회지남** (2024. 4), 21.

3 오만규, **집총거부와 안식일 준수의 신앙 양심** (삼육대학교 부설 선교와 사회문제연구소, 2002); idem, **한국 재림교도들의 군복무 역사** (삼육대학교 선교와 사회문제연구소, 2002); 안금영, "군복무에 관한 재림교회 내의 논의와 엘렌 G. 화잇의 시각," **말씀과 앎과 삶: 얼결 남대극 교수 회갑기념 논문집**, 김상래 편 [삼육대학교출판부, 2003], 139-172 외

4 김성환, 이경숙, "과거를 기억하지 못하면 역사는 반복됩니다," **월간말** 164 (2002.2), 84-87; Danny Duncan Collum, "History Repeats," *U.S. Catholic* 83 no 2 (Feb 2018), 38-39; Anthony J. Tomasino, "History Repeats Itself: the 'Fall' and Noah's Drunk-

이 공동체는 신사참배 강요, 강제징병 및 징용 등 일제의 침략과 억압에 맞서는 인간의 의지와 희망을 보여준다. 이는 또한 오늘날 억압적 체제나 권력에 맞서 공동체의 힘을 통해 자유와 정의 및 인권을 실현할 수 있다는 예증이 된다.

풀뿌리와 나무껍질까지 먹으며 간신히 연명했던 극한 상황에서도 전국에서 신앙의 자유를 위해 찾아오는 모든 사람들을 뜨겁게 환영함으로 이웃 사랑을 실천했다. 동고동락의 공동체로 고난의 시기를 극복한 삶은 오늘날 개인주의 가치관과 경쟁적 이권 추구 시스템에 대한 경종이 될 수 있다.

이 공동체는 삶의 의미와 희생을 재고하고, 새로운 삶의 방향을 제시할 수도 있다. 현대 사회에서 물질만능주의에 빠져 진정한 삶의 가치와 방향을 잃고 방황하는 시대에, 우리 사회가 직면한 다양한 위기를 공동체적 노력을 통해 극복할 수 있다는 긍정적인 메시지를 전달한다.

이 공동체는 일제의 억압에 대한 저항, 공동체적 삶의 가치 등을 기억하게 하고, 이를 오늘날의 사회에 재해석하고 적용함으로 보다 나은 미래에 대한 희망적 대안을 제시한다. 적목리 공동체는 우리 민족과 역사에서 긍지이며 자랑스러운 신앙 유산이다. 이 공동체는 오늘날 우리에게 희망과 용기를 주는 한 사례이다.

---

enness," **Vetus Testamentum** 42.1 (Jan 1992), 128-130.

헤겔(Georg W. F. Hegel)은 중요성을 지닌 모든 사건과 인물들은 반복된다고 했다. 카를 마르크스(Karl Marx)는 역사는 두 번 반복하는데 한번은 비극(悲劇)으로, 한번은 희극(喜劇)으로 끝난다는 것이다. 반면 움베르토 에코(Umberto Eco)는 역사는 언제나 동일 방식으로 반복되지 않지만, 삶의 스승이라고 했다. 조혜영, "역사는 세 번 반복한다: <만신>과 〈거미의 땅〉의 다큐멘터리 재연 미학을 중심으로," **영화연구** 69 (2016.9), 189-225; 안토니 피셔, **역사는 반복되어야 하는가?**, 김영환 역 (자유기업센터, 2000), 33-37; 이동권, **역사! 반복되는가?** (대한출판, 2018), 서문 1-3; 조형근, **우리 안의 친일 ― 반일을 넘어 탈식민의 성찰로** (역사비평사, 2022); 김종국, **세계사를 보는 새로운 눈** (생각의 창, 2022).

공동체 수기:
삶의 길을 인도하신 하나님

신태식[1]

"모든 육체는 풀과 같고 그 모든 영광이 풀의 꽃과 같으니 풀은 마르고 꽃은 떨어지되 오직 주의 말씀은 세세토록 있도다"(벧전 1:24~25). 과거를 회고할 때 어느새 자신도 모르는 사이 백발이 찾아와서 인생의 허무를 느끼게 되고, 또 과거를 기술하고자 하니 만감이 교차함을 느끼게 된다. 나는 선친 신군오 씨, 모친 장군선 씨의 소생으로 6남매 중 장자(長子)로서 하나님 백성의 축복을 입어 성직에서 30년간 봉사하였으나, 괄목할 만한 청사진을 내어놓지 못해 부끄러울 뿐이다.

– 어려웠던 시절

유년 시절 한국 고유의 한학 사숙(私塾)에 입학, 엄격한 학문을 전수

---

1   신우균, "신태식 목사의 회고록," **선구자의 발자취**, 291-300. 신태식 목사는 적목리 공동체의 창시자이자 지도자 중의 한 분이다. 적목리 공동체를 시작하기 전 250명이나 되는 일군을 거느린 산판을 운영했던 지역의 유지이지만, 자신의 모든 것을 바쳐 공동체를 위해 헌신했다. 후에 삼육대학 신학과를 졸업하고 목회자로 11개 교회를 신축하고, 4개의 삼육초등학교를 시작하는 등 교회 부흥과 발전에 크게 이바지했다(신우균, **아버지의 하나님**, 6-7).

하던 중 일제 탄압으로 중지되고 초등학교에 전학한 것이 나의 나이 14세 때였다. 가정환경으로 진급하지 못하고 19세 때, 김경선 씨 장녀 김태순과 결혼하였다. 그 후 생활고로 공부를 더 할 용기조차 내지 못하고 지내던 중, 돌아가신 아버지께서 감리교 권사인 친구의 전도로 얼마 동안 교회에 출석하시더니, 하루는 전 가족에게 교회로 나가자고 하시어 여덟 가족이 전부 교회에 출석한 것이 나의 운명을 좌우하는 획기적인 계기가 되었다.

얼마 동안 교회에 출석하던 중, 성경 연구에 취미가 생기고 기도 생활도 매우 흥미를 느끼게 되어, 약 3개월 만에 아버님과 어머님 우리 내외 네 명이 세례를 받고 입교하니, 나에게 속장 책임과 회계 임무를 담당케 하여 신실히 봉사하였고, 수년 간 청년들과 교회 사업에 적극적으로 활동하였다. 22세 때 공부를 더 할 목적으로 부모님과 합의 후 가정을 떠나 원산에 간 적이 있다. 돈이 없는 신세로 앞길을 개척할 희망도 없이 마치 나무에서 물고기를 잡는 식의 애매하고 무모한 고생만 하고, 집집이 빌어먹으며 귀가한 것이 내 일생 아주 좋은 경험이 되었다. 자업자득의 고생을 한 경험이었다.

─ 취직

본가로 돌아온 직후 교회 권사 한 분이, "그 지방 유지로 사업을 경영하시는 분이 사무원이 필요하다고 사무원을 구하니 그대의 생각이 어떠냐?" 하고 물었다. 그러나 나는 나의 꿈이 달라 대답지 못하던 차에 사업주 자신이 누차 요청하므로 마침내 승낙하였다. 이것이 동기가 되어 사업에 투신하여 만 6년간을 근무하였더니 사업주가 회사(업체)를 만들어 주어 이것이 발판이 되어 산판 사업에 발을 들여놓게 되었다.

성패가 연속되던 중, 이때 나이 37세였는데 불행하게도 선친께서 별세하시게 되니 세상이 허무한 것을 피부로 느끼게 되었다. 그러자 사업상 바빠서 모 교회인 감리교회를 떠나게 되었고, 타지방으로 이사도 하게 되면서 선친께서 우리를 양육하시기 위하여 고생하신 것이 새롭게 느껴졌다. 인생이 주님을 떠나면 허무하게 되는 것임을 탄식하며, 인생의 종말이 암담하게 보였다.

— 안식일 진리

사업상 힘든 일로 얼마간 침체되었던 기도 생활을 다시 계속하게 되었는데, 평소에 즐겨 읽던 성경과 종교 서적을 보게 되었다. 장로교의 한 유력한 목사님이 기록한 '**성서총림**'이라는 서적에는, 안식일은 본래 토요일인데 일요일로 변경한 것은 구교와 신교를 구분키 위함이라고 기록되어 있다. 또 하루는 천주교 교리 문답서를 보던 중 구교적(舊敎的) 토요일을 버리고 일요일을 주일로 지키는 것은 사도들이 예수께 받은 권한으로 신교, 구교를 구별하는 것이라고 했다. 또한 신교의 기초가 되는 예수 부활과 성신 강림이 일요일에 있었으므로 이날을 기념하기 위함이라는 기록을 보고, 안식일이 토요일임을 분명히 알게 되었다.

그 후 이 문제를 더욱 자세히 알게 되고 안식일을 지키는 교파가 따로 있다는 것도 알게 되었다. 그것은 한 친구의 집에서 **시조** 잡지를 빌려다 보았는데, 토요일이 안식일이라고 기록한 감리교 감독자가 증명한 말을 인용한 것이었다. 안식일은 천지와 만물을 창조하신 하나님께서 6일간 천지 만물을 창조하시고 제칠일에 안식하면서 제정하신 것이므로 사람은 변경할 수 없고, 변경하려면 창조주 하나님께서 창조하셨던 것을 폐지하고 재차 창조하면서 변경하셔야지 그 외는 사람으로서는 변경할 수 없다고 매우 정확히 기록한 기사였다.

나는 이것을 보고 올바른 판단과 견해라고 생각하고, 하나님께서 제정하신 날인 안식일이 토요일이라는 사실을 분명히 인정하고, 그때부터 가족적으로 안식일인 토요일에 예배드리기 시작하였는데, 그때가 바로 1937년 6월 6일이다.

그러나 교회 조직이나 예배 순서도 없이 내 나름대로 감리교 식으로 성경만 한 구절 보고 감리교에서 설교하던 식으로 나 자신이 교장도 설교자도 되어 예배를 주장했다. 그리고 또 한 가지 주님께 감사한 것은 우리가 가족적으로 안식일에 예배를 드리기 얼마 전에 모친께서 고향으로 가시는 중에 고향 읍에 도착하니 교회당에서 찬미 소리가 들림으로 주일인 줄 아시고 예배드리려고 교회당에 들어가셨는데 바로 그 교회가 안식일교회였다.

그때 그곳 교회의 전도 부인이 이숙자 씨였는데 어머님을 당신 집으로 모시고 가서 유하시도록 하고, 안식일 교리를 증거하면서 나에게 편지를 보냈다. 안식일 문제와 동시에 안식일에 관해 전도지를 보내주어서 매우 반갑고 기쁘게 읽었다. 어머님께서 귀가하신 후에 들은즉, 1주일 동안이나 후대하시면서 전도하였다고 한다. 진실로 하나님의 섭리에 감사하였다. 해방 후 우리 가족이 고성군 거진항에 임시로 가 있던 중 이숙자 씨 댁을 찾아가 방문하고, 상의 후 우리 가족과 함께 9명이 원한의 38선을 넘는 고생을 같이하였다.

− 예언서 탐구

일제 탄압으로 종교자유가 없던 1939년도에, 황우 광산이 새로 개광되었다. 금(金) 생산하는 실적이 매우 좋아서 다량의 목재가 필요하므로 도(道)에서는 목재 책임자로 나와 인연이 깊은 분에게 위탁했다.[1] 그가 내게 목재 일을 위임하므로 목재 책임을 지고 일했다. 하루는 사업장에서 안식일 예배를 드리고 오후에 김화읍으로 나갔더니, 마침 동생 태복이가 본가로부터 와서 반가이 만나 상의하기를, 오늘이 안식일인즉 먼저 교회로 찾아가서 예배를 드리고 가자고 하여 교회로 갔다.

예배 시간이 되었는데도 교회당에는 조명도 없어 캄캄하므로 이웃 사람에게 문의한즉, "안식일교회는 어젯밤에 밤새도록 예배를 보고 오늘도 종일토록 예배를 보았으니 오늘 밤은 모이지 않습니다"라고 대답하였다. 그래서 교회 장로 댁이 어디냐고 물으니, 저기가 그 집이라고 해서 장로 댁을 찾아서 인사를 드리니 그는 신명균 장로였다.

같은 성씨로 연세가 많은 분이셨다. 약 30분간 대화를 나누었는데 삼일 예배가 화요일이고 안식일 밤 예배는 안식일이 금요일 해 질 때부터이므로 금요일 밤에 예배드린다고 함으로, 비로소 예배일을 알고 작별 인사를 드린 후 헤어졌다. 얼마를 지나 다시 신 장로님 댁을 방

---

1   황우 광산은 강원도에 가장 채금량이 많은 곳으로 많은 인력이 필요하여 신태식 목사는 목재생산 책임자로 많을 때는 250명을 거느린 목상(木商)이었다. 신우균, **아버지의 하나님**, 7.

문할 때는 나 혼자였다. 다시 찾아가니 매우 반가워하셨다. 뒷마당으로 안내하여 따라갔더니 여러 교인들이 있었다. 소개해서 인사를 했는데 그중에 바로 현재의 반내현 목사와 이대련 부장이 있었다.

신 장로님의 지시로 반내현 씨가 나를 당시 김화읍 교회 책임자인 이명준 선생님께로 인도하여 비로소 안식일교회 사역자를 상면하였다. 매우 친절하고 매력적인 분이었다. 비록 초면이나 계시록의 말씀을 질문하였더니 선뜻 일어나시어 책꽂이 위에 놓인 계시록 강의서를 내어놓고 일곱 인은 일곱교회 시대에 적절한 교훈이라고 설명해 주셨다.

나는 그 말씀이 참 진리요 천사의 방언으로 생각되어 크게 감동하고 계시록 강의서를 구할 수 있느냐고 했더니, 이 선생님께서는 초면인데도 불구하고 "내 책은 아니나 빌려 드릴 터이니 잘 보고 가져오라"라고 하셨다. 나는 감사하게도 귀한 책을 얻어서 귀가 후 재삼 정독 연구하던 중, 영구불변의 진리를 하나님께서 인간에게 주셨다고 감개무량하였다.

- 침례

그 후 며칠이 지나 하루는 한 키가 큰 사람이 찾아와서 인사를 나누었는데, 알고 보니 문서 전도자인 류재목 씨인데 지금은 은퇴 목사이다. 그날이 화요일이라 설교를 부탁하였더니 흔쾌히 수락하고, 성경적으로 일관성 있게 설교해서 아주 큰 은혜를 받았다. 그리고 교회 서적을 현금으로 구입할 수 있는 것은 전부 류 형제에게 주문하였다.

또한 시조를 특가로 해주었다. 그 후 며칠이 지나 이대련 형제가 이명준 선생님의 편지를 가지고 왔는데 본부에서 최태현 목사님께서 오시니 다음날 꼭 오라는 내용이었다. 그래서 다음날 이대련 형제와 같이 김화읍 이명준 선생댁을 방문하니 최태현 목사님에서 와 계셔서 초면 인사를 드렸는데, 아주 기품 있는 분이라서 안식일교회는 인물들이 많은 교회로 생각되었다. 그날 류재목 씨도 왔는데, 내가 주문한 서적을 한 짐 가지고 와서 반가이 받았다.

그리고 금요일 밤 예배에 출석하였는데 안식일교회에 처음으로 출석하여 예배를 드렸다. 최태현 목사님께서 중생 문제로 설교하였다. 다음날 안식일에도 교회에 출석하여 예배를 드렸는데, 최 목사님께서 침례 문제로 설교하셨다. 이명준 선생께서 나에게 권하기를 이 기회에 침례를 받으라고 하셔서 침례받는 구경조차 못 한 자가 수락하고 바로 그날 1941년 6월 14일, 김화읍 시냇물에서 7명 중의 한 사람으로, 최태현 목사님 집례로 침례를 받았다.

그 후 상경하여 시조사를 처음 찾아가서 계시록 연구서, **각 시대의 대쟁투** 상·하권, 그리고 기타 서적을 구입하고, 성서공회에 가서 성경책 20권을 사서 집에 돌아와서 독서에 전념한바, 계시록과 대쟁투에 많은 감명을 받았다. 그 후에 목사님들이 오셨는데, 교통이 불편한 광산 지대에 오자면 태산준령을 넘어서도 도보로 40리를 걸어야 했다. 하루는 고 이성의 목사님께서 오셔서 초면이지만 심히 기뻐하였다. 이 기회에 모친께서 이성의 목사님 집례로 침례를 받으셨고, 다음은 고 김명길 목사님께서 오셔서 우리 내자 김태순이가 침례를 받았는데 때가 1942년 9월 27일이었다.

– 적목리 공동체

그동안 전쟁은 더욱 격렬해져서 일본이 미국을 침략하면서 종교탄압이 격심할 뿐 아니라 청년들을 징용이니 지원병이니 하는 구실로 전부 거둬들여 싸움터로 총동원하니, 신앙생활을 하는 교인 신분으로 도피치 않을 수 없었다. 몇몇 교인 유지 형제들이 합의하고, 입산하여 산판의 작업부로 가장하고 산판 인부의 취급을 받으면서 도피하지 않으면 신앙의 자유나 입대 문제를 해결할 도리가 없다고 결론지었다.

때마침 경춘철도회사의 가평 적목리 산판을 대표자 윤 씨가 경영하던바, 과거 내가 산판 경영할 때 감독자이던 박춘섭이 그곳 산판 감독이 되어 있으므로 박 씨 소개로 한 구역을 착수하기로 계약하고, 우리 형제들이 가평 산중으로 들어갔는데, 몇몇 형제들이 선발대로 입산한 해가 바로 1943년 가을이었다. 일본이 최악의 기를 쓰던 해였고, 우리 안식일 교단이 일제 강제 탄압으로 해산 선고를 받은 해도 바로 이 해였다. 입산해서 움막들을 건조하고 점차 형제들이 여기저기서 모이게 되므로 집회소가 필요하게 되어 수십 명이 집회할 수 있는 토굴을 건축하였다.

안식일이나 밤마다, 아침마다 조석 예배를 자유로운 분위기 가운데서 드리었으나, 만일을 위하여 성경과 종교 서적들을 주간에는 집 밖에다 감추어 두고 산에 올라가 작업을 하였다. 그 작업은 철도 침목을 제작하여야 하는바 깎는 구경조차 못 한 형제들에게 고역이 아닐 수 없었다. 그리고 식량 배급을 받기로 등록된 자는 책임 수량이 배정되어 있었다.

그러나 문제가 되지 않았다. 쌀이 없어 배급을 제대로 주지 못하니,

밥을 먹지 못하고 제대로 일을 할 수가 없었다. 최후에는 콩깻묵(콩에서 기름을 짜내고 남은 찌꺼기)이 등장하게까지 되니 업주로서는 안절부절못하게 되었다. 처음부터 영육 간 지도해 온 분이 반내병 씨와 반내현 형제분이신데, 식량 사정으로 사활 문제가 고조되었고 돈으로서도 식량을 구입할 도리가 없었다. 아주 속수무책인 형편이었다.

나를 신임하고 입산한 형제들에게 활로를 타개할 방책이 없어 애쓰던 차에 한 희소식이 들려왔다. 수년 전에 내게 와서 작업하던 이가 인제에 가서 큰 산판을 경영하는데, 자기 혼자 할 수 없어 나와 동업하기 위해 양구까지 와서 내가 사업 관계로 떠날 수 없다는 말을 듣고 돌아갔다고 하는 것이다. 그리고 그는 화물차를 8대씩 두고 목재를 운반한다는 소식을 듣고 나는 망설이던 중 식량 사정이 절박하게 되어 형제들과 상의하고 한번 가서 보기로 하고 노 장로님과 같이 인제 연화동 산판을 찾아갔다. 반가이 만나서 그동안 지내 온 경험담을 이야기하다 보니 새벽이 되었다. 새로 신축한 잘 지은 집에 불이 났지만, 우리를 만나 잠을 자지 않은 덕으로 신축 가옥을 화마에서 건졌다고 좋아하셨다.

다음날 산판 현장을 시찰하였는데 아주 훌륭한 산판으로 무진장의 보고였다. 업소 사무실로 돌아와서 기탄없이 우리의 실정을 털어놓고, 청장년 30명가량까지 은닉자로 배급을 줄 수 있느냐고 한즉, 그것은 불가능하나 20명까지는 해보겠다고 약속했다. 그래서 두 달 후에 오겠다고 약속하고 3일 만에 작별하고 돌아왔지만, 이것저것 단순치 않아 지연되었다.

1945년 6월 15일, 인제 연화동에 23명이 도착하고 보니 수개월 전이 옛날이었다. 식량 사정으로 새 사람은 받지 못하게 되었다. 우리 가족도 형제들도 오지도 가지도 못하고, 식량 곤란으로 아무 방침이 없는 속수무책이었다. 함께 왔던 형제들도 방황하게 되고 아주 난감했다. 양식을 탄식하면서 광야 40년간 만나 내리시던 주님만 의지하며 그날그날을 지냈다.

아무 전망이 없었으나 그리 큰 낙담은 없었다. 우리 주님만이 큰 위로가 되었다. 우리 형제들과 가족들이 먹지 못해 주리던 사정을 다 기록할 수 없다. 일본이 최고의 발악을 자행하다가 원자탄 피폭으로 1945년 8월 15일 일본 천왕이 손을 들어 항복하므로 조국은 해방이 되었다. 어찌나 기쁜지 주님께 감사의 눈물을 금할 수 없었다.

─ 공동체 이후

해방이 되자 우리는 잠시라도 산판에 더 지체할 수 없어 8월 20일경 가족을 대동하고 거진항으로 이사하였다. 어머님과 동생들은 먼저 상경하고 남은 가족 9명은 거진항에서 겨울을 지냈다. 노 장로님 가족은 배로 강릉으로 가서 거기서 상경하고, 우리는 거진항에 유하면서 고성교회를 찾아가 이숙자 씨를 처음으로 상봉하였는데, 그분 남편이 정동하 씨이다.

귀자라는 어린 딸하고 3가족이 다 상경할 것을 약속하고, 1946년 3월에 가족 9명이 양양읍 양재하 장로님 댁을 찾아갔다. 양 장로님 가정은 일제 말엽 종교탄압 당시 동해안 일대에 우리 교회가 여기저기 설립되게끔 한 원동력이 된 가정이다. 일제 말엽 식량 곤란이 극심할 때 많은 교우들을 대접했고 희생 봉사하였다. 마치 예수님 당시에 베

다니 동네의 마르다와 마리아의 가정처럼 봉사하였다.

더욱이 우리 가족은 많은 도움과 희생 봉사를 받았다. 이때도 38선을 넘기 위하여 9명 식구가 양 장로님 가정에서 수일을 머물렀다. 새 길을 발견한 후 양 장로님 내외분을 그렇게 작별했다. 눈이 많이 내린 큰 산과 험한 태산준령을 넘어 큰 길이 아닌 샛길로 나뭇가지를 휘어 잡고 남자는 짐을 지고 여자는 머리에 이고서 38선을 넘었다.

피곤한 다리를 끌고 마을마다 거저 얻어먹고 자면서, 10여 일 후에야 춘천까지 왔다. 춘천에서 비로소 기차를 타고 서울에 도착하니 15일간이나 걸리었다. 동생 태홍이 있는 삼육동에 가서 수 주일 지내고 장충동 적산 집으로 이사하였다. 약 1년 후인 1947년도에 신학교 문이 열리어서 나 역시 입학의 특혜를 입어 재학 중 그때 중한대회로부터 목회에 부름을 받고 목회에 헌신하게 되었다.

과거를 회고해 보니 인생 일생이 오직 하나님께 달려 있고 주님께서만 인생의 길을 인도하심을 확신하게 되었다. "사람이 마음으로 자기의 길을 계획할지라도 그 걸음을 인도하는 자는 여호와시니라"(잠 16:9). 다만 감사할 뿐이다. 아멘!

— 의의:

적목리 공동체 창시자이자 지도자 중의 한 분인 신태식 목사의 일부 일대기이다. 그는 자신의 신앙과 삶을 바탕으로 공동체를 이끌었고, 그의 균형 잡힌 인격은 공동체 구성원에게 큰 영감을 주었다. 자신의 모든 것으로 공동체를 세우고 지도했지만, 엄청난 희생과 고난에 관한 이야기는 생략하고 하나님의 섭리에 집중하며 겸손한 모습을 보여준다.

신태식 목사는 적목리 공동체의 장거(長擧)를 이루신 후, 삼육대학에서 신학을 공부했다. 해방과 6·25전쟁, 뒤이은 한국의 격동기에도 불구하고, 32년 목회 동안 무려 교회를 11개 신축하고, 4개의 삼육초등학교를 개교하는 등 전설적 삶을 사셨다(신우균, "나의 아버지 신태식 목사," 234). 여호와를 신뢰하고 사는 삶의 모습이 어떠한지를 보여주고 있다.

일제가 최후 발악하던 시대, 교회는 강제 해산되고 폐쇄되었던 암울한 시기였다. 신앙을 지키고 강제 징병과 징용을 피해 전국에서 사람들이 모여와서 피신했다. 매일 아침저녁 예배를 드리고, 만일을 위하여 성경과 종교 서적들을 주간에는 집 밖에다 감추어 두고 산에 올라가 작업을 하는 등 비밀스럽게 신앙생활을 이어갔다.

배급이 끊어져 식사를 제대로 할 수 없게 되면서 적목리 공동체는 심각한 위기에 직면했다. 일을 제대로 할 수 없게 되었고, 콩깻묵으로 배급을 받아도 사활 문제가 발생했다. 돈으로서도 식량을 구입할 수 없는 속수무책의 상황이었다. 그때 설악산 연화동에 청장년 23명을 이끌고 갔지만, 거기도 식량 사정이 더 악화하여 오갈 데 없는 난감한 처지가 되었다.

주님만을 의지하며 그날그날을 버티며 살았다. 설악산 공동체의 먹지 못해 주리던 사정은 필설로 기록할 수 없을 정도로 혹독한 어려움이었다. 해방 후 거진에 잠시 머물다가 구 소련 점령 아래의 이북을 경험하며 극심한 어려움을 겪었다. 공산정권 하의 종교탄압과 사회적 혼란 속에서 살아남아야 했다.

1946년 3월 양양을 거쳐 눈이 많이 내린 설악산 험산 준령을 걸어서 넘는 여정으로 이남에 내려왔다. 10일 후 춘천을 거쳐 15일 만에 서울에 도착했다. 피곤한 발걸음으로 마을마다 걸식하며 거지 신세로 살아남아야 했다. 이는 단순한 이동이 아닌, 사경을 넘는 고난의 행군이었다.

신 목사는 적목리 공동체 이전 다목리에서는 250명의 인력을 거느렸던 유복한 목재상이었지만, 일제의 탄압을 피해 적목리 공동체를 설립하고 이끌었다. 물질뿐만 아니라, 자신의 시간, 노력 그리고 아낌없는 사랑을 공동체에 바쳤다. 그는 어떤 어려움 속에서도 희망을 잃지 않고 주님을 신뢰했다.

그의 최종 고백은 "너는 마음을 다하여 여호와를 의뢰하고 네 명철을 의지하지 말라 너는 범사에 그를 인정하라 그리하면 네 길을 지도하시리라"(잠 16:5-6)이다. 일제강점기뿐만 아니라 신 목사의 전체 삶의 고백은 하나님을 의뢰하고, 그분의 지도를 따르라는 것이었다.

신태복[1]

나는 함경북도 도청소재지인 청진시 공무원으로 근무하던 중 형님이신 신태식 목사의 권유로 가평 적목리 공동체에 합류하게 되었다. 적목리 공동체는 하나님이 정해주신 한국판 왈덴스 족속으로 오직 신앙만을 위해 교우들이 살던 공동체였다. 1941년 신태식 목사님이 감리교를 다니시다가 **시조** 잡지를 통해 안식일을 지키게 되었다. 최태현 목사님께 침례를 받으시고 열심히 신앙생활을 하셨던 곳이다.

그 당시 일제 말, 태평양전쟁이 막바지에 접어들어 더욱 치열해지면서 본 교단의 문이 닫히고 교회가 해산하게 되었다. 게다가 35세까지는 무조건 노무자로 강제 징용되어 신앙생활에 자유가 없게 되고, 안식일을 제대로 지킬 수 없어 하나님께 열심히 기도드린바 길을 열어주셨다.

---

1 신태복 장로는 적목리 공동체 총무 역할을 했으며, 공동체 창시자이자 지도자인 신태식 목사의 동생이다. 6·25동란 때 부인이 인민군에 의해 납치된 것으로 추정되는 비운을 겪었지만, 일생 재림신앙으로 우뚝 선 분이다.
회암리 교회(1948), 제기동 교회(1958) 그리고 광암리 교회(1960)를 개척하고, 청량리교회 수석 장로로 수년간 헌신하신, 민족 고난의 시대에 태어나서 거의 전설적 삶을 사신 분이다. "태양이 동에서 떠서 서로 지듯, 일평생 재림교회"를 위해 헌신하신 분으로 김광두 전 삼육서울병원장은 회고했다. 김광두, "고 신태복 장로님을 회고하면서: 96세를 일기로 전도인의 삶을 완주하신 분," **교회지남** (2006.6), 24,

신 목사님이 산판업 경험이 많으므로 적목리 경춘철도회사가 운영하는 철도 침목을 생산하는 산판 하청/ 하도급을 계약하게 되었으며, 1943년 여름에 다목리(多木里)에서 적목리로 이사를 오셨다.[1] 우선 천막을 치고, 합숙 생활을 하면서 교회를 반지하 25평으로 짓고 나서 거주할 집을 통나무를 잘라 사각을 맞추고 지붕에 흙을 얹고 사이를 엮어 비만 새지 않게 하고 살았다.

인원은 70명(거쳐 간 인원은 약 100명)이었다. 작업량은 철도 침목을 하루 15개씩 만드는 것이었는데, 작업 인원이 부족한 데다 경험이 없는 사람들이라 1일 작업량을 생산할 도리가 없었다. 1일 책임량을 생산해야 배급으로 1인당 700그램씩(3홉, 1홉은 약 233.33그램)의 양식을 탈 수 있었다.[2] 그러나 작업 현장을 일주일에 한 번씩 점검하게 되어 있는 현장 감독관은 2년 동안 한 번도 오지 않았다. 어느 날은 대표로 내가 쌀 배급을 타러 갔을 때 감독관에게 언제 산판에 점검하러 오겠느냐고 물었더니, 감독관 말이 "내가 알아서 상부에 보고할 테니 염려하지 말라"는 것이었다. 이것은 우리 주님의 돌보심이요, 우리에게는 기적 같은 일이었다.

---

1 다목리(多木里)는 '나무가 많은 마을'이라는 뜻으로, 강원도 화천군 상서면에 있는 지명이다. 다목리는 황장목(黃腸木, 임금의 관을 만드는 데 쓰던 질이 좋은 소나무)으로 쓸 나무가 많아 나라에서 나무 베는 것을 금했지만, 군인들이 이 나무를 베어 내 숯을 만들어 팔았다. 그렇게 베어 내도 표가 나지 않을 만큼 나무가 빽빽해 마을 이름이 다목리로 지어졌다. 반면 적목리는 '붉은 마을'이란 뜻으로, 껍질과 속이 붉은빛을 띤 주목(朱木)에서 유래되어 적목리(赤木里)로 불리게 되었다. "다목리, 군인이 숯을 구워 판 화천군 상서면 다목리: 강원도 지역의 지명유래"; "경기도 가평군 북면 적목리," https://ncms.nculture.org/origin-of-place-names/story/835; http://world.kbs.co.kr/service/contents_view.htm?lang=k&menu_cate=travel&id=&board_seq=246266&page=93&board_code=

2 옛날 한국의 곡물, 액체의 양을 측정하는 데 홉, 말, 되 등의 부피 단위를 사용했다. 1홉 = 1/10되 = 180mL이라는 관계였다. 오늘날은 무게를 측정하는 데 킬로그램(kg)과 그램(g), 부피는 리터(L)와 밀리미터(mL)을 일반적으로 사용한다.

우리는 시간이 날 때마다 성경 공부를 하였다. 강사는 반내현 목사, 김명길 목사, 조경철 목사였다. 그런데 한 가지 문제는 배급량은 정량인데 매일 방문객이 4, 5명이 되므로 식량이 부족하였다. 부족한 식량을 초근목피(草根木皮, 풀뿌리와 나무껍질의 거친 음식)로 보충하였지만, 불평하는 사람이 없었다. 초대교회와 같이 유무상통(있는 것과 없는 것을 서로 융통함)한 것이다. 이것이 바로 신앙인의 생활이라 믿는다.

한번은 우리를 미워하는 사단의 역사가 있었다. 매일 심심산골(깊고 깊은 산골)에 4~5명의 신자가 출입한다는 이유로 가평 주둔군 헌병들이 수색하러 적목리에 들이닥쳤다. 헌병대의 수색을 받았으나, 청년들이 더 이상 머물 수 없게 되었다. 그러나 우리 주님께서는 우리들의 기도를 들어 주시고 응답하여 주셨다. 그래서 강원도 금강산 건봉사 산판으로 청년들이 이주하게 되었다. 신 목사님이 옛 친구를 찾아가 사정을 이야기한 후 청년들 모두 그곳으로 옮기게 되었다. 청년들은 그곳에서 해방되는 날까지 주님의 도우심으로 살게 되었다.

적목리 공동체의 연혁은 대략 다음과 같다.[1]

---

1 연혁 중 헌병대 급습 후 신태복 장로께서 위에서 아랫장소로 내려온 것을 기록하지 않는 것으로 인해 논의가 있었지만, 위와 아랫장소를 재림신앙유적지로 인정하기로 수차 결의했다. 한국연합회 행정위원회 결의록 (01-257, 2001.9.13); 재림신앙유적지 위원회(2019. 4. 18) 및 교단 원로 간담회(2019. 9. 26) 등 외.

1943년 9월 15일경	신태식, 반내현 선생을 위시한 여러 명의 선발대 도착 및 움막 건조.
1943년 12월 초	연말 기도 주일 및 사경회(강사: 김명길 목사), 민족 독립과 해방, 교회를 위해 간절히 합심 기도함.
1943년 12월 28일	일제 탄압으로 제칠일안식일식일 예수재림교회가 해산됨.
1944년 6월 17일	3명의 침례식(노사라, 오명숙, 지현각모친)을 거행함.
1944년 7월 중순	일제 헌병대의 조사를 받음. 이후 안식일 오후에는 주위 2~4km 떨어진 산속에서 찬송과 성경 공부, 기도 등 예배를 드림. 일부 거주자들과 거처를 가평 방향 약 1km 아랫장소로 옮김.<?>
1944년 12월 초	연말 기도 주일 및 사경회(강사: 조경철 목사), 조국 해방과 모진 고문과 핍박 속에 고난받고 있는 성도들을 위해 기도함.
1945년 6월 말경	헌병대의 재수사 우려로 강제 징집될 만한 청년들을 설악산 연화동과 추후 금강산 건봉사로 피신시킴.
1945년 8월 22일경	해방 소식을 듣고 감사기도를 드린 후 하산함.

당시 적목리 공동체의 일과는 대략 다음과 같았다.

새벽기도	새벽 5시경 가족들이 멀리 떨어진 산과 바위에서 새벽 기도를 드렸으며, 6시에 하산하여 모두 모여 예배를 드리고 조국의 광복을 위해 간절히 기도함.
식사	아침은 7시경 주로 배급으로 받은 쌀과 시래깃국, 점심은 아침에 싸간 주먹밥, 저녁은 벌목 작업 후 6시경에 식사함.
작업	아침 7시 30분부터 오후 5시까지 경춘 철도임업주식회사에서 벌목하고 침목 깎는 일을 함. 여자들은 보통 2~4km 떨어진 깊은 산 속에 들어가서 각종 나물 등 먹을 것을 구해옴.
저녁 예배	저녁 식사 후 2시간 동안 교회에서 예배를 드리며 성경 공부함.
토요일(안식일)	1944년 7월 중순 일본 헌병대가 조사하기 전에는 움막교회에서 안식일 정상 예배를 드렸지만, 수사한 후부터는 오전에 찬송도 부르지 못하고 예배만 드렸다. 매 안식일 오후에는 나무하러 가는 차림으로 교회에서 2~4km 떨어진 깊은 산 속에 들어가서 함께 성경도 공부하고 찬송도 부르며 이야기를 나누고 해가 저물 무렵 나무하러 갔다 오는 차림으로 다시 내려옴.

　가평 적목리에서의 생활은 말로 표현할 수 없을 만큼 고난과 역경의 시간이었으나 하나님의 보호하시는 손길이 늘 우리와 함께하였고, 고난 중에 역사하시는 하나님의 도우심을 느낄 수 있는 시간이었다.

　－ 의의:

　적목리에 오기 전 이북 청진시 공무원으로 일했다. 이 글은 적목리 공동체 총무인 신태복 장로의 시각에서 공동체의 일상생활, 연혁 및 일과 등을 소개하는 글이다. 이는 적목리 공동체를 이해하는 데 도움이 되는 중요한 자료이다. 이것은 다른 적목리 거주자들이나 방문자들의 증언 전체의 내용과 조화되고, 공동체 골격을 제시하는 면에서 의미가 있다.

그는 이북 청진시 공무원 출신으로 강원도 화천군 상서면 다목리에 노모와 신혼 부인이 있어 다목리도 방문하였다. 적목리 공동체의 전반적인 업무를 담당했지만, 부인과 노모가 계시던 집을 비밀리에 찾아 만난 것으로 보인다. 강제 징용 대상으로 다목리 동적부에 이름이 올라 있어 다목리에는 상주할 수 없었다.[1]

다목리의 가족들(강제 징병과 정신대 대상)이 모두 적목리로 피신한 상태였다. 일제의 계속 삼엄하고도 집요한 수색과 검문을 피해 적목리에 머물렀다. 당시 상황에서 모친과 부인을 만나는 것은 체포의 위험을 감수하는 것이었고 효성과 가족애를 실증했다.

또한 자신이 공동체의 총무로서 경춘철도임업주식회사 가평출장소를 드나들며 행정적 업무를 수행하고 양식을 받아서 배부하는 일 등을 했다. 사무소 직원들과 좋은 관계를 유지했기 때문에 윗장소에서 아랫장소를 옮길 때, 목재 지원 등 도움을 받았다. 신 장로와 그의 가족들은 당시 적목리 공동체 거주자들로부터 "이기심을 초월한 그리스도인 봉사자"로 일관된 평가를 받았다.[2]

일단 수상한 사람들 매일 4~5명이 적목리를 드나든다는 신고로 일경이 급습했지만, 미리 위험을 직감하고 징병이나 징용 대상자들은 깊

---

1 각 면과 동 단위의 징용 대상으로 할당된 예: 박도, **일제강점기, 1910-1945. 식민 통치기의 한민족 수난과 저항의 기억** (서울: 눈빛출판사, 2010), 684.

2 오만규, **백년사**, 1:772; 오춘수, "적목리 회고," **빛의 증언들**, 331,338,340; 최명기, "사선(死線)을 넘는 하나님의 은혜," 346; 김관호, "진리의 횃불과의 첫 만남," 493; 신계훈, "또 하나의 적목리 이야기," 507 등.

은 산으로 다 피하고, 성경과 종교 서적을 다 숨긴 뒤였다. 적목리 공동체가 일제의 요주의 감시 대상이 되었기 때문에, 장소를 옮길 수밖에 없는 난감한 처지였다. 또한 본인도 아랫장소로 거처를 옮겼다고 했다.

특히 70여 명의 거주민 중 많은 수의 징병 및 징용 대상자들이 윗장소를 떠났다(김관호, 빛의 증언들, 497). 당시 전국에서 징병이나 징용 소집 대상 젊은이들이 피신한 경우 남은 가족들은 피를 말리는 듯한, 지옥 같은 수색과 감시를 받았다(김형락, 빛의 증언들, 361). 그래서 젊은이의 이름이나 출신지들을 비밀로 하는 것이 서로를 위한 배려였다.

적목리 총무로서 신 장로의 전기는 비록 자신이 윗장소에서 아랫장소로 옮긴 일시를 연혁에 밝히지 않은 아쉬운 점이 있지만, 적목리 공동체 연대와 생활상에 대한 귀한 자료를 제공한다.

나의 아버지 신태식 목사

신우균[1]

― 아버지의 언행

나는 한 번도 아버지의 입에서 다른 사람을 비판하거나 비난하는 말을 듣지 못했다. 교회 지도자에 대해서는 언제나 나이가 많든 적든 존경하는 태도였고 전적으로 협력하는 태도였다. 행정위원회의 결정은 언제나 하나님의 명령으로 받아들이셨다. 실없는 말이나 농담은 하실 줄 몰랐다. 그렇다고 꾸어다 놓은 보릿자루 모양으로 말없이 계셨던 분도 아니다. 짤막짤막한 흥미 있는 얘기를 잘하셨다. 옛날 삼국지 얘기며, 어사 박문수의 얘기며, 옛날 역사적 이야기를 방문 온 청년들에게 흥미 있게 들려주셨다.

아버지는 친화력이 있는 분이셨다. 교회 안에 아무리 까다로운 분이 있어도 얼마 동안 사귀다 보면 가장 가까운 친구가 되는 것이다. 그리

---

1 신우균 목사는 적목리 공동체의 창시자이자 지도자인 신태식 목사의 차남으로 5~7세 때 적목리에 거주했다. 삼육대학 신학과를 졸업하고 한국연합회 청소년부장을 역임하는 등 16년의 한국 목회(광천삼육중고 교사, 조치원교회, 중서합회 청소년부 및 교육부장, 한국연합회 안식일학교부 및 청소년부장) 후 미주 한인교회들인 일리노이합회 힌스데일교회(Hinsdale Church), 뉴욕중앙교회(New York Cent. Church), 올랜도교회(Orland Church), 새크라멘토교회(Sacramento Church), 남가주 밸리교회(Valley Church) 목사로 40년을 봉직했다.

적목리 공동체의 함성　281

고 아버지 편이 되어 아버지를 위한 가장 강력한 변호인이 되는 것이었다. 아버지는 가난한 자를 보면 언제나 동정의 손길을 펴시고 관심을 보이셨다.

선물을 받으면 꼭 감사의 표시를 하고 기억했다가 적당한 기회에 은혜를 갚았다. 책을 팔러 오는 사람이 있으면 이웃에서 돈을 꾸어서라도 책을 사 주셨고 필요 없는 책이라도 사시고 그대로 돌려보내시지를 않으셨다. 먼 곳에서 손님이 오면 한 끼라도 따뜻이 대접하고, 가는 차편은 빚을 내서라도 버스표나 기차표를 끊어 주셨다. 나는 여러 번 이러한 모습을 보았다.

— **호연지기(浩然之氣)**

나의 아버지는 산수를 좋아하셔서 등산하기 좋아하셨고 일 년이면 몇 차례씩 강변에 천막을 치고 하루 이틀씩 즐기셨다. 그리고 산수의 수려함을 보며 시상이 떠오르면 종종 글을 쓰셨다. 여기 1970년 9월 2일 내장(內藏) 호텔 서남대회(西南大會) 사역자(使役者) 협의회(協議會)라 쓰시고 시 한 수를 남기신 것을 소개한다. 몇몇 시가 있으나 나의 한문 실력으로는 읽을 수 없어 그중에 알아볼 수 있는 시 한 편만 적어본다.

> 내장산경소금강(內藏山景小金剛) 내장산 경치가 소금강 같으며
> 여수동곡미장림(麗水洞谷美丈林) 계곡의 물은 곱기도 하고 죽죽
> 뻗은 나무는 아름다워라.

내장반점사선루(內藏飯店似仙樓) 내장호텔은 선녀의 누대(樓臺) 같고

체류과객천국빈(滯留過客天國賓) 머물러 있는 손님은 천국 손님이
로다.

– 근검절약과 자녀 훈계

명절이나 생신에 음식을 크게 차리는 것을 원치 않으셨고 또한 세배
받는 것도 원치 않으셨다. 그래서 "왜 세배받기를 원치 않으시냐?"고 물
으면 하만(에 3:2)의 이야기를 하시며 핑계를 대셨다. 평소에 그래서인
지 아버지는 환갑잔치도 없이 지나치셨다. 나는 그때 대학생이었는데
지금 생각하면 그때는 철이 없었고 후회스러울 뿐이다. 나는 지금도
감사한 분이 있는데 연원복 장로님 내외분, 문봉룡 장로님 내외분 그리
고 김경구 장로님이시다. 왜냐하면 이분들이 춘천에서 아버지의 환갑
을 기억하고 청주까지 오셔서 축하하고 위로하여 주셨기 때문이다.

아버지는 자식들에게는 엄격하셨고 잘못을 보면 그냥 넘기지 않으
셨다. 따끔하게 책망하셨으며 나도 어릴 때 종아리를 많이 맞으며 자
랐다. 중학교에 입학하면서부터는 맞지 않았으며, 책망할 때 손으로
때리는 일도 없었고 채찍으로 종아리를 잘못한 양만큼 치셨다. 그러
고는 채찍을 꺾어서 버리셨다. 우리 집에는 둥근 밥상이 있었는데 평
상시에는 접어서 벽 옆에 세워 두었다가 식사 때에는 펼쳐 놓고 먹었
다. 어떤 때에는 맛있는 찌개가 있을 때 자연히 그곳으로 수저가 많이
가게 마련이었다. 그러면 아버지께서 한마디 하셨다. "다른 집에 가서
도 그렇게 하면 버릇없다고 한다"라며 골고루 먹으라고 하셨다.

– 청결과 안식일 준비

아버지는 집에 들어가는 입구 기둥에 언제나 먼지떨이를 걸어 놓으셨고, 교인들 가정 방문을 마치고 집에 오셔서는 방에 들어가기 전에 머리부터 발끝까지 먼지를 털고 들어가셨다. 먼지떨이로 이불을 털고 모든 세간을 털고 장판을 걸레로 닦고 문을 닦으셨다. 나는 아버지에게서 집 안 청소하는 습관을 배우고 길들어서 지금도 청소를 잘하고 있다.

이 부분에 있어서는 나도 언제나 나의 아내에게 합격인 것 같다. 금요일은 특별한 날이었다. 옛날 집에 목욕 시설이 되어 있는 집이 몇이나 되었겠는가? 목사의 사택은 더 말할 필요도 없는 일이었다. 그러나 목욕탕에 가지 못하면 집에서라도 꼭 목욕하고 안식일을 맞이하셨다. 금요일과 안식일 해 지는 시각을 지키셔서 꼭 환영 예배, 환송 예배를 드리셨다.

– 가족 제단

아버지는 아침, 저녁 가족 예배를 꼭 드리셨다. 밤이 좀 깊었어도, 피곤하더라도 드리셨다. 나는 어렸을 때 초저녁에 잠이 들어 잘 때에도 꼭 깨우셔서 예배를 드리도록 하셨던 것을 기억한다. 접어놓은 둥근 밥상을 가운데 펼쳐 놓으시며 식구들을 둥그렇게 둘러앉게 하시고 예배를 드렸다. 자녀들이 성경을 읽게 하시고 질문에 대답을 찾아서 답하도록 하셨다. 어떤 때는 예배 시간이 너무 길게 느껴졌다. 여러 해가 지난 오늘날 생각하면 철없는 자녀들에게 믿음을 넣어 주려고 무던히도 애쓰셨다는 인상을 추억하게 된다. 나는 아버지가 편치 않다는 소식을 접하고 새크라멘토(Sacramento)를 찾아갔다. 그 주말을 오랜만에 함께 보냈다. 그런데 그렇게 편치 않아 하시면서도 금요일 저녁 예배며 안식일이며 교회를 빠지지 않고 출석하시는 것을 보았다. 그리고 편치 않은 내색을 하지 않으려고 애쓰시는 모습을 보았다. 어쩌면 나의 아버지는 믿음을 빼면 아무것도 없는 분이셨다.

― 안수(按手) 시의 분부 말씀

나도 아버지의 길을 따라 목회의 길에 들어섰다. 드디어 1967년 3월 8일 안수를 받는 날이었는데, 안수식 바로 몇 시간 전에 나의 아버지께서 나를 만나자고 하셨다. 사람들이 없는 곳으로 나를 데리고 가서서 하시는 말씀이 "네가 이제 일생을 통해서 하나님의 사업을 할 목회자가 될 것이다. 목사 안수를 받기 전에 너에게 특별히 몇 가지 당부할 말이 있다"라고 하시면서 세 가지를 당부하셨다.

"네가 어느 교회에 가든지 설교는 못 해도 좋다. 단 이 세 가지는 명심하고 지켜라. 첫째는 남녀 문제가 깨끗해야 한다. 둘째는 금전거래가 정직해야 한다. 셋째는 사상이 투철해야 한다"라고 말씀하시면서 '투철'이라는 말에 힘을 주셨다. '투철'이라는 말에 대해서는 지금 생각하면 사상이 철저해야 한다는 의미인 것 같다. 그러면서 하시는 말씀이 "나라를 사랑해야 교인도 사랑하게 된다"라고 말씀하셨다.

나는 이 이야기를 평생 거의 잊어버리지 아니하고 마음속에 간직하고 있다. 남녀 문제가 깨끗해야 한다. 정말로 그렇지 않으면 옷을 벗어야 한다. 두 번째는 금전거래가 정직해야 한다. 그래서 어려운 때도 있었지만 나는 아직도 누구에게 빚지는 생애를 살지를 않았다. 세 번째는 사상이 투철해야 한다.

– 일본 교육 거부한 민족애

내가 어렸을 때는 강원도 화천군 상서면 다목리에서 살았는데 내가 미국에 들어가기 전에 내가 살던 옛날 고향 집에 가보고 싶어서 일선부대 방문을 계기로 가보게 되었다. 금광은 그대로 있고, 내가 방문할 당시에도 금을 캐내고 있었는데 다목리의 내가 살던 집은 기억이 가물 가물거려서 찾지 못했다. 부대가 여기저기 많이 있는 걸 보았는데 아마도 그 자리를 부대가 차지하고 있는 것 같았다.

거기 살 때 나의 집에는 형님, 누님, 삼촌 등 학령기에 있는 식구들이 많이 있었다. 그런데 아버지께서는 일본학교에 보내면 일본말 배우고 한국말 잊어버린다고 우리들을 학교에 보내지 않았다. "재정은 넉넉했는데도 학교에 보내지 않아서 우리가 이렇게 되었다"라고 나의 누님이나 그 밑의 누님이 원망이 많았다. 특별히 미국에 있는 선영 누님은 더 원망이 많았다. 그래서 나도 "그때 학교에 보내 주었더라면 나도 한몫했을 텐데…"라는 말을 곧잘 하곤 했다.

학교에 보내지 않는 대신에 아버지께서는 밤이나 저녁에는 집에 칠판을 걸어 놓고 '가갸거겨'를 가르쳤다. 그때 내 나이가 약 5~6세 정도였던 것으로 기억된다. 누나 형님들이 '가갸거겨'를 배우고 아버지는 회초리를 옆에 놓으시고 가르쳤다. 그리고 얼마 지나서는 예언의 신이나 성경절을 적어 놓으시고 가르치셨다. 그 덕분에 피난한 뒤에 동명학교에 입학하는 데 도움이 많이 되었다.

그 학교는 회기동 철로 너머에 있었다. 그때 오석영 목사님이 교장선생이셨고, 김난경 선생님이 사모님이셨고, 머리를 빡빡 깎은 이경일 선생님과 노원호 선생님이 계셨다. 그런데 입학시험이 있었는데 아는 찬미가를 한글로 적어 내라는 것이었다. 그래서 내가 그때 배운 실력으로 찬미가를 적어 냈다. 그래서 2학년에 입학했다. 3학년이 될 수도 있었는데 2학년이 된 이유가, 교장 선생님이 구두시험을 치르는데 "이스라엘 백성이 홍해를 건너는데 배 몇 척을 가지고 건넜느냐?"는 것이었다. 그래서 내 생각에 '홍해는 바다가 틀림없으니, 배를 타기는 타고 건넜을 것이다'라고 머리를 굴려서 "5척이요"하고 대답했다. 내가 홍해 사건을 몰랐던 이유였다. 그래서 '내가 그때 홍해 사건을 알았다면 3, 4학년은 되었을 텐데'하는 생각을 지금도 한다.

─ 애국정신

나의 아버지는 애국심이 많으셨던 분이었다. 애국 사상이 있었기 때문에 한글을 가르치고 일본말을 가르치지 않았다. 그때는 일본이 조선어 말살 정책을 폈고 내선일체 정책으로 우리말도 못 하게 하고 이름도 바꾸게 하고 젊은 남녀들이 있으면 다 붙들어 가던 시절이었다. 그때 우리 누나, 형님, 작은아버지들은 다 붙들려 갈 만한 나이였기 때문에 굉장히 두려워했으며, 조심했고 조금만 의심스러운 일이 있어도 도망을 다니곤 했다.

아버지께서는 이러한 일본에 대한 적개심을 보이셨으며, 목사 안수식 때 '사상에 투철해야 한다'라고 하신 말씀 속에 '민족사상도 있고 종교와 신앙 사상도 있었던 것은 그러한 배경에서 나온 것이 아니었겠는가?' 하는 생각이 든다.

특히 계시록 13장을 연구하면서 '미국이 온 세계의 패권을 쥐고 있어야 할 나라이구나! 그리고 로마 가톨릭이 온 세계적으로 종교적인 세력을 발휘해야 할 때이구나! 그다음에 미국 세력과 연합해야만 세상의 끝이 오는구나! 그리고 보면 일본이 망하겠구나'하는 결론에 도달하게 되었다고 한다. 그래서 반내현 목사님과 자주 만나서 예언에 관해서 이야기했는데 반내현 목사님을 만나면 어떤 때에는 밤을 새워 가면서 심각하게 말씀을 나누시는 것을 내가 종종 보았다.

– 적목리를 향하여

다목리에서 공부하는데 매일 칠판을 지워 버리고, 종교 서적을 굴뚝 위에 놓고선 무엇인가 덮어놓은 것이 있었는데, 이렇게 숨기면서 꽤 조심하시는 것을 보았다. 그런데 하루는 일본 순사 한 사람과 아마 한국인 통역관이었던 것 같은데, 이들이 갑자기 우리 집을 덮쳐서 조사하기 시작했다. 조사를 하는데 평상시에는 칠판을 지워 버렸는데 그날따라 칠판을 지워 버리지를 않았다.

당시에는 조선말을 가르치거나 말도 못 하게 하던 시대로 일본 순사가 이것을 보더니 심각하게 받아들이는 것이었다. 그들이 가고 난 다음에 들었던 이야기인데 그 통역관이 잘 이야기를 해주어서 위기를 넘겼다고 했다. 그래서 우리 집에는 초비상이 걸리고, 일경의 감시 대상이 되었다. 징용으로 잡혀갈 연령층이 삼촌 세 명(태홍, 태섭, 태범), 그리고 누나 둘(선희, 선영)이 있었다.

우리 집은 일제의 눈을 피해 마을에서 외딴곳에 있어, 필요시 즉시 피할 수 있도록 했었다. 어느 날 일경(日警)과 잘 아는 동네 구장이 오늘 밤에 떠나라고 했다. 그날 밤에 일제가 급습할 계획이라고 했다. 그래서 미숫가루 만들어서 어디론가 도망을 갔다. 세간 도구는 다 버려두고 몸만 황급히 피해 나갔다. 나에게는 하얀 자루 만들어서 미숫가루를 담아서 양쪽 옆에 차고 걸었는데 너무너무 힘들었다. 그리고 도착한 곳이 적목리였다.

나의 아버지가 그 당시 일본에 대해서 그렇게 대항하고 거스를 힘은 신앙에서 나왔다고 느껴진다. 배고픈 가운데서 지금도 가장 기억에 강하게 남는 것은 소나무 가지를 벗겨서 아이스크림을 먹듯이 요리조리 훑어 먹던 기억이다. 나는 그때 어린아이였기 때문에 배가 고프더라도 어머니 아버지를 쳐다보고 있으면 근심이나 걱정은 없었지만, 70여 명이나 되는 식구들의 식량 책임을 지고 있었던 나의 아버지께서는 얼마나 마음이 괴로우셨을까 하는 생각이 든다.

─ 한 시대를 위한 소명

해방되어 월남해서 삼육대학 신학과를 다녔는데 그때 목회자가 상당히 부족하던 시기였다. 그 당시 대회장이 아마 김명길 목사님이셨는데 나의 아버지를 졸업하기 얼마 전에 부르셔서 아버지께서 제일 먼저 사역지로 나간 곳이 횡성이었다. 하나님께서 그 시대에 나의 아버지를 부르셔서 한 시대의 역사적 과업을 이루셨고, 해방된 다음에 6·25전 쟁으로 이어지는 그 어려운 상황에도 불구하고 교회를 11곳이나 신축하셨고, 삼육초등학교를 4곳이나 시작하셨다.

32년 목회 기간 11곳의 교회를 지었다면 3년에 한 번꼴로 지었다는 뜻인데, 그 어려웠던 시절에 목회자가 재정적으로 앞장서지 않으면 교인들은 따라오지도 않았을 것이다. 그렇게도 지난했던 시기에 교회를 11곳이나 지으셨다니 얼마나 희생하셨나, 얼마나 고되고 힘드셨나 하는 생각을 지금도 해본다.

1988년 6월 13일에 돌아가셔서 이제는 고인이 되셨는데 마지막에 보시던 **시조**에 6월 15일 자에 무엇이라고 기록해 놓으셨느냐 하면 '장례일'이라고 적어 놓으셨다. 내가 그것을 보고 얼마나 놀랐는지 모른다. 13일 돌아가셨는데 정말로 15일 로마린다(Loma Linda)에서 장례를 치렀다. 로마린다 교회 옆에 묻혔는데 비석에 '오! 주여, 오시옵소서'라고 기록해 놓았다. 그곳 708호에 나의 아버지가 묻혀 계신다. 나는 아버지를 만날 영광스러운 앞날을 바라보고 있다.

　　― 의의:

신우균 목사의 수기는 선친 신태식 목사의 삶과 신앙에 대한 귀한 통찰을 제공한다. 신태식 목사의 삶은 시대 상황에 맞는 근검절약, 재림 교인으로서의 기본적인 안식일 준수 및 청결, 그리고 가족 제단의 중요성을 강조한다. 선친의 뒤를 이어 성직에 부름을 받고 안수받을 때, 신태식 목사는 남녀교제는 정결(貞潔)하고, 금전거래는 정직(正直)하며 신앙 사상은 투철(透徹)해야 한다고 당부하셨다.

삼촌들과 자녀들 모두에게 일본어와 교육을 거부하고 집에서 철저하게 한글과 성경을 가르쳤다. 이것이 일경에 탄로되었다. 특히 신태식 목사의 손아래 네 동생(태복, 태흥, 태섭, 태범)이 징병과 징용 대상이고, 두 딸(선희, 선영)이 정신대에 끌려갈 나이었다. 이러한 상황 속에서 신태식 목사 가족은 화천군 상서면 다목리의 주민들이 사는 마을에서 꽤 멀리 오리(2km)나 떨어진 외딴 집에서 거주했다.[1]

하지만 곧 일경의 동태를 잘 아는 동네 구장으로부터 일경이 신 목사 댁을 급습할 계획임을 알게 되었다. 숨 막히는 공포 속에서 신 목사 가족은 세간살이 일체를 남겨두고 몸만 황급히 빠져나왔다. 일경의 감시와 체포를 피해 미숫가루만 들고 적목리를 향했다. 이것은 "광야와 산과 동굴과 토굴에 유리"했던(히 11:38) 초기 기독교인들의 고난과 희생을 연상시킨다. 일제의 억압과 착취 속에서 신앙과 자유를 지키기 위해 싸운 그들의 용기는 오늘날 우리에게 큰 감동으로 다가온다. 이것이 당대 세상이 감당하지 못했던 온 나라와 교회를 위한 신앙 행전, 곧 적목리 공동체의 출발이었다.[2]

1 신우균, **아버지의 하나님**, 26-27.
2 이종근, "다목리로 가는 길," **교회지남** (2023. 8), 10-11.

아 하나님의 은혜로

반내현[1]

— 진리를 향하여

나는 충북 청주시 북이면 산태리 198번지에서 1909년 10월 22일 반채승 씨의 네 남매 중 막내로 출생했다. 어려서 서당에서 한문을 수학했으며 가사를 도와 농업에 종사하였다. 1931년에 강원도 횡성으로 이사하여 조그만 규모의 상업을 경영하던 중, 1936년 6월 어느 날, 상점 곁에 있는 여인숙에 우연히 놀러 갔다가 투숙객으로 여인숙에 묵고 있던 박기풍 목사님을 만나게 되었다.

그 목사님을 뵈었을 때, 예수 믿는 이유에 대하여 알고 싶은 마음이 불일 듯하여 그 이유를 물으니, 목사님이 내 손을 꼭 잡으며 친절하게 차근차근 예수님을 믿으라고 권하였다. 그때만 해도 예수 믿는 사람은 이상한 사람이라고 할 때요, 북지사변(北支事變/ 1937~1945년 중일전쟁)으로 당국에서도 기독교를 좋게 생각할 때가 아니었다. 그러나 성령께서 제 마음을 감동하게 하셔서 즉시 믿기로 결심하여 예수 그리

---

1 반내현 목사는 적목리 공동체의 창시자이자 대표적 지도자 중의 한 분이며, 여러 지역을 다니면서 민족 계몽과 전도 활동을 펼쳤다. 해방 후 목회자로 묵호 교회를 필두로 영남, 충청, 호남 및 서울지역의 여러 교회에서 교회 부흥과 발전에 이바지했다.

스도를 구주로 받아들였다.

목사님 말씀이 오늘 밤부터 당장 교회에 가자고 하셔서 목사님을 따라가 보니, 교회가 아니고 사가인데 조그마한 방으로 들어가자고 하는 것이었다. 이상한 생각이 들어 이곳은 교회가 아니고 개인 집이 아니냐고 물었더니 목사님은 우리 교회는 횡성감리교회가 아니고 제칠일안식일예수재림교회라고 설명하셨다. 이날 늦도록 목사님께서 성경을 가르치셨으며 안식일교회 역사를 배우고 성령의 크신 감동을 입어 안식일 교인이 되었다.

당시 횡성에는 안식일 교인이 한 사람도 없었다. 용인에 임병상 노인 내외분이 오시자 충주에서 박기풍 목사님께서 임병상 노인을 방문오셨다가 술독에 빠져있던 나 반내현을 끌어내어 주님께로 인도하시게 된 것이다. 박기풍 목사님은 충주에 계시면서 충청남·북도와 강원도 일대 담당으로 지도하고 계셨다.

안식일교회의 교세는 심히 약해서 박 목사님 담당 구역 내의 집회소가 20곳 미만이었다. 박 목사님께서 충주로 돌아가신 후, 성경을 연구하고 싶었으나 가르쳐 주고 인도할 만한 분이 없었으므로 참으로 막연했다. 충주에 계신 박 목사님께 편지를 보냈더니 3일 만에 목사님이 오셨다. 그를 다시 뵙게 되어 마치 하늘 천사를 만나보는 것과 같이 반갑고 기뻤으며 이날부터 박 목사님의 숙소에 찾아가 3일 동안 성경 말씀을 연구하며 배우게 되었다.

그때 성령께서 크게 역사하셨으므로 받은 감화가 오늘날까지 생생하게 살아서 나의 생애를 주관하고 있다. 그 당시 연구한 말씀이 내 심령을 격동하여 말씀을 전하지 않고는 견디기 어려워 제일 먼저 형님을 인도하고 다음으로 술친구들, 그리고 당시 감리교회 최은애 속장

(구역별 모임 인도자)을 인도했다. 그 일 때문에 감리교회로부터 많은 도전과 어려움을 겪었으나 예수님의 도우심으로 견디고 이길 수 있었다. 1936년 12월 횡성읍에서 처음으로 집회가 시작되었지만, 아직도 어린아이와 같은 믿음을 가진 내가 설교하고 단에 서서 지도해야 할 딱한 형편이었다. 그러나 바로 이 모임이 횡성교회의 시작이 되었다.

처음으로 모인 집회였으나 20여 명이 되었고 월세 1원으로 예배 장소를 계약했다. 1937년 1월 2일부터 박기풍 목사님을 초청하여 1주일간 성경을 공부한 후, 더욱 큰 용기와 자신을 갖게 되어 만나는 사람마다 말씀을 전하지 않고는 견딜 수가 없었다. 그리하여 장법량 목사의 선친을 인도하게 되었다. 그때 장법량(현재 목사)은 3살 정도의 어린아이였다.

점점 교인 수가 증가하여 2원을 월세로 주고 집회소를 얻었으나 미구에 그곳도 좁아서 더 넓은 장소를 7원을 월세로 주고 얻게 되었다. 1937년 8월 21일에 횡성에서 처음으로 10명이 침례를 받았는데, 그중 8명이 오늘날 주님 안에서 생존하고 있다. 1938년 꿈에도 잊지 못할 횡성교회를 떠나게 되었고 송기영 전도사가 부임하였다.

횡성을 떠나 강원도 금강산으로 옮겨 복음을 전하기 시작했으나 당국의 간섭이 심하여 영혼을 얻기가 쉬운 일이 아니었다. 겨우 양재하 청년을 만나 성경을 가르치기 시작했는데 이 청년은 영양읍에 사는 성결교인이었다. 한 달간 따라다니며 성경을 가르쳐서 개종하기에 이르렀다. 이것이 금강산에 가서 얻은 수확이었다.

— 일제의 종교박해

이때부터 태평양전쟁은 더욱 치열해지고 일본 정부는 모든 외국 선교사를 축출시키고 한국 사람으로 교회 지도자를 세우도록 했으므로 처음으로 최태현 목사님이 한국인으로 초대 연합회장이 되었다. 점점 종교탄압이 심해지더니 신사참배를 강요하고 목사나 전도사나 교회 지도자를 괴롭히기 시작하였다. 자연히 목사와 전도사는 하나둘 교회를 떠나기 시작하고 신자들은 목자 없는 양이 되고 복음 사업은 위태롭게 되기 시작했다.

충남 화성교회에서 당시 대회장으로 시무하시던 정동심 대회장이, "비록 선교사는 떠나고 없으나 우리 모두 자각하여 십일조를 충실히 바치자"라는 권면의 설교를 했다. 일본인 형사가 이 말을 책잡아 '일본에서 독립하자'라는 말로 뒤집어씌워 정동심, 박원실, 유철준, 김성환, 오석영, 오영섭, 이성찬 그리고 평신도 오대식, 김병두 씨 등을 유치장에 가두고 취조하였다. 정동심 목사를 재판에 회부시켜 6개월 형을 받게 하고 그 외 사람들은 100일 구류 후에 출옥되었다. 바로, 이 사건이 우리 안식일교회에 대한 박해의 시작이 되어 뒤이어 연합회의 최태현, 오영섭, 이성의, 박창욱, 김상칠, 김예준 목사를 검거하였다.

— 선교열

이때부터 교회는 크게 흔들리어 어려움에 직면하게 되었다. 겨우 연합에 남아 있던 몇 분이 교회를 맡아서 인도한다는 것이 일제 탄압에 타협하는 수치스러운 오점을 후대에 남기게 되었다. 연합회에서는 지방 교회에 "지금은 전시이니 자발적으로 안식일을 지키지 말고 일하라," "안식일학교라 하지 말고 안식일 수련회라 하라"는 공문들을 발송하기에 이르렀다. 그뿐만 아니라 "황국신민선서를 예배 전에 하라. 예배 전에 궁성요배 겸 천황폐하에 대해 묵념하라"라는 공문들이 발송되자 지방 교회의 신자들은 신앙의 갈피를 잡을 수가 없어 방황하게 되었다.

어느 전도사는 나에게 와서 신사참배를 강요하였는데 이 전도사와 내가 밤늦도록 이 일로 다툰 일이 내 뇌리에 아직도 생생하게 살아 있다. 물론 이 전도사는 후에 타락하고 말았다. 모든 교회 지도자는 투옥되거나 떠나고 없으므로 신자들도 자연히 교회를 떠나게 되는 풍전등화와 같은 교회의 운명에, 아무도 교회를 돌보고자 하는 사람이 없었다.

이제는 나 혼자서라도 있는 힘을 다해 교회를 지키고 흩어지는 양 떼들을 수습해야 하겠다고 굳게 결심한 후, 사업과 집을 방매하고 교회 일에 전적으로 나섰다. 처음으로 발길을 향한 곳이 평남 순안이었다. 순안에는 처음 나를 인도한 박기풍 목사가 있는 곳이었는데, 소문에 박 목사님이 경찰에 검거되어 고문당한 후 교회에 나오지 않는다는 것이었다. 설마 하며 박 목사님을 만나보니, 박 목사님은 고문에 시달리어 완전히 패배하여 일본에 전향한 사실을 알게 되었다.

사람이 이럴 수가 있을까? 나에게 그렇게 열렬히 전도하시던 분이 이렇게 변할 수 있단 말인가? 밥 한 끼 대접받지 못하고 돌아서야 하는 야속한 현실에 눈물이 앞을 가려 길이 보이지 않았다. 허둥지둥 기차를 타고 집에 오니 최태현 목사님의 옥사 소식이 기다리고 있었다.

아! 이제는 우리 교회도 끝이 났구나! 그러나 못난 이 사람이지만 교회와 운명을 같이 하리라고 굳게 결심했다. 같이 일할 동지를 찾아보았으나 한 사람도 선뜻 나서는 사람이 없었다.

− 적목리 공동체의 태동

신사참배 반대, 징병과 징용 반대를 외치며 순수한 성서적 신앙의 회복을 주장하니, 용기를 주는 사람은 하나도 없고 오히려 겁을 주며 용기를 꺾는 사람들뿐이었다. 신태식 형님(현재 목사)을 찾아가 나의 사상과 결심을 말하니 내 뜻에 동의하여 함께 동지가 되어 줄 것을 흔쾌히 승낙하였다. 밤늦도록 의논하는 가운데 강제 징용과 징병을 피하고 신앙을 유지하는 방법을 신태식 형님이 제안하였다.

그 형님 말씀이 경기도 가평에서 친구가 산판을 하고 있는데, 산판 하청을 할 수 있으면 거기서 일을 할 수 있고, 징병에 해당하는 많은 청년을 구할 수 있을 것 같다고 하였다. 단지 식량을 해결하는 데 다소 문제가 있으나 우리에게 나오는 배급 양식을 나누어 먹으며 이 시국을 피하기로 합의를 보았다. 20일 후에 신태식 형님이 하청 계약을 얻어서 내게 와서 의논하기를 신 형님은 산에 들어온 신자들을 보호하는 책임을 맡고, 나는 사람을 모으는 일과 신자들을 찾아가 권면하는 일을 하기로 약속했다.

신 형님은 산에 들어가 거처할 곳을 마련하기 시작했고, 나는 발길 닿는 대로 신자가 있는 곳이면 어느 곳이든 찾아가려고 나섰다. 평남 입석리를 가보니 이해성, 조경철 형제들(당시는 열혈 신자)이 열렬한 신앙을 가지고 집회를 유지하고 있었다. 그 일을 보고 많은 감명을 받았다. 1943년 9월 말경에 가족을 데리고 경기도 가평 적목리로 이사를 했다. 여기저기에서 소문을 듣고 모인 가족이 열세 가족이었고, 식구가 70여 명이 되었다. 이곳에 피난 온 가정은 노원호 장로 가족, 오춘수 가정, 그리고 고자선 장로가 홀로 와 있었다. 또한 황해도 장연군 목감과 태탄, 평남 입석리에서도 모여 왔다.

— 교회 해산

1943년 12월 30일경에 연합회에서 편지가 왔는데, 교회 해산성명서였다. 이 해산성명서를 보고 정말 놀랐다. 이튿날 신태식 형님과 함께 서울 연합회에 올라가 당시 연합회장 오영섭 목사님을 만나서 손목을 잡고 이렇게 말했다. "목사님 해산성명서 받았습니다. 목사님 옥중에서 얼마나 고생하셨습니까? 저는 이 해산성명서로 인하여 목사님을 조금도 원망하지 않았습니다. 옥중에서 고문을 못 이기어 강제로 서명하신 줄 압니다. 목사님! 그러나 할 수 없이 법률상으로는 해산되었지만, 이제는 지하에서 연합회를 존속시키고 교회를 수습할 방안이 있습니까?" 목사님은 그 말을 듣고 당황하는 태도로 없다는 것이었다.
　나는 목사님의 손을 잡고 "안 됩니다. 교회가 해산될 수는 없습니다. 목사님, 저를 따라 도피합시다. 저는 지금 첩첩산중에 깊은 굴을 파고 집회합니다. 뒤에서 지도만 해주시면, 저희가 교회를 수습하겠습니다. 염려 말고 가십시다" 하니, 오 목사님은 목멘 소리로 "나는 현재 몸만 풀려나왔지, 이곳에서 10리도 나의 맘대로 못 다닙니다." 하고 말

끝을 흐렸다.

나는 그곳을 떠나 중한대회장이신 이성의 목사를 만나서 오 목사에게 드린 동일한 이야기를 했다. 똑같은 대답을 하기에 연합회 아래층으로 내려갔다. 거기에서는 몇 사람의 직원들이 연합회 모든 물건을 방매하고 있었다. 나는 이 슬픈 장면을 보고 정말로 한없이 울었다. 날은 춥고 갈 곳도 없어 경비실 앞에서 서성거리니 고두칠 장로님께서 "형제들! 추운데 김옥진 씨 집으로 갑시다"라는 것이었다.

고 장로님을 따라가니 연합회 사람 두 분이 뒤따라 들어와 여섯 사람이 화롯가에 둘러앉아서 이야기하고 있었다. 나는 혼잣말로 심경을 토로했다. "이제 예수를 믿어야 하나, 믿지 말아야 하나? 갈피를 잡을 수 없네. 언제는 목사들이 예수를 믿으라더니 이제는 믿지 말라 하고, 언제는 안식일 거룩히 지키라 하더니 이제는 지키지 말라 하는구나! 본부에 와 보니 목사들이 연합회 모든 물건을 다 팔아 버리고 있으니, 이제는 복음 사업이 끝이 난 것 아닌가? 사역자들이 교회 물건에 손을 대니 한심하기 짝이 없네. 이 책임은 일본 정부가 져야 하며 총독이 져야 하지 않겠는가? 그러니 연합회의 모든 기물을 하나도 손대지 말고 문을 잠근 후 열쇠를 총독에게 주자."

내가 홀로 고함을 치며 통곡하니 고두칠 장로님께서 나를 책망하시며 "여기가 어딘 줄 알고 철없이 떠드느냐"고 말씀하시었다. 고 장로님께서 연합회 사정과 기타 모든 사정을 잘 알고 계시므로 나를 위해서 말씀하신 것이었으나 나는 그 말씀에 분개하여 곧 그 자리를 떠나고 말았다.

후에 알게 된 일이지만 누구든지 교회 해산을 반대하는 자가 있으면 즉시 신고하게 되어 있었으므로 고 장로님께서 나를 책망하신 것이었다. 만일, 고 장로님의 책망이 없었다면 나는 그 자리에서 체포될 뻔했었다. 나와 신태식 형님은 그 자리를 떠나 성동역에 가 있었다. 개천에 사는 김동규 씨가 따라와 "반 형이 그곳에 있었으면 체포될 뻔했고 가평역에도 형사대가 기다리고 있으며 가평의 형제들은 일본 형사들에게 일망 타진되었을 것이라"라고 전해 주었다.

그 말을 들으니 노인들과 식구들과 어린아이들이 걱정되어 아찔하였다. 기차를 타고 가평 못미처 어느 역에서 내린 후 가평까지 도보로 잠입하여 혹시나 하여 경찰서 주위를 배회하다가, 우선 산속에 있는 은신처에 가보는 것이 현명할 것 같아서 낮에는 민가에 숨고 밤을 기다려 눈 쌓인 산길 120리를 더듬거리며 찾아가니 다행히도 식구들은 안전하였고 모든 식구가 놀라며 맞이하였다.

70여 명의 식구들에게 서울 소식을 전한 후, 안전을 위하여 더 깊은 산 속으로 들어가 3일간을 숨어서 지냈다. 나중에 안 일이지만, 이곳 거처의 주소를 경찰 본부에서 몰랐기 때문에 이곳까지 손길이 미치지 못하였으나 옛 주소 평강으로 조사가 갔었다는 소식을 들었다.

─ 묵호지역 방문

이곳에서의 하루 생활은 새벽 일찍 온 식구가 일어나 새벽 기도를 드림으로 일과가 시작되고 낮에는 벌목하고 저녁에는 성경 공부를 하였다. 나는 주로 산 속에 남아 있지 않고 신자들을 찾아 두루 다니며 방문하는 일을 하였다. 1939년에 금강산에서 전도하고 떠난 지 5년이 지났다. 그곳에 있는 양재하 씨를 다시 찾아보기로 작정하고 가보니 그는 신앙 생애를 하고 있지는 않았다.

그러나 나를 반갑게 맞았으며 며칠간 집회를 하도록 주선해 주었다. 그곳 집회 결과로 몇 분의 신자를 얻었는데 바로 이 일이 양양교회의 시작이 되었다. 양양을 떠나 강릉에 가보니 주재하던 전도사는 신앙을 버렸고 교회 문도 굳게 닫혀 있었다. 강릉을 떠나면서 길 안내로 나선 전도사를 통하여 김진옥 씨에 대한 안부를 알게 되었다. 김진옥 씨는 금강산에 있을 때 문서 전도자 류재목 씨(현재 은퇴 목사)에 의해 진리를 받아들인 사람이었다. 전도사의 말에 의하면 김진옥 씨는 변전소에 근무하고 있는데 이미 타락했다는 것이었다.

타락한 사람이라도 만나보려고 묵호로 향하였다. 120리를 걸어서 해가 저물 무렵 김진옥 씨를 찾아가니, 김진옥 씨가 "어디서 왔으며 왜 왔느냐"고 물었다. 교회에서 왔다고 하니 깜짝 놀라며 "지금도 예수를 믿는 사람이 있느냐"고 했다. 김진옥 씨는 해산성명서를 보고 그때부터 타락했노라고 말했다. "형제여! 해산성명서는 일본 정부에 의해 강제로 이루어진 것이지만 우리의 신앙은 버릴 수 없지 아니한가?" 하니 나를 자기 집으로 인도하는 것이었다.

밤늦도록 성경을 연구하고 신앙을 권유하니 온 가족이 즐겨 받았고 하루를 더 지내며 신앙을 굳게 한 후 묵호를 떠나 가평으로 되돌아왔다. 1944년 2월 황해도에 다녀오기로 작정하고 처음으로 황해도 목감(牧甘), 태탄 등지를 두루 돌아 회로에 옹진(甕津)에서 기차를 타려 했으나 증명서 없는 사람은 태워 주지 않는 것이었다.

그때는 태평양전쟁이 치열해져 공무 여행이 아니면 기차, 버스를 타고 여행할 수가 없었다. 할 수 없이 서울을 걸어서 가기로 하고 보행 중, 캄캄한 그믐밤(음력 그달의 마지막 날 밤)에 세 젊은이들을 만나게 되었다. 이들이 나를 보더니 웬 사람이 이 밤중에 어디에 가느냐고 물었다. 나는 사정을 솔직히 말했다. 그들은 "당신이 우리를 만나지 않았으면 큰일 날 뻔했소. 이 밤중에 얼어 죽었을 것인데 안심하십시오. 우리도 이 지방 사람이 아니며 차를 못 타서 걸어가고 있는데 조금만 가면 친구 집이 있으니, 그곳에서 같이 묵고 갑시다"라고 말하였다.

그들의 안내로 무사히 그 밤을 지내고 생각하니 참으로 눈동자처럼 보호해 주시는 주님의 인도하심에 감사드리지 않을 수 없었다. 이튿날 그 사람들의 도움으로 무사히 기차표를 구하게 되어 집에 돌아올 수 있었다. 1944년 12월 4일 한밤중이었다. "네가 할 일이 있는데 왜 잠만 자고 있느냐" 하는 소리가 자고 있는 나의 귀에 들렸다. 놀라 잠이 깨어 일어나 생각하니 수많은 영혼이 죽어 가고 있는 순간에 나는 이렇게 자고 있어서야 되겠느냐? 하는 마음에 견디기 어려워서 어머니와 내자를 깨웠다.

어리둥절해하시는 어머니께 말씀드렸다. "다름이 아니오라 제가 오늘 복음을 전하기 위하여 떠나려 합니다. 제가 그동안 번 돈은 복음 사업에 다 쓰고 이제 남은 돈은 20원뿐입니다. 이제, 이 돈이 없어지기 전에 이 돈을 복음 사업에 쓰려고 합니다. 그리 아시고 제가 돌아올 때까지 집에 있는 어린 남매 잘 돌보아 주시기 바랍니다. 그때까지 굶기지 않고 잘 돌보아 주시면, 그리고 제가 체포되지 않고 무사히 돌아오게 되면 은혜를 갚겠습니다."

세 사람이 무릎을 꿇고 간절히 기도드린 후 새벽 3시에 첩첩 산골의 집을 떠났다. 무시무시한 고개들을 넘으면서, 그때처럼 마음에 평안을 느껴 본 적이 오늘까지 없었다. 대낮에도 홀로 가기가 무서운 무인지경의 밀림 지대를 35세 된 젊은 한 사람이 길을 간다는 것은 주님의 보호가 없이는 생각할 수도 없는 일이었다. 이런 험한 산길 150리를 걸어서 김화(金化)읍에 도착하니 날이 저물어 더 이상 갈 수가 없었다.

여관에서 하룻밤을 자고서 숙박비 2원을 주니 18원밖에 남지 않았다. 밖에는 밤새 눈이 와서 문턱까지 쌓여 있었으나, 수중에 있는 돈이 떨어지기 전에 할 일이 있었으므로 눈길 40리를 걸어 복개(伏蓋)역에 갔다. 그러나 신분증이 없어서 기차표를 살 수가 없었다. 백방으로 노력했으나 불가능하였고 춥고 배고프니 눈물밖에 나오지 않았다. 마침 화물차가 와서 기관사에게 사정을 말하니 기관사가 사방을 살펴본 후 옆에 태워 주어서 신고산(新高山, 일제강점기 함경남도 경원선(용산~원산)의 종점역 원산이전 고산역)에 도착할 수 있었다.

추운 여관방에서 새우잠을 잔 후 숙박료 4원을 주고 나니 이제 14원밖에 남지 않게 되었다. 묵호까지 가기는 불가능한 것 같고 실망이 이만저만이 아니었다. 이제 신고산까지 왔으니, 이곳에서 교회를 찾아보기로 하고 박기준 형제의 집을 찾아갔다. 마침 조반을 먹고 있었는데 고맙게도 함께 조반을 먹을 수 있게 되었다. 당시 배급량은 1인당 1일 식량이 2홉 3작(1홉 = 10작, 1작 = 18mL, 414ml)이므로 여행 중 밥을 사서 먹기가 어려워서 이삼일씩 굶는 것은 보통이었다. 며칠간 굶던 허기진 몸에 밥을 얻어먹고 나니 살 것만 같았다.

마침 그날이 안식일이었으므로 그의 동생 되는 박기현 씨와 함께 예배당에 갔다. 가서 보니 예배당은 폐쇄되고 그곳에 40여 세 된 전도부인이 살고 있는데, 이름이 오병태라고 하였다. 반가이 서로 인사한 후 함께 예배를 드렸으며 설교 시간을 통하여 간절히 권면하니 두 분은 눈물을 흘렸다. 특히 오 전도부인은 "나는 사역자로서 이렇게 두문불출하고 있는데, 평신자가 와서 권면하니 부끄럽기 한이 없고 참으로 고맙다"라고 하였다. 그리고 여비라도 하라면서 15원을 내놓았다. 나는 이 돈을 하나님께서 주시는 것으로 알고 기쁘고 감사하게 받았으며 크게 용기를 얻게 되었다.

이튿날 신고산을 떠나려 하는데, 박기현 씨 형제가 20원을 주면서 선교사업에 써달라고 하였다. 예수께서 제자들을 보내실 때 두 벌 옷도 가지지 말라고 하시던 말씀에 순종했던 사도들에게 여비가 부족하지 않았었던 귀한 경험을 하게 되었다. 양양에 도착하여 양재하 씨를 방문하여 며칠간 집회를 하는 동안, 몇 사람의 영혼을 얻게 되었다. 다시 양양을 떠나 묵호 김진옥 씨 댁을 방문하니 몹시 반가이 맞이하였으며 이곳에 우연히 안식일 교인 가정을 만나 같이 예배를 드리고 있다고 하였다. 바로 그 가정은 말로만 듣던 허 석 선생님의 가정이었으며, 그분의 자제가 바로 허형만 목사이다. 처음에는 이 두 가정과 같이 예배를 드렸으나 김창주 씨 가정, 장운달 씨 등 몇 가정이 나오게 되어, 은혜스럽게 집회하게 되었다. 이분들이 오늘날 목사와 장로가 되어 하나님의 사업에 헌신하고 있다.

비록 방문을 가리고 귓속말로 전도하던 비밀 집회였으나, 성령이 충만한 은혜로운 집회였다. 이곳에서 집회를 마치고 집으로 돌아오려고 하는데 성령께서 권고하시는 듯 다른 곳으로 가야겠다고 생각되었다. 김진옥 씨에게 다른 곳에 전도할 곳이 없는지 물어보니 삼척에 박병남이라는 청년이 살고 있는데 이 청년이 강릉에서 김항모 목사님께 기별 받은 후 삼척 고향에 내려와 장로교회에 다니고 있다고 이야기해 주었다. 그래서 그곳으로 향하였다.

삼척에 가서 주소도 없이 이름만으로 찾으려 하니 막연하였다. 날은 저물어 가고 추운 겨울 날씨인지라 거리에는 행인마저 없었다. 마침

우마차가 지나가므로 무턱대고 박병남 씨를 아느냐 하고 물으니 바로 자기 집 앞에 산다는 것이었다. 그 사람을 따라가서 문을 두드리니 노인이 나오는데 박병남이는 교회에 가고 없다고 하며 그냥 자기 집으로 들어가 버렸다.

나는 막연히 거리에서 방황하는 수밖에 없었다. 그러던 중 갑자기 머릿속에 2년 전에 이기원 형제가 들려준 한 이야기가 생각이 났다. 기차 안에서 어느 사람이 전도하므로 이기원 형제가 나는 안식일 교인이라고 하며 서로 반가워했는데, 그 사람이 삼척에 살고 있으며 이름은 김관호라고 하는 이야기를 한 번 들은 기억이 났다. 기도하는 마음으로 한참 기억을 더듬는데, 갑자기 누가 가르쳐 주듯이 '김관호'라고 머릿속에 떠올랐다.[1]

그러나 이 도시에서 김관호를 찾는 길이 막연하였다. 날이 어둡고 일기는 매우 추웠다. 마침 한 젊은 사람이 중절모를 쓰고 가방을 들고 지나가므로 "실례합니다. 혹시 김관호 씨라고 아십니까?"라고 했다. "김관호는 왜 찾습니까?" 하므로 "좀 만날 일이 있습니다" 하니 "내가 바로 김관호요. 무슨 일로 찾고 있는지 말씀해 보십시오. 그런데 나는 지금 바쁩니다" 하는 것이었다.

나는 "그러면 오늘 밤 여관에서 만납시다" 하고 개성여관에서 만나기로 약속했다. 개성여관에 숙소를 정하고 기다리니 6시경에 그가 찾아왔다. 인사를 나눈 후 "혹시 기차 안에서 이기원 씨를 만나 전도받은 일이 있었느냐"고 물으니 "아! 그러면 안식일교회에서 오셨군요?"

---

1 김관호 목사의 반내현 목사를 처음 만나는 경험에 대한 소고: 김관호, "진리의 횃불과의 첫 만남," **빛의 증언들**, 486-489.

하고 묻는 것이었다. 자기는 장로교회에 나가고 있다고 했다.

− 예언 연구의 통찰력: 일본 패망

이렇게 말이 시작되어 오랫동안 이야기를 했으나 내 말에 귀를 기울이지 않고 자기주장만 내세우는 것이었다. 밤 10시가 되어 밤이 깊어 초조해지기 시작하였다. 나는 이대로 소득 없이 물러설 수 없다고 생각하고 주님께 도움을 구하였다. 갑자기 좋은 묘안이 생각나서 화제를 바꾸어 "김 선생님, 어찌하여 창씨개명을 하지 않았습니까?" 하고 작은 소리로 물으니 "어찌 사람이 성을 바꿀 수 있소" 하고 작은 소리로 대답했다.

"김 선생님! 이번 전쟁에 일본이 망할 것을 아십니까? 일본이 망할 것이 성경에 예언되어 있습니다" 하니 "성경에 어디 그런 말이 있습니까? 만약 성경에 그런 말이 있으면 성경을 배울 생각이 있습니다" 하였다. 이제는 내 차례라 생각하고 요한계시록 13장을 밤 12시까지 연구했으며 이제는 틀림없이 안식일을 지키기로 약속받기에 이르렀다.

이튿날 박병남 씨를 찾아가 찾아온 이유를 말하니 자기 부친이 예수 믿는 것을 반대하니 친구 집으로 가서 이야기하자고 하므로 그의 친구 집에 갔다. 마침 친구 집에 가보니 다른 청년이 그곳에 있었으므로 세 명의 구도자가 생겼다. 성령의 도우심으로 이 세 사람 모두 장로교회로부터 참 진리로 개종하기로 서약을 받고 이 세 청년들을 김관호 씨와 연결을 시켜 주었다.

– 유치장 신세

참으로 이번 여행에서 얻은 수확이 많았다. 감사한 마음으로 개선 장군처럼 집으로 향하였다. 고성(高城)과 장전(長箭)역을 지났을 무렵, 기차가 떠나자마자 양복을 입은 신사가 접근해 오더니 어디에 가느냐고 물었다. 눈초리가 매서웠다. "서울까지 갑니다"라고 대답했더니, "어디에 갔다가 오느냐? 왜 그곳에 갔었느냐?"고 묻는 말에 대답을 못 하고 머뭇거리고 있으니 신분증을 내보여 달라고 해서 수첩을 내보이니 그 수첩에는 여러 사람의 이름이 적혀 있었다.

그러자 이 사람들은 누구며 무엇 하는 사람들이냐고 물었다. 사태가 점점 심각해져서 솔직히 이분들이 교인들이라고 말하고 할 수 없이 내 신분도 사실대로 말했다. 두말하지 않고 다음 역에서 내리자고 한다. 홍천역에서 하차하여 경찰서로 연행되어 유치장에 구속되는 신세가 되었다. 생전 처음으로 유치장에 들어가니 으스스하고 무섭기만 하였다. 때는 1944년 12월 27일 가장 추운 때였으므로 감방 안이 살을 에는 듯 추웠다. 추위와 두려움이 겹쳐 떨리기 시작하는데 정말로 견딜 수가 없었다.

내가 제일 나중에 수감되었으므로 변소 곁으로 나를 밀었다. 이불도 없이 맨바닥에 누워 덜덜 떨면서 뜬눈으로 밤을 새웠다. 아침이 되어 조반을 주는데 주먹만 한 썩은 콩깻묵 밥이었다. 조금 입에 대어 보니 도저히 먹히지 않았다. 옆에 있는 수감자들이 내가 먹지 않는 콩깻묵 밥을 서로 빼앗아 가 맛있게 먹는 것을 보고, "아! 나도 이곳에 오래 있으면 저 사람들처럼 되고 말겠구나" 하는 생각이 들었다.

잠시 있으니 간수가 나를 불러내어 넓은 공청회장 같은 곳으로 데리고 가서, 맨 마룻바닥에 무릎을 꿇고 앉으라 하더니 나를 취조하기 시작하였다. 네가 바른대로 말하지 않으면 좋지 못하니 바른대로 말하라고 하며 나를 때리기도 하고 달래기도 하며 고문하는데 견디기가 힘들었다. 아침 7시부터 오후 1시까지 취조하였다.

아무리 해 보아도 큰 죄 될 만한 것이 없으니, 계장으로부터 취조한 서류를 결재받았다. 계장이 서류를 보더니 "이놈아! 왜 예수를 믿어!" 하며 붉은 잉크로 출옥증을 써 주었다. 유치장에서 밖으로 나오니, 마치 새장에 갇혔던 새가 새장 문을 열고 푸른 하늘을 훨훨 날아가는 듯한, 예전에 느껴 보지 못한 자유와 해방감을 맛보게 되었다. 뒤도 돌아보지 않고 역으로 달려가 기차를 타고 오면서 생각하니 사단이 나에게 용기를 잃게 하여 다시는 전도 활동을 하지 못하게 하려고 나에게 준 시험 같았다.

그러나 예수님께서 내 연약한 심령에 용기를 주시며 내 심령을 불타게 하심을 알 수 있었다. 이번의 여행에서 얼마나 많은 영혼을 얻을 수 있었던가? 단돈 20원을 가지고 떠난 연약한 이 사람을 통하여, 하나님께서 얼마나 많은 기적과 이적을 경험하게 하시고 얼마나 귀한 영혼들을 인도하였는가? 김진옥, 김창주 두 목사는 세상을 떠났고 현재 생존해 있는 분은 김관호 목사와 그의 자녀들, 장로들 중에는 현재 천성교회 김계환 장로와 그의 자녀들, 그리고 임한석 장로와 그의 자녀들이 있었다.

- 의의:

적목리 공동체의 영적 지도자로서 반내현 목사의 꺼지지 않는 불꽃 같은 삶은 신앙인의 귀중한 문화자산으로 빛난다. 일경에 끝없이 쫓기는 신세였지만, "외형적인 교회가 해산되었다 할지라도 우리 마음속에 있는 예수님은 그 누구도 쫓아낼 수 없다"[1]는 열렬한 주장은 그 당시나 지금도 묵직한 울림으로 다가온다. 1944년 12월 교회가 일제에 의해 강제 해산되고 예배를 공적으로 드릴 수 없게 되자, 그는 적목리 공동체에 가족들을 남겨두고, 여러 지방의 교회들을 방문했다.

태평양전쟁이 치열해서 공무가 아니면, 기차나 버스를 타고 여행할수 없는 시절, 만난을 극복하고 그는 항일적 신앙으로 도전했다. 이삼일씩 굶는 것이 보통이었지만, 허기진 배를 부여잡고 초인적으로 하루에 100리(40km) 이상의 험난한 산길을 걸어 걸어 다니며 신자들을 찾아 믿음을 격려하고 신앙을 고취시켰다.

특히 동해안 지역에서 새 신자를 얻고, 옛 신자들의 믿음을 부흥시킨 그는 산 믿음의 증인이었다.[2] 그의 삶은 마치 중세 왈덴스인들처럼, 탄압과 고난 속에서도 신앙을 지키고 희망을 전하는 빛의 전령사였다.[3] 일제의 제국정책이 강요되었지만, 성경 예언에 근거해서 일제의 패망을 확신하고 그렇게 가르쳤다. 그는 모든 난관을 극복하며 빛난 삶을 살았다.[4]

---

1   오만규, **백년사**, 1:761.

2   이영린, **한국 재림교사 연구**, 80-81.

3   반내현, **꺼지지 않는 불**, 55-60; 유영순, **회고담**, 158.

4   일제강점기의 황국신민교육 및 창씨개명 등에 대한 참고: 김정인, "일제 강점 말기 황국 신민교육과 학교 경영," **역사교육** 122 (2012.6), 109-141; 최재성, "'창씨개명'과 친일 조선 인의 협력," **한국독립운동사연구** 37 (2010. 12), 345-392

일제의 어떤 탄압에도 굴하지 않고 일경의 체포와 구금, 온갖 협박과 고난을 견뎌낸 그는 산 믿음의 영웅이었다. 이는 신앙과 항일의 실천이었다. 그는 마치 뜨거운 불꽃처럼 사람들의 마음을 깨우고 희망을 심어주는 등불이었다. 그의 삶을 다룬 자전적 일대기가 **꺼지지 않는 불**이다.[1]

---

1 반내현 목사님의 삶과 본인의 경험을 다룬 큰딸 반효순 사모의 수기도 있다. 반효순, "아버지에 대한 회상," **빛의 증언들**, 253-265.

적목리~민족혼이 살아 숨 쉬던 곳

반상순[1]

— 적목리 흙냄새

아버지께서 나에 관해서 쓰신 이런 글이 있다. "평강에서 얻은 아들 상순이가 난 지 1년도 못 되어 올라온 터라, 아내는 산후조리도 제대로 하지 못하였고 더욱이 끼니조차 잇지 못하는 형편에서 젖이 나올 리 없었다. 산에 들어갈 때 가지고 온 약간의 쌀로 밥을 지어 산모와 갓난아이에게 먹이노라면 다섯 살짜리 효순이가 콩깻묵을 씹다가 숟가락을 놓으면서 '다 큰 아이는 밥 먹는 거 아니지?' 하며 눈물을 글썽거리며 돌아서는 것을 볼 때 내 마음은 미어지는 듯했다"(반내현, **꺼지지 않은 불**, 60).

이 글을 보면 산모와 한 살배기였던 나는 쌀밥을 잘 먹었던 듯이 보

---

1 반상순 장로는 적목리 공동체의 창시자이자 지도자인 반내현 목사의 장남으로 생후 7개월 때에 적목리에 들어가 2년 동안 거주했다. 현재 한국에 거주하는 적목리 공동체의 자랑스러운 마지막 생존자이다. 본고는 배고픔의 처절한 경험을 먼 기억을 더듬어 생생하게 묘사하고 있다. 서울대 종교학과를 졸업한 저술가로, 선친의 삶을 다룬 역작 **꺼지지 않은 불: 반내현, 그의 생애와 사상** (시조사, 2015); **물구나무 예수: 예수는 없다를 읽고 가슴이 떨리는 사람을 위하여** (미스바, 2002); **아! 순교자** (시조사, 2003); **一山 신계훈** (동양문고, 2004); **은총의 길: 법으로 본 안식일** (별샘, 2013); **설렘: 사랑으로 본 안식일** (별샘, 2013); *The Inextinguishable Fire: Naehyun Bon's Life and Thoughts* (Sijosa, 2015); **하나님의 얼굴**, 38권 (별샘, 2021) 등을 집필했다.

인다. 그러나 나의 당시 기억은 흙냄새뿐이다. 배가 몹시 고프다. 무엇인가 먹어야 하겠다. 방에는 사람도 없고 아무것도 없다. 어두컴컴한 방에 나 혼자뿐이다. 나는 몸에 아무것도 걸치지 않은 벌거숭이다. 무엇이든 먹어야 했다. 너무 배가 고파서 벽 쪽으로 기어가는데, 가는 도중 바닥에 온돌을 위해 간 돌이 보여, 돌을 피해 기어가서 벽에서 흙을 뜯어먹는데 그렇게 맛있었다. 흙냄새가 참으로 구수했다. 적목리의 기억을 말하라면 그것이 전부이다. 얼마나 굶주렸으면 한 살 때 흙 먹던 기억이 날까! 나나 어머님이나 모두 굶주렸다. 아니 적목리에 모인 모든 청년에게 당면한 가장 큰 문제는 배고픔이었다. 무엇이 이 청년들을 먹을 것이 없는 산중으로 몰아내었는가?

– 일본이 망할 수밖에 없는 이유들

해방 후, 묵호 바닷가에서 모인 장·감리교회의 집회에서 아버지께서 하신 설교는 "죄 있는 자들은 지면에서 멸하시고"였다. 아버지는 거기서 일본이 망할 수밖에 없는 여섯 가지 이유를 말씀하셨다.

첫째, 사도행전 17장 26절에 보면, 하나님께서 거주의 한계를 정하셨다고 하셨는데, 일본은 한국, 만주, 중국 그리고 남양군도뿐만 아니라 미국까지 공격하여 전 세계를 정복하고자 했습니다. 이것은 거주의 한계를 허물어 버리는 죄악입니다.

둘째, 다니엘서 2장 43절에 보면, 철과 진흙이 합하지 못함 같이 민족이 서로 합하지 못할 것이라고 했는데, 일본은 소위 황국신민이라 하여 우리의 언어를 말살하고 창씨개명까지 하려 했습니다. 이것이 하나님께서 징벌하신 두 번째 이유입니다.

셋째, 하박국 2장 6절에 보면 "화 있을진저, 자기 소유 아닌 것을 모으는 자여"라고 하였는데 사단의 괴뢰 일본은 우리의 곡식을 착취하고 모든 물건을 약탈하여 타국민으로 하여금 헐벗고 굶주리게 했으니, 이것이 곧 하나님의 벌을 피할 수 없는 셋째 이유입니다.

넷째, 십계명 중 둘째 계명에 오직 하나님만 숭배하라고 했는데도 일본은 우상숭배인 신사참배를 강요하며 신앙의 자유를 박탈하고 우상을 하나님 대신 높였으니, 이것이 하나님의 진노를 일으킨 넷째 이유입니다.

다섯째, 십계명 중 셋째 계명에 보면 "네 하나님 여호와의 이름을 망령되이 일컫는 자는 죄 없다 아니하리라" 했음에도 불구하고 어리석은 일본은 하나님의 종들을 체포하여 하나님이 높으냐 천황폐하가 높으냐고 물으며 고문하였으니, 이것이 하나님의 엄중한 심판을 받을 다섯째 이유입니다.

여섯째, 요한계시록 13장 12절에 보면 세상 역사에서 미국이 종주국으로 패권을 잡게 되어 있는데도 전능하신 자의 예언을 무시하고 진주만을 불법 기습하였으니, 이것이 곧 저들의 멸망을 자초한 여섯째 이유입니다"(**꺼지지 않는 불**, 132).

– 민족혼을 일깨우는 진리의 빛

아버님께서 나열하신 일본의 죄악은 그날 설교를 위해 준비하신 말씀이 아니라 평소에 늘 가지고 계셨던 생각이다. 아버님과 애국자가 다른 것은 그 손에 성경을 가지고 있느냐 아니냐 하는 것뿐 민족혼을 일깨우고 자유를 부르짖었다는 의미에서 아버님은 애국자였다. 일본은 망해야 하고, 망할 수밖에 없고, 곧 망할 것을 성경으로 증명하면서 암흑 같은 세상에 한줄기 자유의 빛을 비추어 주었기에 수많은 청년이 먹을 것이 없는 적목리에 몸을 숨겼다.

당시 아버님의 설교는 "예수를 믿으면 구원을 얻는다"가 아니라 일본이 망할 것이 성경에 예언되어 있으니 성경 말씀을 믿고 핍박을 참다 보면 대명천지가 밝으리라는 것이었다. 그러기에 교파를 초월하여 설교할 수 있었고 교파를 바꾸는 세뇌이(분위기 조성)를 할 수 있었다. 만일 일제에 대항하는 민족혼이 아버님에게서 살아 숨을 쉬지 않았다면 청년들이 아버님을 따라 먹을 것이 없는 적목리에 몸을 의탁하지 않았을 것이다.

적목리에 있던 사람들 중 몇몇 사람들이 해방 후에 뿔뿔이 흩어져 예수를 믿기보다 생업에만 열중하는 모습을 보고 사람들은 이상하게 생각했지만 적목리의 목적이 무엇보다 순수한 민족의 얼이라는 것을 안다면 하나도 이상해할 것이 없다.

아버님은 꿈에도 그리는 민족의 해방이 성경에 나타나 있다는 사실이 너무도 신기하고 놀라워 그 사실을 만나는 사람마다 전했다. 민족혼과 말씀의 영이 그 몸에 살아 숨 쉬지 않았다면 적목리의 역사는 이 땅에 존재할 수 없었을 것이다. 적목리는 분명 민족의 혼이 살아 숨 쉬는 하나님의 영이 살아 계시던 구원의 현장이다.

– 의의:

반상순 장로의 짧은 글은 적목리 공동체의 비참한 경험을 생생하게 그려내며 우리에게 깊은 아픔과 경각심을 불러일으킨다. 특히, 한 살배기 아기가 흙을 뜯어 먹었다는 처절한 이야기는 그 시대 사람들의 극심한 고통을 단적으로 보여주는 상징적인 에피소드이다.

특히 그는 선친 반내현 목사께서 견지하셨던 일제 패망의 이유를 나열했다. 일제의 남의 나라 침략, 황국신민 사관, 착취와 억압, 신사참배라는 우상숭배, 신성모독, 미국 중심 패권에 대한 도전 등이 일제의 멸망 이유였다.

또한 반 목사는 손에 성경을 들고, 민족혼을 일깨우고 자유를 외치는 애국자였다. 일본은 망해야 하고 망할 수밖에 없고, 곧 망할 것을 성경으로 증명했다. 암흑 같은 세상 속에서 그는 마치 한 줄기 빛처럼 많은 사람에게 희망을 주었다. 적목리는 당시 먹을 것도 없고, 미래에 대한 희망도 없는 사람들이 살았던 곳이다. 그러나 그의 설교는 많은 사람에게 희망을 주었고, 그래서 많은 청년이 그곳에 몸을 숨겼다.

반 목사의 설교는 단순한 종교적 메시지를 넘어, 민족의 혼을 일깨우고 구원을 선포하는 강력한 기별이었다. 일본이 망할 것이 성경에 예언되어 있으니 성경 말씀을 믿고 핍박을 참다 보면 대명천지가 밝으리라는 것이었다. 반 목사는 교파를 초월하여 설교했다. 일제에 대항하는 민족혼이 그에게서 살아 숨 쉬었기에, 청년들이 그를 따라 적목리 공동체를 형성하게 되었다. 따라서 적목리는 분명 민족의 혼이 살아 숨 쉬고, 하나님의 영이 살아 계시던 구원의 현장이다.

반 목사의 삶과 어떤 난관에도 희망을 잃지 않는 강인한 의지, 믿음

그리고 성경을 통한 위안과 용기를 얻는 모습을 보여준다. 반 목사와 적목리 공동체는 우리 모두에게 존경받아야 할 위대한 유산이자 자랑스러운 현존(現存)이다. 그의 삶과 정신은 새 시대를 향한 외침이었다.

부친 반내병 장로를 생각하며

반정일[1]

"뜻이 하늘에서 이룬 것 같이 땅에서도 이루어지이다" 내가 적목리 역사를 이야기하자면, 부친 반내병 장로님 근원을 캐지 않을 수 없다. 부친은 1936년에 작은아버지인 반내현 목사님을 통해 전도를 받고, 그 해에 박기풍 목사께 침례를 받음으로 신앙생활을 시작하게 되었다. 그 당시 강원도 횡성군 공근면 창봉리인 나의 모친 고향에 계시면서 이웃인 심형기 씨에게 전도하자, 그도 역시 쾌히 승낙하여 같이 신앙생활을 시작하게 되었으니, 지금의 창봉 교회 역사는 그때 그렇게 시작하게 되었다.

그 후 현재 북한 지역의 평강으로 이사하게 되었고, 나는 1942년도에 평강에서 태어났다. 그리고 내가 태어나자마자 한국의 왈덴스라 불릴 수 있는 가평 산골 적목리에서 일제 탄압을 피하여 지내게 되었다. 속담에 세 살 버릇 여든까지 간다는 뜻을 지금도 피부로 느끼며 체험하고 산다. 1살에서 3살까지의 유아 교육이 나의 전 생애를 좌우하고 있는 것이 부인할 수 없는 사실이기 때문이다.

작은아버지인 반내현, 신태식, 그리고 내 가족들과 그 외 다수의 무리

---

1 반정일 장로는 적목리 공동체의 대표적 지도자인 반내현 목사의 형인 반내병 장로의 아들로 적목리 거주자이며, 해방 후 동중한합회에서 교역자로 사역했다.

가 적목리에 모였다. 그때 적목리는 밀림 같은 숲속이어서 낮에도 호랑이가 나온다는 곳이었다. 적목리에 모인 분들은 벌목공이라는 명칭으로 움막, 토막집을 짓고 반지하의 움막교회를 만들어 예배를 드리게 되었다.

작은아버지는 주로 나가서서 전도 활동을 하시고, 부지런한 나의 부친은 언제든지 새벽에 제일 먼저 일어나 기도하시고, 각 집에 다니면서 사람들을 깨워 예배를 드렸다고 한다. 낮에는 감시를 피하려고 찬미와 성경을 두루마리에 넣어 돌 틈바구니에 감추었다. 남자들은 벌목하러 나가고, 부녀자들은 두세 명씩 짝을 지어 산에 올라 기도하고 나물을 뜯어 생계를 도왔다고 한다.

— 애를 업고 다닌 10~20리 산길

모친은 나를 등에 업고 10리, 20리(4~8km) 그 근처 안 다닌 곳이 없이 매일 두루 다니며 산나물들을 캐고 뜯어다 연명하며 고생하셨다고 한다. 새벽 일찍 예배드리고 틈나는 대로 낮과 밤에 간절히 하나님께 울부짖는 기도의 예배를 드렸다고 한다. 어서 속히 일본이 망하고 자유를 얻어 삼천리 강토에 하나님의 나라가 임하는 복음의 국가가 되게 하여 달라는 구국의 기도였다고 한다.

바로 청교도들처럼, 그리고 왈덴스인들의 토굴 생활처럼 살고, 그러한 청순한 사상으로 살았다고 한다. 기도의 응답으로 해방이 되고 다시 이 강토에 교회가 일어서자, 부친은 처음에는 문서 전도를 겸한 전도사로 부름을 받아 개성, 춘천, 횡성, 죽변, 의성, 김천, 해운대, 수영, 청학동 등지에서 14년을 넘게 사역하시다 다시 청초한 옛 신앙인의 본을 따라 시골에 들어가시게 되었다. 대쪽 같은 신앙은 양광수, 김용대, 유영렬, 이대련, 유정식 목사님들이 과거 아버지의 지도를 받고 신앙의 힘을 받은 분들이시라, 그분들이 잘 증언하여 줄 것이다.

어느 정도냐 하면 작은아버지 반내현 목사가 인정하고 믿는 사람은 아버지밖에 없다고 하시며 작은아버지의 가장 존경하는 인물이었다. 늘 우리들에게 "다 하늘에 못 가도 우리 형님은 간다"라고 아버지에 대한 경의를 표하셨던 것으로 보아 짐작이 간다. 새벽 4시 정도 되면 한결같이 일어나서서 산에, 아니면 개천 강에 나가서서 때로는 2시간 이상 기도하시고 들어오시는 것을 늘 목격하였다.

또 예를 들자면 금식을 자주 하셨는데, 일주일씩 물 한 모금 안 잡수시고 하셨다. 물먹고 금식하면 무슨 극기가 되느냐? 야곱의 환난을 이기려면 강한 정신력과 체력을 길러야 한다며 금식 기간에도 활동하실 것이라고 하시고 독실하게 아버지를 추종하는 신앙인들에게 5, 6장의 편지를 계속 쓰셔서 보내시곤 하였다. 한번은 나도 금식하여야겠다고 결심하고 하루 이틀 지나니 온몸이 조여들며 근육과 뼈까지 통증이 오는 듯하여 사흘까지 하고 포기하였다.

나는 어려서부터 부친에게 "절박한 때에 대하여 무릎을 꿇고 30분 이상씩 경건하게 기도해야 한다. 두렵고 떨림으로 하나님 앞에 나가야 한다"라는 말씀을 들으며 예배를 드렸다. 또 예배일이면 비가 오나 눈이 오나 아무리 불편하고 멀어도 밭두렁, 논두렁을 건너, 밤에는 관솔불을 들고 예배당에 가던 일이 생생하다. 부친은 내가 초등학교에 들어가기 전부터 처음 신앙, 그 정신으로 늘 깨어 단순하게 살라고 교훈하여 주셨다.

세월이 흘러 고등학교까지 가게 되고 60년대에 부산 수영교회에 계시다가 옛날 일제강점기 때 초조하고 긴장된 신앙으로 예수님을 기다리던 식대로 시골에 들어가게 되었다. 평생을 순종과 복종만 익혀온 나로서는 다시 시골에 들어가게 되었고 들어간 곳이 충청북도 월아산 거칠고 험한 산 중턱 골짜기였다.

아버지를 존경하시던 유정식 목사님이 경제적으로 협조하여 주셔서 땅 6,000여 평을 구매하여 살게 되었다. 하루 종일 생활해도 약초 캐서 오는 한두 사람 외에는 적막만이 감도는 한적한 곳이었고, 거기서 옛날 1844년에 승천 바위에 올라 기도하며 예수님 맞을 준비로 기다리던 무리처럼 8년을 그곳에서 살게 되었다. 나는 모두 10년을 산에서 산 셈이다. 처음에는 농사지을 줄 몰라서, 이듬해에는 가져온 식량도 떨어지고 하늘이 노랗게 보이는 경험을 하였다. 산에 올라 나물을 뜯고 소나무 껍질을 벗겨 송기떡을 만들어 먹었다.

― 송기(松肌)

송기는 소나무의 속껍질을 말하는데, 그것은 아무리 씹어도 넘어가지 않고 씹다가 삼켜야 하는 것이었다. 아버지께서 늘 말씀하시는 문구가 있다. 나중 환난의 때를 상상하는 것이 "구우일모(九牛一毛)," 일본어 **대쟁투** 하권에 나오는 것으로 "소 아홉 마리에 털 하나 밖에 현재 생각지 못한다"라는 지극히 작다는 의미의 글귀였다. 아직 멀었다는 강한 언질로 늘 그렇게 말씀하셨다. 일하다 늙고 또 정신적인 고통은 얼마나 컸는지 모른다. 지금의 정순영 박사(삼육의명대학장), 이영자 사모(남대극 박사 부인), 권영기 선생도 제 김천 삼육초등학교 선후배이다.

모든 선후배들은 열심히 공부하는데 나는 적목리의 정신, 그 정신으로 살아야 했다. 시골에서 처음에는 적응 못 하다 나중에 적응하고서는 무서울 정도로 어려운 일들을 해냈다. 그때 비료 없이도 밀보리 50, 60가마니씩 수확했고, 잡곡들도 같은 수준으로 수확할 정도였고 쌀농사도 잘 되었다. 또 말씀에 취미를 들이고 나서부터는 저녁 늦게까지 호롱불 밑에서 콧구멍이 그을림에 새까맣게 되도록 읽고 또 감동하였다.

어려운 형편에 콩이나 팥을 가지고 30여 리, 물 건너 산 넘어 으슥한 숲속이나 산골길을 빠져나가는 일, 그러나 기쁘기만 하였다. 새로운 말씀에 접한다는 기쁨, 꿀송이와 같은 말씀, 무릎을 치며 읽고 또 감동을 받을 것을 상상하는 마음이다. 요즘은 집마다 책장에 장식용처럼 책들이 깨끗이 꽂혀 있지 않은가? 그 당시에는 읽고 또 읽고 줄 치고 표하고 책들이 새까맣게 되고 낡아 헝겊으로 싸서 꿰매서 가지고 다니며 산에서도 읽었던 기억이 생생하다.

가끔은 말씀하시기를 사도 바울처럼 혼자 살라 하시는 아버지께서 한번은 부산 당감동 교회에 다녀오시더니 자부심이 있는데 튼튼하고 일 잘하고 신앙심이 돈독한 칭찬 받는 사람이 있다며, 우리 형편에 안성맞춤이라시며 권하시는 것이었다. 그러나 혼숫감 장만할 형편도 못 되고, 차일피일(미적미적) 미루고 혼사가 오간 지 어느새 3년이 흘러서야 결혼하게 되었다. 나는 **청년에게 보내는 기별**을 즐겨 읽었으며, 그 가운데서 이삭의 모범과 같이 하겠다는 신념 때문에 아버지께서 짝지어 주신 대로 결혼하는 날까지 한 번도 만나본 일이 없이 결혼하게 되었다. 오직 믿음으로 합하여 하늘에 간다는 일념 때문이다. 지금 생각해도 우리 장인·장모님께 감사드린다. 삼천포교회 장로요 집사인 그분들도 믿음으로 선뜻 허락했다.

나는 예수님 오실 때까지 이곳(충북 제원군 덕산면 월악 111번지)에서 살리라고 작정하고 있을 때, 울진 삼척 공비 사건이 터지며 우리 사는 곳에도 출몰하여 외딴집에는 살지 못하게 정부에서 아랫마을 용하수라고 불리는 곳에 집을 지어 주고 내모는 것이었다. 그곳에서 오르내리며 농사를 지으려니 너무 힘들어 농사를 포기하게 되었다.

가평 적목리 공동체의 경험과 그 정신이 나에게 이렇게 살도록 하고 있다. 비록 육신으로 볼 때 별것 아닌 것 같지만 마음은 부하게 살아왔다. "하나님! 나의 남은 삶을 순탄케 인도하여 주시고 은혜로 감싸 주옵소서." 하나님의 은혜에 감사하며, 주의 은총이 교회 위에 임하시기를 기도한다.

– 의의:

반정일 장로의 회고는 어둡고 억압적인 일제강점기에도 희망을 잃지 않고 살아가는 공동체의 모습을 생생하게 기록했다. 작은아버지인 반내현 목사뿐만 아니라 자신의 선친께서는 새벽 4시에 일어나 2시간 이상 기도하는 신앙적 삶을 살았다. 반내현 목사는 주로 전도 활동하러 외부에 나가계셨다.

적목리 공동체 사람들은 일제의 감시를 피해 성경과 종교 서적을 돌 틈바구니에 숨겨야 했다. 이는 당시 사람들이 신앙을 얼마나 소중히 여기고 지키기 위해 노력했는지를 보여주는 증거이다. 남자들은 벌목을 통해 생계를 유지하고 부녀자들은 두세 명씩 짝을 지어 산에 올라 기도하며 나물을 뜯어 생계를 도왔다고 회고한다.

모친께서 그를 등에 업고 10리, 20리(4~8km)를 두루 다니며 산나물들을 캐고 뜯어 연명하며 고생했다. 하지만 그는 어려움 속에서도 굴하지 않고 새벽 예배뿐만 아니라 틈나는 대로 낮과 밤에 간절히 하나님께 울부짖는 기도를 드렸다. 그의 기도는 단순한 기도가 아니라, 속히 일본이 망하고 자유를 얻어 삼천리 강토에 하나님의 나라가 임하는 복음의 국가가 되기를 간절히 바라는 구국 기도였다.

또한 깊은 적목리 밀림에는 호랑이가 자주 출현했다. 낮에 부녀자들이 나물을 캐러 깊은 산으로 들어갔을 때 여러 번 호랑이를 보았다고 했다.[1] 이는 공동체에 큰 위협이었고, 언제든 공격받을 위험에 처해 있었다. 그러함에도 단 한 번 누구도 호랑이의 공격을 받거나, 피해를 입지 않았다. 이는 공동체 구성원들이 끊임없이 기도하고 하나님의 동행을 간구했던 믿음 덕분이었다. 이는 공동체 식구들의 믿음에 하나님의 망극하신 돌보심과 은총의 결실이었던 것으로 보인다.

적목리 공동체는 기독교 신앙공동체로 마치 청교도들이나 왈덴스인들의 광야, 산, 동굴과 토굴 생활처럼 고난을 참고 견디었다. 또한 적목리 공동체 구성원들은 성경에 기록된 믿음의 조상들처럼 당시 만첩산중이라는 적목리 "광야와 산과 동굴과 토굴"(히 11:38, 개정개역)에 살아가며 신앙을 지켰다.

---

1 일제강점기 시대 깊은 산속에서는 호랑이가 출현하는 일이 자주 있었고, 호랑이를 경험한 다수 증언이 있다. 특히 김성달 장로는 강원도 태백시 장성에서 정선군 예미까지 4일간 밤낮 도보로 걸어가는 길에서 호랑이를 만난 경험을 기록했다. 깊은 산길에서 짐승의 울음소리가 산천이 울리는 듯했고, 부싯돌을 쳐서 번쩍번쩍 빛을 내면서 걷기도 했다. 큰 호랑이가 그를 따라 동행했다고 했다. 김성달, **평신도의 신앙** (서울: 시조사, 1996), 64; 반정일, "부친 반내병 장로를 생각하며," **빛의 증언들**, 281,287; 노사라, "인고(忍苦)의 세월을 넘어," 319-320; 최희만, "신앙의 피난처, 명산(名山) 지리산," 417; 이진석, "이영수 목사 전기," 434; 장인옥, "광야의 만나를 맛본 이들," 444; 조광림, "하송관의 한국인 왈덴스(Waldenses) 가족," 451.

인고(忍苦)의 세월을 넘어

노사라[1]

– 부모님의 헌신

나의 아버지 노봉진 씨와 어머니 임봉순 씨는 교회 일에 매우 헌신적으로 봉사하셨다. 아버지는 순안 교회의 장로로서 어머니는 도르가 회장과 수석 여집사로 헌신하셨다. 어머니는 해방 후 월남한 난민들을 찾아다니며 봉사활동을 많이 하셨다. 교회에서 부양료 받은 돈으로, 교회 내에서 홀로 자녀 교육과 생계를 위해 애쓰는 분을 성심껏 도왔다. 그래서 내가 삼육대학에서 일할 때까지도 어머니를 생각하여 많은 어려운 학생들을 성심껏 도왔다. 어머니의 도움을 잊지 못한 어떤 목사님들은 어머니의 상사 후에 찾아와 나에게 말하곤 했다. "선생님, 제가 선생님의 모친으로부터 사랑의 도움을 많이 받았음에도 불구하고 인사도 제대로 못 했는데 돌아가셨다니 참 부끄럽다"라고 인사했다.

1 　노사라 교수는 일제의 신사참배로 순교하신 노봉진 장로의 딸이다. 지리산 공동체, 적목리 공동체 그리고 설악산 공동체를 두루 거친 특이한 경험을 했다. 이화여자대학교 교육심리학과를 졸업하고, 해방 후 대한민국 초기 여성 여권 발급자로서 필리핀 유니온대학(Philippine Union College) 교육학(MA)을 졸업했다. 태강삼육초등학교를 세우고, 삼육대학교에서 교육학을 개설했다. 미국 시카고 주립 투르먼 대학(Truman College, City College of Chicago) 성인 영어 프로그램의 영어 교수를 역임했다.

– 순안의 어린 시절

1928년 8월 12일(음력 6월 25일) 평안남도 평원군 순안면 금상리 66번지에서 막내딸로 태어난 나는 1946년 가족들과 함께 남으로 월남하였다. 월남민들이 본적지가 아닌 곳을 임시 본적지로 정하여 만든 가호적(假戶籍)을 서울에서 만들었다. 나의 언니가 있었는데 아버지께서 딸이 귀여워서 퇴근 후 저녁에 이불을 펴놓으시고 손위에 딸을 올려놓으시고 "따루따루"(똑똑이: 북한말) 라는 말을 거듭 말씀하셨다고 한다.

그런데 그만 실수로 아이를 잡은 손에서 딸을 놓쳐 이불 위에 떨어뜨리고 말았다. 곧바로 병원으로 달려가 진찰하였는데 다행히 아무 일도 없다고 하였다. 그러나 성장이 잘 안되어 염려하던 중에 전염병에 걸려, 아버지, 어머니 그리고 병원 식구들이 큰 노력을 기울였음에도 불구하고 그만 딸을 잃어버리고 말았다. 그리하여 아버지께서는 얼마나 딸을 갖고 싶으셨던지 "하나님 다시 딸을 주시면 잘 키우겠습니다. 한 번만 더 딸을 주세요"라고 간절히 기도드렸다고 한다.

그래서 아버지의 기도 응답으로 낳은 딸이 바로 나였다. 아버지는 딸을 낳고 너무 기뻐서 병원 식구들과 의명학교(현 삼육대학교 전신) 직원들, 그리고 서한대회 직원들 모두를 불러서, 여름이라 냉면과 참외 잔치를 했다고 하였다. 원륜상 목사님께서 나에게 말씀하셨다. "난 너의 아버지를 보고 한국인들이 딸을 아들보다 더 좋아하는 줄 알았다"고 하셨다.

나의 부모님께서는 내 이름을 짓기 위해 생각을 많이 하면서 명이 길고 건강하고 착하게 키우고 싶으셔서 기도를 많이 하셨다고 한다. 그런데 어느 날 아침 일찍 이희만 교장(Howard M. Lee, 선교사 이제명 목사의 부친)께서 찾아오셔서 "딸 이름 생각해 가지고 왔소" 하시며 "사라, 아주 좋은 이름이요" 하셨다. 나의 양친께서 고마워서 그분이 지어 주신 그 이름으로 나의 이름을 지셨다고 한다. 내가 태어난 후 나의 모친께서 자궁 수술을 받으셔서 나는 위생병원 간호사들의 손에서 많이 자랐났다고 한다.

그때 원륜상(元倫常, R. S. Watts) 선생님의 말씀이 "당신 딸인 바버라(Barbara)와 같은 죽그릇에서 숟가락 둘을 가지고 자기 딸 한 숟가락, 다음 나에게도 한 숟가락씩 먹이면서 아이를 키웠다"라고 말씀하셨다. 그때 당시 이진복 간호사, 박근실 간호사, 윤순희 간호사가 나를 돌봐주었다고 한다. 이진복 집사는 "밥벌레같이 하얗고 토실토실한 것이 귀엽게 자랐어"라고 말씀하셨다.

그리고 유제한 박사 말씀에도 "내가 피곤할 때 너를 불러 내 탁자에 올려놓고 노래시켰지. 너는 영리해서 내가 주사 담는 큰 상자를 주면 노래를 두 번 부르고 상자가 작으면 노래 한번 불렀다. 너는 주사 상자만 필요하면 내 사무실 문을 두드렸지. 내 아내도 너를 귀여워했단다. 내가 필리핀 갈 때 너를 데려가서 의사 만들었어야 했는데 내가 생각을 미처 못했다"라고 말씀하셨다.

ㅡ 일경들의 순찰

선교사들은 한 가족 두 가족 서울로 미국으로 떠나갔다. 순안은 제칠일안식일예수재림교회의 본부여서 한국 목사님들, 학교 교사들, 학생들이 많았기 때문에 일제의 감시가 극심했고, 순사(순경)들이 자주 우리 집에 들르곤 하였다. 내가 나이 아주 어려서부터 우리 집에 잘 드나들던 '최도래미'라는 순사는 마치 친한 친구같이 나의 모친께 "아주머니 안녕하십네까?" 인사를 하였고 그 순경은 나를 아주 귀여워해 주었다.

그리고 나를 데리고 가게에 가서는 "무얼 먹을래?" 하며 큰 상자에 든 분홍색, 흰색, 하늘색 사탕 바른 동물 비스킷을 사주면서 "사라야, 너의 집에 누가 오냐? 너의 친구는 누구냐? 나 다시 올 때 맛있는 것 더 많이 사줄 테니까 자지 말고 잘 보았다가 아저씨한테 말해!"하곤 했다. 나의 모친께서는 "그 사람은 예수 믿지 않는 사람이야, 예수 믿는 사람들 미워하는 순사야, 뭘 물어보면 그저 '난 몰라요' 해. 그리고 자느라고 아무도 못 봤다'라고 하라시며 당부하셨다.

나는 나의 모친께서 시키는 대로 하였다. 사실 나는 자는 척하고 우리 집에 오는 사람 다 보았다. 그러나 한 번도 순사한테 우리 집에 누가 다녀가셨다고 한 번도 일러바치지 않았다. 때로는 일본 순사가 와서 나를 달래며 여러 가지 물어보았지만 나는 우리 아버지, 어머니께서 시키시는 대로만 따랐다.

나의 아버지, 어머니께서는 밤이면 성경 이야기를 많이 들려주셨다. 하루는 순사가 우리 집에 와서 내 양친께 "사라 참 똑똑해요. 어떻게 교육했기에 좋아하는 것 사주어도 아무 정보도 얻을 수 없느냐"고 말했다고 한다. 그리고 성인이 된 후에도 나에게 "넌 순사들에게 아무 정보도 안 주었지!" 하고 말씀하셨다.

– 초등학교 시절

의명학교 졸업식 때 우리 소학교에서도 졸업식을 같이 한 식장에서 하였다. 그때는 졸업식이 전국 각처에서 교인들이 모여든 큰 잔칫날이었다. 나는 일 학년부터 삼 학년까지 개근상과 우등상을 탔다. 상품은 공책, 연필, 필통 등 별거 없었지만, 나의 양친께서는 너무 좋아하셨다. 어느 날 밤, 나의 모친께서 내가 자는 줄 알고 두 분이 하시는 이야기를 엿들을 수 있게 되었는데 "여보, 사라하고 큰애가 바뀌어야 하는데요" 하시는 것이었다.

내 아버지의 대답이 "아니야, 남에게 줄 놈이 똑똑하여야 해. 나메('다른 사람의'의 이북 말) 집으로 갈 놈이 똑똑하지 못하면 가문에 먹칠해." 나는 그때 그 말뜻이 뭔지 어른이 되도록 몰랐다. 나는 부모님이 집에서 일어나는 일이나 교회에서 보고들은 일을 순사나 일본 선생님들께 말하면 큰일이 난다고 하여 나는 꼭 말문을 닫았다. 그때 훈련을 잘 받아서인지 누가 나보고 비밀이라고 하면 들은 뒤 지금도 말을 한 번도 옮겨 말하지 않게 되었다.

내 친오빠 노원호 장로는 운동선수였다. 축구, 스케이팅을 잘하였다. 의명학교 졸업 후 일본 가서 공부하겠다고 부모님께 졸라댔다가 잔잔하던 집이 시끄러워졌다. "일본 간다." "못 간다." "누구네 집 아들같이 일본 여자 데리고 올라고?" 등 우리 교인 집에는 벌써 세 집이나 일본 며느리를 보았기에 모두 이렇게 수군수군하던 차였다.

부모님께서는 속을 많이 태우셨다. 내가 알기에는 똑똑히 기억나지는 않으나, 그때 오빠의 여자 친구가 일본으로 유학을 간 듯하다. 오빠의 여자 친구분이 지금 어떤 목사님의 모친이 되어 있다. 어머니는 친구처럼 집에 자주 놀러 오셔서 식사도 같이하시던 전 연합회장이셨던 김이열 목사님의 사모님께서 중매하셔서 사모님과 같은 동네에 사는 구룡리 처녀에게 오빠를 장가보내셨다. 오빠는 아버지께서 돌아가신 후, 부친의 뒤를 이어 교회 사업에 신실히 봉사하시다가 세상을 떠나셨다.

내가 초등학교 일 학년 때 담임이셨던 최옥인 선생님은 바로 나를 귀여워해 주시던 최태현 목사님의 둘째 딸이셨다. 지금도 살아 계신다면 마지막 본 이북 황해도 태탄에서 몸 성히 잘 계시기만을 기도드릴 뿐이다. 최옥인 선생님께서 안식일 날 특순에 부르기 위해 가르쳐 주신 노래가 기억에 남는다.

아프리카 어디메뇨 바다 건너 수만 리
바다 건너 구름 저편 야자수 무성한 곳
언제나 언제나 주의 기별 전할까
언제나 언제나 주의 기별 전할까

내가 의명소학교 3학년을 마치고 4학년 진급하는 그 해 의명소학교가 자격 미달이라고 해서 학교 문이 닫히고 소학교 전학생들이 아래 동네에 있는 순안 보통심상소학교로 편입되었다. 시험을 치르고 각자 시험 결과에 따라 학년이 정해졌다. 4학년생이 5학년이 되어야 하는데 3학년으로 떨어지자 울고불고 야단들이었다. 이런 식으로 그때 의명소학교 학생들이 수난을 겪었다.

나는 다행히도 3학년에서 4학년으로 진급하여 우리 집에서 다행으로 여기셨다. 교회에 갔을 때 목사님과 장로님 그리고 여집사님들께서 대단히 칭찬하여 주시어 매우 기뻤다. 의명소학교에서 복식 교육을 하였고 선생님들께서도 일본어 실력이 부족하였다. 그런데 우리 집 옆 장로교회에서 운영하는 사립학교는 잘 유지되었다. 그곳에는 유치원도 있었다. 교육은 훌륭히 시킨다고 해서 내 조카 춘애도 다녔고 김중만(현재 미시간에서 병원 의사임)도 그 유치원에 다녔다.

김창우 목사님께서 서한대회에서 일하러 가실 때 아들 중만이를 우리 집에 데려다 두고 일하러 가시고 퇴근하실 때 오셔서 자전거에 중만이를 태우고 가셨다. 중만이는 너무나 귀엽고 잘 생겼고 말수도 적은 데다 아주 착하였다. 해군복을 입고 하얀 모자를 쓴 모습이 너무 귀여웠다. 또한 너무 수줍어하였다. 우리가 소학교 다닐 때 공부를 제대로 못 했다.

일본 군인들이 기차에 실려서 북으로 북으로 실려 갔다. 소학교의 어린 학생들이 일장기를 들고 짐차에 실려 가는 군인들에게 용기를 주기 위해 순안 정거장에 줄을 서서 일장기를 흔들며 "갔데 구루조도 이사마시쿠"(용감하게 싸우고 승리하고 오세요)라는 노래와 함께 만세를 불렀다. 길가에서는 어머니, 누나, 여동생들이 군에 입대한 아들, 남편, 오빠, 동생들이 죽지 말고 돌아오라고 '센지 바리(千人針, 천인 바느질)를 만들었다. 전쟁에서 군인들의 무운을 빌기 위해 많은(천 명의) 여성들이 한 땀씩 수놓은 천을 부적처럼 지니고 다녔다.[1]

겨울방학 때면 아까시 씨를 학교에서 주는 주머니에 가득 채워서 오

---

1   센지 바리(천인 바느질)와 함께 전쟁터로 출정(出征)하는 군인들을 격려하는 축(祝) 출정(出征), 승전, 건강히 돌아오라 등의 출정기(出征旗)도 남아 있다. 강순형 외 편, **대한제국 120년·광복 72주년 기념 구한말/ 일제강점기 특별전** (서울: 다보성고미술 · 다보성갤러리, 2017), 206-209.

라고 숙제를 내주었다. 나는 나의 오빠하고 긴 장대를 가지고 아까시 나무마다 찾아갔으나 아까시 씨는 다 떨어졌고 씨를 구할 수 없었다. 나는 "못 가져가면 벌선단 말이야." 하며 울었다. 나의 오빠는 군청에 다니는 분이 옛날에 오빠에게 신세를 진 일로 군청에 들어온 씨를 좀 가져다주어서 해결되었다. 순경들의 감시는 더 심해져 갔다. 가정에서의 예배도 마음껏 드리기가 점점 힘들어졌다.

─ 교회 탄압

우리 집은 눈총을 받았다. 우리는 군상리에서 남창리로 이사했다. 양친께서 인심이 좋아 동네 분들에게서 신임을 얻어 이웃들부터는 어려움이 없었으나, 믿음이 적은 우리 교회 교인들과 목사님들이 더욱 큰 문제였다. 우리 집에 왔다가 돌아가서는 순경에게 고해바치는 것이다. 특히 저녁에 가족이 모여 예배드릴 때 온 식구가 찬미를 부르면, 우리 집에서 팔 년 기른 발바리 개가 우리 찬미 소리와 같이 '우우우' 하고 목청을 높여 소리를 질렀다. 우리 집 이웃이 순경에게 예배드리는 것을 알렸다. 개에게 따라 부르지 말라고 하면 알았다는 듯이 고개 숙이고 잠깐 참고 있다가는 찬미를 부르면 또 따라 불렀다.

삼일 집회가 교회에서 중단되었다. 어른들은 우셨다. 여집사님들 몇 분께서 야산 숲속에 들어가서 예배를 드리기로 하였다. 나의 어머니가 주동인 것 같았다. '안짠'이란 동네를 지나고 군상리를 지나 시골 '사촌'이란 곳을 지난 후 논두렁을 건너 숲속에 들어가서 예배를 드렸다. 돌아가면서 한 분 한 분씩 기도드렸다. 나는 공중 예배에서 기도

드려 본 일이 없었는데 홍성실 집사님이 "사라야, 나 다음 네가 기도해라" 하셨다.

나는 깜짝 놀랐다. "엄마, 나 못해" 그렇게 말하자 "처음은 다 그런 거야 한마디도 좋으니 해보렴" 하셨다. 나는 무어라고 했는지 잘 기억나진 않지만 어쨌든 내 차례가 왔을 때 기도를 드렸다. 그것이 처음으로 한 서투른 공중 기도였다. 어머니께서 "착하다. 그렇게 하는 것이야" 하셨다. 나는 밤잠도 못 자고 어머니 따라 밤이슬을 맞으면서 늘 따라다녔다. 집에 돌아와서 잘 때 나는 기침을 몹시 했다. 어머니는 손에 늘 호미를 드셨고 나는 쇠스랑을 들고 따라다녔다. 그래서 동네 사람들이 "늦은 저녁에 어디 가세요?" 물으면 "우리 집 논에 물 대로 갑니다"라고 말했다.

어떤 날 우리가 군상리를 지나갈 무렵, 어떤 아저씨가 우리 뒤를 따라나섰다. 우리가 앉아 쉬면 그 남자도 쉬고, 우리가 가면 그도 가고 하더니 마침내 그가 어머니께 말을 걸어왔다. "아주마니, 어데 가십니까? 아주마니, 아주마니네 논은 홍 씨네가 부치는데 왜 아주마니가 늘 밤이면 물 대로 갑니까? 난 다 알았수다. 다 봤시요!"라고 하였다. 그 남자가 며칠 전 우리 뒤를 미행해 우리의 행동 거처를 확인하고 모여서 우리가 숨어서 기도드리는 것을 다 본 것 같았다.

그래서 숲속에 모여 기도드리는 일이 중단되었으며, 그 후로는 다시 그곳에 갈 수가 없었다. 안식일학교 예배는 의명학교 학생 전원과 교인들이 같이 드렸다. 교회는 아주 좋은 아름다운 이층 벽돌집이었다. 밑에는 서한대회 사무실이 있고, 목사님들 사무실이 있었다. 순안교회는 의명학교 교직원, 학생들까지 출석하므로 출석자 수는 대회 내의 교회들 중에서 가장 많았으며, 교회 직원 규모도 매우 컸다.

교회 담임 목사는 김병룡 목사님이었다. 직원으로는 수석 장로님 김효규를 비롯하여 김상철, 현영운, 이규목, 김성달, 노봉진, 박 의사(Dr. Park) 등이 있었고 순안병원 김병룡 목사님(순안교회 담임 이전은 의명학교 남자 기숙사 사감)이셨다. 내가 친구들과 남 기숙사 앞뜰에서 놀 때 목사님의 사모님이 오라고 손짓해서 가면 누룽지를 주셔서 맛있게 친구들과 나눠 먹던 기억도 난다. 미국 아이들도 과자보다 더 맛있게 잘 먹었다.

– 경신숭조문 봉독

교회는 점점 빈자리가 많아졌다. 교회에 대한 일본인들의 간섭이 심해져 갔다. 1941년 12월 8일 일본 해군이 미국 하와이 진주만을 공격하여 미 군함을 침몰시킨 후 태평양전쟁이 크게 확산되었다. 일본 정부는 최종적인 발악으로 기독교를 더 심하게 탄압하여 신사참배까지 강요하게 되었다. 순안 경찰관주재소에서는 교회가 예배드리기 전에 신사참배를 강요하기 위해 제정한 칙령인 경신숭조문(敬神崇祖文) 봉독을 한 후에야 예배드리게 했다. 12시 정오가 되면 예배드리는 도중에 교인 전원이 기립하여 동쪽을 향해서 두 손이 무릎 밑까지 내려가게 허리 굽혀 절을 하여야 했다.

공문 지시대로 이행하지 않으면 교회는 문을 닫아야 한다는 것이었다. 설교는 재림에 대한 설교를 전혀 못 했고, 찬미 책에 '왕,' '재림'이라는 글에는 백지 종이를 붙였다. 그리고 사단이 교회 안에서 활약하게, 되어 신자들끼리 서로 무서워하고 경계하였다. 김호규 장로님과 우리

아버님이 제일 사이가 좋으셨다. 두 분의 신학문 실력은 다른 목사님들보다 뒤떨어질지 모르나 교회 사랑하는 마음과 양들에 대한 책임감은 누구 못지않게 두터웠다. 두 분께서는 끝까지 안식일을 지키시고 신사참배를 전혀 하지 않으셨다.

나는 학교에서 공부하기 전, 늘 황국신민서약을 기립하고 서서 불렀다. 일본인 국경일이면 석박산 기슭에 세워진 신궁에 가서 선생님들과 동네 어른들이 하는 것을 따라 했다. 겨울에는 이북 그 추운 눈과 얼음 위에 서서 식이 끝날 때까지 발을 동동 구르면서 추위에 떨었다. 그 신궁 앞에는 늘 교회에서 낯이 익은 목사님 얼굴도 있었다.

어떤 목사님은 나에게 누구를 찾으러 왔다고 변명까지 하였다. 아버지께서 내가 학교에 가서 그 모든 일을 따라 하는 것을 가슴 아파하셨다. "사라야, 너 학교 재미있니?"라고 물으셨다. 내 머리를 쓰다듬으시면서 "신사에 가서 절할 때 될 수 있으면 하지 말아야 한다"라고 하시면서 다니엘의 세 친구 이야기를 해주셨다. "다니엘은 뜻을 정하여 왕의 진미와 그의 마시는 포도주로 자기를 더럽히지 아니하리라 하고 환관장에게 구하니"(단 1:8)를 읽어주시고는 사자 굴에 들어갔던 일, 풀무 불에 들어갔던 일 등 여러 가지로 말씀해 주셨다. 나는 그 세 분이 아주 훌륭하고 용감하다고 느끼면서도 선생님 눈 밖에 나는 일을 싫어했다.

5학년 학예회 때도 무용반에 뽑히었다. "아 ~ 아 아노 가으데" 다섯 명 학생이 해군복을 이고 무용하였는데, 둘씩 줄을 서고 내가 앞에서 무용 리드를 했는데 내가 학교나 혹은 순안 거리에 나가면 사람들의 칭찬이 자자했다. 나는 나의 아버지께 "나도 다니엘같이 노력할게요" 했지만 일본 선생님들이 너무 좋았다. 그들이 나를 사랑하기에 말이다.

─ 창씨개명

6학년 때였다. 도덕 과목을 일본인 교장 선생님이 가르쳐 주셨다. 교장 선생님께서 나보고 "넌 공부도 잘하고, 뛰기도 잘하고, 무용도 잘하고, 또 예쁘고, 그런데 네 이름이 이상하구나"라고 하셨다. 일본 발음으로 로(盧) 사(士) 라(羅) 즉 '노사라'였다. 적국인 구 소련을 '러시아'라고 불렀으니 "너같이 예쁜 애 이름이 러시아같이 일본의 적국 이름을 가지고 있으면 안 된다"라고 하신 것은 당연한 말씀이었다. "이름을 새로 지어왔다. 후미고, 또는 후미에" 나는 영광으로 생각하고 너무 좋아서 집으로 달려가서 "아버지, 우리 교장 선생님이 나를 우리 반에서 제일 사랑하는데요, 내 이름을 예쁜 것으로 지어 주셨어요"라고 말씀드렸다.

나는 부모님께서도 기뻐하실 줄 알았다. 그러나 아버지께서 머리 숙이시고 한참을 계시더니 "사라야, 네 이름은 귀하고 귀한 이름이야. 예쁜 것에 비교할 수 없으니 그대로 두자. 귀한 것이 더 좋다"라고 하셨다. 다음 날 아침 교장 선생님께서 "너의 아버지께서 무엇이라고 하더냐?" 물으시기에 나는 "예쁜 이름보다 귀한 것이 더 좋다셔요"라고 했더니 웃으시면서 "너의 아버지는 그럴 거다." 하셨다. 초등학교 내 졸업장에 '후미에'라고 이름이 쓰여 있었다.

조선 사람들의 성을 창씨하는 일이 생겼다. 임씨(히야시)와 남씨(미나미)는 일본에도 있는 성이므로 바꾸지 않아도 되었다. 노사라 이름이 '요시가와 후미에'로 바뀌었다. 일본은 우리들의 이름까지 빼앗았다. 그때 내 이름을 가지고 놀려대는 남학생들 때문에 울기도 많이 했었는데 철이 없고 무지한 탓이었다. 지금은 내 이름이 무척 소중하게 생각된다.

김호규 장로님께서 우리 집에 찾아오셔서 두 분께서 한참 말씀을 나누시고 가신 그날, 저녁 나의 부친께서 저녁 식사 후 "일본군이 싱가포르를 함락하고 교회 종을 떼어갔다고 한다"라고 말씀하셨다. 그날 밤 양친의 얼굴 표정이 굳어져 계시고 밤늦게까지 불이 켜져 있었다. 나는 우리 집이 남창리로 이사를 온 후 초등학교 사 학년 때부터 부모님 방 옆에 작은 내 방을 차지하였다.

드디어 그날은 왔다. 싱가포르가 함락되었다고 라디오에서 미리 지어 놓은 노래가 흘러나왔고 거리에는 사람들이 좋아서 일장기를 손에 들고 흔들며 만세를 불렀다. 노래 가사는 "깨어졌다. 싱가포르, 물러가라 미국아, 미국 놈아"였다. 각 교회 종이 깨어지도록 밤새 종을 치던 기억이 난다. 나는 부모님께서 하염없이 눈물을 흘리시기에 아무 뜻도 모르고 따라 울었다. 아직 교회를 사랑하는 꽤 많은 교인들이 와서 서로 종 줄을 잡고 울면서 종을 쳤다. 주로 여집사들이 많았다.

다음 날 아침, 종은 종각에서 내려지고 손수레에 실려서 주재소로 실려 갔다. 그 종을 따라 주재소로 가는 사람들은 거의 여 집사님들과 장로님 몇 분이셨고, 내 기억에는 어떤 목사님도 안 계셨던 것 같다. 그때 목사님들은 무서움에 시달리셨다. 순안에 그 많은 목사님은 일본 순경을 무서워하였다. 몸을 사렸다. 어른들께서는 그날 후로는 식사를 잘 안 하시고 "너희들만 먹거라" 하셨다. 나는 미안해서 부엌에서 혼자 밥을 먹고 있는데 어머니께서 부엌에 들어와서 나는 너무 놀랐다. 어머니께서 "방에 들어가서 먹어라. 밥 많이 먹고 튼튼해지거라. 우리 눈치를 보지 말고" 나는 너무 미안했다.

− 신사참배

어느 날인지 기억이 나지 않는다. 저녁 예배도 교회 위층에서 드렸는데 교인 수가 너무 적어져서 그렇게 한 모양이었다. 예배 도중에 선교사 한 분이 들어오셨다. 교인들이 앉으라고 하였으나 문 앞에 서신 채로 떨면서 뭐라고 이야기하고는 도망치듯 나가셨다. 내가 성장한 후에 어머님께 여쭤보았더니 "형님들, 누님들 나 몰랐습니다. 나 용서하시오. 일본 나라 영웅이라 해서 나 절했소'라고 말했다고 한다. 신사참배한 분은 두 분이었다. 선교사 우국화(E. J. Urguhart, 禹國華), 이희만(Howard M. Lee, 李希萬)이었다. 이희만 목사는 착해서 교회에 사과했지만, 우국화 목사는 가족을 순안에 두고 교인들이 구타할까 봐 무서워서 서울로 도망쳤다고 한다.

오빠가 어느 날 신문을 구해 가지고 왔다. 그런데 신문에 대서특필된 기사가 있었는데 신문 전면에 "안식일 선교사 신사참배하다"라는 칭찬의 글이었다. 사진도 크게 실리고 두 목사님이 신사 앞에서 허리 구부리고 절하는 모습이었다. 나도 신문을 본 기억이 난다. 내가 이화여대학교에 다닐 때 성경을 가르치시던 교수님이 "사라야, 네가 안식일 교인이라는 것은 이제 옛날얘기다. 우리들은 한국 재림교회(제칠일안식일식일교회)만은 신사참배를 안 할 줄 알았는데 너무 뜻밖이었다. 세상을 아주 놀라게 했어. 그 후 줄줄이 모든 교회도 다 신사에 절하고 말이야." 나는 "선생님, 선교사님들께서 일본 사람들의 말을 이해하지 못해서 그랬대요'라고 말했다. 교수님께서 "사라야, 나는 너를 창피하게 하려고 한 말이 아니란다. 네가 안식일 교인이라기에 옛일이 기억나서 하는 말이다'라고 말씀하셨다. 이화여대에 다닐 때 토요일마다 성경

과목과 합창과목이 들어있어 내가 그 교수님께 "안식일은 교회 가야 하니 좀 봐 달라"고 허락을 구했다.

그 교수님은 평양 숭실학교에서 교편 잡으신 이해심 많고 믿음이 독실한 목사님이셨다. 합창과목은 임동혁 교수님으로, 임정혁 교수님의 남동생이셨다. 임 교수님의 말씀이 "사라야, 넌 착하구나. 나는 안식일을 못 지켜서 늘 마음이 편치 않은데, 너라도 잘 지켜라" 하셨다. 그리고 "나는 네가 학교에 온 것으로 해주마" 하시면서 늘 도와주셨다. 참 고마웠다.

선교사 중 이시화 목사 사모님은 심성이 순하고 착하신 분이셨다. 피아노 솜씨도 좋으셨고, 삼육대학 신학교 학생들에게 영어도 가르치셨는데 추운 날 교실이 없어 밖에서 가르쳤으나 아무 불평 안 하시는 아주 착하고 좋은 분이셨다. 선교사 부인들이 잘난 척하고 한국 교인들에게 보기 싫은 행동을 하기에 내가 사모님께 불평하면 불러서 타이르셨다. 선교사 부인들은 너무 많이 우월감을 느끼고 있었다.

선교사들은 이영린, 정태중, 노사라가 너무 자기들 손안에 들지 않아서 싫어했다. 나는 그때마다 이해심이 많으신 이시화 목사님 사모님께 고쳐 달라고 호소하였다. 선교사들과 부인들이 처음 한국에 왔을 때 착한 마음을 가지고 선교지에 왔으나 먼저 온 선교사들이 그들의 태도를 바꾸어 놓은 것을 보았다. 한국이 마치 자기들의 왕국인 모양으로 여기는 것 같아 보기 싫었다. 필리핀 학교 교수들은 선교사들을 배척하면서 우리가 한국에 돌아가면 "예(Yes), 예(Yes)만 하지 말고 너희의 주권을 잡으라"라고 한 그 말의 영향이 너무 컸던 것 같다.

─ 신사참배 반대와 부친의 순교

그때 일본 경신숭조문 봉독 문제로 여러 차례 모였으나, 해결책을 찾지 못해 두 안식일을 봉독 없이 예배드렸다. 이 사실이 경찰에 탐지되어 교회는 집회금지령을 받게 되었다. 교회는 눈물을 흘리며 대책을 마련하기 시작하였다. 교회 정문이 닫히고 교회 안에서 집회를 할 수 없게 되어 교인마다 각기 자기 신앙을 지키며 가정예배를 드리게 되었다. 밤 집회는 장로님 댁에서 특별순서로 예배를 드렸다. 한 장로님 댁에서 예배를 마친 후 신사참배 반대 서명운동을 펴기로 다수결로 합의를 보고 교역자는 제외하고 평신도(장로)들만 참가하기로 하였다.

다시 조용한 밤을 이용하여 순안 병원의 지하실에 모여 박 의사가 대안을 작성하고 장로들이 서명 날인을 하였는데, 이 신사참배에 반대하는 서명운동이 경찰에 탐지되어 병원의 박 의사를 비롯하여 이규목, 박지선, 노봉진, 김효진, 김성달 등 6명의 장로가 체포되었다. 순안 경찰관주재소에서는 본서인 영유경찰서에 보고하여 장로님들을 영유로 압송하고 유치장에 가두었다. 문제가 크게 되어 오래 끌 수도 있는 처지에 이르렀다. 영유 본서에는 안식일교회의 신실한 여신도인 최매실 씨의 남편이 있었는데 그는 영유경찰서 경부(지방경찰)였다.

최매실 씨가 순안 교회 장로들이 시국관과 신앙심의 충돌로 여기 구속됐으나 본심은 진실한 그리스도인들이니 이 시국에 장로들에게 선처하여 줄 것을 박 경부(최 집사 남편)에게 간청하였다. 박 경부도 그때 입장이 난처하였으나 부인의 간청을 받아들여 놓아주었다. 이분들은 교회가 어려운 시절에 참으로 훌륭한 일을 많이 하신 분들이요 고마운 분들이다.

당시 경찰서에 구속되었던 장로들의 가정에는 형사가 매일 들러 거동을 정탐했다. 그때 장로님들이 유치장에서 당한 고문으로 오래 고생하셨고 여러 달 동안 치료받은 후에야 겨우 건강이 회복되셨다. 아버지의 몰골은 차마 볼 수 없을 정도여서 어머니는 아버지를 우리에게 보이지 않으려고 하셨다. 나의 아버지 노봉진 장로는 감옥에서 나오신 뒤, 감옥에서 당하신 여독으로 2개월 정도 치료받으셨으나 끝내 회복되지 못하시고 바로 돌아가셨다. 그때 의사의 진단은 고혈압이라고 하였다. 1943년 3월 5일 밤 9시 40분 57세를 일기로 주안에서 잠드셨다.

장지에서 집에 돌아왔을 때 순안경찰서에서 발부한 노봉진 호출장이 와 있었다. 나의 오빠가 상복 차림으로 호출장을 들고 순안경찰서에 갔더니 순사가 "누가 돌아가셨나?" 해서 "나의 부친상입니다"하고 대답하니 순사가 "이번에 다시 감옥에 들어오면 다시는 못 나간다"라고 했다. '내가 일본 순경들의 계획서를 보았다'라고 하니까 가족들은 아버지를 잃은 후 더 순안에 머물러 있을 마음이 없었으며 토지와 살림살이를 일체 순안의 선구자 홍관일 씨에게 맡기고 가옥만 정리한 후에 신앙의 자유를 찾아 경기도 가평 적목리 깊은 산중으로 들어갔다.

그때 일이 너무 생생하게 기억난다. 우리 가족들과 너무 친한 척하며 자주 오시던 박유신 목사는 나의 아버지 장례식 발인예배 설교를 책임지시고도 그 시간에 아무 말 없이 슬쩍 자리를 피했다. 나의 어머니께서 너무 속상하고 또 입장이 난처하여 "아무도 집례할 수 없으면 내가(성경책을 드시면서) 집례할까요?" 하셨다. 집례는 믿음이 독실하신 김호규 장로님께서 하시고 장지에는 아무 목사님도 보이지 않았다. 장례를 치르고 며칠 후 박기풍 목사가 인사차 오셨다가 갔고, 박유신 목사님은 "배가 아프셨다"라는 핑계를 한 듯하다. 1943년, 사랑하는 아

버지를 잃은 후 어머님과 오빠가 여름 방학에 "사라야, 너는 아마 할
수 있을 거야. 홍성실 집사님을 따라 지리산에 갔다 오너라. 가서 우
리 식구가 살 수 있나 보고 오너라" 하셔서 난 홍 집사님을 따라나섰
다. 진주에서 최희만을 만났다.

─ 지리산 공동체 방문

지리산에는 최태현 목사 사모님께서 계셨다. 사람들 눈에 띄지 않기
위해서 오명숙, 최희만, 노사라가 일행이 되어 숯을 실으러 가는 트럭
을 타고 산밑까지 갔다. 사람들의 눈을 피하여 한밤중에야 마중을 나
온 청년을 따라 허둥지둥 넘어지면서 한밤중에 목적지까지 올라갔다.
산이 너무 높아서 구름이 끼어 1미터 가까이에 있는 사람도 잘 보이지
않았다. 거기에는 집도 한 채 있었는데 토막집이었다. 최태현 목사님
의 사모님께서 사시고 청년 몇 분은 가까이 있는 산짐승이 살던 굴에
서 살고 있었다.

큰 이적이 다음 날에 있었다. 아침 토막집 앞 나뭇가지에 회색 새 한
마리가 슬피 울며 호소하듯 짹짹거리면서 울고 있어 내가 사모님께 말
씀드렸더니 "사라야, 저 새가 울면 사복 순경이 온다" 하시었다. 파랑새
가 울면 군인이 올라오고, 몇 분 뒤에 정말 사복경찰이 담배를 피워물
고 올라왔다. 청년들이 조반을 먹으려고 굴에서 집에 와 앉아 있었다.
순경을 피하려고 방 밖으로 나오다가 그만 순경과 마주쳤으나, 하나님
께서 순경의 눈을 가려 주셔서 순경이 청년들을 못 보았다.

며칠을 산에 있게 되니 순경이 아니면 군인이 와서 "너희들 무슨 일

로 산에 왔느냐"고 심문하여 거기 있기가 힘들었다. 그때 최희만 씨의 매형 김기방 선생(화가)의 안색이 안 좋아 병이 나서 수양하러 와 있었다. 그래서 우리는 병문안 목적으로 왔다고 했다. 김기방 선생은 최옥화 집사의 남편이시다.

거기에는 홍성실, 오춘수, 명숙, 최희만, 최 씨, 사라, 황해도에서 온 청년들 등이 있었는데 어느 날 새벽 우리 일행 8명은 산을 타고 진주로 향하였다. 약 80리를 걸어서 해도 지고 난 다음에 단성이라는 동네로 내려왔다. 동네 사람들이 우리 일행을 수상하게 보고 순경에게 고발하여 우리 일행 전원이 단성 주재소로 붙들려 갔다.

나와 명숙이를 데리고 가더니 감방에 가둔다. 캄캄하고 오물 냄새가 나고 너무 무서웠다. 어떤 여자가 명숙이 다리를 붙들면서 "가시나야, 너는 무슨 짓하고 들어왔나?" 명숙이는 소리를 지르며 나를 붙잡고 울면서 "언니, 언니" 하였다. 내가 명숙이보다 한 살 위였고 최희만도 내가 알기에는 나보다 한 살 아래였다. 순경이 불러서 나갔더니 "너희 감방 무섭지? 바른말로 대답하지 않으면 다시 감방에 돌려보내 못 나오게 한다"하며 위협한다. 순사가 하나 있었는데 한국인이었다. 하나님께서 그곳에도 같이 하셨다. 나라 사랑하는 마음이 강한 청년이라 일본 순사에게 술을 많이 대접하고 우리 일행을 풀어주었다. 그곳 여관에 저녁밥까지 미리 준비시키셨다.

그날이 음력 6월 25일 내 생일이었다. 내가 만 15세가 된 날이다. 한국 나이는 16세였다. 홍성실 집사는 지리산이 너무 살기 좋아서 가족이 가겠다면서 나의 오빠에게 같이 가길 권하였으나 나는 오빠에게 "안돼 오빠, 거기 가니까 경상도 사투리를 너무 많이 써서 평안도 사투리를 쓰는 우리와 말이 잘 안 통해 안 좋았고 옷 입는 것과 풍습이

다르고 순사, 군인이 너무 자주 와서 못살아요" 하면서 반대했다.

- 적목리 공동체

나의 오빠가 다시 지리산에 가보고 와서 하는 말이 "어린 사라의 한 말이 맞다" 하면서 지리산 가는 것을 포기하고 있는데, 서울에서 좋은 소식이 왔다. 가평 적목리에 대해서 오빠가 그곳을 답사한 후에 집을 정리하고 1943년 가을에 가평 적목리로 이사를 하였다. 당시 어머니가 49세였고 오빠가 29세 올케언니가 27세였으며 내가 16세, 조카 춘애가 4세, 춘영이가 3세, 춘식이가 10개월가량 되었다. 잘 살던 모든 좋은 것 다 뒤에 두고, 나는 공부도 포기하고 산으로 따라 들어갔다.

가평 높은 산에 놓인 토막나무 집에 짐을 풀었다. 아랫방에서는 반내현 집사께서 사시고 우리 일곱 식구는 모두 방 하나에서 끼어 살아야 했다.[1] 각방을 쓰며 살던 나에게는 너무 한심하게 보였고, 잠자리가 너무 불편하였다. 저녁에 불을 때면 불길이 반 집사님 방을 지나서 우리 방으로 왔기 때문에 더 추웠다.

토막집은 나무를 자른 채 나무껍질 하나도 다듬지 않고 나무 생긴 그 모양대로 이리저리 맞대 올려놓은 집이어서 나무 틈 사이는 풀을

---

[1] 당시 방 하나에 한 가족 모두가 살았다. 노사라 가족과 반내현 목사 가족이 한 지붕 밑의 한방씩, 그다음이 김봉락, 오춘수, 황봉호 방이었다. 아래쪽 떨어진 곳에 지헌각, 위쪽 산기슭에 이기원, 김인식 가족, 움막교회 옆에 신태식 목사 가족이 기거했다고 회상했다. 노사라 가족엔 모친 임봉순 집사, 오빠 노원호 장로, 아내 임경옥, 조카 운영, 춘애 6명이 한 방에 거주했다. 반내현 목사 가족엔 모친 최임신, 아내 김순희, 아들 상순, 딸 효순 5명이 살았다. 이런 식으로 온 가족이 한 방에 거주했다(신태복, 노사라의 증언 기초). 김재신, "공동체 배경," **빛의 증언들**, 200-201.

베어다가 메꾸어 놓곤 하였다. 그러나 그 풀이 곧 마르고 썩어지면 그 틈으로 다시 밖이 훤히 내다보이고 추운 겨울에 모질고 강한 산바람이 들어와서 옷을 입고 자야 했다. 토막집 지붕도 나무껍질과 풀을 덮어 놓았기 때문에 오래되면 비가 오든지 쌓인 눈이 녹게 되면 함지박/바가지 그릇을 있는 대로 가져다가 지붕에서 새는 물을 받아야 했다.

비나 눈물이 많이 떨어지는 밤에는, 때때로 새집인 교회 움막집으로 피난도 몇 차례 갔었다. 아이들은 추워서 아빠, 엄마 품에 안겨서야 잠이 드는 긴긴 겨울밤을 지내게 되었다. 샘물에서 식수를 떠 오는 것이 내 임무였다. 큰 대나무 통에 물을 담고 바가지를 엎고 머리에 이고 집으로 올 때, 너무 서툴러서 발을 옮길 때마다 물이 출렁거리다가 다 쏟아져 물벼락을 맞아 옷이 흠뻑 젖곤 하였다. 그러나 얼마 시일이 지난 후에는 물통에 손을 잡지 않고도 물 한 방울 흘리지 않고 빨리 걸을 수가 있었다.

– 초근목피 생활

적목리의 삶은 극심한 빈곤으로 인해 먹을 것이 없어 풀뿌리와 나무껍질까지 먹어야 했던 초근목피 상황이었다.[1] 한번은 반내현 목사님

---

1   초근목피는 과거 우리나라의 빈곤과 기근을 상징하는 말이다. 기근, 전쟁, 자연재해, 경제적 붕괴, 빈곤, 질병, 실직 등 식량이 부족하거나 구할 수 없는 경우에 칡뿌리, 도라지 뿌리, 머위 뿌리, 소나무 껍질, 참나무껍질, 느릅나무껍질 등으로 연명했다. 대표적으로 주변에 흔한 소나무 껍질을 먹었다. 당시 이런 극심한 모습이 하송관 공동체 증언에는 "산의 소나무는 송기를 벗겨 먹었으므로 소나무 가지가 허옇게 되었다"고 했다. 모두 영양실조였고, 어떤 가정에는 막내딸이 결국 숨을 거두기도 했다. 이진석, "예수로 나의 구주 삼고," **빛의 증언들**, 424.

이 "사라가 촌색시가 다 되었구먼!" 하셨다. 봄이 오면 이불 홑청으로 만든 큰 나물 주머니를 들고 도마치 고개를 넘어서 8km까지 들어가 산나물을 뜯었다.[1] 산나물, 취나물, 고사리, 모시대(어린잎과 싹), 참나물, 딱초(어린잎과 싹), 두릅, 개감초(뿌리), 뚝갈(어린잎과 순), 승아대(어린잎과 순) 등 나물은 고급 나물들이었다. 나물치고는 좋은 나물이었지만 곡식이 없이 그 나물을 큰 솥에 넣고 만든 풀죽은 묽은 죽으로 미음 같았다. 가루는 쌀가루, 옥수숫가루, 막 간 통밀가루, 콩가루, 칡뿌리로 만든 녹말가루, 도토리 가루 이런 가루들을 조금 넣고 끓인 음식을 먹었는데, 이것을 무슨 음식이라고 이름을 지어 줄까 하다가 그저 '산나물 풀국'이라 했고 이것은 한 사발씩 돌아갔다.

매일의 식단은 똑같다. 순안에서 잘 먹고 자라던 내 조카아이들은 "밥 주세요," "나 밥 먹을래"하고, 춘애, 춘영이는 그곳 음식이 처음이라 먹지 않고 너무 울기만 해 가엾게 보였다. 반내현 집사님이 동해안 지방에 가셨다 오실 때는 흰쌀, 곶감 등을 신자들에게서 얻어 가지고 오시면, 아이들은 쭉 돌아가며 배급받았다. 반 집사님 사모님은 밥을 지어서 할머님과 애들에게 나누어 먹이셨다.

뭐니 뭐니 해도 여기 있는 동안 가장 큰 어려움은 배고픔이었다. 모여 앉아서 이야기하면 먹는 얘기로 꽃을 피웠다. 징병 해당자들은 배급을 탈 수가 없었으므로 배급을 받는다 해도 부족하였던 터인데, 이를 나누어 먹자니 그야말로 간에 기별도 가지 않는 형편이었다. 그래서 우리는 겨울에는 소나무 껍질을 벗겨서 먹고 허기를 넘겼다.

---

1 적목리 공동체 윗장소에서 화천 방향으로 4km 떨어진 곳이 도마치 고개이다. 여기서 8km까지 들어가 산나물을 뜯어다 연명했다고 했다. 이를 기초로 그때 적목리 거주자들의 생활반경이 적어도 12km 공간에 살았다고 볼 수 있다.

아름드리 소나무를 베어 눕혀 껍질을 벗기면 그 껍질 밑에 송기(내피)가 붙어 있는데 그것을 칼로 벗겨 며칠을 두고 잿물(나무 태위 재로 만든 잿물)에 넣고 삶으면 조금 연하여졌다. 칼로 잘 다져서 푹 삶은 다음 건진 후에 밀가루를 넣어 시루에 쪄서 떡메로 친 뒤 또다시 푹 쪘다. 이것이 바로 송기떡이었다.

송기떡을 먹으면 가장 큰 문제가 소화시키는 일과 용변을 보는 일이었는데 변소에 가서는 온 힘을 다하여 변을 보아야 했다. 어떤 분은 나무 등으로 서로 남의 항문에 뭉쳐서 나오지 않는 변을 파내 주기도 했다. 때로는 잘못하여 나무 꼬챙이 등에 찔리어 피를 많이 흘리게 되었고, 변소에 가면 붉게 물든 피변을 본 분도 있었다. 찢어지게 가난하다는 말이 이런 배경에서 나온 것으로 보인다. 하나님께서 도우셔서 이런 위기를 겪으면서도, 후유증이 없이 아무 탈이 없이 지내었다. 그때의 고생은 나의 서툰 글솜씨로는 다 표현이 안 된다. 그러한 때에 우리는 고생 속에서도 하나님께 날마다 감사했다. 오히려 내 마음이 편하였다.

하나님께서 우리와 늘 함께 계심을 몸소 실감하면서 매일을 살았다. 그리하여 교우들의 얼굴에는 늘 웃음이 가득하였다. 그 당시 유명한 별미가 하나 있었다. 그것은 겉 도토리를 따다가 햇볕에 말린 후 빨랫방망이로 두들긴다. 그러면 껍질이 벗겨지고 속 알이 튀어나오는데 이것을 '도토리 쌀'이라고 한다. 큰 소여물(먹이) 솥 한가운데에 싸리 바구니를 넣고 솥 둘레에 도토리 쌀을 넣고 물을 도토리 쌀 위에 붓는다.

그리고 불을 때면 쓴 물이 도토리에서 빠진다. 싸리 소쿠리에 고인 쓴 물을 퍼내고 다시 새 물을 도토리 위에 붓고 끓인 후 쓴 물이 다시 고이면 또 퍼내고 밤새 수차 반복하여 삶으면 쓴맛이 없어진다. 여기에 콩, 강냉이를 넣어 또 끓여낸다. 구수한 냄새가 나면 그것을 꺼내어 절구에 찧으면 떡이 된다. 떡을 애 주먹만 한 크기로 빚어서 어른이나 아이들 다 똑같이 한 덩어리씩 몫이 분배되어 먹는다.

그때 나는 절구질, 맷돌질, 키질, 또 화전민같이 큰 돌, 작은 돌들을 줍고, 불을 지르는 등 험한 일을 많이 배워서인지 내 손 매듭은 크고 굵고, 막노동하는 남자의 손같이 지금도 모양새가 좋지 않았다. 나를 가까이하는 사람들은 내 손이 왜 그렇게 미울까 해서 물어 본 사람도 있다. 나는 하나도 부끄럽지 않다. 교육자이신 화잇 여사는 "곱게 손톱에 물들이고 아무것도 할 줄 모르는 손보다 무엇이나 다 할 줄 아는 손이 더 아름다운 손이라"(교육, 278)라고 했다.

청소년들이 그 손으로 유용한 일을 하도록 훈련하고, 자기에게 지워진 인생의 짐을 지도록 가르치는 것은 마음과 품성의 성장을 촉진하는 데 있어서 가장 효과적인 방법이다. "젊은 여인은 가사를 피하고 다른 방면에 교육을 구한다. 여기서 남녀는 막론하고 신실히 일하는 연고로 그 품격이 저하되는 법은 없다는 것을 배워야 할 필요가 있다"(교육, 279). "게으름은 자아 방종을 기르고 그 결과는 헛되고, 빈약한 생활을 가져오고 모든 죄악이 자라는 온상이 되게 한다"라고 말씀하셨다.

나는 금식하는 법, 배고픔을 참는 법, 어려운 산 생활 등 여러 가지를 이겨 내는 방법이 미리 훈련되어 있어서 앞으로 예수님 오시기 전 어려운 환란에 처해도 내 살아생전에 야곱의 환란이라도 능히 이겨 낼 수 있다고 믿는다. 인내심 훈련은 많이 받았다. 성경 말씀에 있는 "내 너를 어미 닭이 병아리를 품어 돌봄같이 너를 보호하리라"(신 32:11; 마 23:37; 눅 13:34)는 약속도 믿는다. 선지자 엘리야에게 까마귀를 통해 음식을 공급하신 하나님을 믿는다(왕하 17:2~7).

- 공동체의 일상

교회는 반지하로 지은 움막집이었다. 예배드려도 소리가 밖에 새어 나가지 않게 하도록 많이 연구하고 생각해서 지은 집으로 그 동네에서는 가장 크고 또 새집이었다. 신태식 목사님 형제분과 가족이 없는 남자분들이 신 목사님 가족과 같이 기거하였다. 밤이면 담벼락에 부엌 아궁이같이 구멍을 내고 난로같이 만든 그곳에 관솔을(소나무에 송진이 많이 붙어있는 나뭇가지) 작게 쪼개서 불을 피우면 탁탁 소리를 내면서 불을 밝혀 주었다.

우리는 옹기종기 무릎을 맞대고 마주 앉아서 배고픔도 다 잊어버리고 잠자는 것도 잊어버리고, 성경 공부, 예언의 신 공부를 하였다. 어린이들은 어른들 옆에 이불도 없이 잤다. 그때 신우균 목사는 여섯 살 정도 되지 않았나 싶다. 말수가 적고 어려서도 예쁘고 착하였다. 교회의 그 방 벽난로를 '코르크 등잔'이라고 불렀다. 이곳의 하루 일정은 아침 일찍 기상하여 산과 바위로 각각 올라가 새벽 기도를 드렸다.

그리고 내려와서는 교회에 모여 아침 예배를 드렸다. 아침 식사를 마치고 7시 30분 이후부터는 남자들은 벌목 작업을 시작하였고, 여자들은 나물을 뜯으러 도마치 고개 넘어 약 8km 거리에 있는 깊은 산까지 갔다. 우리가 살던 산은 나물이 없는 산이었고 바위가 많았기 때문이었다. 나물 뜯으러 동네 밖에 나갈 때 나는 시골 아낙네처럼 긴 배치마 저고리를 입고 머리에는 수건으로 얼굴까지 가리고 동네를 지나 다녔다. 될 수 있는 대로 내 모습을 보이지 않기 위해서였다. 신태식 목사님, 반내현 목사님께서 "사라가 제일 안 됐다. 아무 말 없이 시골 처녀 행세를 하네"라고 말씀하셨다.

─ 다시 의명학교 여학생으로

하루는 신 목사님이 아래 동네사무실에 갔다 오시더니 내 오빠를 불러 한참 이야기하셨다. 오빠가 나더러 "너 어떻게 처신하여서 아래 사무실 남자가 목사님보고 중매하라고 하니?" "오빠, 나 여기서 못 살겠어. 이 이상 나더러 어떻게 하라는 거야" 그날 밤 많이 울고 또 울었다.

그리고 며칠 지나지 않아서 김명길 목사님께서 우리가 사는 가평 적목리에 오셨다. 지현각 씨 모친과 오명숙, 나 이렇게 세 사람은 침례 공부를 하였다. 침례받는 안식일 아침 문답 시간에 "노사라, 너 내 모양이 거지꼴이라서 침례받고 싶지 않다면 그만두어라. 그러나 세월이 험하여 여기 다른 목사는 못 올 테니, 너 침례 못 받고 무슨 일 당하여서 하늘에 못 가면 어떻게 할래?" "목사님, 왜 그런 말씀 하셔요. 나는 목사님을 좋아해요"라고 말했다. 바위 위로 흘러내리는 수정 같은 맑은 물에서 6월 17일에 침례를 받았다.

내 짐작에, 지현각 씨 부인이 아랫동네 여자들한테 내 이야기를 한 모양이다. 나의 어머니와 오빠 생각에 잘못하다가 사고날까 봐 나더러 "순안에 돌아가서 의명고등학교를 졸업하라"고 하셨다. 어머니께서 내 교복 바지(그때는 바지가 치마같이 가슴까지 올라오고 가슴 부에 넓게 두 겹으로 공간이 있었다) 공간의 허리에 전대(돈주머니)를 매주셨다.

당시 500원(당시 쌀 한 가마니가 몇 10전 할 때다)이 훨씬 넘는 돈을 주시면서 두 손 잡고 우시며 기도하시긴 "사라야, 살아서 못 만나도 하나님 꼭 기억하고, 이 땅에서 못 만나면 하늘에 가서 꼭 만나자. 하나님, 이 딸을 보호해 주시고 발걸음마다 인도해 주시옵소서!" 하고 흐느끼며 우셨다. 내가 돈을 가지고 가는 것은 어머니와 오빠만이 아셨다.

나보고 "졸업하고 언니 집 황해도 겸이포에 가 살다가 전쟁이 끝나지 않고 길어지면 그 돈으로 시집도 가고, 작은 집도 하나 살 수 있을 테니 이것은 네 몫이다" 하시면서 주셨다. 겸이포 언니는 큰아버지의 큰 따님이시다. 출가 후 애를 못 낳으셨으나, 그래도 형부와 금실이 좋은 분이었다. 그들은 나를 자식같이 귀여워하셨다. 그래서인지 나를 언니께 맡기려는 듯했다.

가평 식구들이 그날 아침, 나를 위해 기도해 주시고 울면서 나를 떠나보내셨다. 반내현 목사님으로 시작하여 다 돌아가면서 온 식구가 할 수 없이 떠나보내는 나를 위해 기도드렸다. 노사라로 인해 사무실 청년들을 분노케 하여 가평 식구들이 모두 화를 당할 염려로 나를 학교로 떠나보낸 것이었다. 어머니 심정은 그때 딸을 사지(死地, 죽을 곳)로 보내는 양 같았다고 하셨다.

다음 해인 1944년 9월쯤, 공부하려고 순안을 향해 가평을 떠났다. 순안역에서 순경에게 잡혀서 역장 사무실로 끌려 들어가 여러 가지 심문받았다. 내가 순안 갈 때 나의 오빠께서 산에서 트럭 타고 가평역까지 데려다주셨다. 그때 나보고 "사라야, 순안 가면 순경이 너에게 여러 가지 물어보길 여러 차례 할 테니 매번 꼭 같은 대답하여야 한다. 알겠니? 명심하고 조심해라. 너 하나 잘못하면 가평 믿음의 식구가 다 발각된다. 잘 알겠지?" 나는 고개를 끄덕이면서 울었다. 식구들을 다시 못 만나면 어쩌나 하는 생각에 무서웠다. 나도 울고 내 오빠도 눈물을 감추려고 애쓰면서 많이 우셨다.

내가 순안에 도착한 후, 순경은 매주 의명학교 교무실에 찾아와서 취조했다. 나는 오빠의 말씀을 기억하고 꼭 같은 답을 했다. 때로는 일본 순경이 와서 위협도 했다. 난 심문받을 때 '주님, 절 도와주세요, 도와주세요'라고 속으로 기도드렸다. 정성걸 교감 선생님은 나의 친척 오빠뻘 된다. 그분이 나더러 "기숙사는 고생되니 내 집에서 같이 있자"고 하셨다.

기숙사 반장에게 순경이 내 짐이 어떤 거냐고 묻기도 했단다. "네 물건과 옷까지 다 뒤져 보고 갔다"라고 하셨다. "너 살펴볼래?" 나는 내 가슴 바지에 숨겨놓은 돈이 걱정되어 정성걸 선생님께 맡기었다. "너 웬 이 큰돈을 가지고 있니?"라며 놀라셨다. 그 부인께 맡기면서 "누구한테도 돈 있는 것 말하지 말아요"라고 하셨다. 그분 말씀이 "방학 때 나를 따라가면 가족이 어디 있는지 알 텐데. 너무 어린 것을 심하게 다루는 것 같아 안 됐다"라고 하셨다.

나는 순사가 나를 따라나서면 가평 모든 식구가 해를 받을 것으로 생각했다. 내 부친 노봉진 장로께서 돌아가신 후 온 가족이 어려움을 받았다. 가까운 곳을 가도, 동네를 떠날 때도 신고하여야 했다. 가평으로 이사 갈 때, 우리 가족은 사촌 오빠가 사는 함경북도 청진에 간다고 하고 가평으로 갔다. 그 후 청진에 통지해 보고 우리 가족의 행방을 몰라서 사방 수소문하면서 찾던 중, 내가 순안에 나타난 것이었다.

나는 졸업시험을 두 과목을 남겨놓았다. 다음 주는 방학이다. 아이들이 순안 사과 맛이 좋다고 하면서 과수원집에 가기에 나도 가방 하나 가득히 사과를 사 왔다. 내 걱정은 돈이었다. 정 선생댁에 찾아가서 "내 돈 주세요. 언니가 전화로 돈 가지고 오라고 하셨어요"라고 말했다. 정 선생 사모는 "언니 오면 언니한테 내일 줄게" 하시며 약간은 불안한 눈초리로 말씀하셨다. 나는 돈을 일부러 빼앗고 안 줄려고 하는 줄 알고 무사히 찾기 위해 기도드렸다. 돈은 다음 날 주셨다. 하나님께서 도우신 것이다. 시험은 이틀이면 다 치른다. 시험 끝나면 순경이 내 뒤를 쫓을 것으로 생각하니, 도망가야겠다고 결심했다.

사과 담은 가방과 옷 몇 가지를 들고 어느 밤 기숙사 담 밑에 남의 눈에 띄지 않게 숨겨 놓았다. 나는 그날 밤 주변 상황을 살피느라고 변소에 몇 차례 갔다. 12월 초 기숙사 방마다 불은 꺼졌다. 이때다 하고 담을 넘고 사과와 옷 가방을 둘러메고 사람 눈에 띄지 않는 골목길로 또 논두렁, 밭두렁으로 밤길이 무서워 떨면서 조심스럽게 도망갔다. 순안 역에는 항상 순경이 있어 그 이전 간이역을 택하였다. 그곳은 시골길과 꽤 먼 거리라 역으로 들어가지 못하고 기차 서는(맞은편) 플랫폼 반대편에 숨어 있다가 기차가 오기에 올라탈 때 기차가 너무 높아서 떨어질 뻔했다.

서평양을 지나고 본 평양역에 도착했다. 한숨 돌렸다. 거기서(기차 선이 여러 개로 나뉘어 있다) 서울로 가는 '쯔바메'(기차 이름, 제비라는 말) 급행열차를 차표 없이 탑승했다. 정신없이 기차에서 자는데 기차표 조사하는 역부가 나를 깨우면서 기차표를 보자고 했다. 나는 머리를 숙이고 아무 말도 못 하고 또 울었다. 역부 말이 "너 방학이라 집에 가니? 공부가 힘들었니? 너 너무 피곤해 보인다." 기차표를 돈도 안 달라며 서울역까지 끊어 주었다. 서울역에서 성동역까지 전차를 타고 갔다.

— 호랑이 불빛 따라 적목리로

성동역에서 가평역 기차표를 끊었다. 그때까지 아무것도 못 먹고 굶었었다. 가방에서 사과하나 꺼내 먹었다. 걱정이 컸다. '어떻게 남의 눈에 발견되지 않게 적목리 믿음의 동산까지 가지?' 나는 주님께 기도했다. 나에게는 구하고 도와 달라고 부탁할 분은 오직 한 분이었다.

> 저가 내게 간구하리니 내가 응답하리라.
> 저희 환난 때에 내가 저와 함께하며
> 저를 건지고 영화롭게 하리라 (시 91:15)

내 나이 열여섯, 이런 어린 나이에 혼자서 겪어야 하는 고통은 너무 힘든 어려움이었다. 나는 어려서부터 순경을 많이 대했고, 그전에 지리산 갔을 때는 진주(경상도) 단성에서 잠깐 오명숙 씨와 감방에도 들어가 보았다. 내가 지금 생각하니 보통 애들보다는 좀 담대하였던 것 같다. 많은 어려움을 겪은 탓인가 보다.

이날 저녁 가평에서 버스를 탔다. 버스는 우리가 사는 동네까지 가지 않았다. 동네까지 가려면 벌목한 나무를 실어 가는 트럭을 타면 적목리 아래 동네까지 간다. 동네 사람 눈에 띄면 또 말썽이 날 우려가 있어, 동네에서 내려 밤에 산을 타고 갔다. 나는 밤새도록 인적을 피해서 산을 타고 적목리로 향했다. 새벽에 동틀 무렵 믿음의 동산까지 도착하였다. 밤새 혼자 험한 산을 길도 모르면서 헤매면서 걸었다.

그때 호랑이가 눈에 불을 켜고 비치는 불을 보았다. 험한 산을 타고 가다 보니 넘어지기도 하고, 잠자던 새들이 놀라서 피할 때 나도 대단히 놀랐다. 방향을 모르고 호랑이 불빛도 보이지 않자, 나는 울면서 기도했다. 그리고 일어나서 다시 보면 그 불빛이 보였다. 그 빛을 따라서 적목리를 향해 나아갔다. 참으로 험난한 밤길이었다. "아브라함의 하나님, 이삭의 하나님, 야곱의 하나님, 그리고 광야 길에 모세와 당신의 자손을 밤에는 불기둥, 낮에는 구름 기둥으로 인도하신 바로 그 하나님"이 나를 그날 밤 인도하셨다. 내가 어떻게 집을 찾아갈 수 있었던지 지금 생각해도 이것은 하늘 아버지의 인도하심이 분명하였다.

사람들은 그리스도의 도우심이 아니면 어린 소녀의 재간으로는 생각도 못 한다고 난리였다. 가평 식구들 모두 내가 소식 없이 가평 적목리에 나타나서 무서워 벌벌 떨었다. 혹시 순경이 내 뒤를 따라오지나 않았나 하고 염려되었다. 젊은 분들은 산속 깊이 들어가 며칠을 보냈다. 나는 어머니께서 늘 기도하셨던 바위 밑으로 갔다.

내 어머니께서 나를 보시고는 나를 부둥켜안고 우셨다. "네가 없는 날, 널 위해 많이 기도드렸다. 주님, 할 수 있으시면 사라를 빨리 만나게 해주세요. 어린 몸이 어떻게 가족과 떨어져서 삽니까?" "네 하늘 아버지께서 네 기도를 들으셨다"라고 하셨다. 나의 어머니는 아버지께 붓던 그 사랑을 아버지가 세상 뜨신 후에는 그분의 사랑 전부를 내게 쏟아 놓으셨다.

가평 식구들은 금요일 해지기 전에 이미 저녁을 먹고 안식일에는 어린애들까지 모두 금식하였다. 안식일은 특별히 배고픈 줄도 몰랐다. 이스라엘 백성에게 만나를 주신 하나님께서 우리가 물만 마셨어도 배고픔을 모르게 돌봐주셨다. 나는 그때처럼 하나님과 가까이 살 때가 그리워진다. "대저 산들을 지으며 바람을 창조하며 자기 뜻을 사람에게 보이며 아침을 어둡게 하며 땅의 높은 데를 밟는 자는 그 이름이 만군의 하나님 여호와니라"(암 4:12). 하나님의 능력과 자비, 하나님의 강한 손이 보잘것없는 나를 늘 붙들어 주셨다.

내가 순안을 남몰래 떠나 가평 적목리로 돌아온 뒤 학교 선생님들께서 어려움을 겪으셨다고 하셨다. 해방 후 1946년 나를 서울에서 만난 선생님께서 "너 어떻게 그렇게 사라졌니? 순하고 착한 네가 어찌 그렇게 독하냐!", "왜 도망갔니?"라고 궁금해하셨다. 내 남편은 그때 이야기를 듣고 하는 말이 나를 이해 못 하고 "이북 여자라서 독하다"라고 하였다.

눈 녹은 물이 골짜기마다 내/개울을 이루어 흘러내리는 완연한 봄이었다. 또 6~7월경 장맛비가 내려 물이 많아지면 벌목한 나무를 묶어서 뗏목을 만들어 하산시켰다. 내가 적목리 산에 돌아온 후 신태식 목사님 가족과 우리 집 가족은 동해안 쪽 금강산 산줄기 쪽으로 이사 갔다. 그곳에도 신태식 목사님께서 산판일 보실 때 가까운 친구분인 민수환 씨라는 분이 있어서 도와주겠으니 오라고 하셔서 같이 가평을 떠났다. 1945년 아마 6월쯤이었던 것 같다. 사실 가평에 식구가 많이 늘어 그리하였다고 한다. 가평에 배급 타는 것이 모자라고 다른 분들이 이사 갈 여비도 없고, 사라를 숨기고 살자니 너무 조심스러워서 가평 적목리 산을 떠나 1945년 6월 말 금강산 줄기의 더 깊고 깊은 산으로 갔다.

— **의명학교**

한 가지 잊어버린 말이 있다. 내가 의명학교 2학년일 때, 1학년 신입생들을 입학시키지 않았다. 순안 남창리 우리 집 앞에서 살던 "학실"(처녀 이름)이가 나하고 한 반이 되었다. 또한 같은 해, 순안 우리 교회(예배당)에 일본 사람들이 "순안여자농업학교" 간판을 붙였다. 교회 뜰에 밭을 만들고 어린 여학생들이 호미, 곡괭이, 삽을 들고 교회 뜰을 파헤치고 여자 기숙사는 의명학교 학생들과 같이 살았다.

의명학교 여학생과 그 새로 된 농업학교 선생들은 때때로 싸움했다. 내 생각에는 우리 반 학우들이 그쪽에 싸움을 걸었다. 우리는 학교 측의 처사가 싫어서 너도나도 의명학교를 그만두고 일본으로 전학하기로 석박산 산속에 들어가서 의논하였다. 몇 학생은 선발대로 일본으로 먼저 갔다. 그중 우순범 언니(LA에 거주, 김준팔 목사 사모)가 의명학교를 떠나서 일본으로 가서 고등학교를 졸업하였다.

시대가 어수선하여 여자 정신대를 뽑아 간다고 하여 친구들은 학교를 그만두고 시집을 갔다.[1] 내가 졸업할 때 의명학교 마지막 국어 시험에 시를 쓰라고 해서 국어 시험에 시를 썼는데 칭찬받았다. "세이후쿠니 사라 바 쯔겠테 도쯔기 유구" 그 뜻은 "교복에 잘 가라고 인사하고 시집가는구나"였다. 일제 당시 정치적 권리가 박탈당하고, 토지와 자원이 일제에 의해 강탈당하고, 또한 한국의 언어와 문화가 금지당했던 상황의 절박한 마음을 나타낸다고 보이는 시이다. 의명학교 남자 학생들은 "순안남자고등학교"라고 이름하고 여학생들과 갈라져 나갔다.

내가 의명학교에서 1944년 12월에 가평 적목리 믿음의 동산에 다시 돌아온 뒤 이 산을 찾아오는 젊은 청년들의 수는 점점 늘어갔다. 산

---

[1] 당시 많은 처녀가 정신대로 끌려가는 것을 피하려고 결혼했다. 서울대 인권센터 정진성 연구팀, **끌려가다, 버려지다, 우리 앞에 서다** (도서출판 푸른역사, 2018), 181.

중의 추위는 매섭도록 날카로웠다. 추위와 배고픔으로 시달리는 우리에게 끊임없이 밀려오는 또 하나의 두려움은 일본 경찰의 삼엄한 수색망이었다. 비록 산속이라고는 하지만 일제의 압박과 감시를 완전히 벗어날 수 있는 곳은 어디에도 없었다.

─ 설악산 공동체

교회와 재단을 해산시켰다는 소식을 신태식 목사님과 반내현 목사님께서 나의 어머니와 오빠에게 전하셨다. 이러한 무서운 소식을 듣자, 우리 산 식구들은 앞이 막막했다. 우리는 교회에 모여 주님께서 앞길을 지시해 주시기를 간구했다.

신 목사님께서 나의 오빠와 어머니께 의논하셨다. 가평 적목리는 점점 일본 군인들이 뗏목 관리를 하러 아래 사무실에 와서 살게 되었다고 했다. 군인들이 총에 칼을 꽂고 다닌다고 했다. 주위가 무척 삼엄하였다. 신 목사 말씀이 "사라 숨기고 살기도 힘드니 어머님, 형님, 우리 이곳을 떠납시다. 동해안 금강산 산줄기에도 산판을 하는 나와 같이 일하던 민 씨가 있는데 나와 절친한 사이니, 그곳으로 갑시다"라고 하셨다.

며칠 후 신 목사님 직계가족과 우리 어머니, 오빠, 올케 형님, 조카들 셋, 나도 같이 가평 적목리를 떠났다. 적목리는 식구가 많이 늘고 배급되는 분의 양식을 가지고는 모든 식구가 나눠 먹는 것이 힘든 까닭이, 내 문제보다 더 커서 우리는 떠났다. 우리 두 집 식구는 강원도 고성군 간성에서 가평 적목리보다 더 깊은 산길로 트럭을 타고 그곳으로 갔다. 수목이 곱게 우거진 높은 산들의 경치는 가평보다 더 아름다웠다. 동네 인심 좋은 할아버지, 한머님께서 손자 식구들과 사는 집이 준비되어 있었다.

그 민 씨는 산판을 아주 큰 것을 관리하는 분이었다. 나의 오빠께서 산판 사무 일을 도와 드렸다. 음식은 보리밥이지만 배부르게 먹을 수 있었다. 우리 집에서 고마워서 어머니와 올케언니가 음식 실력을 발휘하여 신 목사님과 민 씨를 대접했다. 민 씨는 부인을 잃고 홀로된 사람이었다. 그는 인물은 잘생겼지만, 배우지 못하고 세련되지 않은 사람이었다. 뗏목 깎는 사람이 일본 사람에게 신용이 좋아서 산판에서 꽤 높은 자리에 있었던 것 같은데, 그는 흰쌀을 몇 말 가져오고 고추장, 일본 된장 등 여러 가지를 우리 집에 일꾼 편으로 가지고 왔다.

알고 보니 나를 보고 딴 마음이 든 모양이다. 다시 도망가려 해도 갈 곳이 없었다. 가평에서 피해 왔는데 가평 생활보다 더 힘들게 빠져 들어 갔다. 그의 뜻을 거절하였기에 신 목사님과 우리는 서로 딴 산으로 떠났다. 우리 가족은 산속 깊이 아무도 없는 그 깊은 산으로 들어갔다. 가지고 있던 옷가지로 올케언니가 내려가서 곡식과 바꾸어 왔다. 옷가지도 바꾸어 먹을 수 없게 다 떨어졌다. 돈은 가지고 있었지만 돈 있는 줄 알면 산 사람들이 밤에 와서 죽일 줄 모르니 신 목사님께서 조심하라고 했다.

산에는 학도병으로 나가는 것을 피해 자식을 데리고 평안도에서 안전을 위해 숨어 있는 가족도 있었다. 신 목사님께서 때때로 통밀 몇 되를 가지고 오셨다. 그 민 씨라는 사람이 우리에게 먹을 것을 주지 않으면 자기의 뜻을 따를 줄 알고 신 목사님도 우리 집 왕래를 못하게 한 모양이다. 우리는 아무도 찾아오지 않는 깊은 산에서 얼마나 무서웠던지. 밤에는 별만 총총히 보이고 큰 짐승들이 우리 집 옆으로 지나갈 때는 짐승 누린내를 피웠다.

우리는 만첩산중에 토굴을 파고 신앙을 지키면서 살고 있었다. 그민 씨는 우리 약점만 잡으면 일경에게 넘긴다고 계획하고 있었다. 우리 가족은 가평에 있을 때보다 더 하나님께 무릎 꿇고 또 큰 소리로 부르짖었다. 어머님의 기도는 "아버지 언제까지이니까? 아버지 조국 강토에서 언제 주님을 마음 놓고 모실까요?" 하셨다. 내가 밤중 산에서 기도드리다가 머리를 들면 쳐다보이는 것이 파란 하늘에 별만 눈에 들어왔다. '아, 옥중에서 고생하셨던 아버지가 몹시도 보고 싶구나!

아버지의 얼굴이 밤하늘에 가득히 들어온다. 밤이 아무리 길어도 새벽이 오고, 겨울이 아무리 추워도 봄이 오듯 교회 가서 마음껏 찬미 부르며 마음껏 기도드릴 수 있는 그날은 필연코 올 것이라고 바라면서 살았다. 시편 91:15 "저가 내게 간구하리니 내가 응답하리라 저희 환난 때에 내가 저와 함께하여 저를 건지고 영화롭게 하리라"는 성경 구절을 읽고 또 읽었다.

배고프고 무서울 때면 성경을 더 많이 읽고 기도드렸다. 샘물에 가까이 가서 수정 같은 맑은 물을 배가 불쑥 나오도록 많이 마셨다. 나는 물이 있기에 고마웠다. 물은 내가 원하는 만큼 먹어도 값을 묻지 않고 계속해서 제공해 주었다. 하나님께서 물을 태초에 창조해 주셨으니 정말 감사할 일이었다.

"하나님이여, 사슴이 시냇물을 찾기에 갈급함 같이 내 영혼이 주를 갈급하나이다"(시편 42:1). 때로 나는 하나님께 대한 나의 심정을 아뢰며 "하나님, 우리들 보이세요?"라며 기도하였다. 만일 하나님께서 이 땅에 물을 만들어 인간에게 주시지 않으셨다면 어떻게 되었을까? 하나님께서 물을 주심에 감사드렸다. "내 영혼이 생존하시는 하나님을 갈망하나니 내가 어느 때에 나아가서 하나님 앞에 뵈올꼬"(시 42:2), "내 영혼아 네가 어찌하여 낙망하며 어찌하여 내 속에서 불안하여 하는고. 너는 하나님을 바라라. 나는 내 얼굴을 도우시는 내 하나님을 오히려 찬송하리로다"(시 43:5).

— 독버섯 먹고 죽을 고비

통밀 한 그릇쯤 남은 것 외에는 먹을 것이 아무것도 없었다. 물을 많이 마시고 나의 올케언니와 같이 집 앞에 먹을 것이 있을까 하고 나가 보니 잘라 놓은 통나무 위에 아주 먹음직한 버섯이 돋아 있었다. 그 버섯을 따다가 소금물에 삶아 먹었다. 먹은 것은 오로지 버섯이었는데 맛도 좋았다. 그렇게 며칠을 버섯만 소금물에 삶아 먹었다. 그런데 웬일일까 몸에 열이 나기 시작하더니 온 전신이 불그스레 변하면서 몸 전체가 쑤시기 시작했다. 독버섯의 독성은 불에 익히거나 소금에 절이더라도 중화되지 않는 경우가 많았다.

몸은 아프고 쑤시면서 점점 부어오른다. 너무 많이 부어서 눈앞이 보이지 않았다. 하나님께서 특별히 도우셔서 어린 조카들도 같이 먹었는데 그 아이들은 다행히 통증이 없었다. 조금 남은 통밀을 삶아서 한국 나이 여섯 살밖에 안 된 어린 춘애가 동생 춘식(약 15개월)에게 통밀을 자기 입으로 씹어서 먹였다. 네 살 된 춘영이는 "나도 동생에게 먹이고 싶은데 자꾸 목으로 넘어간다고 했다. 아이들은 먹는 것이 아무것도 없었는데 배고파하지 않고 아주 건강해 보였다. 춘애는 동생들을 잘 돌봤다.

내 올케 형님은 너무 아파서 큰 소리로 찬미 부르고 기도드렸다. 너무 아파서 대나무 꼬챙이로 종아리 살을 찌르니 몸에서 피와 물이 줄줄 흘러나왔다. 그때 아픈 것은 어디에다 비할 수 없었다. 어머니께서 성경 욥기를 읽으시면서 "욥을 생각해라. 하나님이 우리를 이대로 버려두지 않으신단다"라고 말씀하셨다. 또 성경 여호수아 1장 9절을 읽으셨다. "마음을 강하게 하고 담대하라 두려워 말라 놀라지 말라 네가 어디로 가든지 네 하나님 여호와가 너와 함께하느니라."

신태식 목사님(당시는 평신도)께서 우리 식구가 먹을 것이 없어서 버섯만 끓여 먹고 온 식구가 다 죽어 간다는 소식 듣고 오셨다. 신 목사님께서는 우리 가족을 보시며 울고 또 우시면서 자기 잘못으로 우리 식구가 가평에서 이곳으로 이사 와서 이토록 마음고생과 육신의 고생을 시켜드려 감히 몸 둘 바를 모르겠다고 하시며 나의 어머님께 용서를 비셨다. 그러고는 목사님께서 우시면서 아래 동네로 내려가, 삽을 얻어다가 죽으면 묻어 주려고 식구들 다 들어갈 수 있을 만한 큰 구덩이를 파셨다.

그때 우리 집보다 위산에서 살던 한 노인이 사셨는데, 그분은 아들을 학도병에 보내지 않으려고 이곳에 같이 살던 분이셨다. 그분이 쌀미음/ 쌀죽을 쑤어 가지고 와서는 "목에 좀 넘겨 보라요" 하시면서 권했다. 목사님도 우리와 같이 계시면서 울면서 통성기도를 드리셨다. 너무나도 슬퍼하시던 신 목사님, 그분은 심성이 아주 착하시고 선하셨으며 또 지혜로운 분이셨다.

우리 식구 중에 아무도 이런 어려움에도 불구하고 "하나님께서 왜 우릴 이토록 돌보시지 않나!" 하고 원망하는 마음을 갖고 불평하는 사람이 아무도 없었다. 오히려 서로 용기를 주고, 서로 도왔을 뿐이었다. 나는 어린 마음에 가엾은 조카들을 생각하며 어머니께 "어머니, 에스더는 자기 민족을 위해서 왕 앞에 나가면서 죽으면 죽으리라 하고 자기 민족을 구했는데 내가 그 민 씨한테 가면 어떨까요? 언제 전쟁이 끝날지도 모르고 또 미국이 전쟁에 지면 어떡해요" 하고 말씀드렸다.

나는 사실 그렇게 말씀을 드렸지만 '내 인생이 이렇게 끝나고 마는가?' 하는 한탄이 마음을 강하게 내리눌러 견딜 수 없었다. 나의 오빠는 어머니에게서 나의 결심을 전해 들으시고 나한테 말했다. "사라야, 너의 생각은 갸륵하지만 안 된다. 우리가 다 굶어 죽어도 구원을 얻으니까 죽어도 같이 죽는 거야. 그리고 하나님께서 결코 우리를 그냥 죽도록 놔두지 않으실 거야. 예언의 신을 읽어보렴. 열심히 읽다 보면 배고픈 것, 아픈 것 다 잊어버리게 될 거야!" 그때 어머니께서 나에게 "사라야, 모세가 이스라엘 백성을 인도할 때 뒤에는 적군이 따라오고 앞에는 홍해가 가로막혀 진퇴양난이 되었었지만, 하나님께서 그들 앞에 홍해를 가르시는 것을 한번 읽어봐라" 하시는 것이었다.

"이제 애굽 군대가 그들을 쉽게 사로잡을 수 있으리라고 생각하면서 접근해 올 때, 구름 기둥이 장엄한 모습으로 하늘로 치솟아서 이스라엘 사람들 위를 지나 그들과 애굽 군대 사이에 내려왔다. 흑암의 장벽이 쫓기는 사람들과 쫓는 사람들 사이를 가로막았다. 애굽 사람들은 히브리 사람들의 진영을 더 이상 분간할 수 없어서 정지할 수밖에 없었다.

그러나 밤의 어둠이 깊어 갔을 때, 구름 장벽은 히브리 사람들에게 큰 빛이 되어, 백주(白晝, 대낮)의 광명처럼 온 진영을 비췄다. 그때 이스라엘 사람들의 마음에는 희망이 되살아났다. 모세는 큰 소리로 여호와께 부르짖었다. 그러자 "여호와께서 모세에게 이르시되 너는 어찌하여 내게 부르짖느뇨 이스라엘 자손을 명하여 앞으로 나가게 하고 지팡이를 들고 손을 바다 위로 내밀어 그것으로 갈라지게 하라 이스라엘 자손이 바다 가운데 육지로 행하리라."

시편 기자는 이스라엘 백성이 바다 가운데로 지나간 것을 묘사하여 이렇게 노래하였다. "주의 길이 바다에 있었고 주의 첩경이 큰물에 있었으나 주의 종적을 알 수 없었나이다. 주의 백성을 무리 양같이 모세와 아론의 손을 인도하셨나이다"(시 77:18~20).

"너의 오빠는 널 절대로 그런 사람에게 줄 수 없다"라고 하시면서 "기도드리자"라고 하셨다. 어머니, 오빠, 나 셋이 함께 우리는 무릎을 꿇고 간절한 기도를 드리고 난 뒤 한참 있다가 오빠께서 "어머니, 내 마음에 우리 이렇게 여기서 당하고 있을 것만 아니라 강원도 간성읍에 나가서 세상 돌아가는 것을 살펴보고 오는 것이 낫겠다는 생각이 드는군요" 하였다.

그러자 어머니께서도 "내 생각에도 하나님께서 무엇인지 잘 몰라도 우리 가족을 위해 준비해 두신 다른 땅이 있을 것 같구나. 너 혼자 나가면 위험하지 않겠니?" 하며 말씀하시자 오빠는 괜찮다고 하였다. 우리는 모세가 지팡이를 내밀자, 바닷물이 갈라져서 이스라엘 백성들이 마른 육지 위를 걸었던 것처럼 우리에게도 도와주신다는 확신이 생겨서 오빠를 산 밖 사정을 보러 내보내기로 하였다.

어머니께서는 염려가 돼서 "신태식 목사님께 동행하자고 말해봐"라고 일렀다. 신 목사님께서는 "우리 남자들이 다 산을 비웠다가 무슨 일이 생기면 더 큰 일이니, 형님이 혼자 가는 게 좋겠네요"하고 말씀하셨다. "신 목사님 생각이 좋은 생각인 것 같습니다"라고 나의 어머님께서 말씀하셨다.

나의 올케 형님이 음식 ㄷ시는 양이 누구보다 많아서인지 통증이 제일 많고 형님은 곧 죽는 줄로만 알았다. 그러나 하나님이 돌봐주심으로 일주일 후 우리는 아픔이 조금씩 가라앉는 것 같았다. 그러나 머리 감으면 머리칼이 너무 많이 빠지고 손톱, 발톱의 색깔이 변하더니 나중엔 손톱, 발톱이 흔들리고 다 빠져 버렸다.

– 간성읍 방문

오빠께서 간성읍에 가서는 아침에 누구를 찾아가야 할지 몰라서 예배드릴 때 정말 식구 한 사람씩 다 돌아가면서 얼마나 간절한 기도를 드렸는지도 모른다. 어머니께서 요한복음 12장 9절을 읽어주시던 것이 기억난다. "내가 문이니 누구든지 나로 말미암아 들어가면 구원을 얻고 또 들어가며 나오며 꼴을 얻으리라," "나는 선한 목자라 선한 목자는 양들을 위하여 목숨을 버리거니와" 등 여러 성경 절을 더 계속해서 읽으셨다.

오빠가 식구들을 산에 두고 내려가는 것을 크게 염려하면서 읍내로 내려간 지 사흘 후에 돌아왔다. 그동안 어머니께서는 우리에게 "너희 염려를 다 주께 맡기라 하셨다"라고 반복해서 말씀하셨다. 우리는 계속해서 기도를 올릴 뿐이었다. 오빠는 간성에 도착하자 즉시 간성 면장에게 면회를 신청하였는데, 한 직원이 나와서 하는 말이 "면장님은 면 서기관 회의가 있어서 안 됩니다"하고 거절당했었다.

그런데 면장이 어디론가 출타하려고 나가려는 것을 오빠가 보고 인사를 드리며 이야기를 좀 하자고 제의하여 사무실로 함께 갔었다고 했다. 먼저 오빠는 모자를 벗고 면장에게 인사를 드렸더니 그가 깜짝 놀랐다고 한다. 왜냐하면 계속 전쟁 중인지라 남자들은 거의 스님같이 삭발했는데 오빠의 머리는 길게 하고 있었기 때문이었다. 그래서 면장님이 다급히 말하기를 "어서 빨리 모자를 쓰세요!" 하고 말했다고 한다.

오빠는 "나는 예수 믿는 사람인데 성경 말씀대로 신앙을 하려고 보니 도시에서 살 수 없어 산에서 살고 있습니다" 하고 말했다고 한다. 그러자 면장님의 말씀이 "동지 한 사람 또 만났군요. 나는 예수님을 믿지는 않지만 일본 사람의 생각과는 반대입니다. 우리나라는 곧 독립합니다. 곧 산에서 속히 내려오세요. 산 사람들은 성질이 짐승같이 무서운데 어떻게 그런 곳에서 사셨습니까? 일본이 곧 망합니다." 오빠는 이 말이 너무너무 반갑고 기쁘셨다고 하였다. 면장이 또한 덧붙이기를 "여기 간성읍에서 약 십 리쯤 산 쪽으로 가면 가마골이라는 동네가 있는데, 그곳 가마골 동장이 내가 일본 가서 공부할 때 사귄 동지인데 그 사람은 애국자요. 내가 소개장 하나 써 줄 테니 가지고 가세요"하고 말했다.

오빠는 그 소개장을 들고 가마골 동장 집을 그날 밤에 찾아가서 동장과 같이 그 댁에서 하루를 지냈다. 동장의 말이 "내가 형씨 가족 살 집 준비할 테니 지체 말고 가족 데리고 오세요" 하셨기에 오빠의 말씀이 "일본이 곧 망한다고 하고 하나님께서 준비해 두신 사람을 만났다"라고 하시면서 기뻐하셨다. 오빠가 산에 돌아온 뒤 예배를 드렸다. 어머니께서 "봐라! 하나님께서 자기 백성을 언제나 어디서나 과거, 현재, 그리고 미래에도 우리를 꼭 돌보아 주신다는 사실을 꼭 잊지 말아라"

라고 하셨다.

어머님께서는 성경 말씀을 신학 공부하신 분들과 같이 잘 아셨다. 어머니는 잠언 24장 15~16절을 말씀해 주시곤 하셨다. "악한 자여 의인의 집을 엿보지 말며 그 쉬는 처소를 헐지 말지니라 대저 의인은 일곱 번 넘어질지라도 다시 일어나려니와 악인은 재앙으로 인하여 엎드려지느니라." 그리고 시편 119편 71~72절의 말씀도 자주 해 주셨다. 또한 "고난당한 것이 내게 유익이라 이로 인하여 내가 주의 율례를 배우게 되었나이다. 주의 입의 법이 내게는 천천의 금은보다 좋으니이다."

— 하산

우리 가족이 짐을 꾸려서 산을 떠난 지 10일이 지나 일본은 드디어 항복하였다. 신태식 목사님께서 하루는 우리가 이사와 사는 가마골로 찾아오셔서 하시는 말씀이 "어머님의 가족이 떠난 그 밤, 산에서 나무 깎는 몇 사람이 어머니 식구들을 다 죽이고 돈을 빼앗으려고 사는 집을 습격했답니다. 그런데 그것을 벌써 어떻게 알고서 떠났는지 참 잘했다고들 말하더군요. 어머님 참 큰일 날 뻔했어요. 산 사람들이 미리 돈을 빼앗으려고 어머니 사는 집에 쳐들어가려고 했는데 버섯 먹고 식구가 다 죽어 간다는 소식을 듣고 그때 가서 돈만 가져가도 되겠다고 생각하고 죽기를 기다렸답니다. 드디어 날짜를 택해서 가려고 했는데 결국 먹이를 놓쳐 버렸다고 무척 아쉬워했다고 합니다"라고 말씀하셨다.

하나님의 뜻이 어디에 있는지 우리 인간은 너무 모른다. 이런 기적적인 방법으로 하나님께서 우리 식구를 죽음에서 구원해 주셨다. 하나님의 이적은 성경 시대에만 주어졌던 것이 전혀 아니다. 하나님의 말씀과 그분의 뜻을 따라 살고자 매일 결심하면 지금도 이전과 똑같은 이적이 생길 수 있다는 것을 나는 믿는다. 우리가 그분의 뜻을 준행할 때 어떠한 어려움에서라도 꼭 돌봐주신다. 지금 우리 교회 안에는 세상 사람들과 구별됨을 거의 찾아볼 수가 없다. 한국도 그렇고 미국에서도 마찬가지이다. 많이 가진 사람들은 더 갖고 싶은 욕심으로 혈안이 되고, 지위가 높아갈수록 더 높은 지위에 대한 그들의 끊임없는 욕심으로 친구도 이웃도 아랑곳하지 않고 체념해 버리는 모습은 참으로 서글픈 우리의 현실이다.

성경에서 예수께 물었던 서기관처럼 "내가 무엇을 하여야 영생을 얻으리이까?" 하고 묻고는 주님의 대답을 듣고 슬픈 기색을 하며 떠난 자와 나는 무엇이 다른가? 예수님께서 더디 오심은 우리를 사랑하셔서 지금까지 참고 기다리시기 때문이다. 예수님께서는 과연 오지 않으실까? 아니다. 예수님은 꼭 오신다. 우리가 기도를 많이 하고 나 자신을 살피며 준비하고 그분을 전하며 기다리자. 예수님은 곧 오실 테니 우리 준비하자.

일본의 패망이 선언되고 조국의 광복을 맞이한 1945년 8월 15일에, 우리 집 식구는 강원도 고성군 간성읍 가마골이라는 작은 마을에서 해방을 맞이하였다. 그해 9월 1일 어머님과 나의 오빠 노원호 장로는 고향으로 떠나고, 나와 올케언니, 그리고 세 조카는 가마골에 남아 있었다. 나는 동네 구장의 권고로 동네와 해방된 나라를 위해 강원도 고성군 간성읍의 광산초등학교의 선생으로 임명되어 1945년 9월 1일부터 취직이 되었다. 1, 2학년을 가르쳤다. 동네 구장 말씀이 노사라 네 이름을 좀 바꾸어 보면 어떠냐 하고 물으시면서 "오빠께서 원호이니까 원옥으로 하자고" 하신다. "공산당원들이 무식하여 나와 가족을 해칠까 봐 무서우니 당분간 이 동네 살 때만 이름을 이렇게 씁시다"라고 하셨다.

어머님과 오빠께서 이북에 있는 물건을 다 정리하고 오신다고 하시며 순안에 가셨다. 그리고 오는 길에 들러 서울로 함께 가시겠다고 하셨다. 그래서 나는 가마골에 살면서 1946년 3월 중순까지 간성초등학교 선생을 지냈다. 가마골은 인심이 후하고 선생님에 대한 대우도 좋았다. 그러나 공산정권이 다스리는 이북에서는 신앙을 할 수 없게 될 것이 불 보듯 했기 때문에 나는 그 마을을 떠나 서울로 가기로 마음먹었다. 그냥 서울에 간다고 하면 위험했다.

그래서 평양 고향으로 간다고 하고 기차를 타고 고성까지 가서 이남으로 가는 냄새가 심한 고깃배를 타고 강원도 양양으로 도망해 왔다. 우리는 밤중에 사람들이 자는 틈을 이용해 간성을 떠나오는데, 우리가 탄 배를 잡으려고 공산당원들의 배가 뒤쫓아 와서 거의 잡힐 뻔한 위기도 당했다. 간성에서 공산 치하의 잔인함 속에서 무섭게 살던 일, 여러 번 구 소련 군인에게 붙잡힐 뻔했던 일 등 여러 위기가 있었으며 당시 모자를 눌러쓰고 온 오빠가 "사라야, 너 모자 더 꾹 눌러써라. 눈썹이 보인다"라고 하셨다. 나는 남장을 하고 서울까지 오게 되었다.

– 의의:

노사라 교수의 수기는 일제강점기의 극악무도한 일제의 폭압과 억압 체제 하에서 한 여성이 겪은 파노라마 같은 중요 일대기이다. 이 수기에서 당시 민초들의 피눈물 나는 절규와 찢어지는 심장의 울려 퍼지는 듯한 함성을 느낄 수 있다. 노 교수 가족은 선친 노봉진 장로의 순교 이후 지리산, 적목리, 설악산 공동체를 전전하며 끊임없는 위협과 어려움 속에서 살았다. 평화롭고 화목했던 삶이 순식간에 무너져 내렸다.

15~16세의 어린 나이에 일제의 만행을 직접 목도한 그녀는 숨이 막히는 절망을 그대로 드러낸다. 일제는 당시 조선 사람들을 황국신민으로 만들기 위한 다양한 탄압 정책을 시행했다. 노 교수 가족 또한 이러한 탄압에서 예외가 될 수 없었다.

─ 가족의 고난과 비애

일제강점기 민족이 겪었던 극심한 고난과 억압을 생생하게 보여주는 중요한 자료이다. 특히, 그녀의 가족은 선친 노봉진 장로의 순교 이후 끊임없는 위협과 어려움 속에서 살아가며 깊은 고통과 슬픔을 겪었다. 주변의 처녀들이 정신대로 끌려가고, 교회에 모여 예배나 기도하는 일이 금지되고, 창씨개명이나 예배 전 황국신민서사와 궁성요배가 강요되었다. 학교에서도 황국신민서약을 부르고 신사참배에 참여해야 했다.

가족이 다니던 순안 교회 또한 일제의 탄압에서 예외가 될 수 없었다. 경신숭조문 문제를 둘러싼 갈등으로 해결책을 찾지 못한 채 두 안식일 예배에 봉독 없이 예배를 드렸다. 하지만 이것마저도 탐지되어 집회금지령이 내려지고 신사참배를 반대하는 인사들은 구속되고 고문을 당했다.

그의 부친 노봉진 장로는 신앙을 지키기 위해 온갖 탄압과 고문을 견뎌냈다. 그러나 경찰서 유치장에서 심한 고문을 받고 감옥에서 나온 뒤 2달 만에 순교의 제물로 희생되었다. 그의 희생은 일제강점기 민족의 억압과 고통을 상징하는 비극적인 사건이다.

일제는 신앙의 자유를 탄압했다. 특히, 발인예배마저도 아무도 참석하지 못하게 했다. 이는 신앙을 통해 위안과 희망을 얻던 민족에게 큰 고통이었다. 더 이상 순안에 살 수 없게 된 그녀 가족은 지리산 공동체를 거쳐 적목리 공동체에 머물게 되었다. 일제의 탄압을 피해 신앙과 생존을 위해 새로운 공동체를 찾아야 했던 당시 상황을 보여준다.

－ 공동체 생활

공동체 생활도 쉽지 않았다. 신앙의 자유를 위해 전국에서 모여드는 징병과 징용 해당자들을 포함한 가족들은 배고픔이라는 가장 큰 어려움에 직면했다. 소수의 어른들이 산판 일로 배급을 타서 나누어 먹는 것은 간에 기별도 가지 않는 형편이었고, 실제 어린애가 영양실조로 숨을 거두기도 했다. 배고픔을 해결하기 위해 적목리 거주자들과 방문객들은 소나무 껍질 밑의 송기와 각종 나물로 연명했다.

송기를 먹으면 변을 보는데 애로가 있어, 나무 꼬챙이 등으로 변을 파내다가 창자가 찔리어 피를 흘린 이야기는 당시 사람들의 극심한 고통과 절망을 보여준다. 이 이야기는 오늘날 회자되는 "찢어지게 가난하다"는 말의 배경을 이해하게 해준다. 이렇게도 공동체의 구성원들은 극심한 빈곤과 고난 가운데 살아갔다.

또한 노 교수의 증언은 적목리 공동체의 삶이 얼마나 옹색하고 불편했는지 생생하게 보여준다. 16세의 어린 나이에 순안에서 독방 생활을 했던 그녀는 적목리에 와서 오빠 가족과 함께 한 방에서 끼어 살아야 했다. 어머니, 오빠 내외, 조카 셋의 7명이 방 하나에서 살았다는 사실은 현대인의 기준으로는 상상하기 어려울 정도로 좁고 불편한 환경이었다.

당시 적목리 거주자들도 이와 비슷한 경험을 했다. 부모나 장모, 및 자녀들이 한 방에 함께 기거했다. 저녁에 불을 피울 때는 옆방과 구들을 같이 쓰는 구조로 되어 있어 불길이 다른 가족들의 방까지 넘어가서 추위를 더욱 심화시켰다. 개인적인 공간이 거의 없고, 가족 구성원들의 일상생활이 서로 노출되어 있었던 형편이었다.

적목리 공동체 구성원들은 이러한 역경 속에서도 서로를 의지하고 협력하며 어려움을 극복해 나갔다. 이러한 노력은 열매를 맺어, 적목리 공동체가 비록 단명했지만, 한국 민족주의 운동사에 중요한 족적을 남겼다.[1]

특히 젊은이들은 깊은 산속으로 2~4km 떨어진 곳에서 생활하곤 했다.[2] 또한 생계를 위해선 매일 산나물을 채취하는 것이 여성들의 주

---

[1] 서굉일, "총론: 일제하 경기도 지역 종교계의 민족 문화운동," 19; 허동현, "이종근, 한국 재림교회(안식일교회)의 가평 적목리 공동체 이야기에 대한 논평"

[2] 적목리 거주자들이나 방문객들은 모두 이구동성으로 일제의 수색과 체포를 피하려고 깊은 산속에서 피해 살았다고 했다. 신변 위협을 피하려고 2~8km 산속의 일상을 언급하고 있다(신태복, "적목리 공동체 총무로서," **빛의 증언들,** 223; 반정일, "부친 반내병 장로를 생각하며," 271; 노사라 "인고(忍苦)의 세월을 넘어," 305,309; 오춘수, "적목리 회고," 339 등).

요 일과인데, 적목리 거주지에서 화천 방향 약 4km 떨어진 도마치 고개로부터 8km까지 더 들어간 산속까지 다니며 먹을 것을 구했다(생활 반경 12km).

적목리에서는 더 이상 식량을 구할 수 없는 곤고한 처지에 이르자, 강원도 설악산 연화동으로 옮겼다. 거기서도 배고픔에 견딜 수 없어, 독버섯을 먹고 일가족이 거의 사경(死境)에서 회생된 경험은 가슴을 저리게 한다. 또한 노사라 교수 가족의 돈을 빼앗으려는 산 사람들의 흉계를 드러낸다. 독버섯을 먹고 그녀 가족이 사경을 헤맨다는 소식에 죽기만을 기다렸다가, 돈을 빼앗으려 했다. 하지만 모두 기적적으로 살아남아, 산 사람들은 돈을 빼앗을 기회를 놓쳐 한탄하게 된다. 만약 독버섯 경험이 없었다면, 어떤 일이 일어났을지 아찔한 느낌이 들게 된다.

이것은 인간의 이기심과 잔혹함을 보여주지만, 극한 상황에서도 희망을 잃지 않는 믿음과 의지를 드러낸다. 하나님을 경외하고 의지하는 자들에게는 모든 것이 합력하여 선을 이룬다는 성경 말씀이 기억난다(롬 8:28). 지리산에서, 적목리, 그리고 설악산 공동체에서도, 가족들은 일상 추위와 배고픔에 늘 시달릴 뿐만 아니라, 일제의 삼엄한 수색망을 의식하고 끊임없이 떨고 고뇌하는 처절한 모습을 보여준다.

이 전기에서 노 교수는 거의 죽음의 문턱에 서 있는 듯한 극한 상황에서도 흔들리지 않는 믿음과 용기를 보여주며, 오늘날 우리에게 깊은 감동과 영감을 준다.[1]

---

1 노사라 교수의 오빠인 노원호 장로의 선친 노봉진 장로의 전기(傳記)를 다룬 수기가 있다. 노원호, "환란과 핍박 속에도/ 노봉진 장로의 전기," **빛의 증언들**, 279-282.

적목리 회고

─ 해방의 종소리

일제 말에 일제는 금수강산 삼천리 강토에 사는 우리 민족을 식민
지화하여 우리 독립투사들을 여지없이 학살하고, 우리 젊은이들을 태
평양전쟁이라는 깃발 아래 징병과 징용으로 강제로 끌어갔다. 하나님
을 대적하던 일본 정부는 종교를 핍박하며 우리 제칠일안식일예수재
림교회를 해산시켰다. 그때 나는 나의 어머니, 그리고 누이동생과 함
께 산간벽지 가평 적목리에서 믿음의 식구들과 해방의 종소리를 희미
하게 들었다.

나와 믿음의 식구들은 우리나라가 36년이나 일본 정부에 얽매였던
쇠사슬이 여지없이 끊어지고 해방과 종교의 자유를 맞았다는 지나가
는 말을 듣고 그 말이 믿어지지 않았다. "춘수야, 태평양전쟁이 끝나고
일본이 졌다지?" 하며 기뻐하시던 믿음이 충실하셨던 나의 어머니 홍
성실 집사는 누이동생 명숙을 산골 토막 방에 앉혀 놓고, 어머니의 인

---

1 오춘수 박사는 적목리 공동체 거주자이다. 삼육대학 신학과를 졸업하고 6·25 전쟁 후
미국 유학길에 올라 카이로프랙틱 전문의가 되어, 남가주 하시엔다(Hacienda)에서 "오 국
제척추건강센터(Oh International Chiropractic Life & Health Center)" 원장을 역임했다.

도로 하나님께 예배를 드리기 시작했다. "환란과 핍박 중에도 성도는 신앙 지켰네. 이 신앙 생각할 때 기쁨이 충만하도다. 옛 성도 신앙 따라서 죽도록 충성하겠네. 옛 성도 신앙 본받아 원수도 사랑하겠네. 인자한 언어 행실로 이 신앙 전파하리라. 성도의 신앙 따라서 죽도록 충성하겠네."

하나님을 대적하던 일본 정부는 전능하신 하나님께 항복하고 반드시 해방의 날이 오리라고 우리들은 믿고 기다리고 있었다. 하지만 1945년 8월 15일에 올린 힘찬 해방의 종소리는 꿈만 같고 믿어지지 않았다. 나는 어머니와 기쁨의 눈물겨운 음성으로 찬양을 같이하며 우리 세 식구의 피난 생활을 회고해 보았다.

우리 세 식구(홍성실, 오춘수, 오명숙)는 충성된 신앙심으로 하나님을 믿던 어머니의 인도하에 하나님을 대적하는 일본 정부를 피하여, 생활을 자유롭게 하고자 2년 전 순안에 있던 농토와 집을 버리고 지리산을 향해 떠났다. 지리산 골짜기에는 최태현 목사님의 식구들인 이안나 사모님, 최옥만 장로님, 김영희 사모님, 김기방 장로님, 최옥화 사모님, 최승만 목사님, 최희만 장로님, 최옥년이 노사라 가족과 같이 신앙을 지키고자 피신해 있었다. 그러나 피난처였던 그 한적한 산골짜기에도 마을의 구장들과 사복경찰들이 시도 때도 없이 수사하러 오기 때문에 우리 식구들과 젊은 믿음의 식구들은 지리산 검주골을 떠나서 가평 적목리 골짜기로 피신처를 옮겼다.

– 단성경찰서 연행

우리 식구들과 젊은 믿음의 식구들은 류색/ 등산배낭 보따리를 한 개씩 짊어지고 일본 순사들한테 반역자로 체포당하기 전에 지리산을 떠났다. 때는 무더운 여름철이었으며 식량난에 국민이 굶주릴 때라 온 종일 차는 못 타고 걸어서 해가 저물 때 하동에 있는 어떤 여관에 당도하게 되었다. 우리는 모두 더위에 지쳤고 피곤했으며 배가 몹시 고팠다.

배낭을 마루에 내려놓으며 주인에게 저녁상을 차려 달라고 부탁하였으나 벌써 저녁때가 지났을뿐더러 아무런 음식도 줄 수 없다고 거절하였다. 서울 사투리에 더구나 평안도 사투리로는 말이 잘 통하지 않았다. 여관집 사람들과 동네 사람들은 이상한 사람들이 왔다고 구경하러 몰려들기 시작했다. 그때였다. 정복을 입은 순사가 우리 일행에게 보따리를 들고 모두 경찰서로 따라오라고 재촉했다. 우리 일행은 단성경찰서(현 산청경찰서 단성파출소)에 끌려가 무서운 신문을 받기 시작했다.

우리는 징병 명령에 응하지 않아서 이제 유치장 생활을 해야만 하는 줄 알았다. 그러나 하나님이 나의 기도를 들어주시고 우리를 긍휼히 여기사 우리는 경찰서에서 풀려났다. 여관에 와서 최희만 씨 덕택으로 저녁 식사를 잘 대접받고 그 이튿날 하동을 무사히 떠나서 가평으로 향한 나그넷길을 계속해 갔다. 나는 우리가 진주에서 기차를 타고 서울로 올라올 때까지도 혹시나 경찰이 우리를 잡으려 하지나 않을지 조심과 염려가 되었으나 하나님께 마음으로 늘 기도하는 가운데 무사히 우리 세 식구와 믿음의 식구들은 신앙을 지키기 위해 가평 적목리 골에 당도했다.

— 적목리 공동체

적목리에 은거한 지 어느덧 2년의 세월이 흘렀고, 그동안 신태식 선생 형제들 신태복, 신태홍, 신태섭, 신태범 형제들의 도움과 지도로 산판에서 철도 침목을 깎는 인부가 되었다. 이분들은 믿음의 역사는 깊지 않았지만 참 진실했다. 그리고 신앙을 위해서 찾아오는 믿음의 식구들을 자기 식구들과 같이 대해 주었다. 우리들의 식생활은 신태식 선생이 경춘철도회사 산판 청부업을 통해 배급받는 것으로 입에 풀칠했으며, 그것으로는 턱없이 부족하여 더덕, 고비(어린 잎과 줄기), 고사리, 도토리, 산나물, 송기 등으로 연명했다.

우리는 조석으로 모여 앉아 관솔불/ 송진 불을 켜 놓고 하나님께 예배드리고 성경 공부를 했다. 또한, 서로 신앙을 기르면서 해방이 되면 자유롭게 복음을 세상에 전하게 되기를 기다리고 있었다. 해방의 소식을 듣고 우리 어머니는 하나님께서 아무 일 없이 보호해 주신 은혜에 감사하다고 눈물겨운 음성으로 기도를 시작하셨다. 나는 어머님의 기도 문단이 끝날 때마다 마음으로 우러나오는 아멘, 아멘을 했다. 어머니의 기도가 끝나기 전에 누군가가 우리 방문을 두드리고 있었다. 기도를 마친 후 문을 열어보니 지금 교회당에 모두 모여서 감사 예배를 드릴 터이니 그곳에 모두 모이라는 메시지였다.

예배당의 구조는, 반은 땅굴처럼 땅에 묻혔고 앞부분은 통나무와 진흙으로 된 바람벽으로 내부에는 넓게 관솔불을 켜놓을 수 있는 부엄이 있었다. 이 예배당에서 우리 형제자매들은 반내현 씨의 인도로 아침저녁으로 하나님께 예배드렸다. 반내현 씨는 적목리 교회에 대해 "세 천사의 기별을 전해야지요"하고 말해왔다. 나의 믿음과 세 천사의 기별을 전할 사명감은 날이 갈수록 강해져서 마음은 초조했다.

"오 나의 하나님, 해방되면 나를 당신의 복음에 꼭 사용하여 주십시오. 주님의 종으로 사용하여 주시옵소서. 속히 전쟁이 끝나고 신앙의 자유가 오게 하여 주시옵소서!" 우리 믿음의 식구들은 아침과 밤에 산골짜기 폭포수가 내리는 곳에서 기도하였으며, 나는 기회가 있을 때마다 폭포수 앞에서 마음껏 소리를 질러 찬송가를 부르고, 설교 연습을 하였다. 그렇게 하고 나면 마음이 상쾌하였다. "친애하는 삼천만 동포 여러분!"하고 전도 연습하기도 했다.

— 공회당 신사 파괴

우리나라가 하나님을 대적하는 일본 정부로부터 해방되어 신앙의 자유와 독립이 왔다는 소문을 듣고 믿음의 식구들은 한곳에 모여 교회당에 가서 양쪽 문을 열어 놓고 산골이 떠나갈 정도로 감사기도를 드린 후, 나와 노원호 형님과 믿음의 식구들은 우리가 숨어 살던 적목리 골짜기를 나와 동네로 내려왔다. 동네 사람들은 아직도 우리처럼 전쟁이 끝나고 일본이 졌다는 기쁜 소식을 의심 중에 살펴보고 있었다.

나는 노원호 형님과 함께 사람이 많이 모여 있는 공회당(마을회관)으로 발걸음을 재촉했다. 많은 마을 사람이 나의 긴 머리와 수염이 이상하다는 듯이 나를 주목하고 있었다. 나는 나도 모르게 신발을 신은 채

공회당 안으로 뛰어 들어가서 공회당 연단에 올라갔다. 그리고 연단 뒤 선반에 진열해 놓은 일본 신당(神堂)을 보고 격분에 못 이겨 그것을 들고 공회당 뜰로 나와서 그 신당을 내 발로 여지없이 짓밟아 부숴 버렸다. 많은 부락 사람은 두려운 눈초리로 나를 쳐다보고만 있었다.

신사참배로 대한민국의 정신을 빼앗으려고 공회당과 개인 집에까지 신당을 모시게 한 일본 정부는, 정말로 전능하신 하나님께 항복하였음이 틀림없었다. 노원호 형님과 나는 적목리 골에 우리가 살던 집으로 서서히 돌아왔으나 어느 누구 우리를 잡으러 오는 사람이 없었다. 참으로 통쾌한 시간이었다. 그날은 우리가 살던 적목리 골에서 2년여 만의 피난 생활에서 처음 외출하여 사람들을 공개적으로 만난 통쾌한 날이었다.

그날 밤에 우리는 교회의 문을 활짝 열어 놓고 하나님께 감사의 저녁 예배를 드렸다. 그날 밤 나는 너무나 기쁘고 즐겁고 하나님께 감사해서 잠을 이루지 못하고, 작은 폭포가 떨어지는 곳에 가서 무서운 줄도 모르고 하나님께 감사기도를 드렸다. 그리고 나와 우리 식구들을 "과거에 인도하시고 보호해 주신 것과 같이 앞으로 고향으로 돌아가는 길과 남은 생애를 맡아 주관하여 주옵소서"하고 무릎을 꿇고 앉아서 기도했다. 그 후 잠을 자려고 했으나 또 잠이 들지 않아서 먼동이 트기 전에 자리에서 일어나 조그만 폭포수가 떨어지는 곳에 다시 가서 하나님께 기도드렸다.

- 가평가를 적어 본 그날

고요한 새벽 미명에 폭포수 옆에서 기도드린 후, 고향으로 돌아가세 천사의 기별을 전할 상상을 하면서 기쁘고, 즐겁고, 평화스럽고, 해방된 상쾌한 마음으로 적목리 교회에서 성도들과 아침 예배를 드렸다. 어머니가 지어 주신 조반을 먹은 후, 공책과 연필을 들고 폭포수 옆으로 갔는데, 나도 모르게 연필이 움직이기 시작하였다.

나의 원래 목적은 그동안의 가평 생활에 대해서 수기를 써 볼까 하고 가평 적목리 골을 글로 그려보고 그곳에서 우리들의 신앙생활도 그려보고 감개무량한 해방의 종소리도 그려보던 중, 영국인 작곡가 윌리엄 쉴드(William Shield)의 '천부여 의지 없어서(Father, I stretch my hand to thee)'가 내 귀에 들려왔다. 그 순간 나는 "천부여 의지 없어서"의 곡조에 따라 지금까지 그렸던 수기를 노랫말로 만들어 마침내 내 마음에 흡족한 작사를 하게 되었다.

가평가

오춘수 作 (1945년 8월 15일)

1. 묘하도다 적목리골 우리 살던 곳
   산악원에 산림이 우거진 이곳
   우뚝우뚝 솟아 있는 저 고목들은
   우리들을 보호하는 파수꾼이라

2. 감사하다 이 난국을 주의 품에서
   어려운 일 겪지 않고 돌파하였다
   이와같이 주신 은혜 감사드리자
   소리 높여 하나님께 감사드리자

3. 하나님을 대적하던 일본 정부는
   전능하신 하나님께 항복하였고
   우리 신앙 우리 민족 해방이 되어
   자유로이 우리 신앙 전하게 됐다

4. 각 곳에서 모여든 우리 교우들
   영육 간에 건강을 보존하고자
   조석으로 하나님께 예배드리며
   기도와 성경 공부 열심히 했다

5. 해방의 종소리에 흩어진 성도여
   그립도다 그 산골 우리 교우들아
   그 옛날에 순결했던 그 믿음으로
   다시 한번 하나님께 감사드리자

순간 나도 모르는 힘과 환상으로 감동되어 그 감격을 곡을 따라 4절 작사하였다. 나는 혼자서 내가 지은 가평가를 '천부여, 의지 없어서'의 곡에 맞추어 눈물, 콧물과 함께 삼천리 반도야 들으라는 듯이 우렁차게 불렀다. 내가 시를 들고, 어머님이 성경책을 보고 계시는 움막 방으로 달려갔을 때는 이미 점심때가 훨씬 지났다. "춘수야, 니 점심도 안 먹고 어디 갔다가 이제야 오니" 하시며 어머니는 나를 반가이 맞아 주셨다. "어머니, 내가 지은 가평가 좀 들어보세요!" 나는 내가 지은 가평가를 어머니께 읽어드렸다. "야, 춘수야 참 잘 지었구나. 이따 우리가 저녁 예배드릴 때 발표하도록 해라" 하며 어머니는 나를 칭찬하셨다.

나는 우리 방에서 나와 노원호 형님을 찾았다. "노형, 내가 가평시를 지었는데 좀 읽어보아 주세요" 노원호 형님은 내 가평시를 천천히 읽어보더니 "참 좋은데 이따 저녁 예배드릴 때 발표하도록 해" 하며 용기를 주었다. 그날 저녁 예배 때 나는 내가 지은 가평가를 발표하였고, 믿음의 식구들은 묵묵히 듣고 있었다. 일제의 핍박으로 강제 해산되었던 제칠일안식일예수재림교회를 재건하고자 서울 동대문구 회기동에서 해방 후 처음으로 1945년 10월 18일부터 열흘 동안 신도대회가 열렸다.[1]

참으로 감격적이고, 은혜스럽고, 성스럽고 아담한 집회였다. 이 신도대회에 참가한 교인들은 100여 명이었다. 물론 우리나라의 전통적인 사고방식에 의해서인지, 또는 젊어서 그런지 이 신도대회는 성스럽고도 냉랭한 집회였다. 이 신도대회에 참가한 사람들은 임성원 목사, 환

---

[1] 임성원, "신도대회를 치르고서," **교회지남** (1945. 12), 1-2(**교회지남 영인본, 1945. 12-1955. 12**).

적목리 공동체의 함성   381

란 시에도 평안도, 황해도에서 신앙을 지켰다는 장로들, 전도사들, 낯선 교회를 찾아와서 죄인처럼 앉아 있는 몇 목사들, 가평의 믿음의 식구들이었다.

나는 이 신도대회에 오신 분들의 안내를 맡아 자원봉사를 했다. 이 신도대회에서 임성원 목사님을 합회장으로 선정했고, 신도대회가 끝나 가는 그 안식일 예배 시간에 임성원 목사님이 설교하셨고, 가평 식구들이 등단하여 가평가를 부르자 청중들은 기뻐 눈물을 흘리며 아멘, 아멘 하였다. 모든 참석자들이 가평가를 등사한 복사본을 가지고 있기에 가평가 3절은 모든 청중이 일어나서 합창하였다.

하나님을 대적하던 일본 정부는
전능하신 하나님께 항복하였고
우리 신앙 우리 민족 해방이 되어
자유로이 우리 신앙 전하게 됐다

서먹서먹하던 참석자들이 모두 한마음이 되어서 감개무량함을 표현하고 교회 재건 운동에 이바지하기로 하였다. 이 가평가 합창이 끝나고 20여 명이 되는 우리 가평 식구들이 강단에서 내려오려고 할 때, 사회자는 우리들을 향하여 "잠깐만!"이라고 한 후 청중들을 자리에 다시 앉게 하고 다음과 같이 우리 가평 식구들을 소개하였다.[1]

"지금 여기 등단하여 가평가를 합창하신 식구들은 우리 교회가 해산되었던 당시에 가평 적목리 골에서 중세기의 왈덴스인같이 신앙을

---

1 이영린, **한국 재림교회사 연구**, 86.

지켜온 우리 한국의 왈덴스인입니다. 우리 한국의 왈덴스인에게 박수를 보냅시다"하고 소개하자 청중들은 모두 일어나 박수갈채를 보냈다. 그 소리는 회기동 교회를 울리고 삼천리금수강산을 진동하는 듯했다. 나는 한없이 흘러나오는 눈물을 걷잡을 수 없어서 한때 민망하였다. "하나님 감사합니다. 나를 인도하소서" 마음에서 우러나오는 눈물의 기도를 하나님께 드리면서, 허둥지둥 강단에서 내려왔다. 지난 1998년 7월 12일, 우리나라의 작곡가로 명성이 있으신 이유선 박사께서 가평가를 작곡해 주셨다. 바라옵건대 이 가평가가 찬미가의 한 장이 되기를 기원한다.

ㅡ 적목리 피난 생활

2년여 동안 가평 적목리 철도목 산판에서 정치와 종교의 자유를 보전하기 위한 피난 생활을 하는 동안 우리 젊은 믿음의 식구들, 부모뻘 되는 믿음의 식구들, 우리에게 피난처를 제공해 준 신태식 선생(후에 목사), 신태복, 신태홍, 신태섭, 신태범 형제들의 희생적인 수고는 진정한 신앙인의 사랑이었다. 그들은 하나님의 사랑을 보전하고자 찾아오는 사람들을 숨겨주고, 먹여주고, 보호해 주는 성령 충만한 하나님의 일꾼이었다.

우리들이 거처하고 예배드리는 적목리의 반굴 교회와 숙소는 산림을 등지고 있어서, 앞산의 맥을 멀리서 볼 수 있었다. 산에서 마을 사이로 흐르는 계곡이 있었고 그 옆으로 난 조그만 길로 사람이 지나가면 숙소가 약 30m 정도 언덕에 있기에, 아랫길에서 이상한 사람이 올라오는 기색이 있거나 그 정보를 들으면, 우리 젊은 신도들은 산판 기구가 들어 있는 배낭에 성경과 찬미가를 집어넣고 뒷산 산림 속으로 때 없이 피하곤 했다.

산골에는 인가가 드물었다고 하지만 경춘철도회사에서 경영하는 산판 사업으로 인해서 사람들이 종종 드나들었고 독립운동을 한다고 여운형 씨 등이 산골에 왕래하였기 때문에 사복형사들도 때 없이 이 산골을 뒤지고 다녔다. 그래도 우리 믿음의 청년 식구들은 하나님이 보호하여 주심으로 일본 형사들이나 순사들에게 잡혀서 고역을 겪어 본 경험은 없다.

그러나 우리 믿음의 식구들은 언제나 조심했고, 낯선 이상한 사람이 올라오지 않나 하고 산골 계곡 쪽을 조심스럽게 내려다보곤 했다. 아무리 우리들이 산판에서 일하는 산 사람같이 차리고 행동해도 징병, 징용, 정신대(挺身隊)에 나가지 않으려고 도피한 사람들이라는 것을 누구나 다 짐작할 수 있었다. 나는 징병 도피자로 보이지 않으려고 수염을 기르고 머리를 깎지 않고 길렀다. 노원호 형님은 머리를 매끈하게 깎고 매일 면도하는 신사였다.

하나님은 우리 적목리 식구들을 보호해 주기 위하여 재림 교인은 아니었지만, 정보원으로 신태식 선생의 누이동생과 처남을 부락 근처에 두시고 쓰셨다. 그는 때때로 자기 부인을 살그머니 위에 보내서 "지금 좀 수상한 사람들이 골짜기로 들어와 수사하고 있으니 젊은이들은 피하라"든가 "지금 형세가 어떻다" 등을 전해 주었다. 우리 청년들은 이런 시기를 피하려고 우리가 사는 뒷산 산림 깊숙이 약 5리(2km)쯤 떨어져 있는 곳에서 지냈다.

그곳은 우리만이 찾을 수 있는 곳으로 수풀이 우거지고 높은 나무에 달래가 매달려 있는 산중이었다. 그곳에 우리는 나무통으로 싸서 바람벽을 만들고 이끼로 막은 산 집을 신 형제들의 수고와 우리의 보조로 지었다. 그곳에서 우리는 3~4일 동안 집으로 내려오지 않고, 낮에는 철도목 나무를 잘라 자귀(나무를 깎아 다듬는 연장)로 깎아서 철도 침목을 만들고, 저녁이면 죽을 쑤어 먹고, 관솔불 아래서 찬송을 부르고 성경 공부를 하고 하나님께 기도로 교제했다.

그때에는 교과서나 해설서가 없었기 때문에 성경 공부라 함은 성경을 통독하거나 화잇 부인 저서를 읽는 것이었다. 신태식 선생을 빼고 우리 중에서 제일 나이가 많은 반내현 선생의 형님 반내병 씨는 항상 침착하고, 항상 성경을 보시는 성품이 온유하고 모범적인 윗사람으로서 묵묵한 적목리 교회의 기둥이었다. 내가 적목리 교회라 명칭을 붙임은 두세 사람이 모여서 하나님께 예배드림을 말함이지 조직적으로 집사나 장로, 목사, 안식일학교 교장이 있는 조직을 뜻함은 아니다.

예수님이 승천하신 후 예수님을 따르던 분들이 성령을 받을 때까지 다락방에 모여서 합심 기도하던 교회를 말함이다. 반내병 씨는 신앙, 성품, 언어, 행동으로 우리의 모본이 되었다. 우리들과 같이 배낭을 메고 산골짜기를 헤매며 철도목을 깎으러 다니던 장로였다. 산중에서 철도목을 깎을 때나 교회에서 아침, 저녁에 하나님께 예배드릴 때나 반내병 씨는 항상 주례자요, 인도자요, 설교자였다.

– 적목리 사역자들

물론 이따금 반내현 씨가 나타나면 설교하기도 했지만, 반내병 씨는 아주 모범적 인물이었다고 나는 지금도 생각한다. 그리고 가평 적목리 교회에서 묵묵히 충성하고 봉사해 온 분들은 신태복, 신태홍, 신태섭, 신태범 그리고 이들의 모친과 신태식 선생의 큰딸(지금 강태봉 장로의 사모)이다.

나이가 자기 딸과 같은데도 나를 깍듯이 오형이라고 불렀다. 그분(현재 신태식 목사)는 우리에게 무슨 합회장이나 철학자같이 마음에 존경심과 안도감을 주었다. 그는 적목리 교회의 창설자이며 주춧돌이었다. 말없이 순진한 것 같기도 하고 무서워 보이기도 했다. 인자했던 신태식 목사와 그의 형제들, 그의 어머니, 그의 첫딸은 훌륭하고 이기심을 초월한 사람들로서 묵묵히 교인들을 대접하였다.

그들은 하나님의 사업에 종사하는 자급 사역자였다. 우리 적목리 교인 중에서 교회 조직체에서 교회의 선정으로 직분을 받은 사람은 두 사람의 집사뿐이었다. 그 두 분은 항상 기도하고, 성경책을 읽고, 식구들을 신앙으로 이끌었다. 그중 한 분은 임봉순 집사님이고, 다른 한 분은 나의 모친이신 홍성실 집사님이었다. 임 집사님은 순안 교회의 장로님으로 계시다가 돌아가신 노봉진 장로님의 사모님이자 노원호 형님과 노사라 씨의 모친이었다.

홍 집사님은, 나의 어머님으로 고 홍성실 집사인데, 순안 교회의 고 홍찬호 장로님의 둘째 딸이었다. 지금은 그때 왜 우리들이 정식으로 교회를 조직하지 못했는지 애석한 생각이 든다. 만약에 어떤 교역자가 있었다거나, 신태식 목사님께서 당시 교회 조직 경력이 있었더라면, 혹은 반내현(현재 은퇴 목사님)이 선교에만 너무 열정을 쏟지 말고 적목리 교회에 좀 더 전력했더라면 교회가 정식으로 조직되지 않았을까 하는 아쉬움이 남는다.

우리들은 이 난국을 주의 품에서 신태식 목사 형제들의 도움으로 어려운 일을 겪지 않고 돌파하였다. 이와 같은 주님 은혜에 감사드린다. 하나님께 소리 높여 감사드린다.

해방의 종소리에 / 흩어진 성도여 /
그립도다 그 산골 / 우리 교우들
아 / 그 옛날에 순결했던 / 그 믿음으로 /
다시 한번 하나님께 / 감사드리자

가평가

오춘수 작사

1945. 8. 15. 적목리골에서

– 의의:

오춘수 박사는 적목리 공동체에 합류하기 전 지리산 공동체에 머물렀다. 적목리로 오는 도중 단성경찰서(현 산청경찰서 단성파출소)에 연행되어 무서운 심문을 겪기도 했다. 특히 해방 후 1945년 10월 18일부터 24일까지 서울 본부교회(현 동대문구 회기동 소재)에서 교회 재건과 신앙 부흥을 위해 개최된 신도대회에서 20여 명의 적목리 가족들이 오 박사 본인이 지은 가평가를 특창으로 불러 청중들의 눈물을 글썽이게 했다고 기록했다.

독립운동가이자 정치인인 몽양(夢陽) 여운형(1885~1947, 대한민국장, 관리번호: 7338)[1]이 적목리 산골의 외가 친척들이나 지역 주민들과 교류하며 왕래했기에, 사복형사들이 적목리 골짜기를 수시로 뒤지고 다녔다. "지금 형세가 어렵다"는 이야기로 신태식 목사의 누이동생이나 처남 등의 정보원이 당시 사정을 알려 주었다. 이런 말을 들으면, 청년들은 산림 깊숙이 약 5리(2km) 떨어진 곳에 살았고, 3~4일씩 피신해 집으로 내려오지 않았다.

또한 적목리 공동체는 강제 징병과 징용, 정신대를 피해 왔기에, 모든 이들이 언제나 조심하고 낯이 익지 않은 사람을 경계하는 모습을 소개한다. 해방의 소식에 그는 용수동 동네 신당을 발로 밟아 부수고

---

1 일제강점기의 민족 지도자로 해방 이후 대한민국 건국 및 민족 통일을 위해 공적으로 2008년 2월 21일 건국훈장(대한민국장)이 추서되었다. 1929-1932년 중국 상해에서 일경에 체포되어 징역 3년 형을 선고받았다. 체포 과정에서 폭행을 당해 한쪽 고막이 터져 청력을 상실하고 이가 부러져 음식 먹기도 힘들었다. 1942-1943년 유언비어 유포 혐의로 2차 수감되었다. 유준, **몽양 여운형: 조선 독립과 평화통일의 큰 별** (몽양 여운형선생 기념사업회, 2022).

기뻐했다. 이는 일제강점기 억압받던 민초들의 해방에 대한 열망과 기쁨을 드러내는 사건이다. 억압과 폭력 속에서도 희망을 잃지 않은 공동체의 모습은 자유와 정의의 중요성을 일깨워 준다.

사선(死線)을 넘는 하나님의 은혜

최명기[1]

— 일제 말 교회의 상황

한국 교회가 일제의 강력한 압제 속에서 하나님의 공의와 사랑을 붙잡고 견디며 경험했던 갖은 고통과 인내의 눈물이 비록 인간의 역사 속에서 간과되고 혹은 그릇되게 될지 몰라도 그 역사의 진실은 하늘의 영원한 기록 속에 남게 될 것이다.

"역사는 반복한다"라는 원리를 마음에 두며 또 한 번 일제 치하의 교회 해산과 더불어 종말적으로 미래에 찾아올 신자들 사이의 분리와 배도의 쓰라린 역사가 또한 전개될 것임을 예견해 본다. 선 줄로 생각하는 자는 넘어질까 조심하라(고전 10:12)는 주님의 말씀에 다시 한번 귀 기울여 내가 믿음에 서 있는지 나 자신을 확증하기 위해 돌아본다.

---

[1] 최명기 장로는 적목리 공동체 거주자이다. 이북의 김화와 평강 지역에서 활약했다. 적목리 공동체에 합류하고 해방 후 하송관 공동체에 참여했다가 공산당 지배하의 김화에서 남한으로 탈출했다.

– 믿음의 식구들

일정 말엽 신사참배를 거부하는 교회는 모두 일제로부터 지도자들
에 대한 모진 고문과 핍박 끝에, 결국 1943년 12월 28일에는 교회 해
산서에 강압적으로 사인하게 되므로 그날로 서울의 동대문구 회기동
본부교회를 위시한 전국의 모든 교회가 공식적으로 폐교를 선언하고,
교회 문을 굳게 잠그게 되었다. 그리고 교회 해산 명령서가 전국 각
지역 교회에 통보되었다. 교회에서는 일체의 종교 집회 및 활동을 절
대 가질 수 없게 되었다. 교회가 해산당하고 교인들의 모든 종교행사
가 금지되고, 선교활동이 제지된 암울했던 시절에 교회 지도자들을
포함한 많은 신자가 교회를 등지고 자기 살길로 나아갔다.

그러나 왈덴스인들처럼 일제의 잔혹한 핍박이 심했던 환난에 그 어
떠한 시련에도 굴하지 않고 전국 각지에서 은밀히 신앙의 불꽃을 밝히
며 하나님께 대한 진실한 믿음과 충정을 절대 변절치 않았던 사랑스
러운 신앙의 무리가 있었다. 나는 그곳에 함께 있었고 당시의 상황을
잘 파악하고 있던 증인의 한 사람으로서 조심스럽게 나의 기억을 더듬
어 당시 자신의 신앙을 고수하기 위해 위험을 무릅쓰고 신앙을 지켰
던 믿음의 식구들에 대하여 기억을 더듬어 보고자 한다. 내가 아는
바로는 하송관 금의봉과 지리산과 서울 등은 소수의 교인들이 활동한
주요 거처였다.

– 적목리 공동체

　일정 말년 가장 많은 수의 우리 교인들이 신앙을 지키기 위해 모여 생활했던 곳은 바로 가평의 적목리이다. 적목리에는 70여 명 가족들이 이주하여 살았는데 여기에는 우리 교인의 한 사람인 신태식 씨의 힘이 아주 컸다. 목재상(木材商)을 하고 있던 신태식 씨가 친구로부터 산판을 하나 떼어 받아 많은 가족이 맘껏 신앙을 지키고 젊은이들을 일제의 징병, 징용에 희생자가 되지 않으면서 신앙을 지킬 수 있도록 그곳으로 들어가게 되었다. 그래서 당시 군대에 가게 될 많은 젊은이가 이곳으로 들어와 신앙을 지키며 산판 일을 도왔다.

　당시 징병에 소집될 만한 젊은 청년들은 모두 다 잡혀 일제를 위해 전쟁터에 보내져 죽어서 돌아오는 사례가 부지기수였다. 그러나 신앙을 하지 않는 청년들은 전쟁터에 끌려간다 해도 먹을 것이 없는 이곳까지 군이 숨어들어오려고 하지 않았다. 이곳에 들어온 것은 거의 신앙을 유지하기 위한 목적이었다. 무엇보다도 가장 큰 문제는 배고픔이었다. 산판에서 일하는 것으로 명단에 올려진 교인들은 배급이 나왔다.

　그러나 청년들은 그렇게 하지를 못했는데 그렇게 할 경우 발각되어서 군대로 소환되어 가기 때문이었다. 그리하여 몇 명분의 타 온 배급을 나누어 먹어야 하였기에 당연히 먹을 것이 없었다. 그런 가운데서도 함께 나누어 먹고 소나무 껍질과 풀뿌리를 캐 먹으며 모두가 함께 유무상통하며 살았다. 나날을 거우 연명해야 하였다. 이 공동체 안에서 이들을 신앙적으로 지도한 사람 중엔 반내현 집사가 있었는데, 그는 강원도 태백 및 강릉을 다니면서 평신도의 신분으로 낙심자들을 위로하고 신앙으로 도와주는 일을 했다.

또 다른 지도자인 신태식 씨의 동생으로 신태복 씨가 있었고 그 밑으로 태흥, 태섭, 태범과 그 모친이 함께 살고 있었다. 신태식 씨의 아들로는 신성균과 신우균, 딸로는 강태봉 씨의 부인이 된 신선희, 신선옥 등이 있었다. 반내현 집사는 부인과 아들 상순과 딸 효순이 있었다. 반내병은 처와 한 아들이 있었다. 노원호 집사의 집안은 당시 지식층이었다. 그의 여동생 노사라는 인기가 대단한 지식인이었다. 최선일 집사는 신자 대회에 참석까지 한 분이었고 당시 총각이었으며, 반대일 씨는 문서 전도 하다가 교통사고로 죽고 말았다.

최종섭이란 분은 나중 인민군에게 잡혀가 죽임을 당한 사람이었다. 그리고 지현각 내외가 있었고 홍성실 집사의 아들 오춘수가 있었다. 강태봉 씨가 있었는데 그에 대한 재미있는 일화가 있다. 그는 1939년 9월 평양경찰서 감방에 주기철 목사와 안이숙 여사가 일경에게 잡혀 들어갔을 때 같이 잡혀 들어갔던 분이다. 그는 당시 생식을 했던 사람이어서 얼굴과 몸이 아주 바짝 말라 있었다.

그래서 주는 음식을 먹지 않자 보다 못한 일본 경찰서 서장이 생식만 하고 다른 것을 안 먹는 그를 감옥에서 꺼내왔다. 그리고 그에게 질문하기를 "너 천황폐하가 높으냐? 하나님이 높으냐?"라고 물으니까, "천황폐하도 예수 안 믿으면 심판받고 죽는다. 어떻게 하나님 앞에 비교하겠느냐"라고 자기 몸을 사리지 않고 그야말로 목을 내놓고 당당히 말했다. 그러자 그 서장이 혀를 차며 말하기를 "예수를 믿으려면 이 강태봉이 같이 믿어라" 하고 풀어주었다고 한다.

– 적목리 공동체 생활

교회는 반(半)지하였고 지붕이 평지에 닿게 교회를 지었다. 주로 모여서 성경 공부한 곳이었다. 각자의 집은 산꼭대기에 대충 지었다. 전명숙 씨는 나가서 소금이나 양식도 구해왔고 또한 부인들의 역할이 컸다. 신태식 씨는 그때 산꼭대기에 옥수수를 갖다 심어 수확해서는 함께 나누어 먹었다. 나도 산판 일을 같이했었다. 그때 나무에 발등을 찍혔는데 아주 큰 상처였다.

어떤 약초를 따다 짓이겨서 발라 붙여 주었는데 그 뒤 즉시 노란 물이 나오면서 피가 지혈되었다. 이같이 일을 해본 적이 없어서 전혀 모르니까 여러 사람이 나가 일을 해도 하루 일정 양도 채우지 못하는 것이었다. 그리고 배급은 명단을 제출해야 받을 수 있는데 청년들은 명단에 올리면 나이 때문에 징병으로 끌려가기 때문에 명단에 올릴 수도 없었고, 몇 명만 가서 배급을 타 올 수 있었다. 그런데 그 배급으로 명단에 오르지 못한 청년과 부녀자 어린아이들까지 다 먹으려면 턱없이 부족했고 그나마 겨울에는 배급이 줄어 살기 어려웠으므로 몇 명 타는 배급이라도 그것을 얻기 위해 아주 죽기 살기로 일했다.

새벽마다 집안에는 잠자고 있는 어린아이들을 제외하고는 아무도 없었다. 그리고 각자가 산의 골짜기 골짜기로 들어가 그 새벽은 산 전체가 울음소리와 기도소리 밖에 들리지 않았다. 안식일에는 거기에서 다 모여 예배를 드렸고 낮에는 아무도 집에 있지 않았다. 왜냐하면 혹시라도 모를 일이었기 때문이었다. 그래서 산으로 올라가 기도하고 찬미도 부르고 말씀도 읽고 **각 시대의 대쟁투**를 읽고서 내려오곤 하였다.

거기는 골짜기로 들어가다가 곁 골짜기로 들어가도 또 다른 더 깊은 골짜기가 나와서 한이 없었다. 그리하여 거기에 숨으면 찾아와야 소용 없고 어떤 날쌔고 빠른 형사일지라도 찾을 수 없는 곳이었다. 그래서 백백교(白白教, 동학의 유사 종교의 하나로 경기도 가평에서 창건, 교주의 악행으로 경찰 단속받고 자취를 감춤)[1]가 거기로 들어와서 근거지를 삼았는데 근거지가 크고 그들의 미친 그릇된 영향 때문에 정부에서 그들을 다 잡아갔다. 그러나 하나님께서는 우리를 지켜주셔서 우리는 발각되지 않고 아무 일 없이 지낼 수 있게 하셨다. 산 위에 올라가 일하다가 수상한 사람이 보이면 우리들 간에 신호가 있었기 때문에 신호하여 즉시 피했다.

전쟁 당시 38선이 나누어지기 시작할 때 나는 4번이나 38선을 넘나들었는데 조경철 목사와 함께 남한으로 넘어올 때 바로 이 적목리를 거쳐 넘어왔다. 당시에는 산에 숲이 어찌나 빽빽하게 우거져 있었던지 밤에 산에 들어가면 하늘의 별이 보이지도 않았다. 그렇게 살다가 8·15해방을 맞이하였을 때는 얼마나 기뻤던지 하늘나라 간 것처럼 좋았다.

– 다른 지역의 공동체

하송관 공동체:

김화에서 북쪽으로 60리 떨어진 하송관에서도 산판 일을 하며 살았는데 약 24명이 있었다. 하송관은 동네 이름이고 소나무가 울창한 곳

---

1   "백백교," **위키백과**; 박영규, **일제강점실록** (웅진지식하우스, 2023), 300-301.

으로, 장례 관련 관(棺) 집 아래의 장소란 뜻의 지명에서 유래했다. 하송관의 금성산 남의봉이라는 곳에 모여 공동체를 이루고 살았다. 이곳에 모인 사람들은 적목리처럼 깊은 산속에서 기도를 드렸는데 새벽마다 골짜기에는 기도와 울음소리로 산 전체가 흔들리는 것 같았다.

하송관 동네에서 주로 활동한 사람들은 고두칠 장로(고문경 목사의 부친)가 주동으로 활동하였다. 또한 하송관에 조경철 집사가 당시 달구지를 끌고 남의봉에 들어오게 되었다. 부인 안덕실과 아들로 조광수, 조광열, 조광림, 조광진 등이었다. 그리고 매제와 어머니를 모시고 같이 왔으며 이용진, 이덕화, 고자선 장로 등이 있다.

김화에서 전명숙 집사가 넘어왔고 당시 김화경찰서엔 전명숙 집사의 조카사위가 있었다. 경찰서장으로서 그는 우리 교인들과 청년들이 경찰서에 잡혀 들어갔을 때 많이 도와주었다. 나도 60일간 구금되었을 때 그분이 도와주었다. 평강에 김성달 장로가 있었는데 집에서 집회하고 현필수, 이복성, 윤치호는 남한에 와서 있었는데 일을 많이 하였다.

지리산 공동체:

지리산에도 신자들이 피신해 있었는데, 7명 정도가 있었고 계속된 연락망이 있었다. 세 군데를 근거지로 연락했다. 정인섭 장로가 주동이 되어 최태현 목사님의 아들 최옥만, 승만, 희만 씨가 어머니와 함께 입산하였다. 그리고 박훈옥 집사라는 분은 남자들이 활동을 못 할 때 많은 활동을 하였다.

서울 공동체:

또한 서울 을지로에도 서울 공동체가 있었는데, 친구인 이성옥 장로가 양복점을 하면서 세 군데의 중간 연락처 역할을 했다. 법원 관계에 있는 사람이 있어 많은 유익을 주었다. 친구 이성옥 목사의 사위가 김재신 목사이다. 주술옥 집사 내외가 있었고 지대성 장로 3형제와 모친이 만리동에 있었다. 지리산과 적목리에 연결하는 것은 서울에 오면 이성옥 장로, 김화에는 전명숙 집사, 평강에서는 김성달 장로가 주축이 되어 연락을 전했다.

— 이제명(James M. Lee) 목사

당시 고마운 선교사들로는 이제명 목사와 유제한 박사가 생각난다. 그는 신학교를 위해 헌신 봉사했다. 당시 학생들이 돈이 없었기 때문에 그가 지프를 타고 미군 부대를 다니며 먹을 것과 입을 것을 거두어다가 학생들을 먹이고 입히는 일을 했다. 학생들이 서울에서 학교까지 가려면 아주 멀었기 때문에 학생들을 태워다 주었는데, 차 보닛 위에다 나무를 박아 잡을 수 있게 하고 자기 아이들을 그 위에 태우는 위험에도 불구하고 우리 교회 집사님의 아들은 뒷좌석에 태우고서 다니셨다.

— 유제한(Dr. George H. Rue) 박사

또한 유제한 박사(이승만 대통령 주치의, 국민훈장 무궁화장)는 진실로 한국의 위생병원의 아버지일 뿐 아니라 한국 재림교회의 아버지라고 말할 수 있다. 6·25 동란 시에 서울에서 피난민들을 수송하는데 한강 다리가 끊어져 못 건너갈 때, 큰 배 한 척을 빌려 우리 교인들을 먼저 모두 태우고 안전하게 부산까지 실어 날라주었다. 그리고 서울에서 우리 교인들이 다 배에 타는 것을 보고 자신은 맨 뒤에 자기 차로 한강 다리를 건너오다가 그만 앞에서 다리가 끊어지는 경험을 했고, 중공군 폭격기가 떨어지는 것을 보면서 마지막으로 서울을 떠났다고 한다.

부산에 도착한 우리 피난민들이 중공군이 몰려오자 다시 유 박사님은 배를 전세 내어 교인들을 먼저 태워서 제주까지 날라다 주었다. 실로 안식일 교인들에게 있어서 그분은 생명의 은인이었다. 그분이 아니었으면 당시 서울에 거주하던 우리 교인 중에 많은 숫자가 목숨을 잃었을 것이다. 그는 이승만 대통령의 주치의로 있었기 때문에 부산으로 와 있다가 다시 제주로 피난을 떠날 수 있도록 정부의 보호를 받았다.

그런데 부산에 전쟁으로 부모를 잃은 고아들이 어찌나 많은지 그 눈물조차 말라버린 수십 명의 고아를 남겨두고 도저히 그냥 나올 수가 없었던 유제한 박사는 그 고아들을 모두 데리고 제주까지 갔다. 그런데 제주에 공비(공산당의 유격대, 빨치산)가 나타나서 여러 사람이 죽임을 당했다는 소식을 접해 듣고는 여기까지 데려와서 공비들에게 죽게 될까 봐 그 고아들을 안고 엉엉 울었다고 한다. 한번은 유제한 박사님 부부가 거리에 나왔는데 부유한 집 아이 하나가 홀로 있는데 누구 하나 데려가 주는 사람이 없는 것이었다.

아무도 데려가지 않은 이유는 부잣집 아이를 데려가면 오히려 더 의심과 신변의 위협을 받는 분위기였기 때문이었다. 그런데 이 부부가 차를 세우더니 그 아이를 데려다가 차에 앉히었다. 아무도 씻겨주는 사람이 없어 머리에는 이가 들끓었는데 그 애를 집으로 데려가서는 깨끗이 씻겨주고 이도 잡아주었다. 많은 고아를 데리고 살면서 그들을 끌어안고 기도해 주던 그 선교사 부부는 정말 한국인들에게 천사 같은 분이었고 참으로 보기 드문 의원이셨다.

– 적목리의 뜨거운 환영과 돌봄

나는 1916년 10월 12일, 경기도 연천군 서남면 대율리에서 태어났다. 내가 아홉 살 되었을 때 아버지께서 속병을 앓으셔서 강원도로 이사를 하게 되었고 그때 하송관으로 가게 되었다. 거기서 아버지를 여의고 나는 고아와 같이 자랐는데, 그때 고두칠 장로님(고문경 목사의 부친)이 나의 제2의 아버지가 되어 주셨다. 그분 밑에서 자라면서 교회를 알게 되고 신앙을 가진 청년이 된 것이다. 그래서 고문경 목사는 나와 형제간 같이 지냈다. 나는 1937년에 원륭상 목사님이 연합회장으로 있을 때 그분으로부터 침례를 받았다.

적목리에 들어간 것은 해방되기 2년 전으로 23세가량이었다. 당시 아내와 아들 영만이가 있었는데 2살 때인 것으로 기억이 된다. 해방 이후에 세 딸을 낳았고 늦게 막내 영한이를 보았다. 한창 젊었을 때여서 일본 경찰이 만일 안식일교인 중의 한 명만 대표로 나와서 죽으면 다 살려주겠다고 한다면 물불 가리지 않고 서로 먼저 나간다고 싸웠을 것이다. 젊은이들은 적목리, 하송관의 금성산 남의봉, 그리고 지리산에만 있었다.

그리고 적목리에서 느낀 것은 같은 교인 하나만 와도 온 교인들이 목을 끌어안고 울면서 환영해 주었고 정말 따뜻하게 맞아 주었다. 그리고 비록 먹을 것은 없었지만 나가면 더 힘들 테니 좀 더 머물렀다가 가라고 친절히 말씀하시던 모습은 그야말로 형제보다 더한 우애가 흘러넘치는 사랑이었다. 마치 초대교회의 성령 강림 때 다락방에 모였던 성도들이 유무상통하며 사랑의 본을 보였듯이 그러했다. 세상 끝 날에 있을 마지막 야곱의 환난 때에도 바로 그런 사랑이 있지 않을까 하는 생각을 해본다.

나는 해방되기 바로 전에 남의봉에 들어갔고 거기에서 해방을 맞이하였다. 해방된 후 공산당이 뭔지도 모르고 그저 일제에서 해방되니 고맙다고 인사를 했더니, 공회당에서 당시는 경찰이 없었으므로 자위대를 뽑았는데 자위대 완장을 채워주면서 자위대장을 하라고 하였다. 일을 잘하니까 똑똑하다고 하면서 김일성 대학에 추천해 줄 테니 김일성 대학에 가라고 하는 것이었다.

그래서 청년들 몇이 그날 밤 더 오래 있으면 안 되겠다고 생각하고 네 번을 왕복하며 가족들을 이남으로 다 이사시켰다. 그리고 내가 김화교회에서 설교했을 때, 한 사람이 들어와 저 동무 좀 나오라고 했다. 그래서 회양군 경찰서에 구속이 되었다. 그런데 김화에서 회양까지는 상당히 먼 거리였다. 그런데 이상하게도 하루 만에 그냥 석방해 주었다. 그래서 바로 이남으로 탈출하였다. 그때 내려오지 않은 사람들은 영영 내려오지 못했다.

복음의 기관과 본부가 다 이북에 처음 발을 들여놓았고 교회가 거의 이북에만 있었기 때문에 6·25 전쟁은 남한에 복음의 씨앗을 확산시키는 계기가 되었고 결국 최남단인 제주도에까지 복음이 증거되게 된 계기가 된 줄로 믿는다. 그것은 한민족을 힘들게 만드는 사단이 던져준 수난 역사를 통해서 이룩하시고자 하시는 하나님의 더 큰 섭리가 있는 것이 아닌가 생각된다. 무엇보다도 지금 나의 나된 것은 하나님의 크신 섭리임을 감사하게 생각한다.

− 평강경찰서 경험

일본 경찰이 청년들을 보는 대로 잡아가던 시절 평강에 있을 때 이성옥, 최종섭, 그리고 나는 그만 일본 경찰에 꼼짝 못 하고 잡혀 들어갔다. 그때는 형무소라 해 봤자 오늘날과 같은 것이 아니라 오늘날의 유치장과 같은 곳이었고 우리 지도자들이 서울의 종로경찰서에 감금되어 있었던 곳도 이런 곳이었다. 여기서 취조받고 고문을 당했다. 그래서 목사님들이 두 달 동안 잡혀 있었다는 곳도 바로 이런 곳이었다.

11월 초에 우리도 잡혀 들어갔었는데, 전명숙 집사가 고등계 형사계장의 처 숙모였기 때문에 그를 찾아와 많이 간청해 주곤 하였다. 그날 밤 갑자기 새벽 1시쯤 되었는데 갑자기 고등계 형사가 나를 불러내었다. 나갔더니 거기에는 홍두깨(굵은 나무) 하나와 방망이 하나를 대기시켜 놓고, 의자 하나와 물 담은 주전자를 하나 가져온 후 취조할 준비를 다 끝내놓은 것이었다. 내가 그때를 잊지 못하는 것은 밤 1시인데 일본 사람 서장이 왜 그날은 잠도 안 자고 순시를 나왔는지 의아하게 생각된다.

그래서 그가 취조실에 와서는 취조하려고 하는 고등계 형사를 보고, 이 사람을 취조하지 말고 바로 내보내라고 명하는 것이었다. 그래서 취조를 안 받았다. 우리 셋을 각기 다른 방에 배치했다. 서로 열렬히 기도하면서 지내었다. 그런데 그해 겨울은 또 얼마나 추웠는지, 일본 사람들이 문밖에다가 물을 부어 버리면 즉시 얼어붙어 버리는 추위였다.

그런 데서 두 달을 사는 동안 그만 발이 다 얼어서 동상에 걸렸다. 하룻저녁에는 계속 꿈을 꾸었는데 감옥 안의 벽에 "12월 30일 오후 6시 석방"이라는 글자가 분명히 적혀 있는 것이 보였다. 그래서 옆 칸 방에 있던 최종섭한테 말했다. "내가 저녁에 비몽사몽간에 꿈을 꾸었는데 12월 30일 오후 6시에 석방이라고 벽에 적혀 있었어. 우리 그날 나갈 거야"하고 말했는데, 아 정말 그날 정확한 시간에 우리는 석방이 되어서 나오게 되었다.

그 꿈은 석방되기 일주일 전쯤에 꾸었으니까 너무나 반가운 것이었다. 이것은 정말 하나님의 은혜라 생각되며 만일 아주 심한 조사를 당하고 그 기간이 더 오래되었었다면 내가 견딜 수 있었을까 하는 의구심을 갖게 된다. 연약한 나의 믿음을 배려한 하나님의 섭리라 생각하며 감사한다.

연합회가 회복되고 연합회에서 구호 봉사 일을 하던 중에 6·25가 터졌는데 인민군에 끌려가 인민 공개재판을 받게 되었다. 당시 인민 재판이란 것은 이북의 내무성(내무부)에서 금 테두리를 한 사람이 인민 재판장으로 나와서 인민 재판을 했다. 형무소에서 '빨갱이'로 날뛰던 사람들이 공산당이 집권하자 그 공산 권력을 배후 세력으로 재판 권한을 위임받고 자기들 마음 내키는 대로 판결했다. 그들이 마음대로 즉결 심판하기 때문에 결코 공정한 재판을 기대할 수 없는 것이었다.

그러니 나는 죽은 거나 다름없었다. 그때 인민 재판에 회부된 많은 사람은 모두 사형을 선고받았고 총을 든 인민군들이 그들을 다 트럭에 태워 중랑천으로 간 뒤 거기에서 따발총으로 다 총살해 죽였다. 며칠 후 국군이 들어오자, 사람들이 자기 가족의 시체를 찾는데 어느 것이 자기 집 시체인지 찾지 못해 헤맬 정도였다고 한다. 나는 주님의 은혜로 기이하게 인민 재판에서 살아남을 수 있었다.

고난의 세월 속에 굽이굽이마다 나를 도와주시고, 깊은 수렁에서 끌어 올리시는 주님의 은총을 힘입어 지금까지 살아있는 모습에 감사를 드린다. 참으로 여러 죽을 고비를 넘기면서 깨달은 바는, 내가 목적하고 생각한 바보다도 나를 향하신 하나님의 뜻하신 바가 항상 더 크고 선하셨다는 것이다. 지금까지 나를 지켜주시고 나의 동료 교인들을 지켜주신 하나님의 인자하신 사랑에 감사드린다. 하나님을 유일한 반석과 피난처로 삼는 자에게 영원한 보장이 되시는 하나님을 찬양한다.

— 의미:

최명기 장로의 수기는 적목리에서 느낀 공동체의 분위기를 잘 묘사한다. 일경의 감사와 추적을 피해 구사일생으로 적목리 골에 교인 하나만 와도 공동체의 모든 거주민이 목을 끌어안고 울면서까지 환영해 주었다고 했다. 정말 반갑고 따뜻하게 맞아 줄 뿐 아니라 비록 먹을 것이 없는 기아선상의 처지였지만, 어려운 시대 나가면 더 힘들 테니 좀 더 머물렀다가 가라고 하는 정답고도 친절한 모습은 형제보다 더한 우애가 흘러넘치는 사랑의 모습을 보여준다. 마치 초대교회의 성령 다락방의 유무상통했던 성도들 사랑의 본을 보였다고 했다.

적목리 일상에 대해 새벽마다 잠자는 어린아이들을 제외하고는, 다 각자의 골짜기 골짜기로 들어가 그 새벽은 산 전체가 울음소리와 기도소리 밖에 들리지 않았다. 안식일에는 거기에서 다 모여 예배를 드렸고 낮에는 아무도 집에 있지 않았다. 왜냐하면 혹시라도 모를 일이었기 때문에 강제 징용이나 징병기에 해당되는 청년들과 어른들은 모두 산으로 올라가 기도하고 찬미도 부르고 말씀도 읽고 **각 시대의 대쟁투**를 읽고서 내려오곤 하였다.

적목리 골짜기는 더 들어가면 다른 곁 골짜기로, 더 가도 다른 더 깊은 골짜기가 나와, 거기 숨으면 어떤 날랜 일제 형사라도 찾을 수 없는 험준한 지형이고, 밤에는 숲이 빽빽하게 우거져, 하늘의 별이 보이지 않는 곳이었다. 당시 고난의 현장에 함께 있었고 상황을 잘 파악하고 있던 증인의 한 사람으로서, 그리고 죽음의 고비를 넘는 경험을 기록했다.

억압과 박해의 일제강점기, 전국 곳곳에는 그 어떤 시련에도 좌절하지 않고 신앙의 불꽃을 밝히며 하나님께 대한 믿음과 충정을 절대 변절치 않았던 신앙의 무리가 산재해 있었다. 해방되고 김화교회에서 설교하는 도중, 공산당 인사가 와서 그를 멀리 떨어진 회양군 경찰서에 구속했다. 그날 밤 얼마나 간절히 기도했을까? 다음날 이상하게도 석방이 되었다. 그러자 그는 바로 이남으로 탈출했다. 그때를 놓친 사람들은 그 후 내려오지 못했다.

해방 직후의 혼란 속에서도 희망을 잃지 않고 적극적으로 행동하는 것의 중요성, 기도의 힘과 용기, 그리고 주어진 기회의 선용에 대한 소중함을 일깨워 준다.

김형락[1]

얼마 전 서울에 있는 조카(김재은)로부터 전화가 왔다. 삼육대학교에서 개교기념 사업의 하나로 추진하고 있는 신앙유적지 복원 사업에 협력해 달라는 것이었다. 이종근 교수로부터 그의 부친(김봉락 장로)에 관하여 기고해 달라는 요청이었다. 형님께서는 일본 제국주의 치하에 강요된 신사참배 문제와 강제 징병 그리고 신앙의 자유를 얻기 위하여, 일제 말기인 1943년에서 1945년 8월 15일 우리나라가 일제로부터 해방과 자유를 얻기까지 몇 년 동안 경기도 가평군 적목리 산속에서 뜻을 가진 믿음의 용사들과 같이 생사고락을 함께했는데, 이에 대해서 증언을 부탁한다는 것이었다. 청교도들과도 같이 제칠일안식일예수재림교의 신앙의 기수로서의 삶을 역사적으로 재조명하며, 믿음의 후손들을 위해 생생한 기록들을 보존하고 후손들의 귀감이 되도록 한다는 취지였다.

---

1 김형락 장로는 적목리 공동체 거주자인 김봉락 장로의 동생으로, 필리핀 유니온 대학 (PUC) 유학 후 광천 삼육중고등학교 등에서 교편을 잡은 후 도미했다.

– 적목리 입산으로 인한 가족들의 고초

조카로서는 그의 부친에 관하여 글을 쓴다는 것은 불가능한 것이었다. 왜냐하면, 그 당시 그는 세상에 태어나지도 않았기 때문이다. 나역시 형님의 입산 당시 내 나이가 14세 때라고 기억된다. 형님이 집에서 우리 가족들도 모르게 가출하신 후부터 우리 집에는 매일 같이 하루도 빠짐없이 강서경찰서의 조선인 순사들이 찾아왔다.

어떤 때는 밤늦게 찾아오기도 하고 새벽에 오기도 하였다. "병역을 기피하기 위해 도망간 것이 분명할 뿐만 아니라 미국 놈의 앞잡이로 첩자 노릇을 하기 위해 도망갔으니, 사상이 아주 불순하다"라는 위협과 협박을 찾아오는 순사들마다 되풀이했다. 가택 수색을 당하고 우리 아버님을 시작으로 차례로 강서경찰서로 끌려가서 '아들(봉락)이 어디 갔는지' 찾아내라는 것이었다.

해방될 때까지 우리 식구들은 매일 같이 정말 죽는 것이 나을 듯싶은 지옥 같은 생활을 할 수밖에 없었다. 우리 고향 평안남도 강서군 거장리는 평양에서 80리, 강서읍에서 10리쯤 되는 약 40가구의 농가로 구성된 작은 촌락이었다. 초등학교가 있고 교회가 있었다. 우리 동네 거장리를 중심으로 서쪽으로 3리 정도의 거리에 임성원 목사님의 형제분들이 살았고 5리 거리의 수산면(水山面) 가생리, 속칭 '생몰'이 있었는데 거기에 고 김례억 장로님의 일가가 살았다. 그의 조카가 되는 김근응 의사도 거기 살았다.

– 거장리교회와 십일조

거장리교회는 1906년에 발산리에 사는 곽영주, 김진태 씨 등이 와서 전도회를 했는데 김관택, 김의주, 임성호 씨 등이 진리를 받아들임으로 시작되었다(김재신, **북한교회사**, 43). 김관택 씨는 집안 할아버지가 되시고, 김의주 장로(봉락, 형락의 부친) 그리고 임성호 씨는 작고하신 임성원 목사님의 형님이 되신다. 앞서 말한 세 분에 의해 거장리교회가 설립되었다.

당시 서선대회에서는 단일 교회에서 바치는 십일조 실적이 평양 본부교회가 1등, 그리고 2등이 강서 거장리교회였다. 나의 형님 김봉락 장로는 십일조를 아주 철저히 바치는 것으로 소문이 나 있었다. 우리 가정도 과수원과 전답을 경영하여 두 곳에서 수확을 아주 많이 했다.

과수원은 그리 크지는 않았으나 수확이 많고 품질이 좋아서 나의 기억으로는 당시 그것을 홍콩으로 수출했다. 형님은 십일조 계산을 이렇게 했다. 과수원 나무를 세어 가다가 10번째는 크기가 크거나 작거나를 불문하고 십일조 나무로 했었다. 그런데 십일조 나무마다 나무의 세력이 좋아서 과실이 다른 나무에 비해 많았다. 농작물 수확에서도 비용 같은 것은 계산에 넣지 않고 십분의 일을 계산하여 성실하게 드렸다.

– 6·25와 이산가족

김봉락 장로, 나의 형님은 나이에 비해 아주 성숙했다. 그가 18세

되던 해에 강서군 내에 있는 대마리교회 다니는 처녀 임정실 씨와 결혼했다. 지금 소생이 2남 1녀가 있다. 6·25 동란 시 맏딸(옥희)은 이북에 떨어져 있게 되었다. 나는 월남했다가 9·28 수복이 되어서 오영섭 목사님의 인솔로 학생 귀향 선무공작대라는 신분으로 평양을 거쳐 강서 고향 집에 갔다.

그러나 일주일도 되기 전에 중공군이 한국전에 참전함으로 UN군과 국군이 압록강 접경까지 진격했다가 후퇴하게 되었다. 그때 남아 있는 가족들을 다 이끌고 남쪽으로 피난을 떠났다. 대동강을 건너기 전에 우리는 형님의 맏딸이 발이 아파서 할머니와 곧 돌아온다는 약속을 뒤로한 채 남하했다. 그 이후 고향을 떠난 48년의 긴 세월 동안 아직도 생사를 모르고 있다.

두 아들 가운데 장남(대은)은 도미하여 북가주 내파(Napa)에서 살고 있고, 1남 2녀를 두고 있다. 그도 형님의 신앙을 이어 내파교회의 수석 집사의 직분으로 교회와 가족을 위해 봉사하고 있다. 차남(재은)은 서울 위생병원의 서무과장으로 본 교회의 장로로 역시 신실하게 살고 있다.

－ 형님과의 추억

세월이 많이 흘렀으나 나의 형님에 대한 지나간 날들이 나에게는 너무나 생생하고 그립다. 형님과 나는 공도 잘 찼고 씨름도 잘했다. 우리 고장 강서에는 명절마다 다채로운 행사가 있었다. 씨름 대회와 그네뛰기 대회가 열렸다. 우리 형제는 언제나 축구와 씨름 대회가 열릴 때마다 참가했다. 형님은 청년부, 나는 소년부에서 뛰었다. 우리는 처음부터 시합에 나가지 않았다. 우리가 처음부터 나가면 게임이 되지 않았다.

그래서 항상 주최 측의 부탁으로 중간쯤에 나가야 했다. '형제는 용 감하였다'라는 말대로 힘을 합쳐 잘했기 때문에, 청소년의 대상은 형 님과 나의 것이었다. 그네뛰기는 우리 고장 거장리에서 오월 단옷날이 면 거장리교회 앞마당에 큰 수양버들 굵은 가지에 밧줄로 그네들을 내리고 하는 큰 행사였다.

상품도 많이 준비했다. 주로 유기그릇들이었다고 기억된다. 내 셋째 누님(원실, 지금은 고인이 되었음)은 그네도 잘 뛰고 달리기도 잘했는데, 40세가 갓 넘어 2남 2녀를 두고 일찍 세상을 떠나시니 참으로 가슴이 아프다. 누님은 명청준 장로와 반평생을 살았다. 형님은 강서 청년보 통학교를 졸업했다. 중학교와 고등학교 과정은 통신 강의록으로 전수 했다.

거장리 신명학교에서 교편도 잡으셨다. 선대대회에서는 사경회가 큰 행사였다. 분주한 농번기에는 할 수 없어서, 가을 추수가 끝나고 농한 기인 겨울철에 시작했다. 형님께서는 성경 연구를 많이 했다. 특히 다 니엘서와 계시록을 깊이 연구했다. 고 윤옥진 목사님과 함께 강서군과 용강군, 황해도 지역의 교회들에서 겨울 한 철을 사경회의 초청 강사 로 대부분 시간을 보냈다. 긴 세월의 일들을 낱낱이 기록할 수가 없어 서 아쉬움이 앞선다.

– 적목리 공동체

형님의 가평 적목리 산속 생활의 단면을 들은 그대로 기록하고자 한다. 고 김명길 목사님(전 중한대회장)은 일제의 강압으로 교회가 해산되고 교인들이 지하로 또는 가정 단위로 예배를 드려야 했던 시기에 흩어진 교인들의 가정을 일제가 거의 망하게 될 무렵까지 방문했다.

당시 그는 개성에 사셨다. 개성에서 강서까지 자전거를 타고 행상인을 가장하고 선교 일을 하셨는데 우리 집에 오시면 참빗을 꺼내서서 구경시켜 주시고는 했다. 그때마다 사다 둔 참빗이 많이 있었다. 머리카락을 고르는 빗, 이를 잡는 빗 등 여러 가지 빗이 있어서 요긴하게 사용할 수 있었다.

그때까지 형님의 소식을 모르고 있었는데 뜻밖에 김명길 목사님 편에 형님의 가평 소식을 듣게 되었다. 안식일마다 우리 가정에서 드린 헌금을 김 목사님께 선교 비용으로 사용하라고 드렸다. 한번은 김 목사님께서 돌아가시려고 대문 밖에 나가시는데, 수상한 차림의 순사 앞잡이 같은 사람이 우리 집안에 들어서면서 김명길 목사님을 붙잡고 "뭣 때문에 여기 왔느냐, 누구냐"고 물었다. "나는 참빗 장사요, 참빗 팔러 왔다"라고 대답했다.

"그럼, 그 가방에 무엇이 있는가 보자"라고 하면서 가방을 열어보았다. 정말 참빗밖에는 아무것도 없었다. 우리도 그에게서 산 참빗을 보여주었다. 그래서 아슬아슬한 고비를 넘긴 일이 생각난다. 지금도 그때 그분 고 김명길 목사님을 생각하면 다음과 같은 것들이 떠오른다. 토끼털의 귀마개와 카키색 방한모자, 허름한 자전거, 그리고 자전거 집 틀에 검은 고무줄로 묶어 맨 허름한 가방, 그리고 그의 딸기코(코끝이 빨간 코), 김 목사님의 믿음, 굽히지 않는 선교활동 등이다. 이런 것들을 평생 잊을 수가 없다.

김명길 목사님은 가평 산속 깊은 곳까지 믿음의 식구가 있는 곳에는 어디든지 찾으러 가셨다. 거기서 형님도 만났다. 형님이 거기에 가게 된 인연은 고 신태식 목사와 연관이 있었기 때문이었다. 거기에 모인 교인 수가 약 70명이 되었다고 한다. 식생활의 수단으로 철도 침목(철로 받침목)을 만드는 일을 했다고 한다. 일하는 일정 수의 사람들에게는 배급해 주었다. 일하는 것과 먹고사는 것이 불편하고 괴로워도 마음은 편했다고 한다.

자유롭게 예배드리고 찬양하고 기도하니 그곳이 바로 지상의 천국이었다고 형님은 말씀하셨다. 그곳 생활도, 1945년 8월 15일 일제로부터의 해방과 함께 끝이 나고, 모였던 믿음의 식구들과 같이 형님도 하산하여 집으로 돌아왔다. 돌아온 형님을 맞는 기쁨으로 감격의 눈물 바다를 이루었다. 다시 강서 거장리교회의 문이 활짝 열렸으며 흩어졌던 교인들이 다시 모여 하나님께 영광과 찬양으로 첫 안식일을 보냈다. 6·25 동란과 우리 가족에 관한 이야기는 훗날 나의 자서전에서 밝힐 것이다. 내 형님의 생생한 추억들은 나의 뇌리에서 떠날 때가 없었다. 하늘나라에서 형님을 다시 만나리라 믿는다.

– 의의:

김봉락 장로 이야기는 민족의 고통과 희망을 그대로 드러낸다. 그는 적목리 공동체 거주자로서 신실한 삶을 살았지만 6·25 때 행불자가 되는 비운의 주인공이다. 따라서 적목리 생활과 김봉락 장로의 삶을 엿볼 수 있는 정보를 그의 동생 김형락 장로가 일부 제공한다. 김형락 장로는 당시 적목리를 방문하고 선교활동을 했던 김명길 목사를 통해 그의 형 김봉락 장로가 적목리 공동체에 피신해 있다는 소식을 듣게 되었다.

김봉락 장로가 가평 적목리로 입산한 뒤, 매일 강서경찰서의 순사들이 밤낮을 가리지 않고 찾아왔다. 병역 기피 및 미국 간첩 혐의로 김봉락을 찾고 있다는 이유로 가택 수색을 했다. 또한 가족들을 강서경찰서로 연행하여 김봉락의 행방을 조사했다. 그래서 해방될 때까지 모든 식구는 정말 죽는 것이 나을 듯싶은 지옥 같은 생활을 했다.

만약 수색에 노출되어 체포된다면, 젊은이들은 대동아 공영이란 미명 하의 전·후방에서 일제의 총알받이나 위안부, 또는 학도병으로 끌려갔다. 우리의 젊은이들은 총알받이로 죽거나 다치고, 가혹한 노동과 학대, 성폭행과 강제 임신 등 온몸과 내면이 만신창이로 전락하였다. 설령 고국으로 돌아와서도 대부분 불행에 빠지게 되었다.

이런 시대에도 특히 영웅적 믿음과 용기로 흩어진 신자들을 찾아다니며 신앙을 일깨웠던 김명길 목사의 모습은 참으로 놀랍다. 그의 용맹은 평생 잊을 수 없는 참 신앙인의 면모를 보여준다.

이대련[1]

나는 횡성에서 1923년 10월 23일에 이삼룡 씨의 차남으로 출생했다. 어려서부터 천주교회가 경영하는 학교에 다닌 연고로 천주교회의 착실한 신자로 인정받아 신부님과 같이 생활하다시피 하다 보니, 공부를 열심히 하여 신부가 되겠다는 결심을 하게 되었다. 그때 이보환 신부님은 성신대학(가톨릭 신학대학)을 가도록 권하며 도와줄 것을 언급하셨다.

– 진리의 길을 따라서

큰 뜻을 품고 진학하기에 앞서 수양의 필요를 느끼던 중, 뜻밖에 금강산의 대표적 관광지인 강원도 회양군 내금강면 말휘리(만물상, 십이폭포, 구룡폭포, 장안사 등의 명소가 있는 곳)로 이사하게 되었다. 이사를 와서 보니 천주교회가 없는 곳이었다. 그래서 진학 준비와 수양을 위해

---

1 이대련 목사는 적목리 공동체 방문자로 교회 해산기 교회를 위해 활약했으며, 중서대회, 서남대회, 중한대회, 동중한합회 출판부장을 역임했다.

조용한 시간을 갖고, 천주님과 성모 마리아를 찾고 기도드리는 생활을 하고 있었다. 그러던 어느 날 형님이 찾아왔다.

"내가 횡성에 있을 때 알던 분을 만났는데 예수를 믿으라고 전도하더라. 안식일교회라고 하는데 들어보니 참 진리 같더라구. 동생, 한번 가보지 않을래?" 나는 형님의 권유를 몇 번이고 거절했다. "안식일교회가 무어야? 그게 다 이단이야!" 나는 오직 천주교회만이 참 교회요 모교회라고 주장하였다. 그러나 계속해서 권하기에 마지못해 따라갔다.

가서 보니 교회당은 없고 어느 초라한 셋방에서 예배를 드리고 있었다. 그때 모인 분들은 반내병 장로님, 반내현 목사님, 권인호 씨, 이상기 씨와 그 가족들이었다. 겉보기에는 어수룩해 보이는 사람들이 성경 말씀 강론은 참으로 신기하게, 또한 유식한 성경학자처럼 하였다. 그래도 내색하지 않고 되돌아왔다. 그때 나에게 "다니엘 연구"란 책을 빌려주면서 읽어보라고 하였으나, 타 교파 책을 읽는 것은 대죄라고 하였으므로 읽지 않고 두었다가 되돌려 주었다.

어느 날 반내병 장로님과 같이 강으로 목욕하러 갔다. 목욕 중에 반 장로님은 "이 형제, 이 형제를 안식일교회로 오라는 것이 아니라 성경을 배우자는 것이니 안심하고 같이 성경 공부를 하자"고 권하셨다. 그 말씀에 호감이 갔다. 나는 마음속으로 "성경을 열심히 배워서 천주교회에 가서 잘 써먹자" 생각하고는 뜻을 세우고 교인들과 자주 접촉하게 되었다.

1939년 3월의 어느 날부터 사경회 겸 전도회가 시작되었다. 강사로 고 이명준 전도사님이 오셔서 다니엘서를 강의하셨는데, 나를 위한 전도회라고 생각되었다. 그때 참 진리를 깨달았으나 교회 조직이며 본부가 어떠한지 알지 않고는 결정할 수가 없었으므로 서울 본부를 찾아가 보게 되었다. 때마침 조선합회 총회가 있을 때였으므로 모든 사항을 엄밀히 살펴볼 수가 있었다. 그때 총회 안식일에 헌신 및 간증 순서가 진행되었다. 나는 마음이 감동되어 떨리는 음성으로 고 조치환 목사님과 여러 성도 앞에서 참으로 엄숙한 간증을 하였다.

– 침례

드디어 1940년 7월 13일에 내금강 면경대 계곡에 흐르는 맑은 물에서 박원실 목사님에게 침례를 받았다. 당시는 태평양전쟁이 치열할 때였으므로, 각 종교 단체마다 경찰의 삼엄한 경계 속에서 신앙의 어려움을 겪었음은 말할 나위도 없었다. 한번은 깊은 야밤에 일본 경찰관이 가택 수색을 나왔다. 그는 벽에 걸린 성화를 보더니 "예수가 훌륭하냐?(이에스가 예라이가)"하면서 성화를 가져갔다.

그러면 믿음을 버릴 줄로 알았던 모양이다. 적지 않게 감시가 심하므로 일정한 곳에 있다가는 사태가 불리할 것 같았다. 이곳저곳으로 전전함이 지혜로울 것 같아서 황해도 사리원, 강원도 평강, 김화, 함남 신고산 등지를 돌아다니면서 교회를 돕고 소식도 전하였다. 전시 체제여서 교회 안에서 젊은 사람들은 보기 어려웠다. 남자 청년은 징병으로나 징용으로 끌려가고 여자 청년은 정신대로 소집되어, 길에 다니는 청년들이 드물었다.

─ 안식일학교(주일학교)를 수련학교로 개칭

안식일학교는 수련학교라고 개칭하고, 찬미가 가사에 나오는 왕, 재림이란 문구는 삭제했다.[1] 예배 볼 때는 사복 경관(형사)이 앉아서 지켜보고 있다가 설교 내용이 조금이라도 일본 정부에 위배된다고 생각되면 무조건 연행해 가서 심문했다. 그래서 미성년인 나에게 설교해 달라고 많은 요청을 하기도 했다. 강원도 회양군 내금강면 말휘리 성휘옥 양복점에서 기술자로 계시던 양재하 장로님은 원래 감리교인이었으나 우리 진리를 받고 고향인 양양으로 돌아가셨는데, 그 후 믿음이 식었다는 소식을 듣게 되었다.

그래서 나는 그 가정을 소생시키고자, 또한 양 장로님은 그때 경성 양복점을 경영하고 계셨기에 일도 할 겸 가서 가정 예배소를 돕고 있었다. 어느 금요일 오후 5시쯤 대야에 물을 떠 놓고 손발을 씻은 후 안식일을 맞고자 앉아 있노라니 동아일보가 배달되었다. 얼른 보니 "안식일교 해산"이라고 대서특필해 놓았다. "이것이 무엇인가?" 하고 다시 자세히 살펴보니 신사 참배하지 않는다는 이유로(일본 헌법에 위배됨으로) 1943년 12월 28일 조선총독부 경무국령(오늘날의 행정안전부 장관령, 법무부 장관령, 검찰청 및 경찰청장의 지시)으로 제칠일안식일예수재림교단에 대해 폐교를 명한다는 것이었다.

---

1 일제는 1924년 찬미가 가사 정정표를 **교회지남**에 발표하게 했다. 예수 재림, 왕, 군병, 피난처, 군가, 본향 등의 단어가 나오는 찬미는 부르지 못하게 했다. 1. 전장(全章) 삭제 (32장[믿는 사람들아 군병 같으니], 56장[군가 부르라], 182장[피난처 있으니], 187장[예수의 이름 권세어 엎디세 천사들], 238장[내 집에서 얼마 먼가 그 파수군 대답하리]) 등; 2. 부분 삭제 (40장 4절[귀한 예수 이름 듣고], 113장 1절[전능하신 예수 우리 왕이시니]); 그리고 3. 가사 정정 (16장 제목 '우리는 주의 군병(선과 악이 싸움)' 등 2곳이었다. **시조사 출판 100년**, 61-62. 일제의 찬미가 제재는 김재신, "김호규 장로댁의 가정집회," **빛의 증언들**, 452-453의 내용과 부합된다.

이제 이후로는 집회(예배)를 모두 없애게 되었다는 보도를 보고는 참으로 섭섭하고 답답한 마음 가눌 길이 없어 한참 울었다. 이럴 때 재림 신자로서 갈 길과 취할 태도가 어떠해야 할지 앞이 캄캄했다. 포장을 치고 조용히 안식일 예배를 드릴 때는 마치 부모님의 상을 당한 초상집처럼 울음바다였다. 살아 계신 하나님께만 전적으로 의지하고픈 마음이 간절하였다.

마음 놓고 믿음을 지키며 살 수 없는 살얼음판을 걷는 듯한 무시무시한 암흑시대였다. 혹자는 신앙을 따라 살고자 산속으로 피신하고 혹자는 가난한 살림에 겨우 먹고 살아가는 신세에 안식일도 무시하고 아무 직장이든 개의치 않고 취직하고 음식도 마음대로 먹고 마시고 하였다.

과거에 지도자였거나 또는 신실한 신자였던 사람들조차도 대다수가 세상으로 빠져들어 가는 것을 목격할 때, 나 자신을 살피지 않을 수 없었다. 그때의 일로서 몇 사람이 숨어서 예배를 드리고 난 뒤에는 그 중에 가룟 유다 같은 자가 있어서 즉시 경찰에 고발하곤 했다. 그리하여 사회자나 설교한 사람은 경찰에 소환되어 심문받곤 하였는데, 나도 그러한 체험을 하였다.

– 적목리 공동체

나는 우리 성도들 몇이 신태식 목사님께서 알선해 놓으신 경기도 가평 적목리 산판으로 가서 숨어서 신앙을 고수한다는 소식을 듣고, 그곳을 여러 차례 왕래하면서 여러 교인에게 교회 소식과 시국 형편을 보고 듣고 느끼는 대로 전해 주기도 하였다. 당시 교인들은 지하실 약 25평 되는 방에 꽉 모여들어, 캄캄한 방에 몇 군데 솔방울 불을 켜서 서로의 얼굴을 겨우 알아볼 수 있는 상태에서 가슴 졸이며 무슨 신기한 뉴스라도 있나 하여 바짝 귀를 대고 나의 보고를 들었다.

오직 우리 주님이 오시기만 학수고대하면서 기도로써 이겨 나가는데, 식생활이란 콩깻묵을 배급받아 초근목피(풀뿌리와 나무껍질의 거친 음식) 등으로 근근이 연명해 나가는 정도였다. 그래서 모두 부종이 생기고 영양이 결핍되어 거의 일촉즉발의 위기에 놓여 있었다. 죽음과도 같은 일경의 수색과 검거를 마주한 공포와 굶주림과 피로에 찌든 얼굴들이 떠오른다. 그분들은 오직 주님께서 재림하시기를 고대하면서 흑암의 긴 밤이 지나기를 기다리고 있었다. 너무나 핍절한 상태에서 마치 죽음 직전의 모습처럼 보였고, 주님의 재림이 늦어지면 저분들이 병고나 쇠약으로 세상을 떠나지 않을까 하는 염려가 들었다. 그래서 그분들을 위해서 나는 뜨거운 눈물의 기도를 드렸다.

― 교회 재건

그러나 하나님께서는 당신의 백성을 사랑하시어, 드디어 온 국민이 염원했던 1945년 8·15광복이라는 참으로 기쁜 자유의 날을 맞게 해 주셨다. 해방과 더불어 신도대회를 열고 재건하고 조직하는 일들을 통하여 굳게 닫혔던 예배당 문을 열고 하나님께 영광의 찬미를 부르면서 예배를 드렸다. 1946년 4월 4일 명대숙 씨의 따님 변세옥 씨와 해방 후 최초로 휘경동 본부교회에서 정동심 목사님의 주례로 결혼식을 올렸다.

새 가정을 이룬 뒤에는 무교(無敎) 지방에 가서 교회를 세우고자 뜻을 정하였다. 살펴보니 춘천이 무교 지방임을 알게 되었다. 그래서 1947년 3월 5일에 춘천으로 이사하였다. 그리하여 그동안 연마한 기술로 양복점(대련 양복점)을 경영하면서 열심히 전도하여 마침내 교회를 세웠다. 하나님의 도우심으로 믿음에서 떠나가 쉬고 계시던 김인성 선생님, 연원복 장로님, 조돈하 장로님을 만나게 되어 교회 발전에 큰 힘이 되었다.

그런데 어느 날 갑자기 나의 양복점에 중선대회장 김명길 목사님이 찾아오셨다. 김 목사님은 교회 실정을 물어보신 후 춘천시 운교동 산 1번지에 예배드릴 곳으로 가정집을 20만 환에 구입해 주셨다. 그리하여 그곳이 교회당 구실을 하면서 교회는 점점 발전되기 시작하였다. 신자가 증가함에 따라 인재가 배출되었다. 최명환 목사님, 신병훈 목사님, 고 박재식 목사님, 홍헌소 목사님, 김용대 목사님, 고 양재형 장로님, 고 이강수 씨, 장기성 씨, 김기춘 선생님, 그리고 그들의 가족들이 나왔으며 교회는 성장해 갔다.

– 문서 전도

내가 교회 집에 살고 있을 때 김형도 씨가 문서 전도하러 오셨다. 우리 집에서 숙식하면서 문서 전도를 하셨는데 많은 결과를 보았다. 그래서 내가 문서 전도는 어떻게 하는 것이냐고 물어보니 자세히 알려주셨다. 집마다 기관마다 다 찾아간다는 것은 내가 원했던 바이기도

해서 그것이 내 마음에 들었다. 그래서 나는 문서 전도를 하면서 춘천을 복음화시켜야겠다고 생각하고 1949년 6월 23일에 문서 전도를 지원하였다.

조경철 출판부장님으로부터 최초로 일개 면인 가평군 외서면으로 가라는 통지를 받았다. 일단 지시에 따르기로 하고 준비하였으며 양복점 문에는 임시 휴업이라고 써 붙였다. 그러고는 홀로 청평에 가서 일을 시작하였는데 많은 결과를 보았다. 그래서 크게 용기를 얻고 자신감도 생겼는데, 모든 일이 성령님의 도우심이라 생각된다. 다음 지방은 춘천을 주려니 생각하였으나 강원도 홍천으로 가라는 통지를 받았다.

그래서 생각하다가 두 가지 일은 못하겠다는 판단을 내렸다. 그래서 강릉에 계시던 고 양재형 장로님을 오시라 하여 양복점을 인계해 주고 본격적으로 문서 전도를 하되 3년만 해볼 것을 결심하고 있을 때, 중선대회 사역자 수양회 겸 대전도회가 개최되었다. 1949년 8월 1일부터 30일까지 춘천 공립 초등학교 강당을 빌려 진행하였는데, 전도회를 마치는 안식일에는 이미 준비된 10여 명에게 침례식을 거행하였다.

전도사님을 개성교회로부터 전임 결의하여 춘천교회에 시무케 하였다. 때를 같이 하여 조돈하 선생님, 최명환 선생님, 그리고 김기춘 선생님은 서울삼육중학교로 전임하였으며, 나는 출판부에서 일하게 되었다. 그리하여 춘천교회의 모든 것을 반내병 장로님에게 이임하고 1949년 9월 15일에 서울로 이주하게 되었다.

– 고난 중의 기도

그동안 수많은 역경과 어려움이 엄습해 올 때마다 다음의 말씀으로 크게 위로받았다. "비방이 사람의 명예를 훼손할 수는 있으되 그의 인격은 더럽히지 못한다. 인격은 곧 하나님의 보호 안에 있는 것이다. 그리스도께서는 사람이 비록 오해받고 누명을 쓰는 일이 있을지라도 그모든 것을 잘 아신다. 그의 자녀는 어떤 모욕을 당하든지 경멸히 여김을 당하든지 조용히 참고 의지하는 가운데 기다릴 것이다"(**행복의 길**, 51~52).

건디기 어려운 시련이 대내적으로 올 때마다 몇 번이고 방향을 달리하고 싶은 마음이 간절했다. 그러나 그럴 때마다 1950년 7월 10일 인민군 따발총 앞에서 "하나님이시여, 이번만 살려 주신다면 삼 년뿐만 아니고 일을 시키시는 날 동안 헌신할 것입니다"라고 한 그때의 기도가 나의 마음을 사로잡았다. 37년간이란 세월 속에서 하나님의 거룩하신 멍에를 멜 때 괴로움과 즐거움을 함께하신 동역자 여러분께 감사를 드리며, 어둠 속에서도 빛으로 함께 하신 하나님의 사랑과 섭리를 감사드린다. 할렐루야!

– 의의:

이대련 목사의 수기는 태평양전쟁이 치열했던 시대, 인력 동원에 광분한 일제와 징병을 앞둔 청년의 고뇌하는 모습을 기술한다. 교회 예배에서 안식일학교는 수련학교로 명칭을 고쳐 부르도록 강요당했고,

심지어 예배 시에는 사복 경관(형사)이 앉아서 지켜보며 설교 내용을 감시했다. 설교 내용이 조금이라도 일본 정부에 어긋난다고 판단되면 무조건 연행해 가서 심문하는 등 당시 교회가 직면했던 어려움을 생생하게 드러낸다.

어른들이 피하니까 미성년인 자신에게 설교를 많이 요청했다. 일제의 탄압에 직면하여 많은 어른이 소극적인 태도를 보였다. 당시 분위기가 얼마나 위험했는지를 보여준다. 한번은 깊은 야밤 일경이 가택 수색을 나와, 그의 집 벽에 걸린 성화를 보고 "예수가 훌륭하냐?"라고 조롱하며 성화를 가져갔다. 이는 이대련 청년이 일제를 반대한 기독인 신자임을 명백히 드러내는 사건이었다. 신분이 노출되었기에, 그는 이곳저곳으로 유랑해야만 했다.

따라서 그는 황해도 사리원, 강원도 평강과 김화, 함남 신고산 등 여러 곳을 전전하며 교회를 돕고 소식도 전했다. 이러한 떠돌이 생활은 육체적으로나 정신적으로 매우 고된 시간이었지만, 그는 굴하지 않고 신앙을 지키며 강제 징병을 피할 수 있었고, 드디어 가평 적목리 공동체를 방문하게 되었다. 이 목사의 유랑 생활은 일제강점기 한국 기독교인들이 겪었던 탄압과 박해를 보여주는 대표적인 한 사례이다.

그가 적목리 공동체에 갔을 때, 콩깻묵과 초근목피로 연명했던 가족들은 모두 얼굴이 부어 부종이 생기고 영양 결핍과 극심한 쇠약으로 마치 죽음 직전의 사람들처럼 보였다. 그래서 주님의 재림이 늦어지면 이들이 병고나 쇠약으로 세상을 떠날지도 모른다는 염려가 밀려왔다고 했다. 그래서 그들을 위해 눈물을 흘리며 간절한 기도를 드렸고 했다.

신계훈[1]

– 누님의 보디가드

내게는 돌아가신 큰 누님 한 분이 더 계셨다. 39살에 불구로, 그것도 독신으로 돌아가셨으니 기구한 삶이라고 할 수밖에 없다. 해방 전인 일정 때에 입학한 초등학교 1학년 때 첫 소풍을 갔다가 장난기가 심한 같은 반의 사내아이가 떠밀어 뒤로 넘어졌다는데 어찌 된 것인지 척추를 크게 다쳤다고 한다. 그래도 당시 어지간한 병원에 입원도 하고 온갖 치료도 받았으나 끝내 평생 척추염(카리에스) 불구가 되고 말았다.

여자가 그렇게 되었으니 나이 들고 철이 날수록 삶이 고달파지고 서글퍼질 수밖에 없었다. 게다가 6·25 동란 때 늘 측은히 여기시던 부친마저 여의게 되었으니 불구 누님의 삶은 성한 형제들보다 더 힘겨워진 것이다. 6·25가 나던 해 춘천여자중학교에 입학했지만, 누님은 동란이 끝난 후 다시 피난지인 원주에서 중학교 과정을 계속했다. 당시 초등

---

1 신계훈 박사는 삼육대학교 전 총장 및 한국연합회 회장을 역임했다. 한국 재림교회의 대표적 목회자, 학자 및 행정가로 한국과 미주 교회를 위해 크게 기여했다.

학교 학생이었던 내 기억으로도 누님은 그 나이에도 참으로 조숙하였으며, 예민하고 친절하고 사려가 깊었다고 생각된다.

한밤에 한참 자다가 눈을 떠보면 누님은 이따금 앉은뱅이책상 앞에서 등불을 켜놓고 울면서 무슨 글인지 공책에 써놓곤 하였다. 불안하고 궁금해진 나는 다음 날 누님이 학교 간 사이에 감추어 놓은 노트를 찾아내서 그 내용을 읽어보았다. 거기에는 지금도 생각하면 가슴이 에이어 오는 사연이 적혀 있었다. 자기 삶을 깊이 비관하는 몸부림이었다. 여자가 이런 모습으로 더 살아 무엇 하는가 하는 가슴 아픈 사연이었다. 병들어 피지 못하는 가련한 한 송이 백합화 같은 애절한 신음이 단정한 글씨체 위로 떨어뜨린 눈물 자국과 함께 또박또박 적혀 있었다. 나는 그러다가 누님이 자살이라도 하면 어떻게 하나 하는 염려가 깊어졌다.

그도 그럴 것이 며칠 계속 학교에 가고 나면 하루쯤은 몸이 아파 집에서 쉬어야 했고 그리 오래 걷지도 못했다. 그런데도 공부는 잘해서 자주 칭찬 듣던 기억이 나고, 특히 학교에서는 선생님들과 친구들에게 호감을 주는 학교생활에 그래도 삶의 의미를 느끼고 힘겹게 살아가던 모습이 지금도 생생하다.

춘천이 수복되면서 큰누님은 작은누님과 함께 피난지인 원주에서 다니던 '재(在)원주 춘천여자중학교'가 춘천으로 옮겨가는 바람에 함께 춘천으로 가게 되었다. 그리고 객지가 된 춘천에서 '춘천여자고등학교'에 입학했다. 그리고 당시 '재(在)원주 춘천중학교'에 다니던 나는 어머님, 여동생과 함께 그대로 원주에 남게 되었고 원주중학교에 전학하여 원주 사람으로 남게 되었다.

고등학교 2학년 때쯤인가 여름 방학이 되어 누님이 집으로 왔다. 그런데 금요일 저녁이 되자 내게 부탁했다. 원주 시내 복판쯤에 있는 교회의 저녁 집회에 가려고 하는데 길이 멀고 무섭고 심심하기도 하니 나에게 동행을 요청하는 것이었다.

헤어져 있던 누님의 모처럼의 부탁이라 나는 선뜻 대답하고 따라나섰다. 당시의 우리 집은 원주시의 외곽인 봉산동에 있었기 때문에 교회가 있었던 중앙동까지의 거리는 꽤 먼 편이었다. 도착해 보니 교회는 20평이나 될지 싶은 작은 건물인데 예배 시간이 다 되었는데도 열댓 명의 부녀가 모이는 작고 초라해 보이는 교회였다. 누님이 나를 데리고 찾아간 곳은 안식일교회였다. 원주를 떠날 때 우리와 함께 방금 나가기를 시작한 천주교인이었는데 안식일 교인이 되어 돌아온 것이다.

밖에 걸린 긴 나무판자 간판에는 '제칠일안식일예수재림교회'라는 예나 지금이나 한참 긴 이름이 적혀 있었다. 예배가 막 시작되고 있는데 혼자 등단하신 목사님은 아주 차분해 보이시는 젊은 분으로, 처음 모습을 보인 누님과 내게 특별한 관심을 보이시는 것이 역력했다. 지금도 기억하는 내가 들은 첫 설교는 다니엘서 2장이었다. 중학교 2학년이었던 내가 능히 이해할 수 있었던 서양사와 결부된 예언 연구였다.

나중에 알게 된 일이지만 목사님은 구도자로 보이는 우리, 척추염으로 그리 키가 크지 않은 고등학교 2학년 학생인 누님과 역시 별 볼일이 없는 중학교 2학년생인 내가 교회에 출석한 것을 보시고 등단하신 후 생각 끝에 제목을 바꾸셨다고 한다. 최초의 즉석 '다니엘 연구세미나'에 참석한 셈이다. 처음 들으면서도 이해할 수 있는 내용의 말씀이라 흥미를 느꼈다.

예배가 끝난 후에는 목사님을 비롯하여 젊은 사모님, 그리고 몇 명 안 되지만 신자들이 아주 특별한 관심을 보여주셨다. 보잘것없는 중·고등학생들이기는 하지만 모처럼 새 사람이 왔다는 기대 때문이었을 것이다. 나는 그 후로도 '보디가드' 격으로 누님을 따라 그 교회를 계속하여 나갔으며 누님들이 개학하여 춘천으로 돌아간 후에도 꽤 자주 교회에 출석하곤 했다. 방금 천주교회를 다니기 시작하셨던 어머님은 별로 달가워하지는 않으셨지만, 밤길을 오가는 누님의 신변 안전을 위해 내가 따라나서는 것을 마음이 놓이시는 쪽으로 이해하셨다.

그때 원주 안식일교회의 그 젊은 목사님은 신학교를 졸업하고 삼육동에서 잠시 사감을 지내시다가 원주교회에 부임해 오신 초년 목회의 최승만 목사님으로 고 최태현 목사님의 아드님이셨다. 그렇게 하여 나는 누님의 보디가드로 안식일교회에 입문하였으며, 누님이 돌아가신 지 20여 년이 지난 지금은 누님이 나를 데리고 나갔던 그 교회의 '보디가드'의 한 사람으로 남아 있게 되었다.

─ 누님과 교회의 보디가드

그런데 수복된 학교를 따라 피난지였던 원주에서 춘천으로 들어간 고등학생 누님이 어떻게 방학 중에라도 먼 밤길을 마다치 않고, 중학생인 나를 '보디가드'로 삼아 교회를 나갈 만큼 철저한 신앙을 가진 안식일교회 신자가 되어 돌아온 것일까?

나중에 누님에게서 들은 사연은 이러했다. 기억나기로는 누님이 고등학교 2학년 2학기쯤에 갑자기 서울에서 한 학생이 전학을 왔다. 큰 학교이지라 더욱 외로움을 느끼고 새로운 환경에 적응이 필요했던 이 학생은 누군가의 도움이 필요했고, 또 이렇게 처음 전학해 온 낯선 학생에게 필요한 도움을 줄 수 있는 마음가짐이 우리 누님께 있었다.

누님은 비록 불구의 몸으로 병약하여 결석도 잦았고 힘든 일은 할 수가 없었으나, 공부는 썩 잘했으며 붙임성이 있어서 선생님들과 친구들에게 사랑을 받아왔다. 3학년이 되면서는 학생회 총무로 뽑혀 학생 활동도 열심히 하고 있었다. 누님과 전학을 온 학생은 가까워졌으며 함께 보내는 시간이 많아지게 되었다. 누님도 객지였고 그 학생도 객지였던지라 단간 셋방에도 함께 오가는 사이가 되었다.

고등학교 2학년 때의 겨울이었다. 오후 늦게 학교를 파하고 귀가하는 길에 그 학생과 누님은 학교 교문을 벗어나 학교 앞 조양동 거리로 얼마를 걸어 나왔는데, 조양동에 있는 춘천여자고등학교 앞쪽의 좀 높은 지대에 세워진 꽤 잘 지은 목조 교회 입구까지 오게 되었다. 그 친구는 누님에게 자기가 다니고 있는 춘천 안식일교회인데 잠시 함께 들렀다가 가자고 권했다. 누님은 준비가 안 된 마음이라서 들어가지 않고 밖에서 기다릴 테니 다녀서 나오라고 일러 겨우 요청을 뿌리치고 문밖에서 기다리고 있었다.

그런데 잠시 후 중년이 넘어서신 참으로 인자한 표정의 목사님이 문밖까지 나오셔서 누님을 안으로 들어오도록 간곡히 권하셨다. 어린 학생에게 말씀까지 높임말을 쓰시며, 한사코 권하시는 말씀을 어떻게 뿌리칠 수가 없어서 누님은 목사님을 따라 교회당 뒤편의 사택으로 들어섰다. 변변한 가구라고는 아무것도 없는 방은 덜덜 떨 정도로 추웠으며 썰렁하기 이를 데가 없었다.

누님을 권하여 친구와 앉게 한 후 목사님은 변변한 옷도 걸치지 못하신 사모님께 모처럼 귀한 손님이 왔으니, 저녁을 차리도록 말씀하셨다. 잠시 후 문이 접하는 부엌에서는 종이 태우는 냄새가 났다. 방에 앉아 있기가 민망해 부엌에 나가보니 선반에는 눈에 뜨이는 아무것도 없는 부엌에서 사모님은 화덕 같은 풍로에 그슬린 냄비를 얹어 놓으시고 아이들이 쓰고 난 공책들을 모아 불을 지펴 물을 끓이고 계셨다. 국수를 삶고 계신 것이었다. 한참 만에 겨우 끓기 시작한 물에 삶은 풀처럼 퍼진 기계국수와 짠 김치가 상에 올랐다. 기억에 남는 국수 맛이었다. 그러나 그 국수는 참으로 잊을 수 없는 맛과 향기로 누님의 혀끝과 코를 지나 가슴에 파고들어 왔다.

콧날이 찡했고 가슴이 뭉클했다. 추운데 어서 더 먹으라고 권하시며 얼마 안 되는 냄비의 국수를 덜어주시는 목사님과 종이 땐 연기로 아직도 눈을 바로 못 뜨시는 사모님의 모습을 바라보며 누님은 눈시울을 붉혔다. 추운 겨울 뜨거운 국수로 언 몸이 녹듯 마음이 녹아내렸다.

그 후 누님은 줄곧 그 친구와 함께 교회의 저녁 집회에 열심히 참석했다. 공책 종이를 태워 끓인 기계국수의 풀처럼 끈적한 목사님 내외분의 사랑이 남달리 감성이 예민했던 누님의 영혼을 사로잡은 것이었다. 그 추운 겨울 저녁 따뜻한 풀죽 기계국수를 끓여 보잘것없는 몸매의 불구 여학생을, 정성을 다해 섬겨 주신 그 인자하신 목사님이 바로 적목리의 주인공이셨던 신태식 목사님이셨고 그분의 사모님이셨다.

그것은 또 다른, 아니 계속되는 적목리 이야기의 속편(뒷이야기)이다. 그리고 나의 누님을 그러한 목사님이 계신 교회로 인도하기 위하여 느닷없이 전학해 왔던 학생은 그때 서울에서 신앙을 지키며 어려운 형편에서 공부하다가 춘천에 있던 교회 계통의 직장과 연관되어 잠시 춘천으로 내려오게 된 김순안 씨였다. 지금은 나성 글렌교회의 담임이신 안병주 목사님의 사모이다.

– 적목리의 불씨 이야기

이렇게 하나님의 치밀하신 섭리 가운데 적목리 어두운 골짜기를 밝힌 불꽃은 씨앗을 남겨 또 하나의 불씨를 준비해 주신 것이다. 누님은 고등학교를 졸업한 뒤 다른 친구와 같이 서울대 약대에 응시했으나 친구만 합격했고 누님은 아직도 활성이었던 척추염 진단으로 신체검사에서부터 낙방한 후 진학의 꿈을 버리고 원주로 내려왔다.

하나님은 영세 준비까지 마친 천주교인이었던 어머님을 비롯한 두 누이들과 나를 적목리의 거룩한 제단의 불씨를 간직한 진리교회로 인도했다. 누님은 때마침 원주로 부임해 오신 아버지 같으신 김창주 목사님의 요청에 따라 최초로 원주삼육초등학교를 시작했다. 학교라야 목사님의 어린 두 따님과 너덧 명의 신자 자녀들이 모인 참으로 초라한 학교였다.

박봉의 목사님도 가난하셨고 교회도 가난했으며 학생들도 가난했다. 따라서 처음이요 유일한 교사였던 누님도 가난할 수밖에 없었다. 받는 월급은 그야말로 신발값이었다. 그러나 누님은 정성을 다해 열심히, 정말 열심히 가르쳤다. 밤이고 낮이고 열심히 가르쳤다. 아이들이 달라지고 공부를 잘하게 된다는 평판이 나면서 학생들이 모여들었다. 30명에서 40여 명으로 늘어났다. 따라서 복식수업(한 학급에서 두 학년 이상의 학습)도 늘어났다. 3복식에서 4복식, 5복식으로 늘어났다. 돕는 선생님도 모시게 되었다. 학교는 나날이 달라지고 교회도 달라졌다. 그러던 어느 날 늦은 오후 해 질 무렵, 온종일 아이들과 씨름하던 누님이 학교에서 쓰러지셨다. 병약한 몸이 과로로 기진맥진한 것이다.

혼수 속에서도 가르치던 아이들의 이름들을 불렀다. 그러나 다시는 교단으로 돌아가지 못했다. 그것이 교단생활의 마지막이었다. 잠시 회복의 시기를 가지고 좀 더 연명했으나 1974년 5월 아침 다시 쓰러졌으며 다시는 일어나지 못하고 39세를 일기로 세상을 떠났다. 진눈깨비가 내리는 늦은 봄날 포천의 재림공원묘지에 부활의 아침을 기다리며 한 알의 밀알처럼 땅에 묻혔다.

그러나 누님이 가르쳤던 어렸던 학생들은 수많은 밀알이 되어 재림의 농원에 뿌려졌다. 아직도 사역과 교역에 종사하는 성실한 여러 목사님과 선생님들, 장로님, 집사님들과 사모와 신자들이 있다. 너무도 짧게, 그리고 기구하게 살다 가신 나의 누님은 아마도 나에게 이 진리를 전해 주기 위해 하나님께서 이 땅에 태어나게 하신 여인이라는 생각과 확신이 더해간다.

나를 '보디가드'로 이 교회로 이끄셨던 누님의 삶을 따라 이제 나의 삶은 누님이 쓰러지도록, 그리고 쓰러질 때까지 받들고 섬기던 이 교회의 '보디가드'가 되는 것이다. 그것이 적목리의 '보디가드' 신태식 목사님이 보여주신 삶의 내용이라 확신한다. 그것이 세상 끝날 때까지 타오를 구원(久遠)의 불길, 적목리 불꽃의 끊임이 없는 그리고 끝없는 이야기이다.

— 의의:

신계훈 목사의 재림교회와의 인연은 비극적인 사건으로부터 시작되었다. 그의 큰 누님은 해방 전 초등학교 1학년 때 장난기 심한 남학생에게 밀려 넘어져 척추를 다치게 되었다. 이 사고로 인해 그의 누님은 평생 척추염으로 고생하다가 요절하게 된다.

신 목사 누님의 재림교회 입교는 우연한 만남에서 시작된 운명적인 사건이었다. 그의 누님은 재림교회 신자인 고등학생 친구의 소개로 춘천안식일교회에 처음 발을 들여놓았다. 당시 여고 2년생이었던 그녀는 천주교회에 다니던 경험 때문에 다른 교회에 들어가는 것을 망설였지만, 춘천교회 담임이었던 신태식 목사의 간절한 권유로 결국 교회 안으로 들어서게 된다.

사택으로 들어간 그의 누님은 저녁을 차리라는 신 목사의 말씀에, 사모는 참으로 어렵고도 난감한 처지였지만 저녁을 준비했다. 아무것도 없는 부엌에서, 아이들이 쓰고 난 종이를 태워 끓는 물에 풀처럼 퍼진 기계국수, 반찬으로는 짠 김치가 상에 올랐다. 아무것도 없는 부엌에서 준비한 간단하고 소박한 식사였지만, 그의 누님에게는 매우 특별하고 감동적 경험이었다. 그 국수는 참으로 잊을 수 없는 맛과 향기로 그의 누님의 가슴을 울렸다.

적목리의 불길을 지닌 신태식 목사께서는 후에 목회자가 되어 가난이라는 고난을 통과하는 신앙인의 자태를 보여준다. 이것이 계기가 되어 신계훈 목사의 누님은 친구와 함께 교회에 다니게 되었다. 이로써 적목리 공동체 이야기는 신태식 목사를 통해 신계훈 목사 누님에게,

그리고 그 불길은 드디어 신계훈 목사에게로 이어졌다.

적목리 공동체 수기를 통해서, 다른 지역에서도 마찬가지이지만, 재림교인들이 고난의 극한 상황에서도 신앙적 순수성과 민족정기를 지키기 위해 애쓰고 고뇌하는 면모를 볼 수 있다. 이 공동체는 일상에서 신앙과 민족 정체성을 지키고 일제에 대한 저항 의지를 공동체적으로 분명히 표현했다는 점에서 특이하다.

적목리 공동체는 신앙적 순수성과 실천적 저항의 조화를 이룬 특별한 형태의 정신적 항일 모델로서 기억되고 실천되어야 할 덕목으로 보인다. 이 공동체는 자랑스러운 항일을 실천했다. 이는 오늘날 한반도 주변의 격변하는 상황에서 민족적 자존과 독립 의지를 지키기 위해 의미가 있는 것으로 보인다. 더 나아가 이 시대에도 우리에게 자유와 평화, 더 나은 사회 발전을 위한 개혁의 소중함을 일깨워 주는 귀중한 함의를 지닌다.

※ 주(註): 적목리 공동체 및 다른 지역의 동시대 불꽃 경험담이 추가로 있다.[1]

---

[1] 김관호, "진리의 횃불과의 첫 만남," **빛의 증언들**, 484-494; 허순복, "동해안의 묵호교회로 번진 선교의 불길," 495-499; 이재명, "태평양을 건너온 꺼지지 않는 불," 508-516. 또한 지리산 지역의 수기: 신종균, "진리는 결코 땅에 묻히지 않는다," 386-403; 철의 삼각지 하송관 지역의 수기인 이진석, "예수로 나의 구주 삼고/ 이영수 목사 전기", 417-429; 장인옥, "광양의 만나를 맛본 이들," 430-438; 태백산 지역의 수기인 김성달, "불타는 평신도의 신앙," 456-482 등.

다른 지역의 함성

지리산 공동체: 신앙의 피난처, 명산(名山) 지리산

최희만[1]

― 시대 상황

1943년 6월 2일, 선친(고 최태현 목사)께서 순교하신 후, 어머님께서는 11월경 큰아들 최옥만을 김영희 씨와 결혼을 시키고 인천 부평에서 살게 되었다. 당시 승만 형은 18세, 나는 14세, 여동생 옥련이가 12세였다. 누님들이 네 분 계셨는데, 큰 누님이신 옥선, 둘째 누님인 옥인, 셋째 누님 옥희, 넷째 누님 육화 씨가 모두 결혼하셨는데 둘째 누님만 이북 황해도 태탄에서 따로 살고 계셨고, 첫째와 셋째와 넷째 누님은 서울에서 계셨다.

그 해 1943년 12월 28일, 교회 해산성명서가 조선연합회 유지재단 청산위원들의 이름으로 신문에 발표되었다. 교회에서 종소리를 들을 수가 없었고 공식적으로는 예배를 볼 수가 없었다. 모두 지하로 숨어서만 이 예배를 드릴 수가 있었다. 안식일을 지키는 사람들이 드물었다.

그 당시에는 창씨개명을 해야 했다. 이름을 일본어 이름으로 고쳐야

---

1   최희만 장로는 최태현 목사의 삼남으로 지리산 공동체 거주자이며, 미주 한반도 평화협의회 회장 등을 역임했다.

했을 뿐만 아니라, 찬미를 부르는 데도 "왕께서 잔치에 오셨네"라는 가사의 경우 "왕"을 "주"자로 바꾸어 "주께서 잔치에 오셨네"라고 해야만 찬미를 부를 수가 있었다. 일본이 미국과 싸우면서 무기 공급이 모자라고 전쟁에 지고 있던 때여서 놋으로 만든 쇠붙이들은 세숫대야, 놋요강, 놋 사발은 물론이고 놋숟가락까지 빼앗아 가던 시절이었다. 시국이 극도로 어려웠던 시절이었다. 젊은 남자들은 징병으로 보내면서 자원하지 않으면 잡아가던 시절이었다. 14세, 15세, 16세 여자아이들은 정신대로 마구 잡아가던 험악한 시절이었다.

때가 때인 만큼 우리 기독교인들은 신앙의 자유가 없으니, 신앙생활을 하려면 산중으로 도망해야 했고 그것도 깊은 산중으로 피하지 않으면 신앙을 유지할 수가 없었다. 쌀도 구하기가 어려워 대두미(大豆米)라 부르는 콩깻묵을 배급받아 생활하였다. 지금으로부터 꼭 55년 전 이야기이다.

그때 "지카다비"라는 일본식 운동화가 있었는데, 그것은 엄지발가락 부분이 갈라져 있어서 "쪽바리"라고 부르는 신이었다. 전투태세를 갖추어야 한다고 해서 "께이토루"라 하여 붕대식으로 종아리를 감고 다니기도 하였다. 그 당시는 일본인들이 우리 한국인들을 "조센징"이라 하여 비인간적으로 취급하던 시절이었다.

고등계 형사들이 기독교인들을 사상범이라고 마구 잡아갔다. 그때 신태식 장로, 반내현 장로, 조경철 장로님들이 가평 명지산으로 들어가서 기독 청년들과 벌목 생활을 하면서 신앙을 유지하면 산다는 소식을 들었는데 후에 그곳이 적목리인 것을 알게 되었다.

– 입산 배경

우리 가족들은 지리산으로 들어가게 되었다. 그곳으로 가게 된 사연이 있다. 큰형님이신 최옥만 장로는 당시 경기도 위생국에서 경영하는 한지의사(限地醫師) 양성소를 졸업하고 한지의사로서 부평에서 개업하고 계셨다. 병원이 잘 운영되어 어머님과 형님 내외, 그리고 두 남동생과 옥련 여동생 등 모두 여섯 식구가 큰 어려움 없이 살고 있었다.

하루는 귀한 손님이 배낭을 메고 찾아오셨다. 그분이 바로 정인섭 장로님이셨다. 키가 건장하고 콧수염을 기른 분이었다. 다들 저녁상을 물리고 나서 가족 예배를 드리게 되었는데, 찬미는 소리가 나니까 부르지 못하고 정인섭 장로님이 설교를 시작하셨는데 신앙생활을 제대로 하려면 지리산으로 피난을 가야 한다고 말씀하셨다.

예수님이 오실 날이 임박했는데 그 당시 재림의 징조가 모두 맞아서 떨어졌다면서 가산을 다 팔아서 산속에 들어가 유무상통(있는 것과 없는 것을 서로 융통)하면서 재림을 맞이해야 한다고 하셨다. 어머니께서는 금방 받아들이셨는데 큰형님이 잘 듣지 않으시고 강경히 반대하니까 정 장로님은 더 이상 권유를 못 하시고 다음 날 떠나셨다(그 당시가 1943년 12월 경이었다).

겨울이 지나고 1944년 봄에 정인섭 장로님이 다시 찾아와서 지리산으로 가자고 권하셨다. 이미 승만의 나이가 19세, 희만이 15세, 옥련이 13세가 되어 이 아이들이 언제 징병이나 정신대로 잡혀갈지도 모르는 상황인 데다가, 옥만 형님의 병원 사업이 잘되는 것은 좋은데, 항상 바빠서 신앙을 제대로 지키지 못하니까 어머님께서는 강력히 산으로 가야 한다고 주장하셨다.

마침내 옥만 형도 선친의 믿음과 순교자의 정신을 본받아서 돈벌이가 잘 되는 병원도 팔고 좋은 가구도 다 판 뒤 떠나기로 작정하였다. 목적지는 경상남도 산청군 범주골이라고 부르는 두메산골이었다. 큰 형수님이 첫아이를 임신하여 6개월째이었는데, 그 임산부와 노모, 그리고 동생 셋을 데리고 형님은 길을 떠나게 되었다.

— 명산(名山) 지리산

지리산을 가려면 서울역에서 경부선 기차를 타고 경상남도 삼랑진에서 내려 기차를 갈아타고 진주까지 가서 버스로 덕산리까지 네 시간을 더 가야 했다. 그리고 범주골이라는 골짜기는 도보로 40리 산길을 오르고 내리면서 찾아가야 했다. 골짜기를 오르고 내리다 보니 산골에 집 한 채가 보이는데 그 집이 우리 여섯 가족이 살 집이었다. 부엌과 방이 세 칸 있는 집으로 제대로 꾸미지 않아 지붕이 새고 하늘이 보이는 초가집이었다.

온돌방인데 엉성한 돗자리 밑으로 흙이 보였다. 벽으로 빈대가 기어가던 그대로 눌러 죽이는데, 빈대가 터지면서 핏자국이 생긴다. 그래서 벽은 마치 그림을 그린 것처럼 온통 핏자국으로 얼룩져 있었다. 그런 집을 가족들이 힘을 모아 수리하여 그런대로 지낼만하게 되었다. 서울, 인천 등지에서 편하게 살던 도시 사람들이 하루아침에 두메산골, 그것도 산 사람들이나 살 수 있는 집에, 즉 산 사람들이 산채(山菜)를 캐다가 날이 저물면 하룻밤 쉬어 가는 정도의 오두막에 살러 왔다는 것을 생각하니 기가 막혔다.

우리가 그런데 하물며 새로 시집온 형수님은 이런 산골에서 시어머님을 모시고 줄줄이 시동생들과 같이 산다는 것이 얼마나 어려웠을까? 지금 생각하면 어떻게 견디셨는지 참으로 안쓰럽기 짝이 없다. 그러나 이 산속에서 신앙의 자유가 얼마나 귀하고 소중했는지 모른다. 마음껏 찬미도 부르고 매일 성경을 보고 예언의 신도 보고 기도의 생활을 하게 되니 고생도 어려움도 모르고 살았다.

지리산은 명산 중의 명산이다. 옛 성현이 글귀에 쓰기를 "무릉도원이 어드메냐, 지리산인가 하노라" 했던 산이다. 얼마나 아름답고 훌륭한 명산인지 산정이나 중턱에 구름이 껴있는 풍경을 보면 시내산과 비슷하지 않을까 생각하곤 했다. 시내산은 가보지 않았지만, 성경에 나오는 말씀을 보아 명산임에 틀림이 없을 거란 생각이 들기 때문이다. 모세가 하나님을 뵈온 산인 것이다. 지리산은 제정 말엽에 하나님의 남은 백성들이 40여 명이나 이 명산에서, 마치 피에몽(Piedmont) 계곡과 험준한 알프스산맥에 중세 종교 암흑기 동안 하나님의 신실한 백성들이 피난했듯이, 하나님을 만나고 보호받으며 교제하던 산인 것이다.

― 호랑이와 함께

하루는 어머님께서 밤중에 기도하시고자 밖으로 나오셨다. 집에서 조금 걸어 나오면 크고 넓은 바위가 있는데 어머님은 늘 그곳에서 기도하시곤 했다. 그날도 한참 기도하고 눈을 떠보니까 큰 등불 같은 불을 두 눈에 켠 호랑이가 옆에 앉아 있는 것이었다. 처음에는 너무 놀라셨다. 그러나 그 순간 하나님께서 어머님과 함께하시고 호랑이로부터 보호하시니 조금도 놀라거나 당황할 필요가 없다고 마음먹고 조용히 일어나 집으로 총총 오니까 호랑이도 어슬렁어슬렁 따라오더니 어머님이 방으로 들어가시니 그냥 돌아갔다고 했다.

그때 비가 많이 와서 길이 미끄럽고 산사태가 나서 깊고 위험한 낭떠러지 길을 그 빛으로 안전하게 왔다고 하셨다. 순교자의 아내를 하나님께서 보호하여 주신 은혜였다. 그 이튿날 우리 가족은 천사는 물론 호랑이까지 우리를 지켜주신다며 감사와 찬송으로 아침 예배를 드렸다.

또 한 번은 어머님께서 범주골에서 순두리로 이사를 하느라고 자주자주 이삿짐을 나르고 계셨다. 이 산골짜기에서 저 산골짜기로 넘어야 하는 아주 험준한 길이었고 국사봉을 넘어야 순두리라는 곳이 있었다. 그때 마침 겨울이라 눈이 하얗게 덮여 있었다. 어머님이 산비탈에 이르렀는데 갑자기 9마리나 되는 산돼지 새끼들이 뛰쳐나와 얼마나 놀라셨는지 평생 그렇게 놀라신 적이 없다고 하셨다. 더 놀란 것은 그때 어미나 수컷 돼지가 있었으면 매우 위험할 뻔했다고 나중에 산 사람들이 말해 준 것이었다.

덕산리라는 곳은 큰 동네가 있는 곳이고, 범주골이라는 곳은 드문드문 몇 가정이 사는 곳인데 촌사람들이라 인심이 좋고 친절하여 산 생활을 잘 지도해 주었다. 처음에는 가지고 간 돈으로 오일장에 나가 양식과 생활필수품을 사 와서 생활하였다.

그런데 이곳저곳에서 우리 재림 교인들이 찾아오면 반갑기도 하고 한 가족이나 마찬가지이니까 같이 나누어 먹고 같이 예배도 보면서 살았다. 그들은 아무것도 없는 교인들이어서 우리 가족은 그들과 유무상통할 수밖에 없었다. 수개월 후 돈이 떨어지니까 소중한 것들을 팔아서 식량으로 바꾸어다 먹었다. 그러다 보니 서울에서 만석꾼(큰 부자)이 왔다고 동네에 소문이 자자하게 났다고 한다.

그런데 그 산속에서도 예수쟁이들이 묻혀 산다는 소문이 나서 경찰서에서도 알게 되었다고 했다. 동네 어른이 경찰서에서 조사하러 온다고 귀띔해 주어 우리 가족은 그곳을 떠나 더 깊은 산속인 순두리로 이사를 하기로 했다. 순두리라는 곳은 국사봉을 넘어 상봉 아래 있는 동네로 그곳에는 집이 세 채가 있었는데 우리 교인들이 그곳으로 다 모이게 되었다.

그곳에는 정인섭 장로 가족(그 부인은 이근억 목사님의 큰 따님이다). 신종균 목사님 가족, 최옥만 장로가 모친과 동생들과 함께 살았다. 그리고 김기방 장로 가족과 최옥화 누님, 박훈옥 집사(문서 전도 부인)와 6세 된 그의 아들 김효성 군, 이름을 기억할 수 없는 이 집사 가족들이 잠깐 살다 가곤 했다.

그 외 몇 가족이 더 있었고 그중에 한센병 가족이 있었는데 남편만 환우이고 그 부인과 두 아이는 멀쩡했는데, 그 부부가 우리 재림기별을 받고 산에서 침례를 받아 우리 교인이 되었다. 약 40명이 산에서 유무상통하면서 신앙생활을 자유롭게 하였는데, 마침내 그 산속에도 핍박이 들이닥쳤다.

─ 체포와 해방

1944년 추운 겨울이었다. 지리산 순두리라는 곳은 덕산리 버스 정류장에서 70리가 넘는 곳에 있는 산속이고 꽤 높은 지대이다. 산청군에 있는 경찰서 간부들이 노루, 꿩, 산돼지 등을 사냥할 겸, 순두리에 있는 기독교인들을 토벌하러 갑자기 들이닥쳤다.

신종균 목사님과 최승만 형, 이 집사 그리고 경상남도 하동에서 온 청년이 붙잡혀 가고 옥만 형과 나, 그리고 몇몇 남자들은 무사할 수 있었다. 그래서 잡히지 않은 5명의 남자는 순두리 뒷산에서 숨어서 살았다. 음식은 부녀들이 날라다 주어서 약 2주나 숨어 있었다. 밤에는 별을 보면서 야외에서 잠을 잤는데 추운 줄도 모르고 살았다. 그때가 1945년 해방이 되던 해의 2월경이었다. 잡혀간 사람들이 3개월 후인 5월 봄에, 이 집사와 승만 형은 혐의가 없어 석방되고 신종균 목사님은 계속 구속되어 있었다.

그때 산속에서 먹었던 주식은 도토리와 감자, 깡보리, 그리고 수많은 산나물이었는데 40여 명의 교우가 그 산에서 사는 동안 병이 나서 아픈 적이 거의 없이 살았다. 우리는 하나님께서 당신의 백성을 잘 보호하심으로 말미암아 건강하게 신앙을 잘 지킬 수가 있었음에 감사를 드렸다.

드디어 8월 15일 해방을 맞았다. 우리는 그 사실을 18일이 되어서야 알 수가 있었다. 얼마나 감격적이고 기뻤는지! 이제는 서울로 돌아가야 하는데 옷들이 남루하고 남은 것이 없어서 기차표를 살 돈조차 없었다. 신앙을 자유롭게 지켰지만, 알거지가 되어 있었다. 그러나 기이한 섭리로 서울 동대문구 회기동 교회가 있는 곳으로 온 가족이 건강하게 돌아올 수 있게 되었다.

— 의의:

    최태현 목사의 순교는 비극적 사건이지만, 지리산 공동체의 시발점이 되었다. 남겨진 가족들은 정인섭 장로의 설교를 듣고 예수 그리스도의 임박한 재림을 위해 가산을 정리하고, 탄압받지 않고 자유로이 재림을 준비하기 위해 지리산 천왕봉 아래의 옛 광덕사 폐허 자리에 있던 지리산 공동체로 향하게 되었다.

    남편을 여의고 말없이 오열했던 미망인 이안나 여사가 지리산 바위 위에서 기도할 때, 심지어 호랑이가 옆에 앉아 있는 경험도 했다. 사람들이 모여들자, 일경의 수색이 있을 것이라는 소문에 더 깊은 산속 순두리로 이사했다.

    일경의 기독교인 토벌로 더 깊은 산속에서 2주간 숨어 지내기도 했다. 밤에는 야외에서 별을 보면서 잤지만, 추운 줄도 모르고 살았다. 일제의 폭압과 공포 앞에 절규하는 유족들의 함성을 들을 수 있다. 가장이자 부친을 여읜 8남매의 한과 절규가 시공을 초월하여 메아리쳤다. 일경에게 체포되어 투옥되고 고생했지만, 극한 상황에서도 하나님께 대한 믿음의 용맹으로 유족들은 살아남아 해방을 맞았다.

조광림[1]

일정(日政, 일본 통치)의 어두움이 아직 한반도에서 걷어지지 않았던 1944년, 평남 용강군에서 살던 우리 집에는 보이지 않는 움직임이 서서히 일어나고 있었다. 당시 일본 정부의 식민지정책이 강화되어 재림교회의 출입문에는 나무로 가로질러 못을 박았고 하나님의 남은 무리들은 예배할 곳을 이미 잃어버린 터였다. 필자의 부친(당시 조경철 집사)은 신사참배를 거절하여 더 이상 용강에 머무를 수 없게 되었고, 아직 예수님의 재림 때는 아니었으나 도시를 떠나야 하는 절박한 시간이 다가오고 있었다.

아버님은 매우 가난하게 자라났다. 본인의 소원만치 공부도 할 수 없는 처지였으므로 아버님은 문서 전도에 몸을 담고, 자전거로 수천수만 리를 다니면서 복음을 전하는 일에 모든 시간을 바쳤다. 초등학교의 담임선생이었던 이항식(이영린 목사의 부친) 선생의 중매로 어머님(안덕실)을 만나 결혼하였으며 하나님의 축복으로 다 죽어 가는 과수원을 사서 잘 가꾸어 좀 더 나은 수입이 생기기 시작하였다. 가정의 경제 사정

---

1 조광림 박사는 하송관 공동체 거주자이며, 조경철 목사의 아들로서 미국 앤드루스 대학교(Andrews University)에서 목회학 박사학위(D.Min.)을 취득하고, 북미지회(North American Division) 남가주합회(Southern California Conference) 아태부장직을 역임했다.

이 점점 좋아져서 재정으로도 풍부해지고 있는 때에 우리는 아버님의 인도를 따라 이 모든 것들을 뒤로하고 어디론가 떠나야 했다.

당시 10살이 미처 못 되었던 나로서 어떤 과정을 통하여 목적지에 도착하였는지는 생생히 기억나지 않으나, 우리 가정이 정착한 곳이 적목리에서 얼마 떨어지지 아니한 하송관이었다. 적지 않은 젊은이들이 적목리로 들어가 산판에 종사하며 징집을 피하여 예배를 드리며 지내던 그때, 아마 아버님께선 가정이 있었기 때문에 하송관에 자리를 잡고 농사를 시작하신 것 같다. 통나무로 지은 집에 물론 전기라는 것은 구경도 못 하는 산간벽지였으며, 관솔로 독굴(벽에 불 놓는 곳)이라는 곳에 불을 피워 그 빛으로 어두움을 다소 면했으며, 그것도 저녁 예배를 위한 것이었고 그리곤 곧 밤잠으로 들곤 했다.

그리고 아침 해 뜨는 시간이 기상 시간이었다. 어린 나이에 밤이 왜 그렇게 길었는지, 해가 지고 어른들이 잠자리에 들면 그 시간이 제일 싫어서 속히 해가 뜨기를 기다리곤 했다. 봄이 되면 돌짝밭에 옥수수 씨를 심는다. 그리고 감자, 채소 씨들을 뿌린다. 그 씨뿌리는 계절이 지나면 아버님은 배낭을 지시고 어디론가 가시는 것이었다. 나는 어머님을 도와 곡식 씨들을 심었다. 어머님 말씀이 곡식도 한 알 심으면 잘 안 자라고 두 알이나 세 알을 함께 심어야 서로 도우며 경쟁하듯이 빨리 잘 자라 열매를 맺는다고 하셨다.

아버지가 배낭을 지고 기약 없이 어디론가 떠나실 때면 어머님은 그저 기도하는 마음으로 아버지가 무사히 돌아오실 때까지 아무 염려 없이 기다리곤 하셨다. 걱정하거나 불안해하시는 기색도 없었다. 나중에 안 일이지만 아버님은 광부의 복장으로 흩어져 있는 교인 가정들을 방문하러 나가시는 것이었다. 여행의 제한을 받던 그때 광산을 찾으러 다니는 사람들이 정부의 인정을 받고 여행 허가를 받아서 다녔던 것처럼, 배낭에 몇 개의 돌을 넣고 광산업자의 증명을 얻어 다니시며 여러 곳을 방문하셨다. 십일조를 모아둔 가정에서는 그 돈을 아버님께 드려 모아두었다가 후에 해방이 되어 교회 본부가 생겼을 때 그 십일조를 바친 것으로 안다.

그때 일부 신앙 극단주의자들은 계시록 16장 13절에 기록된 "개구리 같은 세 더러운 영"이 일본과 독일 그리고 이탈리아라고 해석하여 이제는 아마겟돈의 시작이니 모두 지리산으로 들어가서 유무상통하며 예수 재림을 기다려야 한다고 강조하고 미혹하는 일이 있었다. 아버님은 대쟁투에 근거한 계시록 예언을 깊이 연구하여 아직 일요일 휴업령이 내리지 않았으므로 예수 재림이 다가온 것이 아니라고 깨달으시고 지리산으로 들어가려고 준비하는 가정들을 분주히 찾아다니며 예언을 해석해 주기에 동분서주하셨다. 그러나 일부 가정은 아버님의 그러한 간곡한 만류를 거절하고 급기야는 입산하여 말할 수 없는 삶의 어려움을 당하였다.

우리의 농사는 그런대로 수확이 좋았다. 수시로 배고픈 젊은이들이 산판으로부터 찾아와서 우리가 지어 놓은 농산물을 같이 나누어 먹곤 했다. 아직도 기억에 생생한 것은 어린 나이에 방에서 자다가 큰 소리에 깨어보면 강태봉, 이기환 씨 등 이런 분들이 아버님과 함께 밤늦게까지 대쟁투를 연구하시면서 그 예언의 확실성에 무릎을 치며 감탄하는 소리가 나의 귀에 쟁쟁하다. 중세 종교 암흑기에 신앙의 핍박을 피해서 용감하게 믿음을 지켰던 왈덴스들의 굳은 믿음과 하나님께 향한 충성심이 아마 지금 우리들이 물려받은 가장 귀한 유산이리라!

어머님은 수시로 찾아와 기약 없이 머무르다 가시는 그 모든 교우들을 아무 불평 없이 대접하곤 하셨다. 당시 아버님과 함께 숨어다니며 전도하고, 흩어진 교인들의 믿음을 굳게 하셨던 신태식, 김명길, 반내현 씨 등은 하송관의 우리집이 수시로 들리는 정거장이었고, 그럴 때마다 어머님은 밭에 나가 채소를 뜯고, 겨울이면 묻어 놓았던 무를 캐고, 감자를 삶고, 옥수수를 쪄서 풍성히 대접하곤 하였다.

인제 와서 생각해 보면 우리 어머님 신앙이 아버님 신앙 못지않게 훌륭하셨음을 부인할 길이 없다. 이러한 아버님의 출장은 씨뿌리는 계절과 추수 계절을 제외하곤 연중 계속되었다. 때론 밤새 깊은 산골길을 걷다가 호랑이를 만난 이야기며, 기차를 놓쳐서 당하신 어려움이며, 주먹밥을 잡수시며 몇 날을 걸어가 어느 외딴 초막집에 교인을 방문한 일이며, 천사의 도움을 받아 어려움을 면한 일이며, 여러 가지 신앙의 경험을 가끔 말씀해 주실 때면 오늘날 풍족한 세상에 살면서 더욱 헌신하지 못하는 것이, 하나님께 무척 송구스럽다.

이런 삶이 계속되는 어느 날, 아버님께서 소를 끌고 장에 다녀오셔서는 마당에서 춤을 둥실둥실 추시는 것이었다. 알고 보니 일본이 항복하고 조선이 독립한다는 믿을 수 없는 소식이었다. 아버님께서는 종종 그런 말씀을 하시곤 하였다. 아직 천국 복음이 온 세상에 전해지지 아니하였으므로 하나님을 대적하는 일본이 꼭 망할 것이라고. 그래야 복음 전할 때가 오지, 일본이 천하를 통일하면 복음의 문이 막힐 것이기 때문에 일본은 꼭 망할 것이라고 하였다.

그래서 우리 삼 형제를, 하나님을 부인하는 일본 강점기에 일본학교에 보내지 않으신 것이다. 그 산골 작은 석유등 밑에서 성경을 펴놓고 한글을 배웠다. 나의 기억에는 강봉호 씨가 가르쳤으며 때론 이기환 씨가 가르쳤는데 채찍을 옆에 놓고 무섭게 가르쳤다. 그런데 그 산골에서 산수(현대의 수학)나 과학 과목 같은 것은 전혀 배우지 못해 나중에 학교에서 공부할 때 기초가 없어서 어려움을 당한 기억이 아직도 남아 있다.

해방된 후 아버님은 또 다른 계획을 세우고 계셨다. 자녀들의 교육을 위하여 서울로 이전하는 것이었다. 10살 때였으므로 그 당시의 일들이 어렴풋이 생각난다. 어느 날 아침에 안개가 자욱이 껴서 지나가는 사람이 잘 보이지 않는 이른 시간에 우리 가족은 김화에 계셨던 임정혁 선생 집에서 하룻밤을 지새우고 아침에 일찍 서울을 향하여 떠난 것이 신앙을 위한 우리의 하송관 순례 생활의 끝이었다.

교회당들이 강제로 폐쇄되고 신자들이 흩어지고, 신사참배의 강압은 더욱 심해져 타협하지 않으면 더 이상 편안히 살 수 없었을 때, 아버님은 아브라함처럼 하나님이 지시한 땅으로 떠나신 것이 하송관 생애의 시작이었다. 가난에서 벗어나서 좀 잘살게 되었을 때도 아버님의 그 굳은 신앙의 순례를 가로막을 것은 아무것도 없었다. 재산도 재물도 다 마다하시고 믿음의 꿈을 가지시고 하송관으로 향하던 때, 어머님은 아브라함의 아내 사라처럼 그저 따라나서서 그 뒷바라지를 침묵과 인내로써 해내신 것이다.

이 세상에서는 외국인과 나그네로 생각하시며 더욱더 나은 본향을 사모하는 분들이 아니었다면 그때에도 얼마든지 타협하며 적당히 부귀를 누리면서 살길은 없지 않았을 것이다. 이제 하송관과 적목리는 21세기의 남은 교회와 연결하는 건널목이 되어 침묵을 지키고 있다. 이름도 영광도 없이 재림신앙을 왈덴스인들처럼 이어온 장한 사람들. 이제 우리들은 그들에게서 물려받은 이 믿음의 유산을 잘 간직하여 다음 세대에 넘겨주어야 할 것이다. 예수님께서 당신의 백성들을 데리러 나타나실 때까지.

- **의의:**

조경철 목사는 교회가 폐쇄되고, 신자들이 흩어지고 신사참배가 강요되자 용강을 떠나 하송관으로 옮겼다. 거기서 광부의 차림으로 흩어진 교인들을 방문하였다. 서울 을지로 7가의 이성옥 가정, 평양, 장매리를 거쳐 광나루 최옥만(최태현 목사 장남) 가정을 찾아다녔다. 가평 적목리도 방문하여 기도주일과 사경회를 인도했다.

파종과 수확 시기를 제외하곤 연중 신자들을 방문했다. 때론 밤새 깊은 산골길을 걷다가 호랑이를 만나기도 하고, 기차를 놓쳐서 어려움을 당하고, 몇 날을 주먹밥을 먹으며 걸어가 외딴 초막집의 교인을 방문하기도 했다.

천국 복음이 온 세상에 전해지기 위해 일본의 패망을 확신하고 그렇게 행동했다. 교회가 극심한 어려움에 부닥치자, 그는 아브라함이 하나님께서 지시한 땅 가나안으로 떠났던 것처럼, 신사참배에 타협하지 않고 믿음으로 하송관을 향해 떠났다. 이 세상에서는 자신을 장차 임할 하늘나라를 바라보는 "외국인과 나그네"(히 11:13)로 생각하며, 그는 더 나은 본향을 사모했던 중세의 왈덴스인들과도 같은 삶을 살았다.

해방이 되고 장터에서 집으로 돌아오던 조 목사는 마당에서 춤을 둥실둥실 추셨던 것으로 해방의 기쁜 소식을 알렸다. 얼마나 고대하고 기뻤던 순간이었을까! 해방이라는 사건에서 민초들의 벅찬 감동과 기쁨의 함성을 생생하게 느낄 수 있다.

서울 공동체: 이성옥 목사 집의 모임

김재신[1]

1943년 12월 28일, 교회 해산 당시 서울에는 회기동 본부교회, 종로 청진동에 청진동교회, 성동 왕십리교회가 있었으나 해산 이후에는 그 어느 교회에서도 집회하는 교회가 없었고 또 할 수도 없었다. 그 당시 청진동교회에 출석하고 있던 이성옥(李成玉)이 서울시 중구 을지로 7가 67번지에서 살고 있었으며 장춘동에 대동양복점(大同洋服店)을 경영하고 있었다.

이성옥은 1912년 전북 정읍 태생으로 1929년 정읍 초등학교를 졸업하고 1930년 초 정읍에 있는 재림교회에 입교하고 출석하였다. 그해 가을에 상경하였는데, 1931년 9월 20일부터 10월 29일까지 경성 상공회의소에서 원동지회장 그릭스(Frederick Griggs) 목사의 대전도집회에 참석하여 진리를 배웠다. 당시 구도자 중에서 사역에 동참한 이는 김

---

1   김재신 목사는 이성옥 목사의 첫째 사위이다. 북한 평안남도 강서 출신으로 1948년 18세에 월남하였다. 해방 이전의 일제강점기와 월남 후 이남의 교회 상황을 경험한 신실한 교인으로서, 본인이 직접 경험한 재림교회 공동체 관련 사실들을 기록했다.
한국 재림교회의 북한 교회사가로서 특히 윗글은 저자가 월남하기 전 이북에서 경험했던 것을 기술한 것이다. 저서로는 경희대학교 대학원의 석사 논문인 **한국기독교 문화의 일연구**(1969)를 위시하여 **북한교회사**(시조사, 1993), **삼육대학교 90년사** 등의 저술을 남겼다. 서울삼육중고교, 한국삼육중고교 등 여러 학교의 교사, 교감 및 교장, 및 삼육간호보건대학장을 역임했다.

창수 목사, 조돈하 장로, 이성옥 목사이다. 그 후 신당동에 이여식 선생이 거주하면서 신학생들과 전도회 뒷수습을 하였는데, 그때 개척한 교회가 왕십리교회이다. 처음에는 김창수 선생 댁에서 그의 가족과 누이동생 가족, 이성옥, 최상길 등이 모여서 집회하다가 후에 교회로 발전하였다. 이성옥은 왕십리교회의 창설 교인 중의 하나이기도 하다.

이성옥은 1933년 6월 20일에 이시화 목사에게 침례를 받았다. 그리고 1936년 1월부터 37년 7월까지 문서 전도에 참가하였다. 1937년 8월에 형님과 같이 삼광양복점(三光洋服店)을 운영하고 1938년 4월 3일, 이시화 목사의 주례로 최병아 양과 결혼하였다. 1939년 봄에는 장춘동에서 대동양복점(大同洋服店)을 독립해서 경영하였는데 수입도 많아지고 십일조와 헌금도 많이 드리게 되었다고 한다. 1941년에는 전세 생활을 청산하고 서울시 중구 을지로 7가 67번지 소재 12칸 기와집을 5,800원에 매입하고 본적지로 하였다.

이성옥은 청진동교회에 참석하고 있었으나 1943년 12월 28일 교회가 해산당한 후에 믿음의 형제들을 찾아다니며 함께 예배드리기를 청하였고, 을지로 7가 67번지 자택에서 가정 집회를 하게 되었다. 당시 안식일 집회에 참석하던 이들은 이성옥 가족과 김석영 목사 가족, 이면득 목사 가족, 김창수 선생, 회기동교회 김종언(호) 장로, 청진동교회 강경험 장로, 유남의와 그의 형 등 어른 14명 정도, 많을 때는 30여 명이 매 안식일, 그의 집 안방에서 찬미도 못 부르고 김석영 목사와 이면득 목사가 번갈아 가며 설교하고 성경 연구도 하며 예배를 드렸다.

여름에는 장충단 산속이나 한강 강가로 가서 예배드린 때도 있었다. 당시 일제는 총동원령을 공포하고 젊은 사람들은 전쟁터의 징병으로 또는 탄광으로 징용 보내고 있었다. 이성옥은 강원도 회양금광으로 가는 것으로 동적부(동[洞]에 사는 사람들의 신상 기록)에서 이름을 빼 버려서 배급도 끊어진 상태였다. 그때 믿는 형제들 사이에 '서울 이성옥은 부자'라는 소문이 나서 지방에서 서울로 가는 사람들은 을지로 7가 이성옥의 집을 찾아가곤 하였다.

한두 사람이 올 때도 있지만 많을 때는 여덟 명이 한꺼번에 오는 때도 있었다고 한다. 잠시 들렀다가 가는 이들도 있었지만, 하루 이틀 자고 간 사람도 있고 또는 한 달 두 달을 같이 지내고 가는 이들도 있었다. 당시 을지로 7가 지하교회를 방문한 이들 가운데는 김명길 목사를 필두로 조경철, 류재목, 신태식, 양금수, 최종섭, 최명기, 최상길 등 여러분이 방문하고 쉬어갔다.

1944년 10월 어느 날, 최명기와 최종섭 두 사람이 찾아와서 적목리 신앙촌의 어려운 생활고에 관하여 얘기하는 것을 듣고 광목 한 필을 내주었다. 그들은 기뻐하며 가지고 가다가 강원도 평강역에서 내렸는데, 그곳에서 사복형사에게 연행되어 평강경찰서에 가서 조사받게 되었다. 결국 광목의 출처를 묻는 말에 할 수 없이 서울 을지로 7가 67번지에 사는 이성옥에게서 얻었다고 했다. 이 일로 인해서 이성옥도 평강경찰서 유치장에서 그 추운 겨울에 상기 두 청년과 같이 2개월간 고생하고 그해 12월 30일에 석방되었다.

이성옥 목사는 후일에 회고하기를 "우리 집은 12칸에 해당하는 방이 셋이 있고 넓은 마루가 있어서 여름에는 마루에서 그리고 겨울에는 두 칸 방에 함께 자곤 하였다. 엘리야가 사르밧 과부의 집에 있을 때 날마다 밀가루와 기름이 끼니마다 끊이지 않고 3년 반 동안 세 사람이 굶주리지 않고 그 화수분(재물이 계속 나오는 보물단지)이 있는 것 같이 이상하게도 손님들이 올만 하면 양식과 반찬이 생겨서 우리 여섯 식구와 손님의 수효대로 다 먹게 되었다"라고 하였다.

일제 말엽 전쟁이 한창 치열할 때 경찰서에서는 반국가 행위를 하는 사람을 색출하는 때였다. 본부교회 김종호 장로가 상봉리에 사는데 어느 날 그 동리 파출소 순사가 인구 조사하러 왔다 하며 아주 친절한 말로 "나도 예수 믿는데 어느 교회 나가시느냐"고 물어서 보아하니 믿는 사람 같아서 김 장로는 반가워서 "나가지는 않고요" 하니 "어딥니까" 하며 다시 물어서 을지로 7가 이성옥 씨 집 주소를 알려 주고 그곳에 모이는 사람들 이름까지 다 알려 주었다. 그 순경은 모두 수첩에 적고 "우리 순사 부장님도 믿으려 하는데 무슨 좋은 책이 없느냐?" 해서 있다고 하며 **각 시대의 대쟁투**를 내주니 그 순사는 좋아하며 가지고 갔다고 한다.

해방 후에 안 일이지만 반국가 행위를 한 사람은 8월 18일에 다 죽이기로 작정 되어 있었다. 대쟁투를 가져간 날은 8월 10일이었다. 즉 처형일 8일 전이었다. 그리고 8월 15일에 해방되었으니 아! 어찌 하나님의 섭리가 아니리요. 이성옥 목사는 남달리 8·15광복을 감격하여 "우리나라 만세! 하느님이 보우하사 우리나라 만세!"를 거리의 군중들과 함께 크게 외쳤다.

이성옥은 너무나 기쁘게 감격해서 8월 17일 금요일에 김석영 목사와 함께 청진동교회에 찾아가서 교회 사택에 주재 사역자로 있던 최철순 전도사에게 교회 청소하러 왔노라 하고 굳게 닫혀 있던 예배당 문을 열고 청소를 한 후 8월 18일 안식일에 첫 예배를 드리는데 감격의 찬미를 부르며 하나님께 감사 예배를 드렸다. 그리고 옛 교회 지도자들을 찾아다니며 교회 재건 사업의 선두에 섰다.

1945년 10월 18일부터 24일까지 본부교회에서 신도대회가 열렸을 때 의장에 김병묵, 서기에 최성훈이 선출되고, 합회장에 임성원 목사, 동 서기 겸 회계에 오석영, 이성옥은 선거위원에 선출되어 교회 재건하는 연합회 임원들을 선임하였다. 그리고 각부 서기는 이여식이 선임되었다. 그리하여 한국 교회는 재건되었다.

하나님의 은혜와 축복으로 서울 공동체의 주역으로 또는 교회 재건 사업에 헌신적으로 봉사한 이성옥은, 해방 후 처음으로 청진동교회 재조직할 때 장로 안수를 받고 김창주 선생이 집사 안수를 받았다. 그후 문서 전도하며 신학을 1952년 11월 2일, 신학원 13회로 졸업하고 목회에 부름을 받았다. 1953년 8월에 중한대회 마포교회 사역을 시작으로 천안교회, 삼척교회에서 목회할 때 1959년 12월 24일, 연합회 제19회 총회 시 목사 안수를 받았다. 그 후 제천교회, 철원교회, 흑석동교회 그리고 용인교회에서 목회하다가 1972년 3월 31일부로 은퇴하고 1974년 5월 7일, 자녀들이 있는 캐나다 토론토(Toronto)로 이민갔다가, 1980년 8월 미국으로 이주하여 자녀들과 합류하였다.

1995년 3월 1일, 평생을 서울 공동체 생활에서 그 많은 손님을 접대하며 봉사하고 부군의 목회 생활하는 동안 목회자의 아내로 남달리 헌신적으로 봉사해 온 최병아 사모가 갑자기 주 안에 잠들어 포천 재림공원 묘원에 안장하였다. 이성옥 목사는 1998년 8월 31일, 미국 북가주에서 향년 87세를 일기로 주 안에 잠들었다. 장례는 9월 4일에 포천 재림공원 묘원에 사모와 합장으로 장례식을 치렀다. 이성옥 목사의 자녀들은 아들 영도, 영호 2남과 딸 선자, 선의, 선은 3녀, 모두 2남 3녀가 있는데, 큰딸을 제외한 자녀들 모두 미국에서 교회를 섬기고 있다.

– 의의:

김재신 목사는 본인의 장인인 이성옥 목사가 생계는 서울 을지로에서 양복점을 경영하면서 교회를 위해 크게 봉사한 목격담을 기록했다. 서울 공동체의 주역으로서 일제 말엽 전쟁이 한창 치열할 때, 반국가 행위를 색출하는 수사에 신자가 걸려든 사례를 들었다.

일단 순사는 아주 친절한 말로 "나도 예수 믿는데 어느 교회 나가시느냐"고 말문을 열었다. 순진한 신자는 믿는 사람으로 착각하고 교회 "나가지는 않고요"로 답했다. 그 순사가 비밀 장소에 모인다는 것을 직감하고 "어딥니까"는 유도 질문에 그 신자는 을지로 7가 이성옥 집에서 모인다는 것과 그 집 주소와 모이는 사람들 이름까지 다 알려 주었다.

모두 것을 수첩에 적은 순사는 유도 질문을 이어간다. "우리 순사 부장님도 믿으려 하는데 무슨 좋은 책이 없느냐?"로 좋은 책을 알려 달라는 말에 **각 시대의 대쟁투**를 소개했다. 순사는 기록한 것을 좋아하며 가지고 갔다. 그러나 해방 후에 밝혀진 바에 의하면, 반국가 행위를 한 사람은 8월 18일에 다 죽이기로 작정되어 있었다. **각 시대의 대쟁투**를 가져간 날은 8월 10일이라, 처형일 8일 전에 벌어진 일이었다.

8월 15일에 해방되었기 때문에 집단 학살을 면할 수 있었던 끔찍한 사건이었다. "아! 어찌 하나님의 섭리가 아니리요." 이 목사는 8·15광복을 감격하여 "우리나라 만세! 하느님이 보우하사 우리나라 만세!"를 거리의 군중들과 함께 크게 외쳤다.

그의 외침은 오랜 억압과 암흑 속에서 해방된 사람들의 기쁨과 감격의 함성이었다. 일제가 해방 전에 계획되었던 학살 사건이, 해방으로 인해 피해를 막을 수 있었던 아슬아슬한 상황을 드러낸다. 당시의 숨 막히는 위기와 절망을 그대로 드러낸 사건이다.

김재신[1]

순안은 초창기부터 선교본부가 있던 곳이고 의명학교와 병원이 있던 곳이요 서선대회 본부가 있던 곳으로 한국 선교의 중심지였다. 그러므로 지방에서 자녀 교육을 위하여 순안으로 이주해 오는 분들이 많았다. 순안교회는 주로 의명학교 강당에서 집회하다가, 1925년에 양식 2층으로 건축하고 1층은 서선대회 사무실로 사용하고 2층은 예배당으로 사용하였다. 순안교회는 서선대회 직원 가족들과 의명학교 교직원 가족들 그리고 순안병원 직원 가족들로 구성되어 있어서 그때 한국 재림교회 중 제일 크고, 또한 2층 건물로 된 교회가 전국에서 순안교회 하나밖에 없었다.

그러나 1943년 말 교회가 해산된 이후에는 그 많던 목사, 교역자들이 다 흩어지고 의명학교는 이미 안식일을 성수하지 못하고 있는 형편이었다. 병원은 외인의 손에 넘어가고 평신도 지도자, 장로들도 다시

---

1 김재신 목사는 김호규 장로의 외손자이다. 북한 평안남도 강서 출신으로 1948년 18세에 월남하였다. 한국 재림교회의 북한 교회사가로서 윗글은 저자가 월남하기 전 이북에서 경험했던 것을 기초로 기술한 것이다. 해방 전후 일제강점기와 한국 재림교회를 경험한 교인으로서, 재림교회 공동체 관련 사실들을 기록했다.
저서로는 경희대학교 대학원의 석사 논문인 **한국기독교 문화의 일연구**(1969)를 위시하여 **북한교회사**(시조사, 1993), **삼육대학교 90년사** 등의 저술을 남겼다. 서울 삼육중고교, 한국 삼육중고교 등 여러 학교의 교사, 교감 및 교장, 삼육간호보건대학장을 역임했다.

지방으로 신앙의 자유를 찾아 뿔뿔이 흩어졌다. 그 가운데는 노봉진 장로가 교회 해산 직전에 주 안에 잠들고 그 유가족 되는 미망인 임봉순 집사와 아들 노원호 장로의 가족과 홍찬호 장로의 딸 홍성실 집사와 그의 자녀 오춘수, 명숙 가족은 신앙의 자유를 찾아 가평 적목리 공동체에 합류하였다.

이와 같은 상황 중에 순안 관북리 포정초등학교 서편에서 농사하며 신앙 생활하던 김호규(金昊奎 김재신 목사의 외할아버지)[1] 장로가 있었다. 그는 본래 강서군 초리면 송호리 출신으로 1910년에 사촌형 김태규의 전도로 세 천사의 기별을 받아들이고 그 해에 김태주와 함께 침례를 받고 송호리교회에 입교하였다. 그 후 성장동(운북리)으로 이주하였다가 다시 금송리(각닥골)로 이사하여 대마리교회에 출석하였다. 그 후 자녀 교육 문제로 순안으로 이주하여 관북리에 자리를 잡게 되었다. 그는 슬하에 1남 5녀를 두었는데 위로 세 딸은 교육을 제대로 하지 못했다. 그런데 순안으로 이주하면서 농토(밭과 논)를 다소 사 둔 것이 마침 금광이 생기면서 농토 일부를 비싼 값으로 팔아 부자가 되었다.

그리하여 아들 덕순(德淳)은 의명학교 22회(1936)와 사역자양성소 1회(1939) 졸업하고 교역에 봉사하다가 교회 해산 후에는 순안 집에 와서 부모와 같이 지내게 되었다. 그리고 의명학교에서 수학한 4녀 정오(貞五)와 그의 남편 임군필(의명 22회)은 군상리에서 살았다. 이들 가족과 몇몇 신자들이 김호규 장로의 자택에서 예배를 드렸다. 안식일과 금요일 저녁, 화요일 저녁 예배를 드렸는데 찬미를 부를 때면 집에서 키우던 귀가 늘어진 누런 개가 있었는데 그 개도 영창문(방과 마루 사이

---

1 이영린, **한국 재림교회사 연구**, 86-87,223; 김재신, **북한교회사**, 53-54,68-69,238,301.

에 낸 두 쪽의 미닫이) 밖 마루에 와서는 앉아 멍멍대고 같이 찬미를 부르곤 하였다.

그러나 일제의 단속이 심해지고, 가택 수색도 당하면서 몇 번이나 영유경찰서에 연행되어 가서 조사받고 곧 나올 때도 있었지만, 며칠간씩 구류하고 취조받으면서 구타당하기도 하였다. 김호규 장로와 아들 김덕순 부자는 교대로 또는 함께 불려 가는 때도 있었다. 차츰 압박이 심해지자, 찬미도 부르지 못하고 성경만 보고 때로는 예언의 신을 읽고 예배를 드렸다. 때로는 들로 또는 냇가로 가서 예배드리기도 하였다. 악랄한 일제의 사주를 받은 앞잡이들은 찬미가 가운데서 예수 재림과 왕, 군병, 피난처, 군가, 본향 등이 나오는 가사는 부르지 못하도록 했다. 당시 찬미가 32장 "믿는 사람들아 군병같으니," 56장 "군가 부르라 원수 가깝다," 182장 "피난처 있으니 환난을 당한 자 이리 오게," 187장 "예수의 이름 권세여 엎디세 천사들," 238장 "내 집에서 얼마 먼가 그 파수군 대답하되" 등이다.

가사 일부를 부르지 못하게 한 것도 있는데 당시 찬미가 66장 "영혼의 본향"의 4절 중에서 3절과 164장 "주를 찬송함"의 3절 중에서 3절은 부르지 못하게 하였다. 그뿐 아니다. 가사의 일부를 고쳐 부르거나 삭제하도록 강요하였다. 그나마 일제 말기에는 소리를 내 찬미를 부를 수가 없었다. 그래서 숨어서 예배를 드리고 성경과 예언의 신을 연구하였다.

1944년 가을, 필자는 평안남도 강서군 거장리에 살고 있었는데 몇 교우들이 찾아와서 가평 적목리로 가야 하지 않겠느냐고 제안했다. 필자의 모친은 김호규 장로의 장녀인데, "순안 아버님께 가서 여쭈어 보고 결정하겠노라"라고 하였다. 다음날 모자는 아침에 출발하여 저녁때에 순안에 도착하여 외할아버지께 문의했다.

이에 김호규 장로는 성경 마태복음 24장 14절을 펴고, "이 천국 복음이 모든 민족에게 증거되기 위하여 온 세상에 전파되리니 그제야 끝이 오리라"고 했다. 이 예언의 말씀이 성취된 후에 예수님께서 재림하실 텐데 아직도 이 예언이 성취되지 않았다고 하셨고, 계시록 13장, 16장의 말씀을 인용해서 설명하시면서, 지금 일본이 제아무리 태평양전쟁에서 승리하는 듯하지만 결국 미국이 승리하게 될 것이라 하였다. 필자와 어머님은 할아버지의 말씀을 듣고 집으로 돌아온 경험이 있다.

김호규 장로는 1945년 8·15 민족 해방 이후 제일 먼저 순안교회의 문을 열고 숨어 지내던 순안 교우들과 같이 기쁨과 즐거움으로 소리 높여 하나님께 감사 예배를 드렸다. 그 후 김 장로는 순안교회 수석장로로 시무하고 그해 10월 서울에서 개최된 신도대회에 참석하여 천거위원과 선거위원으로 선임되어 재건 사업에 참가하였다. 순안 지하교회는 필자가 보고 들은 경험을 토대로 기록하였다.

― 의의:

김호규 장로는 한국 재림교회의 선교가 시작되고 의명학교가 소재했던 지역인 평안남도 순안 공동체의 핵심 인물이다. 일제의 단속이 심해지고, 가택 수색을 당하며 몇 번이나 영유경찰서에 연행되어 가서 조사받거나 며칠간씩 구류하고 취조받으면서 구타당하기도 했다.

심지어 김 장로와 아들 김덕순 부자가 교대로 또는 함께 불려 갈 때도 있었다. 특히 차츰 압박이 심해지자, 찬미도 부르지 못하고, 가만히 성경만 보거나 예언의 신을 읽고 예배를 드리거나 들과 냇가로 가서 예배를 드렸다. 당시의 악랄한 일제의 폭압을 보여주는 사례들을 언급했다.

찬미가에서 예수 재림과 왕, 군병, 피난처, 군가, 본향 등이 나오는 가사는 부를 수 없게 했다. 또한 가사 중 일부를 부르지 못하게 하고, 더 나아가 가사의 일부를 고쳐 부르거나 삭제하도록 강요했다. 일제의 패망에 대한 불안과 초조함을 드러내는 모습이다.

예수 재림이 임박했기 때문에 가평 적목리로 가야 하지 않겠느냐는 제안에 대해 마태복음 24장 14절의 온 세상에 천국 복음 전파가 있어야 한다고 했다. 또한 계시록 13장, 16장의 말씀에 기초해서 그는 시대를 읽었다. 일제의 전쟁 승리 선전에도 그는 흔들리지 않고 신앙을 지킨 당대 재림 교인 민초들의 모습을 보게 된다.

이런 자세는 정치적 상황이나 시세의 변화에 연연하지 않는 신앙의 중요성을 일깨워 준다. 즉 시대적 상황과 그 현상에 맞게 성경을 해석하는 지혜를 보여준다. 이는 그의 날카로운 통찰력과 깊은 신앙심의 산물로 보인다.

※ 주(註): 적목리 공동체 이외의 동시대 다른 지역 공동체 답사기 및 참고 자료가 추가로 있다.[1]

---

1 이종근, "지리산 신앙공동체 답사기" 및 사진, 빛의 증언들 (이하 생략), 384-385,544-545; idem, "태백산 신앙공동체 답사기" 및 사진, 518-523,546; idem, "설악산 신앙공동체 답사기" 및 사진, 524-529,547-548.

고난의 자화상

　서세동점(西勢東占)의 구한말, 우리나라는 쇄국과 분열 및 서구 문물과 가치에 대한 이해 부족으로 열강의 희생이 되었다. 이러한 위기의 때, 선각자들이 일어나 국난 타개를 위해 절치부심하던 때, 한국 재림교회가 시작되었다. 한민족 전체가 혼절의 상태에서 신음했다.

　일제 말기에 이르러 한반도 전체가 거대한 감옥/ 수용소와 같은 상황에서, 지도자들은 독립을 위해 분연히 일어났다. 그들은 목숨을 담보하고 죽음의 문턱을 드나들며, 전국 각지로 다니면서 신자들을 위로하고 해방의 날을 기다리는 믿음을 고취했다. 그들은 신앙 양심과 민족정기를 선양했다. 심지어 예배를 드릴 때도 감시원의 삼엄한 경계를 피해야만 했다. 가사에 예수 재림, 왕, 군병, 피난처, 군가, 본향 등의 단어가 나오는 찬송을 부르지 못하게 했다.

　교회가 폐쇄되고 공적 예배가 금지되었을 때, 민초들은 삼엄한 감시망을 피해 산중에서 집회했다. 부인들은 성경과 찬미가를 광주리에 담고 나물 캐러 가는 모양으로, 남자들은 지게를 지고 나무하러 가는 시늉으로 산속에서 예배를 드리고, 해 질 무렵 그들은 집으로 돌아왔다. 태평양전쟁의 패색이 짙어지자, 신사참배와 창씨개명이 강요되고 우리의 젊은이들은 강제 징병과 징용에 동원되고, 또는 처녀들은 위안부로 끌려가 그들의 젊음을 산화했다.

적목리 공동체의 일상은 일제의 전 제국정책을 거부하는 삶이었다. 어른들은 철도 침목 벌목으로 나가고, 젊은이들은 수상한 사람이 나타나면 위험을 직감하고 깊은 산으로 피했다. 성경과 종교 서적을 다 숨기고, 여성들은 기아선상의 끼니를 위해 하루에 수 킬로미터의 산속에서 나물을 채취했다. 소나무 껍질인 송기로 연명했지만, 변을 볼 때, 창자가 찢어지는 고통을 겪기도 했다. 매일 아침저녁 공동체로 예배를 드리고, 고통과 신음의 날이 속히 지나고 새날을 위해 기도했다.

일제강점기 민족 고난의 심연(深淵) 속에서 재림교회 신자들이 주축이 된 적목리 공동체는 일제의 폭력과 압제로 인한 상처를 온몸으로 절규하고 살았지만, 그 고통 속에서도 믿음으로 희망을 잃지 않았다.

한국 재림교회

재림교회는 종교개혁의 기치인 오직 성경(Sola Scriptura)과 전체 성경(Tota Scriptura)의 기초에서 성경의 모든 진리를 회복하고 실천하고자 하는 교회이다.[1] 예수 그리스도의 재림을 믿으며 이를 기다리는

---

[1] 종교개혁의 5대 강령(Five Solas) 중 다른 좌우명은 오직 그리스도(Solus Christus) · 오직 믿

삶을 살아간다. 이는 신자들에게 희망과 용기를 주며 삶의 방향성을 제시한다.

성경상 토요일 안식일을 주일로 준수하며, 금주, 금연 및 채식 위주의 건강한 식생활 방식을 강조한다. 세계의 대표적 장수마을 중의 하나인 미국 캘리포니아 로마린다(Loma Linda, CA)의 건강 식생활 스타일은 미국인 평균 수명보다 7~10년 이상 장수하는 것으로 널리 알려져 있다.[1] 세계 구제 사업(ADRA)으로 재난 구호의 다양한 봉사활동을 전개하고, 선교활동, 교육, 의료, 출판, 식품, 삼육어학원 등의 사업을 활발하게 펼치며 사회 공헌 활동에 기여하고 있다.

또한 일제강점기에도 신사참배 반대에 가담한 대표적 교회로 평양의 숭실전문학교(현 숭실대학교 전신)와 숭의여학교(현 숭의여자대학교), 그리고 재림교회의 의명학교가 한국교회사에 나온다(**빛의 증언들**, 105). 종교자유나 인권 및 민주 의식이 향상된 오늘날뿐 아니라 과거 어두웠던 시절부터 토요일 안식일 준수 등으로 군이나, 학교, 또는 제시험 등 재림 교인들은 여러 영역에서 좁은 길을 걸어왔다. 일제강점기 민족 고난의 심장부에서 울려 퍼진 적목리 공동체의 함성도 재림

음(Sola Fide)·오직 은혜(Sola Gratia)·오직 하나님께 영광(Soli Deo Gloria)이다. 이는 중세 암흑시대 개혁 신앙의 불길을 이어갔던, 왈덴스인들(Waldenses), 존 위클리프(John Wycliffe), 마르틴 루터(Martin Luther), 장 칼뱅(Jean Calvin), 얀 후스(Jan Hus), 울리히 츠빙글리(Ulrich Zwingli), 존 웨슬리(John Wesley), 로저 윌리엄즈(Roger Williams) 등 개혁자들이 개혁을 이어갔던 토대이다. 재림교회는 이런 개혁 신앙의 기초 위에 세워져 있다. 화잇, **각 시대의 대쟁투**, 61-235, 251-263, 293-298; "Five solae," **Wikipedia**; 제임스 몽고메리 보이스, **개혁주의 서론: 종교개혁 5대 솔라**, 김수미 역 (부흥과 개혁사, 2001), 113-230; 리샤르 스토레르, **종교개혁**, 박건택 역 (기독교문서선교회, 1991), 29-130.

1 Pie Mulumba, and One Comment. "How Did Loma Linda Become America's Only Blue Zone?," https://longevitylive.com; Gary E. Fraser, et al. "Adventist Health Study 2: Overview and Findings" https://www.ncbi.nlm.nih.gov/pmc/articles/PMC4434004/; 김소연·백경기, **현대인을 위한 생활의학 개론** (지구문화, 2019), 13-16.

교인 방식의 삶을 보여주는 한 사례로 보인다.

또한 일부 교리상의 차이로 보수 색채가 강한 유독 한국 개신교 일각에서만 율법주의 이단으로 보는 견해도 있지만, 정통 개신교 교파 중 하나로 보는 것이 전 세계적이고 일반적인 견해이다.[1] 깨끗하며 성실하고 정직한, 또한 책의 백성(the people of the Book, the Bible)으로 알려져 왔다.[2] 독립운동 관련해서도 도산 안창호와 더불어 개화 지식인인 근당 임기반 선생이 시작한 교회로 중요 독립운동 관련 사건마다 중심부가 아닌 주변부에 재림 교인들이 존재했다고 전해진다.[3]

적목리 장정

1994년 가을부터 가공스러웠던 인권 탄압과 종교자유에 대한 일제의 만행과 진실 일부를 밝혀야겠다는 집념으로, 대부분 선구자가 이미 오래전에 돌아가셨거나 노령기에 계셨기에, 유적지 현장 복원과 자료 수집을 서둘렀다.

당시 삼육대학교에서 적목리까지는 인력이 요구되는 현장 정리 및 인류학적 연구 등을 위해서는 구(舊)길 버스로 왕복 4~5시간이 걸리는(현재 자가용 3시간) 먼 거리였다. 강의 등이 없는 날 아침 일찍 출발하여 복원 활동을 마치고 저녁 늦게 돌아오는 강행군의 일정이었다.

---

1 "제칠일안식일예수재림교회," **위키백과.** https://ko.wikipedia.org/wiki

2 프랑크 M. 하젤, **성경해석학**, 이종근 외 역 (삼육대학교 신학연구소, 2011), 44.

3 이종근. "한국 공중보건학의 선구자 김창세의 삶과 죽음-80여 년 만에 빛을 본 회고록을 중심으로," 73의 각주 10번.

일제강점기 산판 경험자들의 이야기를 듣기 위해 가평군과 주변 마을들을 방문하여 노인들을 면담하고 그분들의 소회를 듣고 자료들을 수집했다. 그렇게 4년이 소요되었다.

그동안 한국민족운동사학회에서 적목리 공동체 관련 학술발표 및 논문이 게재되었다. 문화재 전문가들의 평가를 받아 적목리 공동체 아랫장소가 가평군 향토유적으로 지정되고(1999. 12), 윗장소도 2015년 12월에 공동생활유적으로 고시되었다. 유적지 복원 과정에서 3명의 한국 재림교회 선구자들을 발굴하고 연구하여 국가보훈처에 서훈을 신청하여 독립유공자로 추서되었다(임기반 장로, 최태현 목사, 김창세 박사). 또한 중동의 요르단에서 미국 라시에라 대학교(Lasierra University)의 지창호 박사가 지도하는 고고학 발굴과 지표조사 및 인류학적 연구에 몇 년간 참여하여 국내·외 학회에서 학술발표 및 논문을 게재하기도 했다.

일제강점기 백성들의 함성

특히 1998년 10월 9~12일까지 열린 삼육대학교 92주년 개교기념 신학포럼 행사에 한국과 미국에서 일제강점기 적목리 산판에 거주했던 증인들과 가족 및 관련자들 50여 명을 모셨다. 특히 10월 11일 적목리 현지 방문 기념식을 가진 뒤, 윗장소가 추가 발견되었다. 이 신학포럼 행사의 증인들의 발표나 이미 발표된 일제강점기 관련 수기들을 모아 1988년 12월 당시 ISBN 없이 일부 제한된 부수로 **어둠을 밝힌 빛의 증언들** 초판(재판, **어둠을 밝히는 빛의 증언들**, 2023)이 발행되었다. 1998년 당시 저자들 모두가 매우 연로하시고 한국을 떠나 계신 지가 오래된 분들이라 자필로 겨우 써서 보내 주신 원고였다. 거기에는 오탈자와 고어체가 많고, 30여 분의 수기를 산만하게 나열하는 단순 수기 모음집이었다. 각 저자의 신원이나 배경, 각자 경험담의 의미 등을 밝히지 않은 수기였다.

수기는 시기적으로 약 120년 전 구한말부터 8·15광복까지의 경험담을 담고 있다. 현재와는 전혀 다른 시대적 배경의 이야기이기 때문에, 독자들의 이해를 위해 텍스트를 재구성하고 여러 면의 보완이 필요했다. 오늘날의 기준과 다른 맞춤법이나 문법을 수정하고, 생소한 어휘나 한자를 현대어로 바꾸며 설명을 추가하여 이해도를 높였다. 본문의 특정 단어나 문장에 대한 출처나 보충 설명 및 근거를 본문 하단의 각주에 주석으로 달았다.

각자의 생생하고 다양한 고통의 면모를 뚜렷하게 드러내기 위해 서론, 해설, 평가 및 의의 등을 추가하고 텍스트의 깊이와 이해도를 높였다. 독자들이 과거의 고통과 희생에 대한 이해를 높이고, 현재 우리가 누리는 자유와 평화의 소중함을 인식하며, 당시 삶의 모습을 나타내도록 했다. 이렇게 해서 우리 역사상 처절했던 일제의 만행과 참상을 겪은 한국 재림교회 신자들의 수기인 **빛의 증언들**의 내용을 민족 전체의 고난의 심장부에서 통곡하는 탄성으로 새롭게 조명하는 책, **일제강점기 백성들의 함성: 적목리 공동체 이야기**가 빛을 보게 되었다.

공동체의 복원과 지정은 한국 재림교회사의 기초를 놓으신 여러 사가들의 연구를 토대로 추진되었다. 적목리 공동체에 대한 기록을 남기신 이영린 교수, 유영순, 이여식, 반내현, 김재신 목사님들 그리고 교회사가로서 적목리 공동체에 관한 선구적 연구와 복원을 시도하신 오만규 교수님 등 여러분의 헌신과 수고의 결실을 기반으로 향토유적 복원과 지정이 이루어지게 되었다. 본서의 모든 내용은 여러 선학들의 연구와 학문적 성취에 기초한 것이다.

적목리 과제를 처음 지휘하고 전적으로 도와주신 당시 신계훈 삼육대학교 전 총장님, 적목리 공동체 복원과 다른 신앙유적지 답사 등 전 과정을 동행하시고 협력해 주신 전 신학대학원장 안금영 박사님과 재림신앙 유적지 위원들과 남대극 전 총장님께 감사한다. 적목리 복원을 위해 삼육대학교 박물관의 김건호 장로님(박물관장 대우)과 박성교 학예실장님의 노고가 다대했다.

그동안 적목리 복원을 위해 많은 지원과 성원을 해주신 적목리 공동체의 창시자이자 지도자이신 신태식 목사님의 차남이자 적목리 막내로 최근 타계하신 신우균 목사님과 문정자 사모님, 신우균 목사님의 장녀 신현숙 집사님과 김정도 장로님 내외분, 신태식 목사님의 외손녀 강충숙 집사님(신태식 목사의 차녀 신선희 집사 딸), 그리고 유족들 특히 문정희 대표님과 유제성 원장님(삐땅기 의원)께 감사한다. 지금도 적목리 거주자로 미국에 계시는 적목리 최고령의 신선옥 집사님(90세)께 감사한다.

특히 또 다른 적목리 공동체의 창시자이자 지도자이신 반내현 목사님의 장녀 반효순 사모님께 감사한다. 또한 현재 한국에 생존해 계시는 적목리 막내둥이 80대 노경의 반상순 장로님께 고마움을 표한다. 또한 이 책을 출판한 북랩(bookLab)에 고마움을 표한다.

아쉬움과 함께 부족한 부분과 한계를 인지하며, 적목리 공동체 유적 복원에 도움을 주신 모든 분에게 고마움을 표한다. 특히 경기도와 가평군에 감사한다. 제 존재의 든든한 토대가 되어 주신 대한민국, 한국 기독교계와 재림교회에 진심으로 감사하고, 무엇보다도 나의 사랑하는 가족에게 감사한다. 이 책이 일제강점기라는 암흑의 시대 속에서 희생된 민족 고난과 아픔을 조금이나마 밝히고, 새 시대를 위한 정의의 외침이 되기를 기대한다. 마지막으로 이 작은 결실이 가능하도록 은총을 베풀어 주신 하나님께 감사드린다. Soli Deo Gloria!

2024. 5. 저자

적목리 공동체 사진

적목리 공동체 참고 사진

신학과 교수들의 신앙의 뿌리찾기 순례 기념 사진(1994. 10. 8)

적목리 신앙 공동체 안내표시

신태복(돌비뒷편) 장로와 함께 유적지를 방문한 교회 청년들
(오른쪽끝이 김정곤 전도사, 1996. 11.)

삼육대학교 제92주년 개교기념 신학포럼장면: 적목리 신앙공동체 증인들의 역사적 증언
(1998. 10. 12. P.M 5:30~9:00)

안식일 설교예배 시간에 적목리의 신앙에 대해서 설교말씀을 하시는 신우균 목사
(1998. 11. 10.)

금요일 저녁 특별집회에서 적목리 생활의 일부 경험담에 대해 증언하시는
노사라 교수(오른쪽끝이 김정곤 전도사, 1996. 11.)

가평가를 부르는 오춘수 박사.
1998년 10월 9일~12일까지 열린
삼육대학교 92주년 개교 기념
신학포럼 행사에서 오박사는
54년 만에 본인이 지은 가평가를
매 집회시마다 목이 메이도록 불렀다.

특별순서 – 적목리 안식일 학교에 대해
증언하시는 이대련 목사(1998. 10. 8)

적목리 좌담회 광경(1998. 10. 10. 오후)

적목리 좌담회 후 총장공관 계단에 선 참석자들(1998. 10. 10. 오후)

적목리 신앙 공동체 증인들 및 후손들의 신앙 역사 유적지 방문 기념식 참석자들
(1998. 10. 11.)

적목리 신앙유적지 방문 기념식의 증인들(1998. 10. 11.),
왼쪽 앞줄부터 이대련, 강태봉, 반내현, 신태복, 왼쪽 뒷줄부터 변세옥(이대련 목사사모),
반상순, 신선희, 황영희, 오춘수, 노사라, 신우균, 문정자(신우균 목사사모)

적목리 신앙유적지 방문 기념식에서 선구자들의 인사하시는 모습(1998. 10. 11.),
좌로부터 반내현, 문정자, 이대련, 강태봉, 신선희, 신우균

적목리 신앙유적지 방문 기념식에서 말씀하시는 신계훈 총장(1998. 10. 11.)

새로 발견된 폭포, 침례받던 장소를 가리키는 증인들:
노사라 교수, 신선희 집사, 오춘수 박사(1998. 10. 11.)

새로 발견된 유적지에서 답사팀 일동(1998. 10. 11.)

새로 발견된 유적지의 숯가마터

새로 발견된 유적지 집터 일부

이미 복원중인 유적지 일부

적목리 증인들과 삼육대학교 교수 및 신학대원생의 안식일 오후의 모습
(1998. 10. 10.)

적목리 공동체 방문 기념식의 선구자들 모습(일부)

반내현

신태복

노사라

오춘수

강태봉   이대련

적목리 신앙 유적지 복원에 참여한 1998학년 2학기 대학원생들과 교수들(일부)

선구자 및 후손들 그리고 저자들의 사진

(목차의 내용 순에 따라 가족별 중심으로 게재함)

구니야

임기반

임춘식

임창윤

정재용

정사영

정성화

최태현

최희만

김명길	김홍식	유영순
신태식	신태복	강태봉
신선희	신우균	반내병
반내현	반정일	반효순

반상순   노봉진   노원호

노사라   오춘수   신종균

최명기   김봉락   김형락

이대련   김호규   이성옥

김재신   이영수   이진석

조경철   조광림   황봉호

장인옥   김성달   허석

허순복   김관호   신계훈